形而上学的历史演变

张志伟　主编

The Development of Western Metaphysics

中国人民大学出版社
·北京·

前 言

如果我们可以将西方哲学、印度哲学和中国哲学这些不同的哲学形态统称为“哲学”，那么西方哲学作为其中的一种哲学形态，其源远流长的形而上学传统肯定是它最主要的也是最基本的特征之一。在某种意义上说，形而上学的形成、繁荣和衰落构成了西方古典哲学兴衰史的一条主线，虽然批判和消解形而上学传统是现代西方哲学自19世纪末20世纪初以来所从事的一项重要工作，但是形而上学的问题在现当代西方哲学中仍然为一些哲学家所讨论（例如海德格尔的存在哲学），即使在英美哲学中，哲学家们亦在语言哲学的背景下恢复了形而上学的研究。因此，尽管以形而上学为基本特征的古典哲学一再被宣布已经“终结”从而变成了历史，然而种种迹象表明，形而上学问题仍然是哲学所关注的重要问题之一。所以无论从哪个角度讲，研究形而上学问题对我们而言都具有极其重要的哲学意义。

一般说来，我们可以将形而上学看作起源于人类精神终极关怀的一门学问。毫无疑问，世界各大文明都有对于终极关怀问题的思考，而西方哲学自希腊哲学以来则采取了形而上学的方式，这构成了西方哲学区别于其他哲学形态的基本特征之一。中国思想当然也有关于形而上学问题的思考，根据“形而上者谓之道，形而下者谓之器”（《易经·系辞》）而译metaphysics为“形而上学”即是一例。由此可见，在中西哲学中都存在着形而上学的问题，只不过由于种种原因中西哲学走了不同的道路，中国哲学没有形成类似西方哲学形而上学那样的学科而已。西方哲学从巴门尼德开始，经过苏格拉底—柏拉图到亚里士多德，逐渐形成了通过理性认识把握宇宙万物之统一、普遍、一般的存在基础或根据的基本思路，我们可以一般地称之为“科学思维方式”，乃有蔚为大观的形而上学，而 19 世纪末 20 世纪初西方哲学对于形而上学传统的深刻反思则揭示了形而上学的局限性，从而在形而上学问题的研究方面开拓了不同以往的思路。

由于形而上学在西方哲学史上的重要地位使之几乎关涉到西方哲学的所有部门乃至所有问题，一部详尽的形而上学史无异于一部详尽的西方哲学史，对之进行全面、系统、详尽的讨论将是一项浩大的工程，乃是目前我们的研究力量难以胜任的。因此，我们试图通过对于西方哲学不同历史时期中的形而上学思想以及一些哲学家或哲学思潮的分析研究，大致梳理出形而上学演变的历史过程，以期为形而上学的深入研究做一些基础性的准备工作。需要说明的是，形而上学作为西方哲学尤其是古典哲学的核心部门，其内涵之复杂、范围之广阔、思辨之抽象、玄想之辽远，是西方哲学研究中最复杂、最令人困惑当然也是最有魅力的难题，而形而上学的形成、演变历经 2 500 多年，涉及许多深刻而晦涩的哲学思想，对它的描述和分析并非一人之力所能完成，所以本研究是集体合作的成果。我们的指导思想是，把形而上学作为研究的课题，以“历史”与“现实”之“视界交融”的方式，尽可能地展现它的学术价值和理论意义，以期引起人们的深入思考。

本书分为十章。第一章作为准备工作，概述了形而上学的历史演变（张志伟），以下各章分别讨论了柏拉图的形式论（余纪元）、亚里士多德的形而上学（聂敏里）、中世纪的形而上学（张旭）、近代早期哲学中的形而上学（韩东晖）、康德对形而上学的贡献（张志伟）、黑格尔与古典形而上学的终结（张志伟）、20 世纪语言哲学视野下的形而上学（韩东晖）、海德格尔与形而上学（张旭），以及形而上学与后现代主义（吴琼）。需要事先说明的是，鉴于形而上学的复杂性，西方哲学本身关于形而上学的性质、对象、方法、概念和体系框架等问题并没有形成严格一致的规定，而在对形而上学的理解方面，甚至关于西方哲学概念的译名方面，国内学术界也是见仁见智，并不统一。我们尊重本书各章节的作者（他们都是相关领域的专家）的意见，并没有强求一致。我们可以把形而上学看作一个复杂丰富的“问题域”，本研究力求通过对不同时期的哲学家关于形而上学的理论学说的分析研究，深入到这个“问题域”之中，展示形而上学的理论意义和学术价值。

目　录

Contents

第一章 形而上学的历史演变

张志伟

形而上学是西方哲学的核心学科。在某种意义上说，两千多年的西方哲学主要围绕形而上学而展开，然而关于形而上学作为一门学科的性质或定义始终没有形成统一的规定。众所周知，亚里士多德是形而上学的创始人。我们称之为“形而上学”的学科，他称之为“第一哲学”或“智慧”，即关于终极原因和原则的科学，有时他称之为“作为存在的存在”的科学（即什么是“存在”的科学），有时他又将之等同于神学，因为它讨论一类特殊的存在，即超越可感本体的神（理性神）。因此，亚里士多德似乎将形而上学划分为三个相关的学科：一是研究“作为存在的存在”的科学，二是涉及“最高种类的存在”的神学，三是研究“第一原理”的科学，它对于每一个存在物而言都是真的，并且构成一切论证和推理的基础。[①] 中世纪哲学家把形而上学的这些不同方面分别称作“一般形而上学”和“特殊形而上学”。[②] 近代哲学的创始人笛卡尔提出了形而上学的三条基本原理，从而确立了近代形而上学的研究对象，即灵魂、宇宙和上帝。康德通过对形而上学的深入反思和批判，论证了“内在形而上学”即以知性范畴体系作为世界（现象界）的逻辑结构的可能性，同时亦论证了“超验形而上学”在认识论上是不可能的。海德格尔视两千多年的形而上学史为“存

---

① 参见布鲁斯·昂：《形而上学》，3页，北京，中国人民大学出版社，2006。

② 参见尼古拉斯·布宁、余纪元编著：《西方哲学英汉对照词典》，614页，北京，人民出版社，2001。

在的遗忘史”，试图通过对此在（人的存在）的存在论生存论分析建立一种“基础存在论”，以期为存在论提供基础。英美分析哲学在经过了拒斥形而上学的激进时期之后，逐渐恢复了对形而上学的研究，不过这样的形而上学研究不再是对实在本身的研究，而是关于语义学意义上的实在的研究。例如斯特劳森区别了“描述的形而上学”与“修正的形而上学”，认为满足于描述我们关于世界的思想结构的“描述的形而上学”是可能的，而关心产生一种更好的结构的“修正的形而上学”则是不可能的。① 如此等等，不一而足。总而言之，我们可以根据亚里士多德关于形而上学的规定，结合形而上学的历史演变，将研究存在或是的范畴体系的学科称为本体论，而将研究第一原理的学科和研究最高存在的学科统称为实体论，当然这只是一般性的规定，并不能全面反映出形而上学这门学科的复杂性。

我们在这一章中，准备大致梳理形而上学的概念和它的历史演变过程，以后各章则是对形而上学历史上具有划时代或里程碑意义的哲学思想的研究。

一、形而上学的概念

形而上学曾经是西方哲学的核心部门，在相当长的时期内被看作是哲学其他学科乃至人类所有知识的基础和根据，只是到了20世纪之后才衰落了。然而，尽管形而上学的历史如此悠久，但是它的概念却是不够清晰的，始终未能达到一般的确定性。换言之，哲学家们在形而上学究竟研究什么问题、它的对象是什么等等这样一些构成了一门学科的基本规定的问题上从来就没有达成过普遍的共识，这就使形而上学在哲学中乃至人类知识的领域中形成了一道十分奇特的景观。为此我们首先做一些基础性的准备工作，亦即对与形而上学相关的概念做一番简要的梳理，这些概念包括形而上学、本体论以及与之相关的存在、实体、本体等等。

1. 形而上学

形而上学这个概念本身的产生就富有传奇色彩。众所周知，亚里士多德有一部代表作叫做《形而上学》，通常我们也称亚里士多德为形而上学

① 参见斯特劳森：《个体：论描述的形而上学》，江怡译，1页，北京，中国人民大学出版社，2004。

的创始人。然而实际上，亚里士多德生前并没有使用过“形而上学”这个概念，我们称之为“形而上学”的学科，在亚里士多德那里被称作“第一哲学”、“智慧”或“神学”。

公元前323年，亚历山大大帝暴毙，他建立的地跨亚、欧、非的大帝国一分为三，希腊也掀起了反马其顿的浪潮，曾经做过亚历山大大帝老师的亚里士多德首当其冲，于是他逃离了雅典，次年在流亡中去世，他的手稿亦不知所终。直到200年后，公元前一世纪，亚里士多德的手稿才被人们重新发现，最后被运到了罗马，当时任职于罗马图书馆的罗得岛的安德罗尼柯熟悉亚里士多德的学说，于是开始着手整理亚里士多德的手稿。安德罗尼柯在整理完亚里士多德关于自然学（phusike）的手稿之后，整理他有关第一哲学的手稿，名之为 ta meta ta phusika，即“自然学之后诸卷”，后来被人们简化为 metaphusike。安德罗尼柯之所以名之为“自然学之后”，可能符合亚里士多德的观点：我们只有研究了有关自然的所有学问之后才能研究第一哲学。十分凑巧的是，在希腊语中 meta-这个前缀不仅有“在……之后”的意思，亦有“元（基础）……”、“超越……”的意思，而这些含义恰好与亚里士多德“第一哲学”的意思是相近的。于是，metaphusike 便成了第一哲学的代名词。近代哲学创始人笛卡尔代表作的拉丁文本名为《第一哲学沉思集》，法文本叫做《形而上学的沉思》，就是这个原因。

在汉语中，形而上学有两种含义，一是西方哲学的核心部门，一是与辩证法相对的形而上学思维方式。众所周知，形而上学这个概念的汉译属于外来语，像很多自然科学和社会科学的概念一样源于日语。日本明治维新时期大量译介西方著作，由于在日语中采用了很多汉字，尤其是学术语言，因而很方便地转用于汉语之中。以“形而上学”翻译 metaphysics 第一次出现在1884年的日文《哲学词典》，日本学者借用了理学的概念，其根据是朱熹所说的：“形而上者，无形无影是此理。形而下者，有情有状是此器。”也可以追溯到《易经·系辞》：“形而上者谓之道，形而下者谓之器。”由此，研究形而下的对象的是物理学，研究形而上的对象的就是形而上学。1911年出版的汉语《普通百科新大词典》称“形而上学是就考究形而上之对象（即实在）对于考究形而下之对象（即现象）言”。1906年恩格斯的《社会主义从空想到科学的发展》翻译成日语时，形而上学又有了与辩证法的思维方式相对的含义。1912年恩格斯的文章翻译成汉语，在1933年沈志远的《新哲学词典》和艾思奇1939年的《研究提纲》中，形而上学基本上是这样使用的。①

恩格斯这样使用形而上学概念与黑格尔有关。黑格尔将近代形而上学称为知性思维，以区别于他的辩证思维，而恩格斯则泛化了这个概念，遂使形而上学变成了与辩证法相对的思维方式。在西方学术界一般情况下只是在第一种含义上使用形而上学这个概念，与我们的研究主题相关，我们主要在西方哲学的核心部门或学科的意义上使用形而上学这个概念。

亚里士多德作为形而上学的创始人，几乎探索了与形而上学有关的所有问题，形而上学后来的多种含义基本上都与亚里士多德有关。如前所述，亚里士多德的形而上学大致包含三方面的含义：关于终极原因和原则的科学、研究“作为存在的存在”的科学和探索不动的动者的“神学”。顾名思义，自然哲学以自然万物为其研究对象，形而上学所研究的则是自然万物的基础、根据或最高的原因，所以在相当长的时期内，形而上学被看作是一切科学的基础、根据和前提，是一切科学的科学。进入 20 世纪以来，西方哲学在哲学的性质、对象和方法等方面发生了巨大的变化，哲学家们对于传统形而上学进行了深入的反思批判，不过形而上学仍然具有基础性的地位。例如海德格尔要求重提存在问题，英美语言哲学在经过了反形而上学的激进阶段之后，亦重新恢复了对形而上学的研究。

2. 本体论（存在论）

“本体论”（ontology）这个概念实际上直到 17 世纪初才开始为人们所使用。人们公认本体论（ontologia）一词是由 17 世纪德国经院哲学家郭克兰纽（R. Gocleneus，1547—1628）在《哲学辞典》（*Lexicon philosophicum*，1613）第 16 页中最早使用的②，他创造了这个概念作为形而上学的同义语，然而郭克兰纽并不是第一个使用这个概念的人。在一位不太知名的作者 Jacob Lorhard（1561—1609）1606 年出版的 *Ogdoas Scholastica* 一书中，已经使用了 ontologia。③ 由此可见，ontology 这个概念的出现有其一定的必然性，因为它的本义是关于存在（on）的理论（logos），而这恰恰体现了形而上学的主要内涵。当时人们既用这个概念来表示“关于作为存在的存在的科学”，亦用这个概念来表示“关于诸存在物的存在的科

---

① 参见李博：《汉语中的马克思主义术语的起源与作用》，247～252 页，北京，中国社会科学出版社，2003。

② 参见 R. 艾斯勒：《哲学概念辞典》，第 2 卷，344 页，柏林，1929。详见 Eisler，Rudolf. *Wörterbuch der philosophischen Begriffe*，Berlin 1929. zweiter Band，S344。

③ 参见 http：//www. formalontology. it/history. htm。

学”，因为 to on 这个希腊语词本来就具有“存在”和“诸存在物”两方面的含义，所以中文既译作“本体论”，也译作“万有论”。然而由于这个概念的使用十分复杂，至少本体论不是恰当的译名。

显然，如果从狭义上看，或者从直接的字面意义看，本体论乃是“关于存在（on）的理论（logos）”，因而译作“存在论”更为恰当，因而将 ontologia 译作“本体论”通常为严谨的哲学史研究者们所不取，他们主张严格准确地译之为“存在论”（亦有学者如王路主张根据 to be 的系词用法译之为“是论”）。但是无论人们有意还是无意从这个意义来理解本体论，实际上本体论这个概念自出现以来就从来没有完全或充分地体现存在论的意义。质言之，将 ontology 译作本体论并非仅仅是汉语的翻译问题，在西方哲学中亦有其根源。诚如海德格尔所说，一部形而上学史乃是存在的遗忘史，自近代 ontologia 这个概念出现以来，形而上学或本体论并没有研究存在，更多地在研究“实体”。所以学者们在翻译海德格尔著作的时候，通常会把海德格尔之前的 ontology 译作“本体论”，而将海德格尔意义上的 ontology 译作“存在论”。[①] 像许多西方哲学概念一样，ontology 的汉语翻译的确容易引起误解，很多人往往望文生义，以为本体论就是关于“本体”的学说，实际上在西方哲学中我们通常以“本体”翻译 noumena，而“本体”（noumena）与“现象”（phenomena）是一对概念。所以，尽管在某种意义上“本体”的确也是 ontology 的对象，但是并不能涵盖其对象的全部意义。[②]

尽管人们以本体论作为形而上学的同义语，两者实际上亦有差别。因为按照亚里士多德的区分，本体论作为研究存在的理论只是形而上学的一个方面而非全部，因而形而上学应该比本体论更加宽泛。不过在弄清楚了这些概念之间的差别后，我们采取了约定俗成的方式，有时在同义语上使用形而上学和本体论这两个概念。

3. 存在

在西方哲学史上，第一个使用“存在”概念的是埃利亚的巴门尼德。就此而论，我们可以认巴门尼德为形而上学的奠基者。如前所述，形而上学或本体论主要是研究存在的学科，然而存在却又是西方哲学中最富于歧

---

① 参见海德格尔：《存在与时间》，陈嘉映等译，北京，三联书店，1999。

② 实体（substance）与偶性（accident）是一对概念，本体与现象是一对概念。前者在亚里士多德时代就有了，后者则晚得多，大约从康德开始才被大量使用于哲学之中。

义的概念。

“存在”是 Being 的译名，这个概念之所以成为西方哲学的核心概念有其语言学上的原因。“存在”乃是由系动词演变而来的名词概念。因此在某种意义上说，形而上学作为西方语言的产物，起源于印欧语系所特有的一种语言现象，亦即命题或语句最普遍、最基本的系词结构。

在人类语言的形成史中，最初出现的可能只是很少的一些孤立的音节，然后是一些简单的语句。由于这些原始的语汇还没有明确区分为动词与名词，它们主要与人类日常的生活劳动密切相关，因而带有十分浓重的感性色彩，西方哲学中的许多极其抽象的名词概念例如逻各斯（logos）、努斯（nous）、理念（idea）、形式（eidos）等等都有其源远流长的感性起源。① 随着人们相互之间交往活动的逐渐扩大和复杂化，语言也得到了进化和发展，人们需要将对事物的表达联结为语句，传达更多的信息，表达更复杂丰富的东西，于是在印欧语系中对于事物与其属性等等之间各种关系的表述就逐渐形成了其特有的系词结构，即以一个系动词来联结主词与宾词，这就是我们通常所说的“S 是 P”的语句结构。在希腊语中，这个系动词的一般形式就是 eimi，我们通常可以译作“是”、“有”或“在”。据海德格尔考证，希腊语中的这个系动词在印欧语系中有两个词根，一是 es，与此相应的希腊语是 eimi 和 einai，在梵文中则是 asus，拉丁语是 esum 和 esse，原本的含义是生活、生者、由其自身来立于自身中又走又停者：本真常住者。一是 bhu、bheu，希腊语中与之对应的是 phuo，其本义是起来，起作用，由其自身来站立并停留。前者后来演变为系动词，后者则变成了 phusis 亦即“自然”。② 由此可见，“是”、“有”或“在”这个语词在没有成为系动词之前与其他动词一样也曾经是一个实义动词，只是后来当人们用它来表示不同概念之间的某种联结关系时，它才变成了具有抽象的普遍意义的系动词。但是随着动词的不定式和名词化例如动名词、分词的出现，这个系动词亦有了不定式和分词形式，如 einai 和 to on 等。作为无界说的、不确定的不定式，这个系动词在语言中起着普遍的联结作用而其自身是没有什么实际含义的，但是作为动名词或分词，它又像名词一样具有特定的含义。这样一来，人们就有可能像追问其他名词的意义一样来追问这个系词的确定含义，而它的名词化就使它具有了不同寻常的最广

① logos 源于 leigen（说），据海德格尔考证，更古老的词根是 leg（采集）。nous 源自 noe（看），idea 和 eidos 也源自 eido（看）。

② 参见海德格尔：《形而上学导论》，71 页，北京，商务印书馆，1996。

泛的普遍抽象的意义。

我们经常说：天是蓝的，水是绿的，我是快乐的，苏格拉底是人，这是一棵树，如此等等。在这些语句中，主词与宾词都可以是变化不定的，唯有其中的系词“是”不变。即使它有时态上的变化，如过去时、现在时和将来时，但是这恰恰说明“是”总是“是”，它不会随着时间的变化而变化，因而是永恒不变的。因此，当早期希腊哲学家们企图在变动不居的自然之中发现某种永恒不变的东西的时候，巴门尼德却发现真正不变的乃是这个“是”或“存在”，它是使事物是什么的“是”，使存在者存在的“存在”，因而哲学的首要任务就在于追问这个“是”或“存在”“是什么”，它类似我们所说的宇宙万物最普遍的“本质”。于是通过巴门尼德以及后继者们的努力，追问宇宙自然之时间上在先的原始开端即“本原”（arche）的宇宙论，便让位于追问宇宙自然之逻辑上在先的本质即“存在”的形而上学，并且从此蔚然大观，主宰西方哲学史长达两千多年之久。

由于近年来关于“存在”的译名引起专家学者的热烈讨论，也是因为“存在”的译名的确有问题，所以我们在此简单讨论一下“存在”概念的翻译问题。

如前所述，“存在”源自希腊语的 to on，即英语的 Being，它源于连接主词和宾词的系动词，表示主词与宾词之间的某种关系，如 XX 是 XX，XX 有 XX，XX 在 XX。我们找不到一个合适的汉语语词来翻译这个系动词，只好根据主词与宾词之间不同的关系，分别翻译为“是”、“有”和“在”，其名词形式的约定俗成的译名就是“存在”。不过，这个译名不仅难以表现原文的多重含义，而且很容易引起人们的误解。通常我们把 to on（Being）翻译为“存在”，而在汉语中，“存在”，包括“存”和“在”，都具有非常浓厚的空间色彩：存留、残存、存款、现存、存疑、保存；留在、在意、位置、在于……然而，“存在”的本义恰恰是非空间性的，或者说，空间性的存在是存在者，非空间性的存在才是存在。由此有些学者如王路教授主张直译之为“是”，但就汉语的表达方式而论，以“是”为哲学概念不是很顺畅。其实不只是汉语翻译容易引起误解，存在着空间化的危险，西方语言本身也是如此，这就不仅仅是语言问题了，而是与西方人的思维方式有着密切关系。

有了上述的说明，我们主张以约定俗成为原则，仍然译之为“存在”。

总之，“存在”成为形而上学的对象并不是偶然的，它是印欧语系特有的语言结构在哲学上的体现。就西方语言来说，只要哲学家们开始追问普遍一般的东西，只要哲学家们开始对变化之中的不变的东西感兴趣，只要哲学家们希望发现永恒绝对的真理，那么存在就注定要成为形而上学的对象。

4. 实体

实体（substance）源于拉丁语对希腊哲学概念 ousia 的翻译。希腊文 ousia 这个词是从系动词 eimi 的阴性主格单数分词形式 ousa 变过来的，是这个分词的名词化。①

在《形而上学》中，亚里士多德研究作为存在的存在，亦把 ousia 看作是形而上学的研究对象，他用了两个短语来表达 ousia 的含义：ti esti（是什么）和 to ti en einai（是其所是）。通常我们把亚里士多德的 ousia 翻译为“实体”是成问题的，因为 ousia 既不“实”，也没有“体”，它主要指事物的“形式”或“本质”。亚里士多德以范畴来规定存在的存在意义，存在有十种意义，与此相对应，范畴表有十个范畴，ousia 就是其中第一个也是核心的范畴。在某种意义上说，ousia 乃是亚里士多德规定存在的意义的核心范畴，而范畴体系就构成了世界的逻辑结构。另外，在《形而上学》第 12 卷中，亚里士多德也探讨了永恒的、不运动的、可分离的存在的第一实体，这部分内容通常被人们称为亚里士多德的“神学”。由此，我们便涉及了亚里士多德形而上学的两个主要部分，其一是作为世界的逻辑结构的范畴体系，其二是带有超越意义的最高的实体，这两个方面对于后来的形而上学产生了深刻的影响。

当希腊的哲学概念被翻译为拉丁语并相继进入西欧各国的语言时，其含义发生了或多或少的改变。ousia 之所以被翻译成为拉丁语 substantia，与亚里士多德关于 ousia 的基本规定有关。亚里士多德在《范畴篇》中将 ousia 规定为只能充当主词（主语）而不能充当宾词（宾语）的东西，即判断中的绝对主语。主语或主体在希腊语中是 hupokeimenon，其词义是躺在下面的东西，即基层或基质。西语中的 substance 其字面含义则是“站在下面的支撑者”。经过中世纪基督教哲学的“洗礼”，“实体”概念在近代哲学中从范畴体系中独立出来而成为形而上学最高甚至唯一的对象。例如笛卡尔把实体规定为能够自己存在而其存在不需要其他东西的东西，并且以上帝作为无限的实体，以心灵和物体作为有限的实体。斯宾诺莎则以唯一的实体作为形而上学的对象。

① 参见本书第三章“亚里士多德的形而上学”。

形而上学涉及许多哲学概念，每个概念都有一个产生、形成和演变的历史，我们在此不可能一一详细说明，仅就形而上学的几个基本概念进行简要的讨论，作为进一步研讨的基础性的准备。

二、形而上学的问题

顾名思义，形而上学研究的是超验的或超自然的对象，其对象同时也是经验或自然的基础、前提和根据。正如本体论的本义，形而上学应该是研究“存在”的学科。在哲学家看来，所有存在着的东西皆以存在为前提和基础，相对于所有研究存在着的东西的学科，形而上学研究作为存在物的基础的存在。自亚里士多德以后，关于终极原因或第一原理的研究与研究“最高的存在”或“不动的动者”的“神学”往往合而为一，因而形而上学或本体论主要表现为两个方面，一是研究作为世界的逻辑结构的范畴体系，一是研究超验的实体的理论。由此，我们可以一般地把形而上学的问题分为两类：一类问题涉及作为诸存在物之本质系统的逻辑结构，一类问题涉及作为整体的宇宙之统一的存在根据。简言之，作为西方哲学的一个主要或核心的部门或学科，形而上学通常意指哲学中关于宇宙万物之最普遍、最一般、最根本、最高的根据、本质或基础的知识或理论。由于哲学家们对于形而上学的对象有着不同的理解和规定，因而形而上学的对象既可以是“存在”，也可以是“实体”或“本体”，从性质上讲它的对象有时被理解为“理性”（nous），有时被理解为“精神”，亦被理解为“绝对”。不仅如此，关于“存在”、“实体”、“本体”或“绝对”究竟是什么，哲学家们并没有一致的意见和共通的规定。由此可见，形而上学所研究的问题不是一个问题，而是一组问题或一系列问题，或者说形而上学问题是一个“问题域”，哲学家们在不同的历史时期所关注的问题有所不同，因而形而上学问题的演变与形而上学的历史演变密切相关。本节着重讨论形而上学所研究的问题，而下一节则意在梳理形而上学的历史演变。这两节在内容上之所以有些重复，是因为讨论形而上学的问题不可避免地将涉及形而上学问题的历史演变。

在西方哲学史上，巴门尼德是广义的形而上学的奠基者，他第一个将“存在”看作哲学的研究对象，后来智者高尔吉亚对此提出了他的著名的诘难：第一，无物存在；第二，如果有物存在，它们也无法为人所把握；第三，即使它可以为人所把握，也不可能把它说出来告诉别人。这可以说是对于形而上学问题的最早的比较集中的表述，它涉及究竟有没有真实的存在，我们能否认识它以及我们的语言能否表述它等等问题，而这些问题始终是令哲学家们争论不休的难题。在某种意义上说，这三个问题既是形而上学要解答的问题，同时也是形而上学自身所面临的问题。早期希腊自然哲学从宇宙生成论的角度追问自然万物的“本原”（arche）问题，试图把握变中不变以及多中之一，巴门尼德视面向多种多样的事物的感觉经验为“意见之路”，主张存在是一，是不动不变的，从而凸显了一与多的关系问题。苏格拉底—柏拉图将巴门尼德通过思想把握存在的思路具体化为追问“是什么”亦即本质概念或共相的问题，存在之“一”与万物之“多”的关系问题则转换为一般与个别、共相与殊相的关系问题，此问题在中世纪经院哲学中得到了广泛深入的讨论。

亚里士多德对形而上学所研究的问题进行了非常详细的分析，他在《形而上学》第三卷中列举了十几个形而上学应该解答的难题。① 自亚里士多德详细讨论了形而上学问题之后，在西方哲学史的不同历史时期，由于种种原因，形而上学的研究对象和问题也在演变之中。不过一般地说，形而上学涉及一系列的哲学问题。

一提到形而上学，首先使人们想到的是关于现象与实在（本质）的关系问题。自从巴门尼德区分了意见之路与真理之路以后，尤其是柏拉图区别了可感世界与理念世界之后，现象与实在（本质）的区别就成了形而上学的出发点。哲学家们意识到，我们所面对的自然万物都处在生灭变化之中，如果世界是永恒存在的，那么在生灭变化的事物背后应该有永恒不变的东西，这种永恒不变的东西是生灭变化的事物（现象）的存在根据（实在）。相对于从自然事物中寻找永恒不变而且在时间上最古老的“本原”的宇宙生成论，形而上学追问的是从逻辑上、本质上构成世界存在之基础和根据的“存在”或“实体”。因而，与现象相区别的实在具有“本质”的特征，由此哲学家们区别了现象的世界与本质的世界。任何生灭变化的事物都有其本质作为存在的根据，而诸本质就构成了一个本质的世界。于是，哲学家们便须面对本质与本质之间的关系问题、本质所构成的世界如何是一个统一的系统、统一的本质世界的最高根据是什么，这个最高的根据与诸本质之间的关系，以及本质与事物之间的关系等一系列的问题。不仅如此，哲学家们还需要面对一个关键问题：我们如何能够认识事物的本

① 参见汪子嵩等：《希腊哲学史》，第三卷，650页以下诸页，北京，人民出版社，2003。

质？更进一步的问题是：形而上学如何为人的存在提供根据？由此可见，形而上学的问题并非纯粹的形而上学问题，而是与认识论和伦理学等哲学的分支相互缠绕，密切相关。

以下我们准备从两个方面来说明形而上学研究的问题，然后简略说明当代哲学的形而上学研究。

1. 本体论的问题

如前所述，从亚里士多德深入探讨存在的意义即范畴开始，从范畴体系的方面规定世界的逻辑结构构成了哲学家们的重要工作。本体论是研究存在的理论。在近代哲学以来，哲学家们通常将最高的存在称作“实体”，因而我们可以把研究存在的逻辑结构即范畴体系的学科称作本体论，将研究最高的存在或实体的学科称作实体论。形而上学之所以研究范畴，其主旨是为了描述或说明世界的逻辑结构，这项工作不可能由任何一门具体科学来完成。它所面临的问题是，当我们把世界看作一个成系统的整体的时候，如果我们用范畴来规定这个系统的本质要素，可以由多少范畴构成世界的逻辑结构，范畴与范畴之间具有怎样的逻辑关系，它们如何构成一个范畴体系，以及作为事物的存在根据的范畴与事物之间的关系是怎样的，如此等等。

虽然柏拉图已经开始探讨理念与理念之间的关系即“通种论”，不过对于范畴之间的关系进行深入探讨并且提供了一个完整的范畴体系的是亚里士多德。在《形而上学》第四卷中，亚里士多德提出了研究“作为存在的存在”的任务，并且主要是循着分析存在的意义即范畴而展开研究的。在《范畴篇》中，亚里士多德概括了以实体为核心的十个范畴：实体、数量、性质、关系、地点、时间、状态、动作、所有、承受。在他看来，“就自身而言的存在的意义如范畴表所表示的那样，范畴表表示多少种，存在就有多少种意义”①。宇宙万物千差万别多种多样，都可以通过这十个范畴得到说明。因而在某种意义上说，亚里士多德的范畴体系乃是“存在之网”亦即世界的逻辑结构。具体科学研究的是存在的某一方面或者某种性质，哲学研究的则是“作为存在的存在”即存在本身，它以范畴体系的方式描述世界，亦为所有科学提供基础性的根据。亚里士多德的范畴理论通过中世纪早期的一些解释工作对经院哲学产生了深刻的影响，而按照亚

① 亚里士多德：《形而上学》，第五卷，《亚里士多德全集》，第七卷，121～122页，北京，中国人民大学出版社，1993。

里士多德的思路展开其范畴理论的主要是康德和黑格尔的贡献。

康德对于范畴理论的贡献主要体现在两个方面，其一是强调范畴不是世界自身的逻辑结构，而是我们认识世界的认识形式，他称之为“内在的”形而上学；其二是对亚里士多德范畴体系进行了改造，形成了量、质、关系和样式四组十二个范畴。黑格尔则力图恢复范畴的客观性，并且描述范畴体系的逻辑演进，以辩证法作为构成原则形成了一个严密的范畴体系。他将认识论、本体论和逻辑学统一起来，以历史与逻辑同一的原则，从人类精神对宇宙自然的认识过程中“提炼”出了他的范畴体系。一方面，黑格尔完善了从费希特和谢林就已经开始的范畴推演工作，另一方面，他通过辩证法使整个范畴体系体现为自我推演、自己完成自己的过程。仅就古典形而上学的任务而言，可以说黑格尔哲学标志着形而上学的完成。由于现代哲学发生了“语言的转向”，经过激进的反形而上学阶段之后，英美语言哲学恢复了形而上学的研究，哲学家们不再关心终极实在的形而上学问题，形而上学研究更多地表现为本体论的研究，只不过他们所研究的不是世界自身的逻辑结构，而是我们的语言世界的逻辑结构。而与此形成对照的是，海德格尔重提存在问题，指责以往形而上学的历史是一部“在的遗忘史”，而“存在”在他那里不是认识的对象，而是通过人的存在（此在）的生存活动而得以显现，因而他主张通过对此在的生存论分析构建“基础存在论”，后期的海德格尔则尝试了不同的方式以通达“存在”的源始境域。我们注意到，英美语言哲学和海德格尔的存在哲学在研究的方式和思路上存在着巨大的分歧，但是本体论问题仍然是它们关注的重要问题之一，它们都在研究“存在”或“是”的问题，不过对问题的理解不同于传统哲学。

2. 实体论的问题

实体（ousia）这个概念原本是亚里士多德范畴体系中的核心范畴，后来经过中世纪拉丁文的翻译，逐渐从范畴体系中独立了出来，成为近代形而上学研究的主要问题。在某种意义上说，在亚里士多德形而上学中研究终极原因和第一原理的科学，与研究最高存在的神学，在近代哲学中集中体现在关于实体的研究之中。

按照我们的规定，本体论研究的是存在的范畴体系或逻辑结构，不过它不可避免地关涉到形而上学另一方面的问题，即关于终极原因、第一原理和最高存在的问题，这实际上与形而上学的根本旨趣有关。由于在形而上学的历史演变中这方面的问题归结为实体的问题，所以我们称之为实体论的问题。

近代哲学的创始人笛卡尔把实体规定为能够自己存在而其存在不需要别的事物的东西。真正符合他的实体规定的只有上帝，不过就思维与广延各自相互独立存在而论，也可以把思维和广延看作有限的实体。于是，我思、上帝和物体构成了笛卡尔形而上学的三条基本原理。斯宾诺莎试图克服笛卡尔的二元论，他以实体、属性和样式为核心构造了一个一元论的形而上学体系。对斯宾诺莎来说，神即实体，而神是世界的内因，因而哲学不需要一个超越于世界之外的上帝，一样可以有效地说明世界。显然，就哲学家的追求而论，形而上学应该是一个统一的体系，因而有必要将本体论与实体论统一起来，亦即将关于世界的逻辑结构的描述与关于世界的终极原因、第一原理和最高的存在融合为一个体系，而这项工作最终是通过黑格尔哲学完成的。黑格尔以“实体即主体”为原则，为斯宾诺莎的实体融入了能动性的因素，构造了一个包罗万象的庞大的哲学体系。

我们不难发现，在上述形而上学问题中，有许多是成问题的，它们关涉到问题的真假、问题的提法、问题的可解答性等等。例如“宇宙万物中包含有永恒的存在作为其存在的根据”、“宇宙是可以为我们认识的统一的、有秩序的、合理的整体”等等，这些问题在长期的历史演变之中，逐渐受到了哲学家们的质疑。在某种意义上说，当希腊人开始哲学思考的时候，上述这些问题构成了他们尚未自觉的潜在前提。如果希腊人从一开始就怀疑宇宙万物是否是一个统一的、有秩序的、有统一根据或本质的、可以为人所知的整体，或许哲学思考就不可能开始。然而，当人们意识到，宇宙万物实际上是盲目的、非理性的，以往的哲学所构造的一个个精致的形而上学体系便动摇了根基，它们的崩溃则导致了哲学的转向。尽管形而上学仍然是现代哲学的研究内容，但是在性质上区别于古典形而上学。

3. 当代形而上学的问题

在某种意义上说，古典形而上学体现了西方哲学传统的科学思维方式，而现代哲学关于形而上学问题的研究表现为两种不同的思路，其一是以海德格尔为代表的思路，试图克服传统的科学思维方式，不是以理性认识的方式，而是以在他看来更为基础和本源的非科学的方式面向存在的问题；其二是以英美语言哲学为代表的思路，仍然延续传统的科学思维方式，不过把形而上学的研究限制在我们对世界的描述即关于语言世界的研究。

海德格尔试图通过克服形而上学来拯救形而上学问题——存在问题。

存在与存在者或存在物有着存在论上的差别，然而当传统形而上学试图以科学思维方式解决存在问题的时候，实际上是把研究存在物的科学思维方式拿来去解决存在问题，混淆了存在与存在物的差别，这就造成了“存在的遗忘”。前期的海德格尔试图克服主客二元式的认识论模式，通过描述此在即人的存在的生存活动揭示存在的显现。后期的海德格尔则宣称作为科学的哲学或形而上学的终结，而提出了思的任务，试图深入到“本源境域”，寻找直接面向存在的各种可能的方式。就此而论，海德格尔的目的是通过克服形而上学而拯救存在问题。

英美语言哲学与海德格尔一样面对存在问题，不同之处在于他们把存在问题转化成了语言问题。经过针对传统形而上学的激进批判阶段（逻辑实证主义），英美语言哲学逐渐恢复了对形而上学的研究，例如蒯因将本体论的问题归结为“何物存在”的问题，以“本体论的承诺”有条件地恢复了形而上学的研究，而斯特劳森则明确区别了“描述的形而上学”与“修正的形而上学”，在语言哲学的视野中恢复了“描述的形而上学”的研究。于是我们发现，当今英美哲学的形而上学研究的问题似乎与传统形而上学的研究是一样的，例如存在、共相与殊相、表象与实在、真理、人格同一性、自由与决定论等等，然而所有这些问题基本上都是围绕语言问题展开的。如果说传统形而上学研究的是世界的逻辑结构，那么当代英美哲学研究的则是语言世界的逻辑结构。

哲学史是问题史。围绕形而上学问题的产生、形成和演变，形而上学呈现出了复杂的历史演变过程。

三、形而上学的历史演变

从历史的角度看，形而上学问题不只是存在问题，但是它的确是从存在问题而发端的。在西方哲学长期的历史演变中，形而上学问题逐渐显露出越来越深邃、复杂、丰富的内涵。形而上学的形成以巴门尼德的存在学说为其开端，中经苏格拉底—柏拉图的理念论，在亚里士多德的形而上学中初步形成，但是经过中世纪哲学的改造，到了近代哲学那里已经发生了深刻的变化，虽然这些演变在希腊哲学中已见端倪。

如果我们承认形而上学或形而上学是西方古典哲学的主流，那么应该说西方哲学的逻辑开端不是泰勒斯而是巴门尼德，虽然任何一部西方哲学史都是从米利都学派的泰勒斯讲起的。正因为如此，黑格尔的《逻辑学》

以巴门尼德的“存在”范畴作为开端。当然，我们并不想否定泰勒斯作为西方哲学的始祖地位，以他为开端的早期希腊自然哲学的确为西方哲学这一独特的哲学形态奠定了基础。但是在巴门尼德之后，希腊哲学的确发生了重要的转变，从而使西方哲学走上了形而上学的道路。

1. 巴门尼德的存在论

早期希腊哲学以自然作为思考的对象，这个时期通常被称为自然哲学或宇宙论时期，它的主要问题是“本原（arche）”问题。按照亚里士多德的经典规定，所谓“本原”亦即万物从那里来，毁灭之后又回到那里去，一切皆变唯它不变的“始基”，它是宇宙最原始的开端和主宰。当时的哲学家们围绕着这个问题展开了热烈的争论，他们企图以自然来解释自然，用水、火、土、气这四大元素中的一种元素来说明自然万物，以求得真理性的知识。于是，有人说本原是水，有人说本原是气，也有人说本原是火……总之，在本原问题上，哲学家们众说纷纭，莫衷一是，难以形成普遍的共识，结果离他们追求知识的理想越来越远。正是在这一背景下，巴门尼德对自然哲学的道路进行了反思。

自然哲学家们试图通过知识的方式把握宇宙自然的本原，巴门尼德对他们的批评也正在于此。在留给我们的著作残篇中，巴门尼德一开始就指出了哲学探索的两条道路：一条是以“非存在”为对象的“意见之路”，一条是以“存在”为对象的“真理之路”。在他看来，自然哲学家的局限乃在于他们对本原的探讨建立在观察和经验的基础之上，而经验的对象都是生灭变化、相对、偶然的“非存在”，对此我们只能获得各式各样不同的“意见”，而不可能达到普遍必然的“知识”，所以这条道路是行不通的。因此哲学只有一条路，那就是以“存在”为对象的“真理之路”。按照他的观点，只有存在能够被思想和述说，非存在则既不能被思想也不能被述说，所以能够被述说和思想的一定是存在的，“作为思想和作为存在是一回事”。由此，巴门尼德便将“存在”确定为哲学的对象，为后来在西方哲学史上长期占据着统治地位的形而上学奠定了基础。

巴门尼德对哲学的主要贡献在于，他将存在确定为哲学的对象，从此哲学不再过多地追问自然的本原或构成元素，而是探索宇宙之统一的、最普遍的本质，亦即决定一事物是这一事物的最根本的东西，这就为形而上学奠定了基础。与追问宇宙自然“在时间上”最古老最原始的开端的自然哲学道路不同，巴门尼德致力于探讨宇宙自然“在逻辑上”处于第一位的根据或本质，他称之为“存在”。一切存在物都存在，但是它们总有一天都将不再存在，唯有使一切存在物存在的存在本身是永恒不变的真实存在。存在之于存在物，不是“生成性”的本原，而是“本质性”的根据。不仅如此，他亦以“思想与存在的同一性”为哲学之思辨思维提供了一个最基本的“公式”：通过感觉经验不可能达到认识与认识对象的同一性，唯有在思想或理性认识中才能获得真理。以后我们将看到，尽管巴门尼德的存在学说与形而上学或本体论并非就是一回事，但实际上在他的存在学说中已经蕴涵着形而上学或形而上学的基本要素。

2. 苏格拉底—柏拉图的理念论

以希腊哲学为开端的西方哲学一向以重视知识为其基本特征，自然哲学家们追问“本原”的目的是为了知识，巴门尼德扭转哲学的方向也是为了知识。继巴门尼德之后，苏格拉底和柏拉图进一步开拓和发展了这条追求知识的哲学道路，把哲学研究的重心集中在了探索事物“是什么”的问题之上。苏格拉底终其一生都在追问“是什么”的问题：美是什么？勇敢是什么？正义是什么？德性是什么？如此等等。由于苏格拉底追问的是一事物就其自身而言决定它是这一事物的定义或概念，因而人们通常把他的哲学思想称之为“概念论”，柏拉图正是在这一基础之上建立了他的“理念论”（形式论）。在柏拉图看来，可感事物变动不居因而只是意见的对象，事物的普遍共相即本质才是知识的对象。相对于由可感事物构成的“可感世界”，存在着一个“理念世界”：每一类事物都有它们的类本质或共相，亦即“理念”，所有事物的“理念”就构成了“理念世界”或“本质世界”，正如可感世界以太阳为其主宰，理念世界则由善的理念所统治。于是，柏拉图将世界划分为两个世界，亦即我们所说的“现象世界”与“本质世界”，唯有“本质世界”才是哲学思考的对象。晚年的柏拉图虽然苦于无法解决这两个世界的关系问题，但是他认为就知识而言绝不能放弃理念论的立场，因而他更关注的是理念之间的关系问题，于是他尝试进一步说明理念世界的统一性。

在某种意义上说，柏拉图的理念论为西方哲学奠定了基本思路，以至于怀特海声称一部西方哲学史不过是为柏拉图作注释而已。虽然怀特海的论断有些夸张，但是柏拉图的确引发了诸如一与多、本质与现象、共相与殊相、经验与实在、感觉与思想以及共相之间的关系等一系列形而上学的问题。

3. 亚里士多德的形而上学

亚里士多德显然不同意柏拉图关于理念与事物相“分离”的观点，他认为真正现实存在的是个别的具体事物，而在个别的具有事物中形式和质料是不可分割地结合在一起的。然而另一方面，亚里士多德主张认识所认识的乃是事物“是什么”的形式或本质，所以在认识上我们可以将事物中的形式与质料分开，以形式作为认识的对象。由此可见，就追求知识而论，亚里士多德与巴门尼德、苏格拉底和柏拉图在根本上是一脉相承的。在《形而上学》中他认为，一般的科学所研究的是存在的某一属性或某一方面，至于这些属性或方面赖以存在的存在本身它们是从不过问的，因而一定有一门学问专门研究存在本身或“作为存在的存在”，这门学问就是“第一哲学”。正如存在的各种属性和各个方面皆以存在为其基础和前提一样，第一哲学亦是一切科学的基础和前提。然而与巴门尼德不同，亚里士多德发现，“存在不是种”，作为最高的普遍性，存在不可能通过形式逻辑的“种加属差”的方式来下定义，因而我们无法直接规定存在是什么，更何况“存在有多种意义”。于是，亚里士多德以存在的“意义”来回答存在问题，他将存在的本然意义称作“范畴”（ketagoria），认为“就自身而言的存在的意义如范畴表所表示的那样，范畴表表示多少种，存在就有多少种意义”①，并以十个范畴囊括了存在的全部意义。在这十个范畴中，ousia亦即事物之“是什么”（ti esti）或“是其所是”（to ti en einai）居于中心地位，这就是后人所说的“实体”。当亚里士多德以诸范畴的体系来解决存在问题的时候，他实际上所建构的乃是“存在”的“存在之网”亦即世界的逻辑结构。显然，从巴门尼德经过苏格拉底—柏拉图到亚里士多德，他们在基本的思维方式上是一致的，这就是通过思想来把握存在，把握宇宙自然的本质，但是在如何把握存在的问题上这种思维方式得到了进一步的深化，从而形成了以存在的意义即范畴体系或世界的逻辑结构为其对象的本体论。与柏拉图等级式的世界图景不同，亚里士多德的形而上学是以“实体”为中心的“网状”的范畴体系。当然，亚里士多德的形而上学不仅仅是存在的范畴体系，也包括对于不动的动者即“神”的研究，这方面被后人称为“神学”。

中世纪经院哲学作为柏拉图主义和亚里士多德主义的混合物，致力于通过亚里士多德的逻辑方法来论证上帝的存在，这就使形而上学范畴体系中的实体变成了哲学的最高对象。Ousia在亚里士多德的范畴体系中的确处于中心地位，但它并不是超越于其他范畴之外的独立存在。而中世纪的

① 亚里士多德：《形而上学》，第五卷，《亚里士多德全集》，第七卷，121～122页。

经院哲学为了与上帝的地位相应，便使实体从范畴体系中独立出来，成了形而上学的独立对象。与此同时，经过拉丁语的翻译，希腊哲学的概念也发生了不同程度的变形。而近代哲学在希腊哲学和基督教哲学的双重影响之下，形成了富于近代特色的形而上学。

4. 近代哲学的形而上学

如果说古代形而上学主要关心的问题是“存在是什么”，那么可以说在近代哲学中，哲学家们意识到我们关于事物的知识与事物之间的差别，从而开始关注“我们能够认识什么”的问题，这就是所谓的“认识论的转向”。古代哲学在一定程度上尚未从理论上将思维与存在区别开，哲学家们相信事物就像我们所思想的那样。随着人类认识活动的深化和发展，近代哲学意识到我们所认识的事物与事物自身可能是不一样的，因而哲学家们开始深入地分析知识和我们的认识能力，并且把认识主体确立为认识的逻辑前提。在近代哲学的奠基者笛卡尔那里，不是“存在”而是“我思”构成了形而上学的“第一原理”或基本出发点，并且在此基础上形成了形而上学的主要对象，即上帝、我思和物体等三个实体。由于近代哲学主体性原则的限制，使他们难以解决思维与存在的同一性问题，康德把近代哲学的二元论推到了极致，通过对理性的“批判”划分理论理性与实践理性的范围，一方面以知性的范畴体系重构了“内在的”形而上学，另一方面把“超验的”形而上学转移到了伦理学的领域。而黑格尔则试图重建形而上学的统一体系，他在融合古代哲学客观主义立场与近代哲学主体性立场的基础上恢复了亚里士多德的形而上学理念，以“实体即主体”为核心，以认识论、本体论、逻辑学同一的原则建构了一个包罗万象、庞大恢弘的形而上学体系。在某种意义上，黑格尔哲学既标志着古典形而上学的完成，亦象征着古典形而上学的终结。

5. 现代哲学的形而上学

现代西方哲学是从反形而上学起家的，形而上学问题在此显得更加复杂了。经过 19 世纪末 20 世纪初激进地反形而上学的浪潮之后，形而上学在现代哲学中以不同的方式重新受到哲学家们的重视，当然他们的研究是在深入反思西方哲学传统观念的基础上进行的。

在现代哲学中，海德格尔独树一帜，批评传统形而上学的科学思维方式“遗忘了存在”，要求重提存在问题。他从现象学的立场出发，试图克服主客二元式的认识论局限，通过对人的存在即“此在”（Dasein）的生存活动的生存论分析，将“存在”带到敞亮之所，回归哲学的本源之处。而英美分析哲学或语言哲学主要关注的问题不再是存在问题或认识问题，而是语言问题，亦即语句陈述的意义问题，这就是所谓的“语言的转向”。在某种意义上说，斯特劳森通过“描述的形而上学”与“修正的形而上学”的区别，在分析哲学中恢复了形而上学的研究。现在，形而上学仍然是英美哲学界的基础研究之一，只不过所研究的不再是关于世界本身的逻辑结构，而是我们的语言世界的逻辑结构。

以上我们简要回顾了西方哲学形而上学的历史演变，我们可以清楚地看到，从巴门尼德的存在论经过苏格拉底—柏拉图的理念论形成了亚里士多德的形而上学，经过中世纪经院哲学的变形和近代主体性原则的崛起形成了近代哲学的本体论，黑格尔则通过恢复古代形而上学传统的方式使形而上学得以完善，而语言的转向亦使语言问题成为现代哲学思考形而上学问题的基点。由此可见，不恰当地说，西方哲学形而上学问题的历史演变大致走了一条从存在到认识而到语言的过程。如果我们从广义上理解形而上学概念，那么可以说形而上学应该包括巴门尼德的存在论、亚里士多德的形而上学和近代本体论，也应该包括现代哲学对语言问题的思考。

参考文献

亚里士多德．形而上学．亚里士多德全集．第七卷．北京：中国人民大学出版社，1993

布鲁斯·昂．形而上学．北京：中国人民大学出版社，2006

彼得·范·因瓦根．形而上学．北京：北京大学出版社，2007

彼得·F·斯特劳森．个体：论描述的形而上学．北京：中国人民大学出版社，2004

第二章　柏拉图的形式论

余纪元

柏拉图的形而上学是西方哲学中最有影响的形而上学理论之一。后世哲学家所讨论的许多问题，比如现象与实在、观念和实在、知识与信念、普遍与个别、美与丑、善与恶、理性与情欲、理性与审美、变与不变、摹本与原本、人与社会以及其他种种成为西方哲学中心主题的二元区分和对立，大多都始于柏拉图。正是在这一意义上，怀特海才断言，整个西方哲学只不过是一连串柏拉图的注脚而已。①

柏拉图形而上学的主要论点是，在我们所见所闻的可感世界之上，还有一个真正实在的由形式（eidos）或形相（idea）构成的理智世界。只有理智世界才是真正的知识的对象。他还通过太阳之喻、线段之喻、洞穴之喻这三大比喻对两重世界的每一个作了进一步的划分，进行了更细致、更丰富的分析，从而为我们提供了一幅关于实在世界的恢弘画卷。本文将展示柏拉图建立这两重世界以及对它们作进一步划分的主要论证，并批判性地分析考察这些论证所引起的诸多解释上的和哲学上的问题。

一、理论名称与系统性

我们习惯于把他的理论称作“柏拉图的理念论”。因为在中文里柏拉

① 怀特海：《过程与实在》，53页，剑桥大学出版社，1929。

图形而上学的中心概念 eidos 或 idea 一般译为“理念”。可是用“理念”一词来译柏拉图的 idea 是错的。柏拉图的 eidos 或 idea 不是人头脑中的观念性的东西，而是用灵魂之眼所观照、所洞见的事物的内在形状。柏拉图专门指出，头脑中的思想观念一定有外在事物为其对象。他的 idea 是思想的对象，而不是头脑中的观念。[①] 在西方，一直到早期近代哲学，idea 才被用来指艺术家头脑中所设想的模型，成了头脑中的观念。笛卡尔把 idea 看作是对外在事物的反映。这一用法为英国经验主义者洛克、贝克莱、休谟等普及。但这是近代哲学的用法，不是柏拉图的意思。

柏拉图使用两个概念（eidos，idea）来指称他所认为的最真实的存在物。这两个词都来自古希腊语中的动词 eidō。它是“看”的意思，其词根是 id。从 eidō 中得出名词 eidos（英文译作 form，即形状或形式），而同时从词根 id 引申出一个名词 idea。eidos 和 idea 是同义词，只不过其派生的方式不同。这二者在柏拉图那里是互换使用的，很难说他更偏向于其中的哪一个。柏拉图选用这两个概念是基于从肉眼的“看”（eidō）类推到灵魂之眼的“看”（知），从肉眼所看到的外在形状（eidos 或 idea）类推到用理性才能把握的事物的内在形式。用肉眼看，看到的是事物的外在的形状；而用灵魂之眼进行“观照”（即“知”），所“洞见”到的是事物的内在形状，即内在结构或本质。柏拉图用同样的表示形状的词“eidos”和“idea”既用来表达用肉眼观看到的事物外在的形状，也用来表示用灵魂之眼观看到的事物的内在的形状。即是说，柏拉图所划分的两个世界，可感世界是由肉体的眼睛看到的外在形状，而可知世界是灵魂的眼睛所看到的内在形式。

在英文中，柏拉图的形而上学既被叫做 Theory of Forms，也被叫做 Theory of Ideas。这两个概念是互用的，没有什么差别。但在中文中，我们只讲“理念”，不提“形式”，只讲“理念论”，基本不提“形式论”。这对我们理解柏拉图哲学造成了伤害。从哲学史中的传承关系，后来亚里士多德区分了“形式”和“质料”，而其“形式”和柏拉图的“形式”是一个词，都是 eidos。不过人们都知道亚里士多德的“形式论”，而不知道柏拉图的“形式论”。如果我们多讲“柏拉图的形式论”，那么不仅会有效减少对柏拉图的误解，更能帮助理顺柏拉图与亚里士多德的关系。

对于这个问题，我国希腊哲学研究的前辈们早就意识到了。陈康先生

---

① 参见《巴门尼德篇》，132b-c。

在他的《巴曼尼德斯篇》中就采用了“相”来翻译 idea。后来汪子嵩等先生在写作多卷本《希腊哲学史》第二卷时也一直采用“相”的翻译。王太庆先生也多次指出这一点。他们力图传达柏拉图的准确意义，匡正译弊。只是由于习惯影响，“理念”与“理念论”的说法流传依然甚广。

“相”这个译名在哲学上是没有问题的，很忠实于柏拉图的原意。不过，我想在这里作一点小改动，用“形相”来译 idea。理由有二：首先，虽然“相”在哲学上是对的，表达了事物的内在本质结构，但是在现代汉语中，“单字不成词”；其次，idea 与 eidos（形式）有字根联系，而“相”与“形式”的联系表现得不直接。用“形相”则避免了这个问题。所以我建议，当柏拉图使用 eidos 的时候我们把其翻译成“形式”，而当他使用 idea 的时候，我们可以把其翻译成“形相”。相应的，我们应把他的理论叫做“形式论”或“形相论”。

虽然我们讲柏拉图的“形式论”，仿佛它是一个系统的理论，但是他却从来没有专门地或系统地阐述过这一理论。没有一部对话是专门关于形式或形相的。他对“形式”的讨论通常是他在不同对话中在探讨别的问题时引入的。而且我们已经看到，他在引入形式时常常是作为已同意的前提，尤其是如果对话者是同情他的理论的人，有一定哲学水平的人，常年跟随他的人。学者们不断争论我们是否应当、是否能够将不同对话中的对形式的讨论糅合在一起或系统化。换言之，柏拉图的形式论是否是一个系统的理论。

西方学者大致分成两派。有些学者认为不应该把柏拉图的形式论看作一个系统，因为柏拉图在每篇对话中谈论形式时，其作用和功能以及论述都是不同的。形式在一篇对话中的作用不容易用该对话之外的材料来说明。没有必要也没有可能把他的形式论组建成一个系统理论。但是也有学者认为，柏拉图的形式论是可以被系统化的。这种努力对我们更好地理解柏拉图，尤其是讲授柏拉图时很有必要。毕竟，人类理智不喜欢零零散散的碎片，而乐意于有序、有结构的整体。我自己持后面这种立场。毕竟柏拉图自己也有要把形式论系统化的倾向。他在《理想国》第 7 卷中说，一个辩证法家是能够把所有的理论整合为一个整体的人。

二、划分形式世界与可感世界的论证

在柏拉图的许多对话中，形式是直接引入的，没有任何引导性的讨论。柏拉图的苏格拉底认定他的对话者已经有背景性知识了，所以引入他的形式而又不对其做说明。在《斐多篇》中，形式先是被用来论证灵魂不朽。苏格拉底对对话者西米亚斯（Simmias）说：

“西米亚斯，下面的这个论点怎么样？我们是不是说有正义本身这样的东西存在?”

“向宙斯发誓，我们确实这样说。”

“我们也说美和善存在?”

“当然。”①

西米亚斯并不是一个柏拉图主义者，而是作为一个毕达哥拉斯主义者，要挑战柏拉图的观点，可他的回答说明他也接受形式存在这一论点。

在另一处，苏格拉底又对西米亚斯说，如果他们谈到的诸如美和善以及所有那种实在总是存在，那么，苏格拉底就可以向西米亚斯证明灵魂不朽。在几行之后他又说，“对于我个人来说没有什么比这更清楚了，即，美、善以及其他刚才提到的实在必定确实是存在的”②。在《斐多篇》100b中苏格拉底要建立他的假设方法。但是当问到他这种假设的方法是什么时，他回答说，这种理论不是什么新东西，就是他经常提到的美自身、善自身、大自身以及诸如此类的东西，如果允许此类东西的存在，那么，他就可以以此作为讨论的出发点，解释清楚灵魂不朽。而作为苏格拉底当时对话者的克贝（Cebes）毫不犹豫地说，他认定这些东西是存在的。西米亚斯和克贝似乎都有我们所不具备的形式论的背景知识。可对于我们，要理解柏拉图，必须把这种背景知识揭示出来。

在《理想国》第5卷，柏拉图比较详细地论述了为什么在我们所见所闻的可感世界之上，还有一个真正实在的由形式（或形相）构成的理智世界。他的目的是为了说明谁是真正的可以做国王的哲学家。而要说清楚究竟谁才能被称为真正的哲学家，就必须解释清楚什么是真正的哲学。在那里，苏格拉底对格劳孔说：“向别人说清这个问题不容易，但我想你是会同意的。”③ 换言之，在讨论谁是真正的哲学家时，柏拉图又区分了两批听众：一是像格劳孔这样对他的思想尤其是对他的形式论比较熟悉的听众，二是对他的理论并不熟悉、甚至不喜欢哲学的人。也就是说，柏拉图用了两套论证来说明谁是真正的哲学家的问题。对前一组听众，他是要帮助他

---

① 《斐多篇》，65d。
② 同上书，76d。
③ 《理想国》，475e。

们理解。对于后一组听众，他需要从头进行说服。我们先把这两套论证的内容摆出来，然后以此为基础探讨一系列关于柏拉图形式论或形相论的基本问题。

（一）第一套论证（《理想国》475e-476d）。大致步骤如下：

1. 美和丑是相对立的两种不同的东西。它们每一个都是一。正义和非正义、好与坏，及其他“形式”（eidos）亦然。

2. 这些形式每一个都是一；可因为它们呈现于各处，与行为、身体等相联，又互相联系，故同时也是多。

3. 爱美丽景色与悦耳音乐的人喜欢美丽的颜色、形状、声音及一切由此形成的东西，可他们的思想不可能明白，不可能理解美自身即美的形式的性质。只有少部分人才能够观照美的形式或理念，就它自身而理解它。

4. 因此，人可分为两类：一类是爱具体的美的事物及其他特殊事物的人，还有一类是人爱美的形式或理念。

5. 前一类人喜欢看美的具体事物却不懂美本身，而且当别人想告诉他美的具体事物不真实、需要去追求并观照形式本身时，他也不能遵循能把他引导到美自身的引导者。这样的人是生活在梦幻之中的，而不是处于清醒状态。相反，后一类人相信美与其他形式自身，能够既明白形式本身又能区分美自身与它的分有物。这样的人是清醒的，不是生活在梦幻中。

6. 只是相信美的东西或其他特殊事物的人，其思想只是“信念”或“意见”（doxa）。而对于能把握住美本身的人，其思想乃是“知识”（episteme）。

结论：那只爱美的景色、美的声音的人只具有有关具体事物的信念或观念，只有那把握美自身、拥有知识的人才是真正的哲学家。

在上面的论证中，我们看到，苏格拉底在第一步就将形式或理念引了进来，并且没有提供任何解释。而格劳孔对此既没有提出质疑也不要求说明。可见，他已经具有形式论的一些知识，并且是同情这一理论的。由此我们可以明白为什么苏格拉底对格劳孔说，“向别人说清这个问题不容易，但我想你是会同意的”。

但是，不具备这样的哲学背景，而且只具有信念的人很可能会对上面的第一套论证不信服。苏格拉底指控爱美的景色、美的声音的人，认为他们能看到并接受许多美的事物，却没有认识到美自身，而且他们不能遵循有知识的人的引导，不能区别美自身与美的事物，也没有接触形式的认知能力。万一这些人不相信他们自己这么差劲，并对苏格拉底如此贬损他们表示愤怒，苏格拉底有办法说服他们吗？于是苏格拉底又提出了第二套论证旨在劝说那些只爱美的景色、声音的人。

（二）第二套论证（《理想国》476d–480a）。从那些只爱美的景色、声音的人能接受的前提开始，它以478e6为界，又可以分为两部分。前半部分的要点如下：

1. 知道的人知道某物，知道某存在物。因为一个人不可能知道不“是”、不存在的事物。

2. 完全的“是”或存在（on，being）是完全可知的，绝对的不是或不存在（non-being）是绝对不可知的。

3. 如果某个东西既是又不是、既存在又不存在，则它肯定居于真正的存在与绝对的不存在之间（477c6–7）。

4. 知识涵盖的是存在或“是”，无知涵盖的是完全不存在或“不是”。而涵盖那既是又不是、既存在又不存在的居间事物的，也必定处于知识和无知之间（477a10–b1）。

5. 知识（episteme）是一种能力，一种使我们知的能力。意见（doxa）也是一种能力，一种形成意见或观念的能力。能力在古希腊文中为dunamis，后来亚里士多德用的“潜能”一词也是这个字。它可以是一种力量（power），也可以是一种官能（faculty）。

6. 每一种能力都有其发挥作用的领域，而且每一种能力都能产生自己的结果（477d2–5）。因此，要区分两种不同的能力就必须找到其发挥作用的即涵盖的范围以及其相应的功效。如果两种能力发挥作用的范围和其功效不同，那么，它们就不是同一种能力。如果两种能力发生作用的范围相同、功效相同，那么它们就是同一种能力。

7. 知识和意见是不同的能力，它们涵盖的对象范围不同、具有不同的功效。

8. 知识涵盖的对象是存在或“是”，所以意见涵盖的对象不可能是存在或“是”，只能是与存在不相同的东西。但它也不可能是完全的不存在或“不是”，因为人们对完全的不存在既不可能有知识，也不可能有意见。意见是关于某物的意见，因此其对象既不是“是”，又不是“不是”，是既存在又不存在的东西。因此，意见既非知识又非无知。它比知识昏暗，又比无知明亮。它包含真理的程度要比知识少、比无知多。它居于知识与无知之间。

9. 知识是不可错的，而意见则有时真，有时假（477d-e）。

在《理想国》478e6以后直到480a是第二套论证的后半部分。柏拉图用前半部分得到的结论来说明爱美景美声或其他特殊物的人只有信念或意见，没有知识。大致的步骤是：

10. 任何美的特殊事物都会有其丑的一面。同一个事物，不同的主体从不同的视角、不同的时间出发可能会得出不同的美丑结论。任何一个美的特殊事物，在某一方面显得美，而在另一方面会显得丑。这就意味着美的具体事物不可能是纯粹的美，而是同时包含着美和它的对立面。其他所有的特殊物都会如此。比如大的事物和小的事物可以相互转化。任何特殊的正义事物总会有其不正义的方面。如此等等。对立面同时存在于特殊物之中。具体事物都会有"既是又不是"的结构，在存在与不存在之间。它们不可能比"是"更是"是"，也不可能比"不是"更加"不是"。简言之，美及其他特殊物是居于不存在与存在之间的（479d3-5）。

11. 此前已经证明，这类事物是意见的对象，而不是知识的对象。

12. 于是，如果一个人只看那些美丽的事物却看不到美本身，又不能跟随有真知的人领导而通达美本身、正义本身及其他形式，这样的人对一切事物只有意见或信念，可是对他有意见或信念的事物却没有知识。

13. 与此相对照，美自身在各个方面总是相同的。把握了它及其同类事物的人有真正的知识。知识是对形式的知识。

结论：爱美的颜色与声音的人生活在可感世界中，只能是爱意见者（philo-doxas）。只有那些喜欢并能观照美自身或美的形式的人才是真正的哲学家（philo-sophos）。

柏拉图的这两套论证，无论是针对哲学家的还是针对非哲学家的，其目的都在于论证形式或形相是存在的，并且是知识的真正对象。为了要有知识，一定要理解形式。可是他的第一套论证直接引入了形式。在其第二套论证中，柏拉图没有直接讲形相或形式是什么。他的着重点是证明可感事物处于存在（是）与不存在（不是）之间，并且以此为对象的心智状态是意见或信念。他的第二套论证是针对非哲学家的，人们会期望它比较容易理解。但众多的柏拉图注释者对如何理解它一直是争论不休的。

上面关于谁是真正的哲学家的两套论证涉及什么是形式、形式与特殊物的关系、形式与存在（是）的关系等问题，而它们也正是柏拉图形式论或形相论的基本问题。由于柏拉图留下许多中心问题没有阐述，我们便有许多解释工作要做。

三、形式：普遍与模型

形式是如何得到的？柏拉图在《理想国》第10卷596a5有一个说明。他说，如果有一类事物分享了同一个名称F，我们就可以确定有F这个形式存在。比如，如果说衣服是美的，人是美的，画是美的，那么就可以确定有"美"这个形式存在。这样，形式便是多上之一，是多种具体事物所呈现的共性，是能够应用于多种事物的共名。

在《斐多篇》102b中，柏拉图也说，每一个形式存在，分有它们的事物从它们那里得名。这是因为分有它们的事物都包含该属性。我们之所以能说衣服是美的、人是美的、画是美的，就是因为它们分有了同一个形式——美。衣服、人和画是多，可以相互替换，但它们却都可以为一个共同的名称——美来谓述。换言之，这个"美"就是衣服、人和画的共同谓项。

在印欧语系中，最基本的表达思想的句子类型是"S is P"。形式或形相是这一主谓结构中的谓项。在柏拉图看来，在这个句子中，谓项P是最重要的，可以用来述说一类事物。

衣服是美的，

人是美的，

画是美的，

…………

在这些句子中，主词可以不断变化，而谓词相对于同一类事物是不变的。所以共同谓项比单个主体真实。后来的亚里士多德则反柏拉图而动。他认为，重要的不是谓项P，而是主项S。比如：

苏格拉底是白的，

苏格拉底是人，

苏格拉底是哲学家。

…………

在这类句子中，重要的是作为主语的苏格拉底。其他的谓项，无论"白的"、"人"或者"哲学家"都是作为属性归属于苏格拉底的。主体是hupokeimenon（躺在下面的东西）。hupokeimenon后来在拉丁文里译成substantia（站在下面的东西）。可由于在《范畴篇》中作为hupokeimenon的是ousia，substantia也成了ousia的翻译。其实ousia从to be的阴性分词而来，与 being（“是”或存在）同义。亚里士多德把它说成是第一意义的绝对的“是”或存在。substantia 在英文里变成 substance，在中文里常译作“本体”或“实体”。

共同谓项即是普遍。按亚里士多德在《解释篇》中的定义，普遍是可以述说许多事物的东西；而特殊则是不可以述说其他事物的东西。由此看来，柏拉图的形式或形相是普遍，他的形式论或形相论是一种关于普遍的理论。

什么是普遍？普遍如何存在？普遍以什么方式和具体的事物相联系？这些问题一直是西方形而上学的核心问题。在当代的形而上学中，关于普遍是什么有三种主要立场：唯名论（nominalism）、概念主义（conceptualism）和实在论（realism）。当然，每种立场下又可以分为很多类型。唯名论认为普遍是一种名称。概念主义认为虽然普遍只存在于我们的头脑之中，但却反映了一类事物的意义。实在主义则认为普遍不是存在于人头脑之中的，而是存在于外在的世界之中。但是这三种学说每一种都有其问题：唯名论的观点无法解决在我们的生活世界中普遍的意义问题。概念论无法搞清楚意义的对象是什么。实在主义者则无法解释清楚普遍的实在性是如何存在的。

柏拉图的观点属于第三种类型。形式作为普遍不仅仅是共名和共同谓项，而是一种客观的性质，是一类事物自身的属性。形式作为普遍与事物的定义有关。苏格拉底在《尤息弗罗篇》中追问尤息弗罗什么是“虔敬”。尤息弗罗开始给出的答案是，“虔敬是惩罚犯罪者”。苏格拉底教育他说，这只是一个例子，而不是定义。对“什么是 X”这类问题的回答应当找到一个形式（eidos）F。它呈现在一切被称为 F 的事物中，是所有 F 事物都共有的 F 这一共同属性。因为它，F 的事物才成为 F。一个适当的定义必须找到这样的形式。这一定义不是说明该术语的日常用法，而是要揭示该术语所代表的客观的共同本质。正是由于这一客观属性的存在，才使得相应的术语有意义。因此，关于“虔敬”的定义，尤息弗罗应给出“虔敬”的形式或形相。它是为所有虔敬的行为所共有的并使其成为虔敬的普遍属性。它能解释所有被称为虔敬的行为为什么是虔敬的。这样，柏拉图的形式不是约定俗成的共名，不只是名词意义，而是事物的真正客观的属性。

进一步，柏拉图的形式与形相不只是客观的普遍属性，它们还是可摹仿的原本，是范型。在《尤息弗罗篇》6e4，苏格拉底说一旦找到虔敬的形式，我可以仰望它，把它看作一个模型、一个标准来确定一种行为是否是虔敬的。在《理想国》第 10 卷，床的形式被看成是木匠用来制作床的模型。在第 5 卷针对格劳孔的第一套论证中，苏格拉底也说，爱景爱色的人生活在梦幻中，因为他们分不清原本与摹本。①

作为样本，形式自身必定绝对完美。形式自身必定具有其摹本的属性，而且是它自身所代表的属性的最完美的代表。美自身必定是美的，大自身必定是大的，善自身必定是善的。这就是说，柏拉图的形式是一种自我谓项。作为共同谓项，形式不仅述说于个别事物，也述说于其自身。所以，美本身、善本身、大本身不是我们所理解的概念或者类本质的话，说美的概念自身是美的，大概很荒唐。但是，柏拉图的形式本身是一种外在于我们头脑的客观存在物，因而其可以具有属性。这当然不是说自我谓项是好懂的观点。

除了作为普遍与样本外，形式又是原因。形式具有解释功用。我们要找到一类事物的形式，乃是因为由于形式，一切事物才具有形式所代表的属性。柏拉图在第 5 卷中说，由于美的形式，一切美的事物才成其为美。因而，美是具体美的事物的原因（aitia）。这里的原因和我们今日说的原因（cause）并不完全相同。在近现代哲学中，原因是与结果（effect）对应的。当柏拉图说，由于美的形式，美的具体事物才成其为美的时候，他并不是在原因与结果这种意义上描绘形式。他是要给世界提供一个理由（reason）、一个解释（explanation）。形式作为原因更接近于今天的“因为”（because），是要回答“为什么”（why）的。

根据《斐多篇》，把形式作为原因，是一种假设（hypothesis）。苏格拉底在这篇对话中说，他在刚接触哲学的时候学的是自然哲学，但是自然哲学对于很多事情并不能提供充分的解释。比如，自然哲学都无法解释当他被雅典人判处死刑之后为什么不逃跑而要留在监狱中等死。他之所以不逃跑绝对不能通过诉诸物质元素来说明，即是说，绝不是由于他的肉、骨等身体方面的缘故。在他看来，能对世界上的事情做出最好解释的，是诉诸一个安排这个世界的理智。它能够把世界上的一切事情安排得井井有条，把每一事物放在它最合适的地位。但是，在苏格拉底看来，找到这样的理性实在太困难。所以，他退而求其次，要找到第二好的航海方法，即如果没有顺风送行，就使用橹桨划船。这种第二好的方式是为所有有待于解释的事物找到一种假设。这就是他的假设法。苏格拉底说：“我以这种

① 参见《理想国》，476c-d。

方式开始：在每一事情中都把那在我看来最有说服力的理论当作我的假设。”[①] 那么这种最有说服力的理论解释究竟是什么呢？苏格拉底回答说就是有形式存在作为事物的原因：“如果在美自身之外还有美的事物存在，那么美的事物之所以是美的，一定是由于分有了美的形式，而不是出于其他原因。”那么，他的假设自身该如何自我证成呢？他的解决办法是：（1）再做一个假设并以此逻辑向后推演，直至最后原则；（2）看它是否有效地解释了它所要解释的东西。

这样，柏拉图的形式是共同谓项，共同属性；它既是普遍又是原本，同时又是假设性的原因。但这些特征如何能妥善地集合在一起，则构成了我们理解这一形而上学概念的挑战。

四、分离、分有、摹仿

按照亚里士多德在《形而上学》中的记载，历史上的苏格拉底和柏拉图最大的差别在于：苏格拉底寻求普遍的定义，但没有把普遍从特殊中分离开来。[②] 而柏拉图则把普遍从特殊中分离了出来。历史上的苏格拉底更关注于伦理学问题。他常常追问什么是美、什么是善以及诸如此类的问题。回答此类问题需要找到形式或形相，即美、善这样的共同的属性和特征。但他从来没有专门考察过什么是形式。柏拉图仔细考察了形式，并将形式从特殊事物中分离出来。在《巴门尼德篇》130c中就明确说形式分离于特殊物。柏拉图也经常使用“自身”（hauto，itself）一词来说明形式，把美的形式说成“美自身”，把善的形式说成“善自身”。这个词也被扩展成“itself by itself”（hauto kath hauto）。“自身”也是意欲说明形式是分离于具体事物的。

但是分离是什么意思呢？柏拉图自己对此没有说明。“分离”（choristos，separation）是与“在……之中”（hen，immanence）相对立的。但是，柏拉图也没有解释“在……之中”是什么意思。

希腊词“分离”的本义与空间有关系，指的是两个事物占有各自的空间而不互相重合或互相交叠。但是柏拉图从来没有说过形式和个别物占有不同的空间。在《蒂迈欧篇》中，他特意说形式不在任何时空之中。[③] 因

① 《斐多篇》，100a。

② 参见《形而上学》，I，6，987a30－987b10，XIII，9，1086b1－12。

③ 参见《蒂迈欧篇》，52a1－6。

为形式不是可感物，不能有任何时间和空间上的规定。那么，如果不能是时间和空间意义上的分离，又是什么意义上的分离？学者们有不同的理解。第一种观点认为，“分离”指的是定义上的分离。对形式的定义可以根本不考虑具体的、个别的事物。第二种观点认为，形式分离于个体物指的是，形式与个别事物在类别上不同，二者各有自己的属性。比如，作为形式的美永远是美的，不会因为时间、空间、观察角度的变化而变得不美，而作为个别的美的事物却可能因时间、空间、观察角度的不同而变得不美。第三种观点认为，应该把分离理解成独立。这就是说，形式独立于个体事物而存在。这个“独立”的意思是形式不需要分有它的个别事物来支撑就可以存在，其存在超越于它的一切可能与现实的个体化。比如，我们可以说张三是人、李四是人、王五是人，但是当张三、李四、王五都死掉之后，“人”依然存在。这就是说作为个体的人可以生生死死，但是作为其共相的“人”却始终存在。形式是永恒的，不受其分有物的影响。其存在不依赖于具体个体。我自己倾向于最后这种观点。

亚里士多德在《形而上学》第 1 卷第 9 章和第 13 卷中批判柏拉图把形式与个别物相“分离”的观点。他认为形式的分离使得它自身成为一个个别事物，而这是造成柏拉图哲学中所有重大困难的根源。不过，当亚里士多德在《形而上学》第 7 卷第 3 章论证自己的本体时，却又说“分离”是本体之所以成为本体的主要标准之一。这样，他一方面批评柏拉图的“分离”问题，另一方面却说自己的“本体”一定是分离的。于是，我们就又有了更多的关于分离的困惑：亚里士多德的分离和柏拉图的分离是否相同？如果不同，其差别如何？而这些困惑牵扯出一个根本问题，即普遍究竟以何种方式存在于这个世界上？普遍究竟以何种方式不同于个别事物？

虽然形式分离于个别事物，但是，个别事物又是和形式相联系的。它们是如何相联的？柏拉图使用了“分有”和“摹仿”这两个专门术语。“分有”在古希腊语中是 metechein（英文 partake，participate in，share in），即“共有”、“共享”的意思。世界上所有美的事物之所以是美的，就是因为分有了美的形式或形相，具体事物是分有物。不过，具体事物以何种方式“分有”形式？柏拉图并未对其做任何解释和说明。但这个概念显然不好懂。他自己后来就在《巴门尼德篇》中对此进行了反思，个别事物分有的究竟是形式的整体还是形式的某一部分？如果分有的是形式的整体，那么，作为一的形式怎么可能同时被各种各样的具体事物同时占有？

如果分有的是形式的部分，那就没有用形式来谓述该个别事物的可能。比如，如果大的事物分有了大的形式的一部分，那么，它分有的就不是大本身，而是小。而这是荒谬的。[①] 与“分离”一样，分有也是我们理解柏拉图的理论时的一个难点。

除了分有说之外，柏拉图还提供了另外一种个别事物关联于形式的方式：摹仿（mimesis）。美的事物之所以为美除了分有美的形式这一种可能之外，也可能是因为摹仿了美的形式。可是，摹仿一个人物的具体行为很容易理解，而摹仿形式则比较困难。当我们说“摹仿”的时候，被摹仿的原本和摹仿者之间在性质上是相似的。所以，要理解柏拉图的摹仿，我们必须明白在上面提到过的柏拉图的形式是一种自我谓项这一论点。类似于美本身、善本身、大本身这样的形式会被我们当作概念来理解。但是，如果仅仅是概念或者类本质的话，那么，形式就无所谓是否拥有属性。但是，柏拉图认为形式本身是一种外在于我们头脑的存在物，所以他才可以说美自身是美的、大自身是大的，以及诸如此类的表述。

分离、分有、摹仿这几个概念是柏拉图讨论形式与特殊可感物的关系的关键词。毋庸讳言，柏拉图对它们说得不够清楚，给注释者造成困难。以前哲学教科书总是说柏拉图把一般分离于个别，是“野蛮的唯心主义者”。其实形式与可感物的关系类似于普遍和特殊或一般和个别的关系。柏拉图只是力图说明它们的关系。后面的哲人努力想在柏拉图基础上把问题说得清楚些。这些问题在当代哲学中仍然是难点，依然需要不断探索。以前我们哲学教科书说，一般与个别关系的正确论点是，一般存在于个别之中，不能脱离个别而存在。这一论点或许是正确的，但肯定是不清楚的。因为问题的关键正是要说清“存在于……之中”是什么意思？“不能脱离个别”中的“脱离”又是什么意思？

五、个别物的不完善与变化

具体事物分有或摹仿形式，但所有的摹本都无法达到原本的完美程度。形式自身是完善的、圆满的，但具体事物始终是不完善的。因此，柏拉图经常说具体事物是形式的不完整的体现者。也就是说，某个美的具体事物所能达到的美的程度无法像美的形式一样完满。个别事物与形式相比

---

① 参见《巴门尼德篇》，130e-131b。

总是有欠缺，有缺陷，所以不能成为知识或定义的对象。

那么，摹本究竟在什么意义上不如原本？特殊物在什么意义上是有欠缺的？

传统的理解认为，在具体事物中所呈现的形相不如形相本身完美。可感的F事物中的F（形式），并不是真正的F，而只是接近于F。其不完美是因为占有形式的纯粹程度不够。所以，说形式完美而可感物不完美，是指它们各自所拥有F（形式）的程度不同。

一种新的更有说服力的解读则认为，所有美的事物所包含的美的形式是真正的，而不只是接近的。即是说，它们的美的属性正是美自身所代表的属性。① 具体事物是不完善的，乃是因为它们自身的本性。在具体事物中除了有该形相之外还有别的，甚至是相对立的形相。换言之，具体事物中所包含的内容比较多，显得比较混杂，不如形相自身那么纯粹。在《斐多篇》中柏拉图指出，"相等"的石头和棍子有的时候会显得既相等又不相等，而"相等"的形式却永远相等。在《理想国》479a，即他的第二套论证中，柏拉图说，美的形式始终如一，但美的具体物却具有对立面。它们有时美，有时丑；对这个人美，对另一个人丑；从这个角度看美，从另一个角度看又丑。正义的、虔敬的事物也一样。特殊的正义事物在这方面正义，在那方面不正义。特殊的虔敬行为在一个场合是虔敬，在另一场合则是不敬。总之，形式自身始终是和自身同一的，它不会转变成自己的对立面。但是具体事物则不同。在它们之中，对立的双方会共存其中。它们拥有对立的属性。

由此牵扯出理解柏拉图哲学的另一个重要问题，即变化。一般认为，柏拉图之所以要建立形式论，是因为赫拉克利特以及其学生克拉底鲁（Cratylus）的流变论。他们认为一切皆流、无物常住。柏拉图继承了这个观点并把其应用到可感世界中。正是因为可感世界的这种不断流动变化的特征，人们对它至多能有意见，而不会有知识。如果想要追求知识，就必须到不变的形相世界中去。亚里士多德在《形而上学》987a32中也的确是如此记述的。而柏拉图在《克拉底鲁篇》、《斐多篇》、《理想国》等对话中也多次明确说，具体事物经历变化，所以不是知识的对象。而形相则是不变的。知识要求以不变的形相作为对象。

---

① 参见 Alexander Nehamas, "Plato on the Imperfection of the Sensible World", *American Philosophically Quarterly* 12（1975），105—117。

但是，我们在此仍然可以追问，什么是变化？如何理解形相与特殊之间这种不变与变化的差别？

传统的对“变化”的理解常常局限在时间延续过程中对立面的变更。比如某一物在某一时间（T_1）是 P_1，而在另一时间（T_2）就会变成 P_2。而 P_1 和 P_2 之间在性质上是不同的，甚至是相对立的。比如，一年前某个人很胖，但现在却由于健身节食或其他原因变得很瘦，于是我们可以说他在这一年的时间中就身材而言发生了由胖到瘦的变化。可是，我们至少有两种方式来理解在时间过程中对立面的更替方式。其一，在时间流逝的过程中，一个事物在所有方面都发生了对立面的变化。其二，在时间流逝的过程中，一个事物在某些方面发生了对立面的变化。前者较为极端，后者较为温和。那么，赫拉克利特所说的变化究竟是这两种变化中的哪一种呢？如果说柏拉图受了赫拉克利特的“变化”的影响，而将其限制在可感世界中，他的变化又是什么意思？他是指可感事物是无时无刻不处在变化之中呢，还是说可感事物在某个时刻总是在某个方面发生变化呢？究竟是哪种变化使得可感事物不能成为知识的对象？学者们一直在这些问题上争论不休。

一种新的更具说服力的解释可以从对可感物的不完美的新的理解中获得。如果可感物的不完美是因为它拥有对立面，那么我们也可以对它的变化作相同的理解。即柏拉图的“变化”不是指在时间延续过程中对立面的变更，而是指具体的事物由于其就某种属性而言同时包含着对立面，对立面的共存也是变化。对立的双方共存于其中，对该事物造成了不稳定性。① 正是这种不稳定性构成了具体事物的变化。所以，当柏拉图说可感事物由于其可变性不能成为知识的对象时，指的是可感事物包含着对立的两个方面，它们总是相对于一定的视角、一定的情形、一定的条件，所以始终是不稳定的。由于具体的可感物既是 F，又是非 F，所以不能作为解释 F 的原则。只有形式是不变的而始终如一，在任何情况、任何条件、任何视角下都是不变的。美的形式是美的，始终是美的，从来不会是美的反面。它完全免于对立面的共存这种情况。

这样，当柏拉图说，可感事物的流变使得它们不能是知识的对象时，他所指的变化是指对立面的呈现，指的是不稳定性。当亚里士多德评论柏拉图的变化与形式的关系时，他不是说柏拉图认为可感物在不同的时间中

① 参见 T. Irwin，“Plato's Heracleiteanism”，*Philosophically Quarterly* 27（1977），1-13。

经历对立面的更替，而是指在对立面共存中体现出来的不稳定性。

六、 形式与 Being （是， 存在）

在第 5 卷第二套论证中，柏拉图认为，知识是关于真正“是”或存在（on，being）的。而真正的“是”是它的形式或形相。可感事物则“既是又不是”或“既存在又不存在”。完全的“是”或存在是完全可知的；绝对的不是或不存在（not-being）是绝对的不可知的。如果某个东西既是又不是、既存在又不存在，它就是意见的对象（477c）。因此，如果我们想要理解柏拉图的形式，必须理解什么是“是”或存在。他说形式是 being，而具体事物既是 being 又不是 being，到底是什么意思？

being 是西方哲学最中心也是最困难的概念。巴门尼德最早把 being 作为哲学的中心概念。他认为只有 being 才是真理的对象。真理在古希腊语中是 alētheia，原意为“不盖住”，“揭开盖子”，“去除……的遮蔽”。研究 being（希腊词是 on）的理论在哲学中被称为 ontology。亚里士多德就说自己的形而上学是研究 being qua being（on qua on）的。关于 being 问题的艰难，亚里士多德在《形而上学》第 7 卷第 1 章末尾处说，“什么是存在”这个问题是“在现在、在过去，始终被问起却又始终令人困惑的问题”。他的这段话很出名。因为纵观整个西方哲学史，真的就是一部关于是或存在的历史。笛卡尔讲我思故我在；贝克莱讲存在就是被感知；黑格尔寻求思维与存在的同一性；早期分析哲学区分存在的三种不同含义；蒯因说存在即是真值的函项；海德格尔写了《存在与时间》；萨特写了《存在与虚无》；等等。

尽管柏拉图在《理想国》第 5 卷大谈是或存在，他后来也在《智者篇》中发出过感叹，“当你们用到‘是’（或‘存在’）这个词的时候，显然你们早就很熟悉这是什么意思。不过，虽然我们也曾以为自己领会了它的含义，但是现在却迷茫不解了”。海德格尔《存在与时间》在扉页处就引用了柏拉图的这段话，然后说：“存在这个词究竟意指什么？我们今天对这个问题有答案了吗？没有。”

对于我们中国的哲学家来说，还有一个另外的重大困难，即如何翻译 on 或 being。on 或 being 显然不是中国古代哲学家们关注的问题。on 是希腊文系词“是”的中性分词。而中国先秦古代汉语中，“是”是不作系词的。中国的哲学家们一直在争论 on 或 being 应译作“是”、“存在”，还是

"有"。我自己倾向于译作"是"。[1] 因为这种译法可以反映这个概念与印欧语系中的系词的联系。可麻烦在于，汉语中的系词没有分词用法，也没有不定式的用法。单独的"是"又不能作为名词使用。所以"是"这种译法因不符合汉语语法习惯，使用起来很是不便。我的论述是把"是"与存在并用，希望这样能撇开译法的争论，把柏拉图的理论本身讲清楚些。

柏拉图说知识是关于是或存在的，而意见是关于既是又不是、既存在又不存在的。究竟如何理解他的这种理论？早期分析哲学家们区分了是或存在的三种基本含义。第一是表存在性的意义，第二是表等同的功能，第三是表谓项的功能。很多学者应用这种划分来诠释柏拉图在第 5 卷中的观点。但这种读法引起了不少争议，而且总的说来也没有取得多少成果。毕竟，这种对是或存在的含义划分是20 世纪的产物，虽然可以把源头追溯到霍布斯。无论如何，古希腊哲学家，尤其是柏拉图自己，并没有做出这样的区分，不知道这三重含义的区分。把我们自己的概念工具加到古人身上，并以此对他们做出评判，是不公平也是没有益处的。

我们应该从古希腊人自己的角度去理解他们，去发现古希腊人自己所习惯的而为我们所忽略的设定或用法。亚里士多德提供给了我们一条线索，去了解古希腊人理解是或存在的角度。他在《形而上学》中说，最严格意义上的"是"与"不是"指的是真与假。[2] "是"意味着"是真的"（to be true），"是这样的"（to be the case）。当巴门尼德说的思想与"是"是同一的，他的意思是思想要关注的是真实的东西，是确实如此的东西。现代古希腊哲学学者将这一意义称为"是"的 veridical sense（真的含义）。[3] "是真的"既可以是说世界上的事情是真实的，也可以指一个论断是真实的。在柏拉图和亚里士多德那里，一个论断之所以是真的，就是因为其描述的外在现实是真实的。真实既可以指外在世界意义上的，也可以指语言上的。后者要依赖于前者。事实与真理是相应的。

按照"是真的"、"是如此"这一含义来理解柏拉图对"是"或存在的用法，即当他说可感物"既是又不是"时就意味着可感物"既是如此又不是如此"。这与他所说的对立面在可感物中并存这一观点是一致的。当柏拉图说意见是关于既"是"又"不是"的，他是指意见的对象既是真的又

---

① 参见余纪元：《亚里士多德论 ON》，载《哲学研究》，1995（4），63～73 页。

② 参见《形而上学》，第 9 卷第 10 章，1051b。

③ 在这方面代表性的人物是 C. 卡恩（Kahn），见其"The Greek verb 'to be' and the concept of being"，*Foundations of Languages*（2）1966，245-265。

不是真的，既是这样的，又不是这样的。当他说形式是真正的“是”或存在时，其意思是形式是确实如此的。这符合他的形式不具有对立面、永恒如一的观点。当他说知识是关于“是”的，他是说知识是关于确实是真实的东西。而“完全的是”（to pantelos on）则是那完全真实的东西。说无知是关于完全的不存在的，即是指一对象不是如此，不可如此述说。如果一物完全缺乏我归属于它的特征，则我对它是无知的。

当柏拉图说形式就是“是”、就是真正的存在的时候，他并没有把形式区分成不同种类的“是”和存在。在他那里，人的形式、大的形式、美的形式都是同等层次上的。这就引起了许多问题，如一物必须分有许多形式。在一定意义上，亚里士多德的形而上学正是从柏拉图哲学的这一不足开始的。他在《形而上学》中说：“一般说来，如果我们在寻求‘是’的事物的元素，而又不区分事物被说成‘是’的多种含义，我们就无法取得成功，尤其是如果对事物所构成的元素的寻求是按照这种形式进行的话。”① 亚里士多德自己认为对“是”进行了多种划分。最著名的是把“是”或存在分成本体、质、量、联系等范畴，然后又对它们作不同层次的区分，即本体是主体，而其他范畴是属性。

七、太阳之喻 ②

在将世界二分为可感世界和可知世界之后，柏拉图进一步提出了太阳之喻、线段之喻、洞穴之喻，对它们每一个作了进一步的探索。柏拉图的这三个比喻在哲学史上十分著名，对后世产生了巨大的影响。让我们逐一分析，从太阳之喻开始。

“善的形式是最重要的学习主题。正是由于与它的联系，正义的行为及其他事物才变得有用有益”（505a）。只有知道善，才能从其他的事情中获益。如果不知道善的形式，则关于其他事物的最可能完美的知识也是无用的。善的形式是终极知识对象。

什么是“善”？这一概念在古希腊文中是 agathos，翻译成英文为 good。中文直译应是“好”。不过由于作为单字的“好”不能做名词用，因而，汉语中将其翻译成“善”。对于一个现代人来说，讲善都是指道德

① 《形而上学》，第 1 卷第 9 章，992b18-20。

② 参见《理想国》，504a-509c。

之善。可柏拉图的“善”所涵盖的范围要广得多。他确信有一绝对的、客观的善。善作为形式，为一切可称为善（好）的事物所分有。

在柏拉图时代，人们对此问题主要有两种看法。有些人认为善是一种快乐；另一些人认为善是知识。但是这两种观点在柏拉图看来都不对。说善是快乐的人很含混。因为有好的快乐，也有坏的快乐。说好（善）是坏的快乐是不符合逻辑的。另一方面，说善是知识的人又说不清它是什么样的知识。他们常常在说了半天后，最后说它是关于善的知识，造成同义反复。①

善既不是快乐又不是知识。那么它是什么呢？苏格拉底的态度在此处突然变得很微妙。他先是说自己并不知道什么是善。当他的对话者格劳孔继续追问时，苏格拉底说，一个人不能讲他所不知道的东西。在对方的一再要求下，苏格拉底后退了一步说，我们不能讲善自身，但能讲善的子孙后代或它的摹本。

那么，苏格拉底要提供的善的后裔是什么呢？答案是太阳。太阳是作为善的形式的相似物而产生的。通过考察太阳在可感世界中的地位和作用，可以类推善在可知世界中的地位和作用。

按照两个世界的理论，有许多具体的美或善的事物，亦有美自身，善自身等形式或形相。形式是每一类事物真正的“是”。美的事物可见，但不可知；而美自身可知却不可见。

我们通过眼睛来看美的及其他可见事物。眼睛有视力，而可感物则有被看到的可能。可是，要让眼中的视力看见美的事物，看见各种形状与颜色，还必须有第三个因素，那就是光。如果没有光的话，即使眼睛和视力很好，也无法看清可感世界。而光来源于太阳。所以，是太阳使可见事物得以被看到，使眼睛能看到。眼睛的视力不是太阳，可它是与太阳最接近的感官。

苏格拉底然后比拟说：“善自身在理智领域中与理智和可知事物的关系，就如同太阳在可见世界中与视力和可见事物的关系一样。”② 理智把握可知事物即形式，得到知识，就正如视力在可见世界中观看可感事物而得到感觉一样。

1. 在可感世界中，太阳使眼睛中的视力能看，使可见事物可见；在

---

① 关于善的这两种观点，柏拉图在《斐利布篇》中作了更具体的讨论。

② 《理想国》，508b。

可知世界中，善给予了理智理解的能力，给予了可知事物即形式可知性。太阳是视力及可见物的原因；而善是知识与真理的原因。

2. 在可感世界中，眼睛与视觉最类似于太阳，可却不是太阳。在可知世界中，知识和真理最类似于善，但还不是善自身。

3. 进一步，太阳给可见事物提供的不仅是被看见的潜能，而且提供了其生成、增长、培育，虽然太阳本身是不生成的。善不只是给予了可知事物的可知性，而且还是可知事物之所以“是”或存在的原因。可是善自身并不是存在，而是在等级与力量上要高于存在的事物。

苏格拉底对善的描绘令格劳孔大为惊叹：“以阿波罗之名，你在描绘的是一个什么样的神圣超级物啊!”如何理解这一“神圣超级物”也给柏拉图解释者们带来了无穷的难题。学者们对之有种种解释，但并没有一致公认的满意说法。比喻作为比喻，本身即可作多种理解。而柏拉图自己承认在此提供的仅仅是一个讨论的大纲，省略了不少细节（509c）。省略的东西在后来的线段比喻和洞穴比喻中补充了一些，但太阳之喻的总的图画还是含混，有许多地方引起争议与猜测。

柏拉图说的善的形式究竟是什么东西？说正义只有联系到善才是有益的，又是什么意思？首先我们要注意到，“太阳之喻”讲的是形式与善的关系，而不再是可感物与形式的关系，所以理解善即是理解善与形式的关系。柏拉图的世界本来是二分，即由具体事物组成的可感世界和由形式组成的可知世界。当他提出善的形式之后，世界似乎变成了三分。由于善也是一种形式，那就是说形式世界又作了不同层次的划分。形式是用来说明具体事物的“是”或存在（being）的；而善的形式则是用来说明形式的“是”或存在的。形式本来是解释可感事物的原则，现在，解释原则自身成了需要被解释的对象。形式为何是形式？形式的可知性的源泉是什么？理智如何能够认识形式？等等。善是柏拉图对这些问题所给出的解释。形式是原因，而形式自身也需要一个原因。善的理论反映了柏拉图追求最终解释的努力。

这种建立善的思路合乎柏拉图的假设法。柏拉图构造的形式，本来是一种用来解释事物的假设性原因。对任何需解释的事物首先建立一种形式作假设，凡是与这类假设相符合的即是真的，否则为假。这种假设由于仅仅是一种假设，其自身也就需要被解释。柏拉图说，对于这种假设的解释，先是可以通过由此假设出发，推导出其可能的后果。如果这种后果具有很强的说服力，则假设本身也就得到了证明。但是，如果其后果被推出之后仍然不能说服听众的话，那就可以再建立一个假设来说明第一个假设。如果被追问下去，就不断地后退，引入可以解释前一个假设的假设。

柏拉图是在《斐多篇》101 中阐述这种假设方法的。在那里，他也说假设方法只是其解释世界的次好方法，是在开船中得不到顺风时所使用的橹桨。解释世界最好的方法是目的论。根据目的论，这个世界之所以能够得到解释是因为在世界上存在一个心智（nous，mind），它将世界安排得井井有条、和谐有序。但是发现这个心智极其困难。所以柏拉图就不得不去寻找解释世界的第二好方法，即他的形式论。

然而，《理想国》中的善的形式，似乎是假设性的原因与目的论解释的一种结合。善首先是一种形式。而柏拉图的形式是该形式所代表的属性的最完美的体现。比如美的形式就是美的事物的美的最完满的体现。所有的形式都有这样一个共同特征，即作为它所代表的属性的最好样本。如果所有的形式都分有一个共同的形式——善的形式，而世界上所有的事物又都或摹仿或分有形式，那么世界上所有的事物，如果真的是好（善）的，就一定分有善的形式。而我们关于善自身的论点，不是根据某些更根本的原则，而是依据善的解释力量。善的理论乃是能解释与描绘世界整体的最可能好的理论。

按照传统的理解，善是一个的独立的自存物，如同美自身、相等自身等形式。可它又比一般的形式更根本，类似于神。比如新柏拉图主义的普罗提诺（Plotinus）就把它理解作“太一”。另外一种解释，在我看来也是更有说服力的理解，是把善看成一种结构，一种形式之间的结构。我们此前已经看到，正义并不是独立的美德，而是依附于其他美德的，是社会上各阶层间的结构，灵魂中各部分间的结构。唯有在智慧、勇敢、节制都实现的情况下，它才出现。与此相似，当其他形式都各就其位的时候，善自身也就自然呈现出来。善不是独立的形式，而是形式之间的结构。每个形式都是善的结构中的成员。

把善看作是一种结构，我们就可以理解为什么善是理智力和可知性的源泉了。知识和真理是关于形式的。而形式作为善的结构的一个分支，其真理性乃是由其在结构中的地位所决定的。真正的关于某物的知识并不是只去认识有关该事物的孤立的知识，还要将其置入知识的完整体系和结构。对一事物的完美知识需要知道它与善的形式间的联系。知道这种联系，即意味着知道它在它作为其部分的目的论系统中的地位。所以柏拉图是知识整体论者。知识和真理不仅要了解形式本身，还必须理解形式在善的结构之中的位置。如果我们只是孤立地知道单个事物，则我们还没有最好地知道该事物。

把善看作是一种结构还能解释这一点，即为什么善是其他形式的"是"或存在的原因。形式解释了它所体现于其中的个体事物的"是"，是因为形式是它所代表的属性的最完美的体现。所有的形式都是它自身所代表的属性的最好样本。那么这一完美属性的原因是什么呢？柏拉图的意思是，这是由于形式是善的结构的一分子。如果具体事物通过分有获得它的属性，则形式通过分有善而获得自身的完美性。

再者，把善看作结构也有助于理解为什么柏拉图说善本身不是存在，而是超存在之物。柏拉图的这一规定使善显得是一神秘物。其实，这种"超越"不是说善是独立于存在的一种东西，而是指它是另外一种与一般形式不同的存在。它不是特定的形式，而是形式的总体，是形式之间的结构。它的超越性在于它高于组成它的不同的专门的善。正是在这种意义上，善依然是知识的对象，而不是神秘物。

最后，把善看作结构也有助于说明它与理想城邦的关系。理想城邦在各个方面都应该是最好的，是体现善自身的。而其能够实现的途径是哲学家做城邦的统治者。哲学家知道形式，具有关于每一类事物的真知。由于城邦需要对多种事物的真知，善即是这些真知对象的结构整体。所以，唯有哲学王掌握关于善的知识，才能将城邦中的事务安排得最完美。

八、线段之喻[①]

柏拉图已经将世界按照不相等的比例划分为可感世界和可知世界。在《理想国》第 6 卷，他又按照同样的不等比例继续对这两个世界中的每一个进行划分：感性世界划分为影像和可感物；理智世界划分为数理对象和形式。与这四类现实划分相应，有四种心智状态：

相应于影像的是想象（eikasia，imagination）；

相应于可感物的是信念（pistis，belief）；

相应于数理对象的是思想（dianoia，thought）；

相应于形式的是理智（noesis，understanding）。

这便是柏拉图的线段之喻。图示如下：

① 参见《理想国》，509d－511e。

世界划分：影像　可感物　数理对象　形式

A　D　C　E　B

L_1　L_2　L_3　L_4

心智划分：想象　信念　思想　理智

L_1（AD）与 L_2（DC）两段是可感世界。L_3（CE）与 L_4（EB）是可知世界。这一线段的比例是：AC∶CB＝AD∶DC＝CE∶EB。

柏拉图的线段比喻既是形而上学的又是知识论的，因为它既是对外在世界的实在性程度的划分，又是对心智的明晰确定程度的划分。这一比喻的大致的结构是清晰的，但在细节上却有许多困难之处。如何解释线段之喻一直是柏拉图学术中的一个棘手话题。让我们一一考察每一段的内容与困难。

L_1：影像与想象

影像阶段包括物理对象的影子，在水中、镜子中以及诸如此类的透明物中的影子。相应的心智状态是想象。想象不能区分影像与它的原本，不能明白物理对象比影像更真实，搞不清可感物才是影像的原因。

我们在日常生活中看到的是具体事物，而不是柏拉图说的影像。人们因此常常质疑这一线段的意义。有一种观点认为柏拉图之所以要设置这一线段是为了在可感世界和可知世界的划分之间达成一种对称，并无内在的意义。但这种观点是错误的。这一线段其实指的是诗人的作品与认知方式，在《理想国》中有其特殊的意义。在第 10 卷中，柏拉图主张将诗人从城邦中赶出去，其根据就在于诗人的作品就如同画家的画。画家所摹仿的是工匠所造的床与桌子，而工匠是摹仿床的形式来造他的床的。因此，画家的画与诗人的作品就是这种影像，与真理相距甚远。虽然柏拉图在此并没有对这一部分多做说明，但却为后来将诗人排除出城邦埋下伏笔。这是他批判艺术的形而上学与知识论根源。

L_2：可感物与信念

这一线段在实在方面指的是我们周围的具体事物，比如动物、植物及一切人工物（510a）。这是第一阶段影像的原本。相应的心智状态是意见或信念。信念的特征是能区分物理对象与其影子，但是不能解释它们之间的不同。它不能从其对象中区分出一属性与其对立面，因此对属性的解释不一致。

L_1 与 L_2 是可感世界的两个部分。我们看到，柏拉图在对它们作划分时，依据的是对象的不同。但是当他区分理智世界的两个部分，即 L_3 与 L_4 时，依据的却是研究方式的不同。

L_3：数理对象与思想

按照柏拉图的理解，这一段落具有以下特征：首先，灵魂或心智仍不得不使用可感事物来理解数理对象。其次，从假设出发，不是向上进展到第一原则，而是下降到结论。这就是说，具有这一心智的人，设定世界上有奇数、偶数、各种形、各类角，却不认为有必要去解释它们，仿佛它们是自明的（510c）。他们从这样的假设出发推出结论，而不是从更高的原则来解释这些假设。他们以所画的对角线与正方形，去理解那些只有用思想才能看清的相似的对象。换言之，他们使用可见的形，可其思想不是导向它们。他们的兴趣不在于这些可见物本身，不在于他们所画的对角线或正方形，而在于与它们相似的其他的物，即对角线自身或正方形自身。可是他们的思想又不上达第一原则，不可能超越其假设。很显然，这种心智是指几何学及相关学科的研究方式。

数学对于柏拉图来说十分重要。据传在柏拉图学园（Academy）的门匾上刻有“不懂几何者不得入内”。在柏拉图看来不懂数学是无法超越可感世界而进入可知世界的。数学是超越可感世界进入可知世界的最有力工具，是真正哲学训练的预备性工具。

不过，线段之喻的这一段是十分难解的。主要有两个难题，（1）数理对象与形式的关系，及（2）思想与知识的关系。第一个问题，在此阶段中的数理对象是不是形式？有下列理由表明它们应当是形式：首先，L_3 是可知世界的一部分，是知识的对象。其次，柏拉图又明确提到这阶段的心智（即思想）所感兴趣的是正方形自身与对角线自身（510d）。再次，如果 L_3 不是形式，那就应是形式的摹本。可形式的摹本是具体事物。

然而，仔细想想，说 L_3 是形式又大有问题。理由如下：首先，柏拉图在第 5 卷中讲到，每一划分皆有一特定的心智能力来涵盖，认识官能不同、能力不同，其对象和后果就不同。如果思想和理智是两种不同的心智能力，那么其涵盖的对象必定不同。既然处于线段最顶端的那部分（L_4，EB）是形式，那么思想所涵盖的第三段（L_3，CE）就不可能是形式。如果数理对象是形式的话，那么第四段的形式就必须是要比形式更高级的存在。其次，L_3 与 L_4 的内容在清晰性程度上不同。而清晰性不同乃是由于它们所涵盖的对象的实在性程度不同所致。

学者们一直就此问题争论不休，有种种不同意见。我想，要取得最后定论比较困难，原因在于柏拉图自己语焉不详。就连作为其弟子的亚里士多德也不能肯定数理对象是不是形式。他在《形而上学》中把这类对象称为“居间者”。它们是多不是一，所以不是形式；而它们又是永恒的，所以又不同于可感事物。但是，亚里士多德的这种观点是否符合柏拉图的原意我们又无法判断。他曾经说过柏拉图有一种“未著文字”的学说，在其中数是最高的对象。20 世纪图宾根学派根据这一点，坚持认为柏拉图的真正观点并不在其对话中，而在其未著文字的学说之中。不过，在这线段之喻中，数理对象明显是居于形式之后的。

关于 L_3 的第二个问题在于，其心智状态（即思想）所得的是不是知识？一方面，它属于可知世界，应该是知识。前一阶段的心智状态（即信念或意见）将一属性与其对立面混淆。而 L_3 的思想转向非可感物，以数学结构解释世界。它要超越可感世界中的“多”，集中于“一”。另一方面，思想使用可感事物作影像，从假设出发推结论，却无法对此假设本身做出说明。它不能用更根本的原则来解释。假设在其自身未得到辨明之前，就被用作研究，得出各种结论。可按照柏拉图对知识设置的标准，知识除真观念外，要能够提供说明与解释。如果 L_3 无法解释其所由出发的假设的话，它怎么能被算作知识？在后文的 533d 中，柏拉图自己对此问题有所说明。他说，由于习惯，我们常把数学、几何学等叫做科学或某种知识，其实它们需要另外一个名称。因为它们比信念明亮，却比知识晦暗。就是说，它们既不同于知识也不同于信念，而是处于这二者的中介。这里的哲学问题是科学知识的性质以及科学知识与哲学知识的关系。后来亚里士多德在《形而上学》第 4 卷也说特殊科学割裂存在的一部分作其对象，但不问存在的性质。他的论点显然有柏拉图的影响。

L_4： 形式、理智、辩证法

按照柏拉图的说法，灵魂在 L_4 对形式的研究也是从假设出发，但与 L_3 从假设下降到结论不同，L_4 从假设上升到不是假设的第一原则，即善的形式。它不是把假设当作前提，而是作为垫脚石或跳板。对这一阶段的对象，理智运用辩证法去把握。而且，在从假设出发上升到善这个第一原则之后，理智又掉转方向，从第一原则出发推出一切结论。它在这个推导过程中始终是从形式到形式，而不借助于可感事物。

大致上，L_3 是数学及其他科学的领域，而 L_4 是辩证法或哲学的领域。思想与理智的主要区别在于下面这些方面。第一，思想从假设开始，但对设定不作解释。这样，一旦假设是错的，整个体系就垮了。而理智运用辩证法力图从更高原则来说明假设。只有辩证法家才能够把握“是”（531e，532a，534b）。第二，思想不必与善的形式相联；而理智必定上升到对善的认识，并从善出发推演出一切结论。第三，科学的观点是部分的；而辩证法寻求统一，寻求整体的解释。正是因为这种对整体的把握，辩证法才可以进展到更大的研究，即作为世界的目的性结构的善的形式。

那么，什么是辩证法呢？

柏拉图在线段比喻中，虽然断定理智是借助于辩证法去把握第一原则，可对辩证法本身却没有过多进行论述。在第 7 卷中，当柏拉图在论述训练哲学家的时候，又提到辩证法是培养哲学家的最高阶段。在 532d 中，格劳孔终于忍不住向苏格拉底发问：什么是这种辩证法的力量？它具有什么形式？采用什么途径？

按苏格拉底的说法，辩证法能够系统地把握每一事物的真正的“是”（534b）。其他的技艺关涉人类的观念与欲望，关心变动生成的事物。几何学与其他科学在一定程度上把握了“是什么”，可它们不能对它有极清醒的观点。因为它们使用尚未解释的东西作假设，也不能解释它。而辩证法能够去掉假设，进展到第一原则自身。何谓“去掉假设”？就是通过辩证法对假设反复地思考、锤炼和考察，回答并移去对它提出的一切反对。如果假设能够经受这一切而依然有效，那么，就可以说这种假设自身的有效性被确立了。对善有理解的人就应当能给出一个说法，把善的形式与其他事物区分开。他能根据“是”而不是根据意见来评判事物，并且其理论能承受住所有辩驳而屹立不倒。辩证法是一切科学的顶峰与皇冠。

要理解苏格拉底上面这番关于辩证法的论述，有必要回顾一下辩证法本来的概念及历史背景。哲学教科书把辩证法看作是一种以运动变化的角度来看世界的方法。这种辩证法与形而上学相对立。形而上学也被说成是方法论，是静止、孤立、片面地看问题的方法。但这套理论与古希腊人所使用的“辩证法”与“形而上学”概念相去甚远，甚至是大相径庭。而这些概念本来即是希腊人发明的。在他们那里，形而上学是关于实在世界的，即关于“是”或存在的理论；而辩证法乃是形而上学用以研究实在的主要方法之一。在柏拉图这里，正如我们已看到的，它是形式论这一形而上学理论的最高方法。

辩证法（dialogoi）在希腊文中的本义是“来来回回”（dia）地“说”（logoi）。最早，辩证法是用来训练智力的，是一种智力游戏。身体需要体操作锻炼，心灵也一样需要锻炼。作为理智体操，辩证法的大致程序与规则如下：二人成一对，组成问（正）答（反）两方，就一个任意设置的题目在观众面前进行提问和回答，并且有裁判在一旁给分。问的一方首先说出这个题目，答的一方对题目做答。当其做出回答之后，问的一方（正方）要对该回答进攻，进一步提出问题。他必须以反方的回答作前提，对此进行推论。而反方要维护原来的回答。问答的程序基本如此。正方每一次的提问都是以上一轮反方做出的回答作前提。游戏的目的是，正方力图从反方提供的答案中推出一个相悖谬的结论，说明反方的立场不一致。如他能取得这一局面，则反方输掉了比赛。对于反方（答的一方）来说，必须很小心地防止做出能被问的一方抓住把柄的答案，就是说，防止其回答被用来作为导向荒诞结论的前提。《巴门尼德篇》的后半部就是辩证法在当时被操练的情况的一个很好的例证。辩证法是柏拉图学园中训练学生的主要方式。

苏格拉底的问答法是希腊辩证法的一种典型。他问对话者一个问题（如“什么是勇敢?”“什么是节制?”），让对方说出看法。然后他再考察对方的论点，如此反复，直至让对方陷于自相矛盾或不知所云的境地。不过，由于苏格拉底旨在考察人们的生活，他要求对方说出真实信念。这一要求在一般的辩证法实践中是没有的。

埃利亚派巴门尼德（Parmenides）的弟子芝诺（Zeno）对运动和多的反驳也是一种辩证法。第欧根尼·拉尔修在《名哲言行录》中甚至把芝诺称为辩证法的创始者。芝诺对敌手的攻击是基于对方自身的观点，即运动存在、多存在。他然后推论，如果运动存在，则会导致什么样的荒唐结论；如若多存在，又会导致什么荒唐结论。

柏拉图在其早期对话中是遵守辩证法的本义的。可是他渐渐地随意起来，把凡是他认为合适的研究哲学的方法都命名为辩证法。比如在《克拉底鲁篇》390c 中，辩证法意为知道如何提出问题和回答问题。在《米诺篇》75d，辩证法就是要从被问者认可的观点做出对问题的回答。在《斐多罗篇》266b–c 和《政治家篇》286d 中，辩证法是集合与划分的方法。在《智者篇》253d–e 中，柏拉图将辩证法看作是按照类对事情进行分类的方法，并说辩证法家是根据最纯粹的方式来思考问题的人。在《斐利布篇》16e–17a 中，辩证法是“一”和“多”之间的桥梁，不忽视从一到多或从多到一的中间步骤。可见，辩证法在柏拉图那里的含义并不稳固，大致相当于“探讨哲学的合适方法”。

在线段之喻中的辩证法也是在这样的意义上使用的。他说辩证法要认识事物真正的“是”，而且能达到善的形式。它能够克服 L_3 思想阶段的假设，上升到第一原则。并且辩证法能系统性地看问题。这样的辩证法与辩证法的本义已经有很大的不同。不过，柏拉图也保留了一些与其本义相关联的因素。当他说辩证法能“去掉假设”时，他指的是让假设经历辩证考察的历程。一旦假设能够经受所有的辩证考察的诘难时，假设的前提就可以被当作真实的前提接受了。即是说，一旦所有的反对意见都能得到回答，这一前提就是真理。

这一点为亚里士多德所接受和发展。本来意义上的希腊辩证法在亚里士多德手里得到了系统的概括和总结。他在《正位篇》（*Topics*）第 8 卷中记录了他能搜集到的当时所有的辩证讨论的问题与方式。他力图将辩证法当作一种专门的技艺，使其拥有者能最有效地从现有材料构造论证。在他看来，辩证法不一定需要找到一个伙伴，但是可以把他人的言论收集起来。他将这些观点都称为“现象”。然后就可以考察其言论中不一致的地方，或者按照其前提和逻辑向下推论到荒谬的结论，或找到每种观点的局限。这就是通常所说的亚里士多德的“拯救现象”的方法，虽然他自己并没有使用这个词。正是在系统化希腊辩证法的过程中，亚里士多德发展了逻辑学。

九、洞穴之喻①

在《理想国》第 7 卷开头，柏拉图说，他要通过一个比喻说明教育以及缺乏教育对人的本性产生的影响（514a）。这就是他的洞穴之喻。想象有一群人从小就生活在地下的一个洞穴中。洞中有一条往上的路通向洞口，与洞口一样宽。这些人自幼便在洞中，待在同一个地方。他们的腿与脖子是被锁住的，始终不能回头，只能看他们前面的洞壁。在他们身后高处有一堆火在燃烧，在火与他们之间还有一条路横穿而过。在火与路之间有一堵不高的墙，如同木偶戏中用来表演的遮布。有很多人扛着种种高于墙的人造物，如桌子、椅子等，走过墙后面，并互相交谈。火光就把这些人造物高于墙部分的影子映射在了囚徒们面前的洞壁上。由于这些囚徒的颈是被锁住了的，从来没有回过头看到这些人造物本身，他们就一直只能看那

① 《理想国》，514a-517c。

火光映在他们面前洞壁上的影子。他们对自己看到的影子命名，把它们当作世界上最真实的东西，并认为这些阴影在互相交谈。

格劳孔说，这是些很奇怪的囚犯。苏格拉底明确地回答，“他们就如同是我们”（515a）。即是说，这些囚徒的状况反映的其实是普通的人的生活状况，是没有受过教育、没有被启蒙的，沉湎于感性世界的芸芸众生的生活。我们一般人的行为都受习惯性观念所支配，缺少反思与批判。在今日，这洞穴就是我们的日常观念，这洞壁即是我们的电视荧屏、报纸、互联网。我们用以指导日常生活行为的价值观大多是通过它们形成的。社会习俗、传统价值、伦理道德其实都是把我们圈于其中的洞穴。我们每一个人都处在各色各样的洞穴之中，而且很少有人有这种自我意识，能超越其置身其中的洞穴的人就更少了。哲学的主要任务之一是要揭示人们的这种生存状态，启蒙大众。即使在柏拉图的理想城邦中，大多数居民也是生活在洞穴之中，处于囚犯的状态。因为柏拉图说，哲学王在统治时，要下降到洞穴之中（520c1－6）。

回到洞穴之喻。如果由于某种奇迹，有一个囚犯解脱了锁链，站起身回过头，面向火光。他起初会感到刺眼、眩目，不能看见他以前看到它们影子的东西。如果这时我们告诉他，火才是他看到的那些影子的光明的来源，而那些影子原来是桌子、椅子这些具体物的影像，他肯定会很困惑，会认为他以前看见的比现在看到的更真实、更清楚。如果我们让他看火光自身，他的眼睛会更为刺痛。他会转身逃奔到那他所能看到的东西中去。

如果有人用力把他往上拉，拉着他经过崎岖陡峭的上升之路，一直把他拉出洞穴，拉到外面的阳光世界，他会更加痛苦，并对拉他上升的人表示愤怒。初时，他为阳光所晕眩，什么也看不见。经过一段时间后，他才能习惯于看地面上的东西。他会首先比较容易看到水中的影子，然后是真实世界中的事物，比如树木等等真实的东西。他然后能在星光及月光中看天上之物及天空自身。最后他能看见太阳自身而不是它在水中及其他异质物中的影子。这时他才会真正明白这一道理，即，太阳提供了季节变化，管制着一切可见世界中的事物，并且是他以前所看到的事物的原因。与此同时，如果他想起他原先居住的洞穴及他的囚犯同伴们，想起以前的知识状况，他会为自己的转变感到幸福，并怜悯以前的同伴。在洞穴之中，囚徒们也不断做项目，并且评奖。如果有人在阴影经过时能很快认出，能记住什么来得最早，什么晚些来，并据此猜出未来，这种人会获得荣誉、称赞及各种级别的优秀成果奖。可那已获得解放的人再也不会艳羡这些东西，反而会对它们嗤之以鼻。他不会再分享他们的观点，不会再乐于像他们那般生活。因为他意识到他们的成果只是意见，不具有真理性。

如果这个被解放的人再走回洞穴想去解救他的同伴，那么在刚回到洞穴时，他的眼睛必定会由于突然从阳光下转到黑暗中而不能看见任何事物。如果在他的视力适应新环境前，他不得不与其他囚犯一起识别阴影，他肯定会落败而被讥笑。人们会说，他从上升之旅回来把眼睛弄瞎了，所以上升是不值得的。如果这人宣称要解放他们，启蒙他们，把他们往上拉，那必将遭到这些人的强力反对，甚至被他们杀掉。很显然，柏拉图在这里让读者想起他的老师苏格拉底被雅典人处以死刑的悲惨遭遇。

柏拉图讲完洞穴之喻之后，提醒我们要将其与太阳之喻和线段之喻结合起来考察（517b)。洞穴之喻与太阳之喻的联系如下：囚洞是可感世界；洞中的火光是太阳；上升之路是心灵从可感世界上达到可知世界；最后见到的太阳即是善的形式。人们一旦见到它，就会得出结论说，它是一切真与美的原因。洞穴之喻与线段之喻之间的关系如下：洞中囚犯所看的影子，是 L_1，即影像；囚犯在洞中获释，转过身来看到物，等同于 L_2，即可感物；囚犯在洞外所见的事物，大致相当于 L_3；最后，在洞穴外直接看到的太阳自身就相当于线段之喻中的最高阶段——善。一般认为，洞穴之喻是线段之喻的政治方面的呈现，而线段之喻是洞穴之喻的知识论层面。

虽然各个比喻之间有相似之处，它们间的相应程度只是大概的。要找到它们间的一一对应既不必要也不可能。在 517b 中，柏拉图自己就说："这是否是真的，只有神知道"。线段比喻和洞穴比喻确实也有不一致的地方。因为线段比喻四个部分之间在清晰度上有逐步增加的过程；而在洞穴比喻中，囚徒从洞穴中挣脱锁链是由于一个很突然的外部力量的作用。启蒙的起点是一件非常偶然的事情，并不是必然就一定能发生的。这就象征着启蒙的困难。再者，我们在日常生活中看到的是可感物，即线段中的 L_2；而囚犯们日常看的是洞壁上的阴影。按生活中所看到的东西推断，这应等同于可感物。可按比喻间的关联它又似乎相应于 L_1，注释者们一直对这一点很为难。

柏拉图的这些比喻对后世哲学产生了巨大的影响，然而对它们的解释却留有许多问题。作为比喻，它们指向许多方向，激发读者的不同想象。其实，柏拉图并不很喜欢比喻，因为比喻和假设只能处于线段比喻中的第三阶段，不能以更高的原则来说明问题。真正的哲学家是应该运用辩证法来探讨问题的。柏拉图之所以使用比喻乃是因为他自己说的，他欠缺关于善的形式的知识（506c）。尽管如此，这些比喻对哲学发生了巨大的影响。正是由于它们，《理想国》才具有劝导人们进行哲学思考的巨大魅力。我们常常认为哲学的生命在于论证的逻辑质量，可历史上大多最著名、最有影响的哲学成就往往并不是论证得很好的。有时也让人困惑：究竟什么才算是评定哲学讨论的正确方式？

十、柏拉图对形式论的自我批判

我们在讨论中看到，形式论有不少难解之处。其实，柏拉图自己对于形式论中的诸问题看得最清楚。这位哲学家的伟大之处还不仅仅在于他建立了一个伟大的形而上学理论，而且还对这一理论作了认真的自我批判。这一批判在《巴门尼德篇》前半部分。柏拉图用少年苏格拉底作为自己哲学的代言人，去经受老年巴门尼德的批评。我在这里要讨论柏拉图自我批评中最重要的一点，即“第三人论证”（Third Man Argument）①。它涉及建立形式的有效性问题。其实，柏拉图自己使用的例子是“大”这一形式，可后来亚里多德将“大”换作“人”。人们一直遵从亚里士多德的叫法。

该论证大致如下：按形式论多上之一的原则，一个形式的存在是由于一组事物具有共同特征，一组人在一起呈现出的共性，便是“人”这一形式。可如果我们把“人”这一形式与一组人放在一起，它们又呈现出共同性，这便会产生另一个“人”的形式，如此后退，直至无穷。于是，如果一组事物有一个形式存在，便会导致无穷多的形式。

1954 年，弗拉斯托斯发表了《〈巴门尼德篇〉中的第三人论证》② 一文，用当代逻辑工具及分析形而上学研究柏拉图的文本。按弗拉斯托斯的理解，这一论证要得以成立，必须具备两个前提。第一，“人”这一形式自身必须是人（自我谓述，self-predication）；第二，形式不能由于自身而成为形式（非等同性原则，non-identity）。这一解释引发了长达几十年的有关第三人论证的讨论，因为该论证涉及“自我主谓关系”及认同原则等当代分析形而上学的一些中心问题。柏拉图的形而上学大厦真的可以为一个“第三人论证”所颠覆吗？第三人论证到底有没有驳倒形式论？柏拉图

① 《巴门尼德篇》，132a-b。

② G. Vlastos, “The Third Man Argument in the Parmenides”, *Philosophical Review* 63 (1954), 319-349.

自己意识到“自我谓述”和“非等同原则”这两个前提吗？他的中期对话隐含着这两个前提吗？他回答了第三人论证吗？第三人论证成了我们理解柏拉图形式论的根本问题。

柏拉图为什么要作这样一个自我批评？弗拉斯托斯自己认为，柏拉图是真诚地记录了他的困惑。他看到了自己中期对话中的重大问题，可又找不出病根。有些学者认为，第三人论证所隐含着的前提是对形式的性质的误解，故《巴门尼德篇》的批评对中期对话不构成致命打击。有些人则认定批评是有力量的，柏拉图在以后的对话中放弃了关于形式的实在主义的立场。还有学者主张，柏拉图并没有完全放弃，只是改变了对形式的一些规定，如形式不再是原本、不再与感官世界截然对立、不再完全与变化绝缘等。

这便引起了《巴门尼德篇》之后的对话与之前的中期对话的关系问题。一般以为，《泰阿泰德篇》、《智者篇》、《斐利布篇》、《蒂迈欧篇》、《克利地亚篇》、《法篇》作于《巴门尼德篇》之后。在它们之中，《蒂迈欧篇》明确坚持一种与中期对话相似的形式论，这说明柏拉图在《巴门尼德篇》后并没有改变立场。也有些学者为了强调柏拉图的发展，力主《蒂迈欧篇》作于《巴门尼德篇》之前。除了关于《蒂迈欧篇》的争议之后，其他后期对话如何回应《巴门尼德篇》中的批评并不是一个容易回答的问题。不同的对话似乎有不同的回应方式，可很多时候并不太清楚它们是在探讨形式。后期对话在最近 20 年中得到了大量研究，可并无定论。

在我们看来，柏拉图形式论的困难主要在于形式既是普遍又是被摹仿的原本，既是共性又是自我谓述的主体。但这些特征如何能集合在一起，则无论对柏拉图自己还是我们对他的理解都构成了挑战。这些问题在当代形而上学中仍在继续讨论。但无论如何，柏拉图的自我批评并不意味着他要放弃形式论。《巴门尼德篇》中的批评所达到的结论只是：“如果有人看到我们刚刚提出的这些困难及其他类似的问题，便要否认有事物的形式的存在，不给每类事物区分一形式，他的思想便无处可转向，因为他否认每一事物总有一特征始终是同一的。这样他便完全摧毁了辩证法力量。”① 柏拉图看到了自己的理论有问题，但他依然认为他的两重世界的划分是解释现实的正确的方向，他的形式论的基本框架是正确的。

① 《巴门尼德篇》，135b-c。

参考文献

J. Annas, *An Introduction to Plato's Republic*, Oxford, 1981

J. M. Cooper (ed.) *Plato: Complete Works*, Hackett, 1997

G. Fine. "Knowledge and Belief in Republic v-vii," in Everson (ed.) *Epistemology*, Cambridge, 1990, 85-115

G. Fine (ed.), *Plato 1 and 2*, Oxford, 1999(论文集)

F. Gonaalez, "Propositions or Object? A Critique of Gail Fine on Knowledge and Belief in Republic. V," *Phronesis* 41 (1996), 245-275

T. Irwin, "Plato's Heracleiteanism," *Philosophically Quarterly* 27 (1977), 1-13

C. Kahn, *Plato and the Socratic Dialogue*, Cambridge, 1996

R. Kraut (ed.), *Cambridge Companion to Plato*, Cambridge, 1992

A. Nehamas, "Plato on the Imperfection of the Sensible World," *American Philosophical Quarterly* 12 (1975): 105-117

C. D. C. Reeve, *Philosopher Kings*, Princeton, 1988

G. Santas, G. "The Form of the Good in Plato's Republic," *Philosophical Inquiry* (2) 1980, 374-403

G. Vlastos, "The Third Man Argument in the Parmenides," *Philosophical Review*, 63 (1954), 319-340

G. Vlastos (ed.) *Plato I, and II*, Garden City, 1971(论文集)

G. Vlastos, *Socrates: Ironist and Moral Philosopher*, Cambridge, 1991

J. Yu, "Justice in the Republic: An Evolving Paradox," *History of Philosophy Quarterly* 17 (2000), 121-141

第三章　亚里士多德的形而上学

聂敏里

在严格的意义上，欧洲的形而上学始于巴门尼德，因为，正是在巴门尼德那里开始了一种真正意义上的存在论的研究，将研究的领域限定在了存在自身的逻辑上。而假如说形而上学就其本义乃是为科学奠基之学，也就是说，它为一个科学可活动于其中的领域奠定其基本的逻辑区域和构造，那么，显然，形而上学就是存在论，而形而上学因此就始于巴门尼德。从巴门尼德开始的这种形而上学的研究，尽管在公元前 5 世纪中期遭到了智者学派感觉主义相对论的狙击，但是，很快在苏格拉底那里重新得到了辩护，并在柏拉图的手中第一次成为体系性的构造。柏拉图的理念论体系是哲学史上第一个形而上学的体系，理念作为事物的本质，正是在存在论的论域中得到确定的。同时，在晚期对话中，柏拉图开始了对纯存在的研究，这种研究的目的在于展示存在自身的逻辑构造。一旦我们明确了到柏拉图为止的欧洲形而上学的这一基本线路，那么，亚里士多德的形而上学思想在这一线路上的位置就无比清晰地凸显出来了。“形而上学”尽管是亚里士多德著作的编纂者赋予亚里士多德其中一本著作的名称，但实际上，亚里士多德早已具有关于形而上学的明确的认识。在《形而上学》第四卷中，亚里士多德这样说：“既然还有比物理学家更高的某种类型的人（因为自然只是存在的一个种），那么对它们的研究就可能是那对第一实体进行普遍地思想的人的事情；而物理学虽然是一种智慧，但不是首要的智慧。”（1004a34-1005b2）这样，很明显，对于亚里士多德来说，作为思想存在本身的“第一哲学”就是一种超越于物理学的思想，它是为诸科学奠基的，而这正是“形而上学”的根本内涵。这样，我们就可以说，形而上学构成了亚里士多德明确的问题意识，他持久不懈的活动在这个由柏拉图的理念论所开辟的存在论的论域中，对其中存在逻辑的问题、存在区域的划分和确定的问题都进行了广泛而深入的研究，并最终提出了“思想自己思想自己”的最高的形而上学命题，同时展现了一个形而上学的宇宙论模式。而假如我们看到这个宇宙论的模式在黑格尔的精神哲学中实际上得到了重复和再现，那么，我们就可以认识到亚里士多德的形而上学思想对于整个欧洲形而上学的深远和持久的影响了。事实上，经院哲学，在某种意义上，就是亚里士多德主义在欧洲的复兴，而这带来了欧洲理性意识的重新复苏。至于在现代哲学中，假如相较于柏拉图的研究，亚里士多德的研究实际上是一门显学，现代思想者从各个方面（形而上学的、伦理学的、政治学的、心理学的）意识到了亚里士多德思想的巨大的内涵，并以极大的精力投入到对亚里士多德思想的研究中。假如我们深刻地意识到亚里士多德思想的这种巨大的影响力，那么，对亚里士多德的形而上学——这构成了他的思想的基础性的和持久性的因素——进行一番深入的考察就成为必然。

但是，和以往对亚里士多德的形而上学思想的一种完全体系性建构的把握方式不同，在这里，我们采取的是一种对亚里士多德形而上学思想的发展进行研究的方式，因为，我们认为，亚里士多德的形而上学固然有其活动的基本的领域，但是，在对这个领域的各项规定进行深入的考察中，他的思想是有其发展的。假如我们忽略了这一点，那么，在我们仅凭己意的构造中，就会碰到不可避免的亚里士多德思想内部的矛盾，而假如我们企图通过自己的思想来对这种矛盾予以弥合，我们就是在用自己的臆造的思想体系来取代亚里士多德实际的思想。这样，下面的研究便将采取这样几个步骤：首先，我们将对亚里士多德研究领域中整体论和发展论这两种不同的研究方法和研究立场进行一番理论的审查，以为我们所采取的理论立场提出辩护；其次，我们将通过对亚里士多德的形而上学和柏拉图的形而上学的比较来确定亚里士多德的形而上学的真正重点；在此基础上，我们将对构成亚里士多德形而上学思想发展的早期阶段和中期阶段进行考察，以展示在这里亚里士多德所形成的基本的形而上学思想；由此，我们将对体现在《形而上学》核心卷中的形而上学思想进行考察，认为这构成了亚里士多德形而上学思想发展的第三个阶段；在此基础上，我们将指出亚里士多德的形而上学思想的晚期发展，这就是指向对“作为存在的存在”的研究；最后，我们企图对亚里士多德的形而上学的宇宙论进行一番概论性的把握。我们相信，这样一番研究有助于展示亚里士多德的形而上学思想的全貌。

一、亚里士多德思想的发展问题

既然主题是亚里士多德形而上学思想的发展，那么，作为对研究方法的一个预先的说明，就有必要首先谈谈所谓的亚里士多德思想的发展问题。而在这个问题上，历来存在着两种不同的观点和两个不同的派别，这就是以整体论为研究方法的整体论者（Unitarians），和以发生学为研究方法的发展论者（Developmentalians）。

整体论者的观点可以在现代研究亚里士多德的著名学者哈罗德·彻尔尼斯（Harold Cherniss）的这样一段话中得到鲜明的反映。他这样说：“由于整个著作是由讲稿构成的，而这些讲稿被反复地讲授，又和不同时期所添加的前前后后的评注连缀在一起，因此，显然，作者把整个全集视作构成了一个自洽的统一体系，并且，他的著作在哲学上也必须被看作是如此，如果它就是他本来希望它是的那个样子的话。”① 这样，在整体论者看来，亚里士多德的思想是一个完整的体系，全集中的各类著作构成了这个完整的思想体系的不同的部分和方面，不同著作间甚至同一本著作中所存在的思想差异是由于论述的方式、论述的主题和论述的角度的不同而造成的差异，并不构成根本的思想对立和不同的发展阶段，它们在逻辑上是完全自洽的。整体论的研究方法在亚里士多德的研究领域很有代表性，在历史上的很长一段时期，人们基本上是这样来对待亚里士多德的全部著作和思想的。新柏拉图主义者是如此，各个时期的亚里士多德主义者也是如此，近代以来的亚里士多德研究，例如黑格尔和文德尔班的哲学史，也是从一个完整的思想体系的角度来阐述亚里士多德的思想的。而进入现代以来，整体论的方法仍然支配着许多学者的研究。例如，在弗尔斯（Furth）1978 年发表的一篇文章中，在谈到《范畴篇》和《形而上学》两书之间的关系时，他并不把它们理解为不同思想时期的两本著作，而是把《范畴

① Cherniss，H.，Review of Werner Jaeger，*Aristotle*，*American Journal of Philology* 56，270.

篇》理解为《形而上学》的导论性著作，它在思想的深度上受到了严格的限制，而正是由于这一限制，再加上《范畴篇》所处理的题材的特殊性，才造成了二者在实体观上的表面的差别。[①] 而爱德尔（Edel）在1982年出版的《亚里士多德和他的哲学》这本著作中，在谈到亚里士多德关于质料问题的思想时，就把亚里士多德关于质料这一主题的不同时期的思想看成是不同角度的研究，它们构成了关于质料的多条研究线索和多种阐述方式，而这些研究在根本上是逻辑自洽、相互协调的。[②]

但是，自从德国学者耶格尔（Jaeger）1923年发表了他那本影响深远的著作《亚里士多德》，以发生学的方法研究亚里士多德的著作后，整体论的研究方法就受到了根本的动摇。耶格尔在这本书中，通过对亚里士多德著作文本的细致入微的分析和比较，把亚里士多德的全部著作建立在了一个发生学的谱系上，这就是从前期作为一个柏拉图主义者进行著述，经过作为特殊过渡时期的神学阶段，最终成为亚里士多德自己，即一个反柏拉图主义的、作为具体的经验科学家的亚里士多德。依照这个谱系，像亚里士多德前期所写的对话，例如《欧德谟斯篇》、《劝勉篇》就构成了第一阶段的作品的代表，而像《论哲学》以及《形而上学》中涉及神学思想的篇章就构成了第二阶段的作品代表，而逻辑学著作、形而上学著作则构成了向着经验主义和专门科学的转折，因为在这里，耶格尔认为亚里士多德否定了对抽象的理念的研究，而转向对具体的经验实在的探讨，至于物理学著作和其他各种具体的经验科学著作则构成了亚里士多德思想发展的第三个阶段。自耶格尔提出这种发生学的研究方法后，许多学者开始从发展的角度来考虑亚里士多德的思想，由此就形成了发展论的各研究派别。他们虽然在对亚里士多德思想发展的分期上以及各个时期的思想倾向上有着各自不同的理解，但是一个基本的共识是，亚里士多德的思想存在着不同的发展时期，而全集就是这些不同发展时期的思想的反映，从而，既不能够对亚里士多德的全集进行整体主义的研究，也不能从体系性的角度来把握亚里士多德的思想，根本不存在一个所谓的亚里士多德的思想体系，亚里士多德的著作全集不过是不同时期的作品的汇集。

显然，发生学的方法和整体论的方法形成了鲜明的对立，发展论者指

---

① 参见 Furth, M.，"Transtemporal Stability in Aristotelean Substances"，*Journal of Philosophy* 75，629。

② 参见 Abraham Edel，*Aristotle and His Philosophy*，University of North Carolina Press，1982，51。

责整体论者忽略了亚里士多德思想的发展性，在明显不同的思想之间去寻找逻辑的自洽性，从而所构造出来的只是一个虚构的亚里士多德的思想体系。而整体论者则指责发展论者对亚里士多德的思想采取了割裂的研究态度，忽视了亚里士多德思想所特有的体系性，从而所展示给人们的只是一个思想破碎的亚里士多德，而这不仅不符合亚里士多德思想的实际，也不符合任何一个思想家所可能的思想实际。例如彻尔尼斯就这样说："耶格尔暗中假定在任何既定的时刻，亚里士多德的学说不会含有矛盾，而凡是矛盾明显的地方，一定存在着写作上的时间差异。这样的条件不仅与其他任何已知的哲学体系不符，而且依照假定，也使任何真正的'发展'成为绝不可能，因为发展是哲学家在他现在的学说中所感到的困难和矛盾的结果。"①

面对这样两种截然相反的对待亚里士多德思想的立场和方法，我们的观点很明确，这就是，亚里士多德的思想是一个连续发展的体系。这就是说，他的思想是在不断发展的，在这方面，发展论者所提出的许多证据是无可置疑的；但是，这个发展又总是按照体系的方式来加以构成，从而它总是在一定体系中的发展，并且向着更高的体系在发展。而这也正是亚里士多德思想的实事。因为，只要认真地分析亚里士多德的著作，那么一个不可否认的事实就是，亚里士多德的著作中存在着大量的交叉引用的现象，他经常在一本著作中提到另一本著作中的某些思想，把它运用到当前这本著作正在论述的主题上来，从而，很明显，对于亚里士多德来说，尽管他的思想由于发展而存在着前后期的明显差异，但是，体系性却是他思想中的恒常的追求，他总是从现在思想体系构造的需要出发来通盘考察过去的理论、观点和概念，把在他看来凡是有益于现在的思想毫不犹豫地整合到他当前的讨论中来，力图把他的各种思想组织成为一个有机的整体。这样，发展的体系，这就是我们考察亚里士多德思想的基本立场和方法。

由此出发，具体到亚里士多德的形而上学思想的发展，尽管以《范畴篇》—《物理学》—《形而上学》为核心构成了亚里士多德形而上学思想的三个不同的发展阶段，但是它们彼此之间却并不构成截然对立的关系，相反，后期的思想总是在有效地吸收着前期思想中有益的成分，使其成为自己思想体系中的一个必要的环节。这样的理解就可以使我们从一个统一

---

① Cherniss，H.，Review of Werner Jaeger，*Aristotle*，*American Journal of Philology* 56，265.

的思想高度来看待亚里士多德形而上学思想的发展，看待这三本著作之间的关系，不至于割裂地来对待它们。

二、实　体

在澄清了研究方法后，针对亚里士多德的形而上学思想的发展这个主题，一个首要的问题就是，什么是亚里士多德的形而上学？这个问题的重点是在“亚里士多德的”这几个字上，它企图搞清楚，什么是亚里士多德的形而上学和柏拉图的形而上学的根本区别。

对此，一个通常的回答就是，亚里士多德的形而上学就是对实体的研究。这是根据亚里士多德在《形而上学》第七卷第一章中的提法而做出的回答。在那里，他这样说：“无论过去、现在还是永远，那永远被追寻而永远令人困惑的都是，什么是存在，而这也就是，什么是实体。”（1028b3－4）①这虽然是在《形而上学》诸篇中对形而上学的研究对象提出的一个明确的阐述，但是却是一个有着普遍意义的阐述，因为，任何人都可以很容易地认识到，即便是在亚里士多德的早期著作《范畴篇》中，实体也已经被提出来作为形而上学最基本的关注对象了。亚里士多德正是以他很早以来就形成的关于实体的思想与柏拉图的理念论的形而上学追求进行了根本区分，形成了自己独创的形而上学体系。

如果实体构成了亚里士多德形而上学思想的核心，那么，很显然，这个专属于亚里士多德的哲学的概念术语就是我们首先需要加以澄清的。

实体，希腊文写作 ουσια。我们说，这个词是从系动词 ειμι 的阴性主格单数分词形式 ουσα 变过来的，实际上是这个分词的名词化。至于系动词 ειμι，我们知道，它在希腊语中具有两层内涵，一个是作系词用，相当于“是”，另一个是作动词用，表示“存在”。中国的有些希腊哲学研究者主张，把 ειμι 以及所有与 ειμι 相关的词都仅仅从“是”的意义来理解，但是，我们主张，必须从具体的上下文出发来理解 ειμι 以及所有与 ειμι 相关的词究竟是做“是”讲还是做“存在”讲，因为，“是”对于理解希腊哲学是重要的，“存在”对于理解希腊哲学也是重要的。而且，我们说，当 ειμι 以分词形式出现的时候，它表示“存在”的意味更重一些。例如，这

① 本章所有亚里士多德著作、柏拉图著作的引文除非特别说明，均从洛布古典文库本中的古希腊原文直接译出。

里的 ουσα，像它的阳性和中性主格单数分词形式 ων 和 ον 一样，更多的是指存在者，而作为阴性形式的存在者，它像希腊文中所有表示事物内在性质的阴性名词一样，表示的是一种更为本质、更为内在的存在。可以这样说，它指的是本真的存在。实体 ουσια 是这个分词的名词形式，从而，它在原始的意义上同样指的是本真的存在者。

ουσια 的这样一层哲学内涵在柏拉图的哲学中已经得到了使用。我们看到，在《斐多篇》的一个非常重要的段落中，柏拉图正是在“本真存在”的意义上来使用 ουσια 一词的。在那里，他让苏格拉底就正义自身、美自身、善自身向西米阿斯这样提问说：“那么你在什么时候曾经用肉眼看见这一类东西中的任何一个呢？……或者你曾运用别的某种肉体感觉达到它们吗？我说的是所有这一切，例如体积、健康、力量，以及一句话，其他所有一切的 ουσια，它们每一个全都是存在者；是通过肉体来观看它们的最真实的存在，还是这样一种情形，即，我们当中只有那最清楚地准备好让他所研究的每一种东西自身被思维的人，才有可能最接近对每一个东西的认知？”（65D－E）在这里，我们只要对这段话稍作分析就可以迅速把握到，对话中所使用的 ουσια 这个词，柏拉图是把它作为理念 ιδεα 的同义词来加以运用的，它指的就是事物“本真的存在”，或者说“事物自身”。但是，我们同时也清楚地可以看到，柏拉图对这个词的使用具有相当的随意性或者说普泛性，也就是说，一切存在都有这样一个自身，从而都可以称作 ουσια，就像他的理念 ιδεα 一样。因为，我们知道，在柏拉图那里，一切事物，凡是有名称的都有其理念，名称就是理念。这样，就像对于健康自身、大自身、白自身、善自身、美自身有健康的理念、大的理念、白的理念、善的理念、美的理念一样，相应的，在柏拉图看来，它们也各自有它们的 ουσια，即“本真的存在”，从而，在柏拉图那里，ουσια 不是一个专名，而是一个通名。

但我们说，正是柏拉图理念论的这样一种不加分析地任意建立理念的特征，使他的理念论丧失了基础存在论所应有的品格，也就是说，通过这样的理论所给出的并不是一个基础性的或者本体论意义上的世界，而仍旧是一个现象界。因为，并非一切存在都是本真的存在，从而都有其 ουσια，相反，许多存在只不过是存在的表象而已，从而，在根本上，它们绝不可能成为本真的存在，作为本体而存在，这不是在它们的名词之上加上“自身”这个词就可以改变的，它们只是现象而不是本体。这样，对真正意义上的本真的存在的寻求，也就是说对本体意义上的存在的寻求，依然是一个艰巨的任务。

亚里士多德的形而上学探究正是由此开始的，他深刻地意识到了柏拉图理念论的这一困难，意识到了 ουσια 绝不是一个通名，而是一个专名，它并不是泛指一切存在，而应当是指那真正基础性的存在，唯有这样的存在才配得上 ουσια“本真存在”或“存在自身”这一名称，而这样的存在不是各门科学研究的对象，而只是唯一一门科学研究的对象，这门科学就是形而上学。这样，什么是 ουσια，换句话说，什么是真正基础性的存在，就成为亚里士多德的形而上学核心探究的目标，是亚里士多德的形而上学的根本的旨趣和追求。也正是鉴于 ουσια 这个词不是一个泛指的存在概念，而是有着专门的所指，它指向的是一种基础性的存在，换句话说，也就是一种真正的实在，所以，我们认为，它在亚里士多德的哲学中应当被译作“实体”而非其他。

这样，实体就构成了亚里士多德整个形而上学思想所核心探究的东西，实体理论就是亚里士多德的形而上学，亚里士多德正是以这个理论把自己的形而上学和柏拉图的形而上学区别开来的。但是，也正是在这个理论上，我们清楚地看到了亚里士多德形而上学思想的不断发展。而这简单说来就是，亚里士多德在思想发展的不同时期对什么是实体这个问题的回答是截然不同的，由此亚里士多德的形而上学思想也就表现为一个从早期经中期向晚期的发展。在以《范畴篇》为代表的早期逻辑学著作中，亚里士多德把个别事物确立为第一实体，而在以《物理学》为代表的中期物理学著作中，亚里士多德则把构成个别事物的质料和形式确立为第一实体，但是在后期的被称之为《形而上学》“核心卷”的第七、八、九卷中，亚里士多德则明确地将“是其所是”确立为第一实体。但是，这并不是亚里士多德对什么是实体的最终回答，构成对什么是实体这一问题的最终回答的是《形而上学》中被称之为亚里士多德的“形而上学卷”的第四、六、十二卷，在那里，通过对“作为存在的存在”的分析，亚里士多德最终确立了“不动的动者”，也就是神作为终极的实体。这就是亚里士多德的整个形而上学思想的发展。显然，这样的概括是非常简略的，因此，我们将以详细的论证来维护我们的这一概括。

在《范畴篇》中，细致地研究可以发现，同柏拉图对所有存在不加区别不同，亚里士多德通过运用“是否陈述一个主体”和“是否在一个主体之中”这两个标准便对所有的存在进行了区分，从中区分出了基础性的存在和依附性的存在，由此也就确立了某一类存在在存在者整体中的基础地位和优先地位。在此基础上，亚里士多德便把 ουσια 这个术语赋予了这一类特殊的存在，从而第一次明确地提出了实体的概念。那么，这是一类什么样的存在呢？在《范畴篇》著名的第五章中，亚里士多德用了相当大的篇幅对这类存在作了详细的分析。他一上来就明确地告诉我们："实体是最关键的、第一位的、最重要的词，它既不陈述一个主体，也不在一个主体中，例如这一个人或这一匹马。"（2a11－15）在这里，"最关键的"（κυριωτατα）、"第一位的"（πρωτωζ）、"最重要的"（μαλιστα）这三个最高级形容词就明确地向我们指示出实体在整个存在者中所占有的基础性的地位。而"它既不陈述一个主体，也不在一个主体中"则是对前面所提到的两个划分存在的标准的具体的运用，它明确地告诉我们，实体自身就是一个独立自在的主体，它不依附于任何其他的存在，相反其他存在却依附于它，是对它的表述或者表现，它构成了其他存在的基础。但像这样的界定仍然显得笼统，人们仍然会继续追问，这样一种基础性的、独立自在的主体究竟是什么呢？所以，亚里士多德的第三句话就明确回答了这一问题，道出了他所说的实体的实质，这就是每一个具体的个体事物，例如这一个人、这一匹马。在这里，用来限制修饰"人"和"马"的"这一个"（τοδε τι）是非常重要的，亚里士多德实际上是把它作为实体的一个基本特征来看待的。例如，他在第五章的后面这样说："看起来似乎每一个实体都表示这一个。"（3b10）这就明确地肯定了实体的个体性特征。从而，我们就看到，对于《范畴篇》中的亚里士多德来说，个体事物就是实体。

但是，熟悉《范畴篇》的人会立即怀疑这一界定，因为亚里士多德不是还有所谓的第二实体吗？例如，就在上面这段话的后面，亚里士多德还紧接着说了这样一段话："而第二实体是指，首先说到的那些实体所属于其中的种和这些种的属，例如这一个人属于人这个种中，而这个种的属是动物；因此，第二实体说的就是这些实体，例如人和动物。"（2a15－19）这也就是说，除了个别事物之外，亚里士多德还承认另一些存在也是实体，这就是定义个体事物的本质的普遍概念，例如种和属。但是，我们说，正如"第二实体"的"第二"所揭示的，它在亚里士多德的眼中是次一级的实体，是在与其他作为偶性的范畴相区别的意义上才被勉强算作实体的，而在根本上，它仍然和其他偶性范畴一样，属于依附性的存在，因为按照上面划分存在的那两个标准，它们是属于"陈述一个主体"的一类。所以，正是在这个意义上，亚里士多德才说："第一实体，由于是其他每一个的基础，其他一切要么陈述它们，要么在它们中，因此它们最是所谓的实体。”（2b15－18）又说：“至于第二实体，尽管在名称的形式上看起来，当一个人说人或者动物时，同样是指这一个，但并不真实，而更多的是指某种性质；……但它并不表示某种一般的性质，像白那样……却是和实体有关的性质；因为它们表示的是某种性质的实体。”（3b14－23）所以，很清楚，亚里士多德虽然把种、属这些揭示事物本质的一般概念也称作是实体，但是在《范畴篇》中，他的实体观更倾向于个体事物，对于他来说，个体事物是真正严格意义上的实体，是第一实体。

分析起来，亚里士多德在《范畴篇》中得出这样的结论，理由实际上也很简单。因为在我们日常的认识经验中，当我们对一个具体的事物进行考察时，我们通常把性质、数量、关系、时间、地点以及运动等等都看作是这个事物的外在表现，也就是这个事物的偶性，而除开这些偶性仿佛还有一个事物本身存在着，这就是那个 τοδε τι，即“这一个”，它作为事物本身并不受到这些偶性变化的影响。例如，苏格拉底可以是有教养的，也可以是没有教养的，他可以比西米阿斯矮，但是也可以比凯伯斯高，也就是说，他既可以是高的也可以是矮的，同时他本身是一个人，但是却具有四肢，此外，他既可以在市场上，也可以在法庭上，既有昨天的苏格拉底，也有今天和明天的苏格拉底，他可以坐着，也可以站着，等等，但所有这一切都是他的外在表现，是他的偶性，除此而外，始终有一个苏格拉底本人存在着，他并不受到这些外在变化的影响，而这就是苏格拉底的实体。这样，考虑到这一点，亚里士多德便以为，只要我们在众多的偶性表象中指出苏格拉底这个人来，我们就等于给出了实体，也就是终极的主体，真正基础性的存在，因为，在众多的偶性变化中，唯有这个是不变的，是常在。这就是亚里士多德在《范畴篇》中对实体问题的回答，亚里士多德以为，这样就圆满地解决了实体问题。也就是说，实体就是“这一个”，就是个别事物。

但是，只要深入思考就会发现，亚里士多德在《范畴篇》中对实体问题的这样一种回答是不正确的，因为一个离开了各种偶性表现的事物究竟是什么，这本身还需要研究，它并不是自明的。例如，针对苏格拉底，我们可以问，什么是苏格拉底这个人呢？显然，对于这个问题，我们并不能通过仅仅指出苏格拉底这个人来就以为回答了它。这不仅是因为这样指出的苏格拉底只是具体的某个人，即，总是处在一系列特定的偶性表现中的某个人，而不是脱离了任何偶性表现的苏格拉底本身；而且是因为，意义并不是通过指示来表明的，而是要通过解释，否则，人们就不需要认识世界了，因为世界早已摆在我们的面前，但显然，摆在我们面前的世界是不自明的，从而需要认识。由此可见，苏格拉底初看起来似乎是一个最自明的对象，而且还是一个最具体的对象，但现在却成了最不自明也最抽象的概念。究竟什么是脱离了一切外在表现的苏格拉底这个人本身呢？这是一个困难的问题，正是这个问题使亚里士多德进入到了他的形而上学思想的第二个阶段，也就是以《物理学》为核心的物理学著作时期。

在《物理学》的第一卷中，我们看到，一反《范畴篇》中认为个体事物是自明的终极实体的观念，亚里士多德明确地指出，应当对个体事物进行分析，而只有经过严格分析之后的结果才是这个事物真正的实在，也就是实体（184a10-184b13）。但是如何分析呢？这回他没有采取范畴分析的方法，因为范畴分析的方法如上所示，只足以指示出实体之所在，却不足以真正揭示实体是什么。因此，在《物理学》中亚里士多德便采用了一种新的分析方法，这就是把个体事物放入到生成论的模式中加以分析，指出个体事物绝不是一个孤立、静止的存在，相反，它在本质上是一个自己生长、自己运动的生成物，它内在于一个自然的生成过程之中，也就是说，总是处于“由什么变为什么”的一个连续变化的过程之中，而这就是生成论的结构。

当亚里士多德把个体事物置于这样的结构中来加以分析，他发现，个体事物不再是不可分析的了，相反，它可以分析为质料—形式的结构。其中，形式就是那个“由什么变为什么”中的“什么”，也就是生成过程的具体的形式规定性，事物正是在这种具体的形式规定性中由此一物变成彼一物的，生成过程实际上便是一个连续的形式转换的过程。但是这样一来也就需要为这个连续转换的过程提供一个载体、一个中介，使形式转换的连续性得到保证，因为，毕竟，形式与形式之间是一种对立而非连续的关系，而生成在亚里士多德看来不可能表现为由此一物向彼一物的突然的转换（这种无中生有的变化在古希腊传统思想看来是绝对不可能的）。这样，在提出了“形式”概念之后，亚里士多德又提出了“质料”的概念，让它作为形式转换的中介，以保证形式转换的连续性，使变化始终在一种既有的存在的基础上进行。而这也就是说，任何形式转换都是在质料的基础上，通过质料、借助于质料完成的，质料是生成变化的载体，生成只有在质料的基础上才成为可能。这样，相对于动变殊异的生成过程，质料却具有某种意义上的稳固性和永恒性，它将一切变化和差异维持在了一个统一的基础之上，使它们仅仅作为形式变化和形式差异而非实质变化和实质差异而存在。在亚里士多德看来，只有这样，生成才成为可以理解的，因为，绝对的动变生灭被排除了，从现在开始，生成不再是一个从无到有的过程，任何生成变化总是在一个基础之上进行的，都可以被理解为是一个永恒的基础的形式的变化。所以，亚里士多德这样说："作了这些区别之后，如若有人细心观察，那么，从全部的生成之中，如我们所说的，就会获得这一点，即，应当有某个东西永恒地作为生成的基础，……"（190a13-15）这个生成的基础就是质料。

这样，通过一种生成论的分析，任何一个个体事物就都可以分析为质料—形式的结构，它才是事物真正的实在，是事物表象的基础。由此，我们便说，正是在物理学著作时期，亚里士多德确立了质料和形式的实体地位，而在二者之中质料具有某种更为基础的地位。这就是亚里士多德的实体理论在中期的一个发展变化。

三、形　式

但是，这一发展变化并不是决定性的。因为，在这里始终存在一个问题，这就是，在质料和形式之间，哪一个更为基础呢？在对实体的追寻中，应当贯彻的是一种本质主义的思路还是一种还原主义的思路呢？因为，很显然，质料和形式明显地代表着两条不同的认识路线，一条是还原主义的，一条是本质主义的。从而，在这两条认识路线中，哪一条更优越呢？哪一条更能向我们提供关于存在的基本世界图景呢？这就是亚里士多德的问题。正是这个问题把他带入到了对实体的更为深入的探索中，而这也就构成了通常被称之为《形而上学》核心卷的第七、八、九卷的主要内容。

但实际上，早在第三卷中，也就是所谓的"形而上学问题卷"中，亚里士多德已经对此作了深刻的思考。在这一卷的第三章中，亚里士多德这样问道："在诸本原方面，究竟应当主张种是元素和本原，还是更应当主张每一个事物所由以构成的那些内在的首要的东西是元素和本原？"（998a22-24）在这里，"种"指的是一个事物的定义，而这也就是这个事物的形式规定性；而"每一个事物所由以构成的那些内在的首要的东西"则不是指别的，显然是指构成事物的质料。这样，这个问题实际上也就是在问，究竟形式更是本原，还是质料更是本原。在罗列了两种观点各自不同的理论依据后，亚里士多德明确指出，在这个问题上，不可能两种观点同时主张，因为关于实体的定义只能有一个。这样，很显然，就必须决定，在质料和实体中究竟谁更是实体。可见，这个问题是亚里士多德在建立他的实体理论的过程中的一个非常重要的问题，而这个问题的解决是在第七卷中完成的。

在第七卷第三章，在重新提出在《范畴篇》中早已明确的实体的主体地位原则，即实体是主体之后，亚里士多德核心考虑的就是这个问题，即究竟质料是实体，还是形式是实体。因为，与同样可以充当主体的个体事物相比，二者都更有资格充当主体，因而也就更是实体，但因此也就更需要给出一个明确的判断，即二者之中，究竟哪一个更是实体。从具体的行文来看，亚里士多德的态度是明确的，和在物理学著作时期他在质料与形式这二者的抉择中更倾向于质料的态度不同，在《形而上学》中，他不再赞成质料是实体的观点。他敏锐地意识到质料是实体的思路体现的是一种还原主义的思路，也就是说，对质料的寻求在根本上是一种无限后退的途径，它是不可能有终结的。因为，在原则上，所分解出来的任何一个事物的基本构成成分，都可以进一步分解为一些更为基本的构成成分，从而，即便是恩培多克勒的水、土、火、气四元素，在这种严格的还原主义方法下也并非最终的主体，仍然是可以进一步分解的。这样，如果要为这一分解寻求一个可以停止的终点，那么，毫无疑问，就必须超出这一无限后退的循环，做出一个抽象，即，设定一个最终的主体来作为一切事物的终极载体，而这也就是所谓的原始质料（prime matter），即我们通常所说的“物质”。在第七卷第三章中，通过从具体的物体中抽掉它的各种物理属性和数学属性的方法，亚里士多德得出了这个概念。他这样说：“我所说的质料是那就其本身而言既不是某个东西，也不是数量，也不是其他任何以界定存在的范畴来指称的东西。因为存在着某个东西，这些范畴中的每一个陈述它，它的存在不同于这些范畴中的每一个；因为其他东西都陈述实体，而实体却陈述质料，所以这个终极之物本身既不是某个东西，也不是数量，也不是其他任何东西，它也不是这一切的否定；因为否定也是偶性。”（1029a20－26）这样，质料在根本上就是一个抽象物，它指称的是终极的主体，从而从这个角度来看，它似乎最有资格充当实体。

但是，亚里士多德对此是不满意的。因为，原始质料这一概念只不过是一个根据推理的需要设定出来的最终主体，它的基本特征如上所述就是“无规定性”。从而，从某种意义上说，原始质料就是“无”。虽然，对它的设定是绝对必要的，因为它毕竟为生成与变化提供了一个统一性和连续性的基础，但是，它毕竟不能赋予世界以任何明确的规定性，而对于一种基础存在论来说，正是明确的规定性是重要的。所以，基于这种考虑，亚里士多德在阐述了质料的终极主体的特征之后，却明确地说："质料是实体；但这是不可能的；因为可分离者和这一个似乎更是实体，因此形式和由这二者构成的东西与质料相比似乎更有可能是实体。"（1029a27－30）这样很显然，对于亚里士多德来说，形式，作为事物的具体的规定性，由于它将事物从本质的层面上予以了明确的规定，从而，它更有资格充当实体，是真正意义上的主体，因为，事物的各种偶性是依附于它的，是对它的陈述，却不是对质料的陈述。

但是，在这里，依然有问题发生，这就是，同样作为事物的形式规定性，究竟是事物的种的规定性更是实体，还是事物的属的规定性更是实体？因为，前者比后者要更为具体，它是针对每一类事物的本质的具体规定，而不同于属只是对事物的普遍的类属加以说明而已。亚里士多德在《形而上学》第三卷中提出了这一问题，并且对此作了非常简明的讨论。他指出假如我们认为只有最普遍的种才是实体，那么，这就意味着，只有"存在"和"一"这两个最普遍的谓词才有资格充当实体，因为，它们是最普遍的，一切都是存在，一切都是一。但是，这样一来，很显然，我们将对各种具体的存在无所认识，也无所说明。因为，一切都将是"存在"，一切都将是"一"，而"存在"和"一"，如亚里士多德所说的，并不是种，从而，并不能够给我们提供关于事物的具体的规定性。这样，很显然，假如我们将普遍性认作是事物的实体，那么，我们势必就会陷入同在对终极质料的追求中所面临的还原主义无限后退的思想难题一样的困境之中，而最终将追溯到"存在"和"一"这样的大而无当的谓词上，导致对事物无所规定。这样，结论必然就是，只有关于具体事物的种的规定性才是真正意义上的实体，而这不是别的，就是 το τι ην ειναι "是其所是"。

το τι ην ειναι 这个概念，英译文一般译作 essence，即"本质"。从义理上来说，英译文的这一翻译是正确的，因为 το τι ην ειναι 这个短语的核心 τι ην "是什么"，正是就事物的本质而言的。它表明 το ειναι 的这个"是"不是就事物的其他偶性范畴而言的"是"，而是就事物的本质而言的"是"。在《形而上学》第七卷第四章中，亚里士多德表明了这一点。他说："定义正像'是什么'一样是多义的。因为，'是什么'在一种方式上表示实体和这一个，而在另一种方式上表示每一个范畴，多少，性质，以及诸如此类的其他。因为正像'是'属于一切，但并不相同，而是有的是在首要的意义上，有的是在次要的意义上，同样，‘是什么’在单纯的意义上属于实体，在特定的意义上才属于其他；……”（1030a17－24）这样，很显然，“是其所是”正是就事物的本质而言的。所以在第四章中，亚里士多德才指出，“是其所是”构成了对事物之自身的真正的定义，它不同于其他偶性范畴对事物的陈述，因为，其他偶性范畴对事物的陈述所陈述的不是事物之自身，而是事物的外在的特征，而只有“是其所是”才是对事物自身的揭示。而假如实体 ουσια 如我们前面就其本义所分析的，所指的就是事物的本真的存在，也就是所谓的事物之自身，那么，很显然，最符合 ουσια 这一特点的不是别的，就是“是其所是”。这样，在第七卷中，亚里士多德便表明了，只有“是其所是”才是真正意义上的实体，他这样说：“显然，因此，定义就是是其所是的原理，是其所是要么只属于实体，要么在最大程度上和首要而单纯的意义上属于实体。”（1031a12－14）

但是，对于亚里士多德来说，表明实体就是“是其所是”还不够，还必须考虑它和个体事物的关系。因为，对于亚里士多德来说，尽管质料和形式构成了个体事物内在的结构，而且其形式规定性构成了个体事物的本质，但是，从常识的角度来说，真正实在的并不是抽象的形式规定性，而是具体的个体事物，从而，就必须思考，“是其所是”和个体事物的关系究竟是一种同一的关系还是一种分离的关系。假如是一种分离的关系，那么，“是其所是”就仅仅在思维上具有可分离的存在，从而，它的实在性是不完全的；而假如是一种同一的关系，那么，“是其所是”在构成个体事物的本质的同时也就是个体事物之本身，从而，它便具有完全意义上的实在性，从而才是真正意义上的实体。在《形而上学》第七卷第六章中，亚里士多德以一种特殊的方式讨论了这个问题。他指出，如果我们采取了分离的主张，那么势必会导致两个不可能的结论。第一，会造成在柏拉图哲学中所特有的“第三人”问题。这就是，当我们主张个体事物和“是其所是”是分离的时候，例如，动物和动物的“是其所是”是分离的，我们就必然又要为动物和动物的“是其所是”寻求新的定义，这构成了它们的“是其所是”，但是，这个新的“是其所是”与此前的东西又是分离的，从而，又逼迫我们不得不继续追求新的“是其所是”，如此我们便又陷入到了无穷后退的困境之中。第二，会使个体事物最终成为不可认识的。因为，假如个体事物和作为它的定义的“是其所是”是彼此分离的，那么，这就意味着它们彼此之间没有任何关系，但这样也就取消了“是其所是”对个体事物之本质的定义关系，从而，个体事物并没有得到界定，而且永远也得不到界定（参考第六章 1031a28 以下）。鉴于这两个极端的困难，亚里士多德便明确地断定，“是其所是”必然是与个体事物相同一的，它就是个体事物之自身。他这样说：“由以上论证可知，是其所是和每一个事物自身不是在偶性的意义上是一且同一的，因为认识每一个个体也就是对是其所是的认识，……”（1031b19－22）因此显然，在首要和就自身而言的意义上，个体之所是和个体本身是一回事（1032a5－7）。这样，“是其所是”就是个体事物之自身，当我们说“是其所是”时，就是就个体事物之自身而言的，“是其所是”由于它和个体事物之自身的这样一种同一性也就获得了它的完满的实在性。这样，对于亚里士多德来说，“是其所是”就是真正意义上的实体，它构成了事物的本质。

四、形而上学

至此，我们所探讨的全部问题似乎就解决了，这就是，“是其所是”就是亚里士多德所寻求的实体，亚里士多德用了毕生精力加以追求的形而上学的核心对象不过就是每一类事物具体的形式规定性，而这也就是事物的实体，或者说事物本身，它们是真正基础性的存在。但是，如果“什么是实体?”这一问题的答案就是如此，那么，很显然，我们从中能够得出什么结论呢？我们能够得出的结论就是，并没有什么形而上学，只存在着对各类事物具体的形式规定性进行探究的各门专门科学，这样，亚里士多德通过上面的艰苦思考只不过向我们表明了他的专门科学的立场，告诉我们他是一个科学家，而不是一个形而上学者。

我们说，这就是耶格尔学派对亚里士多德思想发展的一个基本的观点，即认为亚里士多德在他的思想后期放弃了柏拉图式的形而上学和神学研究，转向了专门科学的研究，成为了一个注重对事物进行具体的科学研究的专门科学家。耶格尔学派认为这也就解释了为什么亚里士多德之后的漫步学派在哲学上日趋式微的原因，即，随着亚里士多德晚期思想的这一转向，漫步学派就逐渐地偏向专门科学的研究，从而也就丧失了在哲学思想上的主导权。耶格尔学派的这个观点在一段时期曾经主导了西方学者对亚里士多德的研究，但是自从 1957 年 G. E. L. Owen 发表了他那篇著名的论文《亚里士多德一些早期著作中的逻辑学和形而上学》（Logic and Metaphysics in Some Earlier Works of Aristotle）之后，耶格尔学派关于亚里士多德思想发展的这一谱系便宣告了终结。在那篇文章中，Owen 以精审的论证说明了，与耶格尔学派所主张的相反，亚里士多德的思想恰恰经历了一个由早期的反形而上学向晚期的形而上学的回归的过程，而在这个过程中先后起主导作用的就是同名异义词理论和核心意义理论。前者使亚里士多德认为“存在”是多义的，从而对于“存在”不可能进行普遍的一义的研究，而只能分别对各种不同的“存在”进行专门的研究；而后者则使亚里士多德认识到，在“存在”的多种意义中有着一种核心的意义，它构成了诸存在者的基础，普遍存在于一切存在者之中，从而，对于“存在”就可以进行普遍的一义的研究，而这种研究必然就是形而上学。①

这样，我们说，认为“是其所是”就是亚里士多德所寻求的实体的最终答案，这是出于对亚里士多德的误解。因为，只要对《形而上学》稍作观察，在“什么是实体?”的问题上，我们就可以发现亚里士多德有着一个最为常见但也常常被人们所忽略的回答，这就是在第七卷、第十一卷中已经被朦胧地提及而在第十二卷中得到清楚地界定的回答，即，实体有三种，两种是自然的，一种是不运动的。两种自然的实体也被统称为可感的实体，它们分别是可感的、可毁灭的实体和可感的、不可毁灭的实体，而不运动的实体则被认为是可以分离存在的，是永恒的，它又被称作“不动的动者”。前两种实体是物理学研究的对象，而后一种实体则是第一哲学，也就是形而上学研究的对象。这样，稍加思考我们就可以明白，《形而上学》第七卷所研究的实体只是这三类实体中的前两类，也就是可感事物的实体，而丝毫也没有涉及第三类实体，也就是不动的动者。这并不是我们分析出来的结果，实际上就是在《形而上学》第七卷中亚里士多德也明确地向我们指出了这一点。我们看到，在《形而上学》第七卷第三章的结尾，也就是在亚里士多德即将进入到第七卷对“什么是实体”这一问题的具体的探究之前，他明确地告诉我们，以下所进行的探究是关于可感事物的实体的探究。他这样说：“人们一致同意有一些实体属于可感觉物，所以应当首先在它们之中寻求。因为逐渐进入较可知的东西是有效的。……虽然是从这些贫乏但却对自身而言是可知的东西出发，我们却应当尝试经由这样一些东西去认识那些完全可知的东西。”（1029a34－1029b13）这样，很清楚，亚里士多德在所谓的《形而上学》核心卷中对实体问题的探讨所涉及的并不是全部实体，而只是其中的一个部分，在这里他所确立的并不

① 参见 G. E. L. Owen，“Logic and Metaphysics in Some Earlier Works of Aristotle”，*Logic, Science and Dialectic*，*Collected papers in Greek philosophy*，Martha Nussbaum（ed.），Duckworth，1986。

是形而上学的研究对象，而是诸科学的研究对象，而真正确立形而上学研究对象的部分不是在《形而上学》第七、八、九这三卷中，而是在第四、六、十二这三卷中。因此，有些学者明确地把这三卷称作是“形而上学卷”。

那么，在这三卷中亚里士多德所确定的形而上学的研究对象是什么呢？我们看到，在《形而上学》第四卷的第一章，一开始亚里士多德就说了这样一段话：“有一门知识研究作为存在的存在和它自身所具有的属性。它不同于任何一门就部分而言的知识；因为，其他知识没有一门普遍地考察作为存在的存在，而是从中截取一部分来思考它的偶性，例如数学知识。既然我们正在探求本原和最终的原因，那么，显然，它们必然属于某种就自身而言的本性。因此，如果就连那些寻求存在者元素的人也在探求这样的本原，那么，必然的，这些元素就不是作为偶性而属于存在者，而是作为存在。因此，我们就应当把握作为存在的存在的第一原因。”（1003a20－32）我们说，这段话的主旨十分鲜明，它明确地告诉了我们存在着一种不同于各种专门科学的普遍的研究，它是对普遍的存在的研究，而这不是别的，就是“作为存在的存在”，而这也就是存在之本身。专门的科学与之相比，只是就部分而言的知识，是属于分支科学。

假如我们把这段话同亚里士多德前期从同名异义词理论出发所持有的反形而上学的立场联系在一起来考察，那么，我们就不难从中体会到亚里士多德思想的巨大的转折，也就是说，在这里他开始明确地意识到对普遍的存在的研究是可能的，形而上学是可能的，因为存在着“作为存在的存在”，也就是存在之本身，它是存在的多种意义所统一趋向的核心，从而构成了一切存在的基础，是基础性的存在。由此，亚里士多德紧接着在这一卷的第二章就阐明了他的这一核心意义理论，指出“存在虽然有多种意义，但是全都和一个东西、某一种本性相关，这不是以同名异义的方式，而是像健康的全都和健康相关一样，……同样，虽然存在有多种意义，但是全都和一种本原有关；因为有一些由于是实体而被称作存在，有一些由于是实体的感受，有一些由于是通向实体的道路，或者是实体的毁灭、欠缺、性质、制造或生成，又或者是相关于实体的那些词的毁灭、欠缺、性质、制造或生成，或者是对其中某一个词或实体的否定；因此，甚至非存在，我们也说，是非存在。”（1003a33－1003b11）这样，很显然，实体就构成了“存在”的多种意义的核心意义。但是，与《形而上学》第七卷在对存在的多种意义的探讨中所揭示出来的那个作为核心意义的实体相比，它不再指的是具体的可感事物的作为种的形式规定性的“是其所是”，而是指的“作为存在的存在”，指的那个基础存在。这样，很显然，正是在《形而上学》第四卷中，亚里士多德在实体观上发生了根本的转变，他把对实体的探究由对具体存在物的种的探讨，转向了对“作为存在的存在”也就是基础存在的探讨，认为这才是真正意义上的实体，也就是那个 ουσια，即存在之本身。同时，他明确地认识到这样的研究不同于任何一种专门科学的研究，它构成了第一哲学，而这也就是形而上学。他这样说：“有多少实体，就有多少哲学的分支；所以必然地其中就存在着某个第一的和随后的”（1004a3－5），“既然还有比物理学家更高的某种类型的人（因为自然只是存在的一个种），那么对它们的研究就可能是那对第一实体进行普遍地思想的人的事情；而物理学虽然是一种智慧，但不是首要的智慧。”（1005a34－1005b3）在这里，所谓“第一实体”当然就是指的“作为存在的存在”，也就是存在之本身，基础存在，而与之相应的研究则构成了第一哲学，亚里士多德确定无疑地指出，它是比物理学更高的一种智慧，假如我们在这里想到后人所赋予“形而上学”的那个名词 μεταφυσικα 的“元物理学”、“超物理学”、“在物理学之后”的内涵，那么，亚里士多德在这里所说的这种智慧当然就只能是形而上学。

这样，我们说，正是在《形而上学》第四卷中，亚里士多德确立了形而上学的可能性，并且明确了形而上学的研究对象，这就是“作为存在的存在”。但这里，当然也就会提出来一个问题，这就是，什么是“作为存在的存在”呢？从亚里士多德在第四卷中所作的进一步的探讨可以明确地看到，亚里士多德所说的“作为存在的存在”不是指别的，就是指的“存在”这一判断谓词内在的逻辑规定性以及与此相应在存在论上的基础设定，而这归结起来也就是“同一个东西不可以同时既存在又不存在”的逻辑同一律，以及通过这一逻辑同一的存在断定所设定的基础性的客观存在。亚里士多德从第二章开始，在明确了“作为存在的存在”的第一实体的地位后，就立即着手于这一探讨。他不仅明确地指出了对“存在”的研究也就是对“一”以及与“一”相关和相反的那些最基本的概念，例如一与多、同与异等等的研究（参见第二章 1003b23 以下），而且也指出了形而上学必然最终要上升成为逻辑学，是对“存在”谓词的逻辑内涵的研究，而这也就是对逻辑同一律的研究，因为，“存在”在根本上不过是一个自我同一的断定，它所断定的不是别的，就是一个自我同一体（参见第三章）。但亚里士多德紧接着便认为，这样的断定不仅具有逻辑学的意义，而且具有存在论的意义，因为，它是对基础存在的设定，通过“存在”的断定，一个基础性的世界就被断定出来了，它克服了前苏格拉底生成论的宇宙观和相对主义的存在观所描绘的那种动变生灭、多元纷争的世界图景，而确立了一个唯一的、永恒的、不可动摇的世界的基础地位（参见第四章、第五章）。这样，在第五章的最后，亚里士多德针对那些持有生成论和相对主义观点的人便这样说：“对于这些人，我们也要说和以前讲过的相同的话；因为应当向他们表明并使他们相信存在着某种不运动的本性。进而对于那些主张同时既存在又不存在的人便会得出这一结论，即说万物静止远胜于万物运动；因为并不存在什么要变成的东西；因为一切存在于一切之中。”（1010a34-1010b1）在这里，我们便仿佛再次听到了巴门尼德的箴言，这样，亚里士多德在《形而上学》第四卷中所最终确立的正是由巴门尼德所早已奠定的基础主义的存在论。

但由此一来，亚里士多德对基础存在的永恒性、不运动性的说明也就启发了我们对《形而上学》第六卷的理解。因为，我们知道，在《形而上学》第六卷中，亚里士多德又把第一哲学界定为是神学，认为它是对一类特殊的存在者的研究，这就是永恒的、不运动的、可分离的存在者的研究。研究者们由此便提出了一个在相当长的时间内聚讼纷纭的问题，这就是，《形而上学》第四卷中所说的第一哲学和《形而上学》第六卷中所说的神学是否是同一门知识，第一哲学是对普遍的存在，也就是“作为存在的存在”的研究，还是对一类特殊的存在者，也就是永恒的、不运动的、可分离的存在者的研究。我们说，围绕这个问题的争论在基督教的经院哲学家们那里便已经形成，而在近代以来，则是由那托尔普第一个以学院化的方式提出的，这就是《形而上学》第四卷和第六卷是否存在矛盾，亚里士多德是否有两种形而上学，由此便形成了亚里士多德研究领域的一个重要的研究主题，在这方面，耶格尔、欧文斯、罗斯、W. Leszl 等亚里士多德研究的著名的学者都提出过彼此不同的观点。陈康先生的最后一部著作《智慧：亚里士多德追寻的科学》（*Sophia: the science Aristotle sought*），也专门讨论这一主题。但是，现在通过我们上面的分析，关于这个问题却可以得出一个明确的回答，这就是亚里士多德在《形而上学》第四卷中所说的“作为存在的存在”也就是第六卷中所说的永恒的、不运动的、可分离的存在者，因为，“作为存在的存在”，如我们前面所指出的，它所指涉的就是基础存在，而作为基础存在，它的根本的特征就是，它是永恒的、不运动的，而由此它也就独立于一切变化之外，成为真正意义上的独立自在之物，而这也就是所谓的“可分离的”存在。从而，它虽然是普遍的存在，但是同时也就构成了一类特殊的存在者，它的特殊性就在于，它超越于一切具体的存在物，而构成了基础存在。这样，显然，第四卷中所说的“作为存在的存在”正是第六卷中所说的永恒的、不运动的、可分离的存在，而相应的，研究“作为存在的存在”的第一哲学也就是研究永恒的、不运动的、可分离的存在的神学。

实际上，亚里士多德自己在第六卷中也已经明确指出了这一点，他这样说：“人们可能会感到困惑，第一哲学究竟是关于普遍的，还是关于某个种以及某一种本性的。因为，甚至在数学科学中，也不是同样的，而是几何学和天文学关于某一种本性，而普遍数学则对于一切是共同的。因此假如在以自然的方式组成的东西之外不存在另一种实体，那么，物理学就可能是第一位的知识；但假如有一种不运动的实体，那么这就是在先的和第一哲学，并且在第一的意义上是普遍的；对作为存在的存在的研究，以及对是什么和作为存在的那些属性的研究就很可能属于这门知识。”(1026a23－33）在这里，仔细地研究不难发现，亚里士多德实际上已经明确地告诉了我们对普遍的存在的研究也就是对一类特殊的存在的研究，这类存在的特殊性就在于它是第一性的，它超越了物理实在，而构成了真正基础的存在，正因为如此，对它的专门研究也就具有普遍的意义。而最后一句话，当然意旨更为显豁，它实际上等于明确地回答了关于亚里士多德的第一哲学和神学之间的关系的那个引起各种纷争的问题，告诉我们，第四卷中所说的第一哲学（即形而上学）所研究的“作为存在的存在”实际上也就是这里所说的神学的研究内容。

这样，我们说，亚里士多德在对“什么是实体”这一问题的长期的探求中，便最终确立了一类永恒的、不运动的、可分离的存在的第一实体的地位，而这不是别的，就是“作为存在的存在”，就是存在之自身，那个基础存在。亚里士多德便把这样的存在称作神，并且在《形而上学》第十二卷中明确地赋予了它“不动的动者”这一称号，认为它是常在、恒在、遍在、永在，是一个永恒的自我实现，而就这一点来说，它便是纯形式，它构成了世界的基本的、原初的规定性，世界上万事万物的千变万化，不过最终只是它的自我实现，它推动着万物向着它自我实现，它构成了一个永恒的、自转的圆圈。但这样一来，显然，我们也就需要对亚里士多德在这一形而上学至高点上所描绘的一幅宏大的宇宙图景作一番简略的审视，以使我们能够最终完成对亚里士多德形而上学体系的考察。

五、宇宙论

实际上，亚里士多德在《形而上学》核心卷中，在对形式和质料之间的关系进行相较于前述的《物理学》更为深入的探讨时，已经触及了宇宙论问题，并且确立了对整个宇宙图景进行形而上学描述的基本理论模型，而他在《形而上学》第十二卷中就整个宇宙图景所作的最终描述不过是对前此研究的一个最高综合和发挥而已。我们即可以由此线路来加以考察。

我们看到，在《形而上学》第七卷中，在确立了形式尤其是“是其所是”是真正的第一实体之后，亚里士多德立即就转入到了对形式和质料相互之间的关系的考察之中。在那里（第七卷第七、八、九章），同以往从一种技术生成的角度出发来理解质料和形式之间的关系不同，亚里士多德独特地引入了前苏格拉底宇宙生成论的思路。他首先将所有的事物都归入到了生成论的视野之内，认为所有的事物在本质上都不是孤立、静止的存在，而是生成物，也就是说，它们是尚未完成的，是处于存在和不存在之间的，从而，它们的存在是在它们向着他物的转化之中才体现出来的，并且只是在这样的转化之中，也就是在自身的逐渐消失之中，它们才有其存在，并且才有其本质。这样，显然，本质就不是一个已成物，而是一个生成物，并且不是在分有之中生成，而是在完成之中生成。这样，事物和本质之间的关系就不再是一种柏拉图式的模型和模型物的外在的机械的关系，而是一种自然创生的过程。这就是亚里士多德对存在的全新的理解，即是说，存在就是生成，存在不能静止地去理解，而必须运动地、生成地去理解。

在此基础上，亚里士多德就对生成作了结构性的分析。他把生成分成三个环节，即由于什么——出于什么——成为什么。由于什么是生成之动力、之始点，生成由之而开始；而出于什么则是生成之基础、之材质，生成以它为基质；成为什么则是生成之目的、之所是，生成以它为规定。在明确了这一点之后，亚里士多德就把前面所讨论的质料和形式分别纳入到了这一模式之中来加以考察。他指出，质料就是出于什么，形式就是成为什么，而无论是对于自然的生成还是对于技术的生成而言，由于什么最终和成为什么是一致的。这样，质料和形式就不是一种僵硬对立、彼此外在的关系，相反，它们彼此内在。质料是生成中的形式，而形式是已经生成的质料，形式内在于质料之中，而质料也内在于形式之中，它们之间具有一种连续的生成和转换的关系。由此，在第八卷，亚里士多德就明确提出了“潜能”和“现实”这一对对于亚里士多德的形而上学来说非常重要的概念，认为质料就是潜能，而形式就是现实，质料和形式之间存在一种从潜能到现实的连续转化过程。显然，这种从潜能和现实的角度出发对质料和形式的重新界定，就将质料和形式由原来的僵硬对立、仅通过技术生成的方式外在联合的关系纳入到了一种连续的自然生成转化的关系之中，从而质料和形式之间的截然对立的界限消失了，质料不过是潜在的形式，而形式不过是实现的质料。而在第九卷中，通过对潜能和现实这两个概念的更为细致的考察，亚里士多德不仅确定了现实先于潜能、形式先于质料的思想，而且把从质料到形式的整个转化过程看成在本质上是一个形式由潜在向现实的自我实现过程，并且提出了 ενεργεια（实现）这个概念。我们说，这个概念对于亚里士多德的宇宙论体系来说是无比重要的，因为，正是这个概念深刻地界定了亚里士多德所理解的宇宙运动过程的本质，这就是，它是最高存在的自我实现，亚里士多德正是借助这个概念，才能勾勒出一幅宏大的宇宙生成的图景。

具体来说就是，在亚里士多德看来，整个宇宙可以看成是一个由绝对的质料向着绝对的形式的连续转化的过程，从而，宇宙生成的绝对的开端便是纯质料，而之所以是纯质料，是因为作为这个开端，由于一切形式的特征都尚未展现出来，从而，就这一点来看，它是完全混沌不明的，而这就是纯质料。但是，由于上面所说的，质料和形式不是绝对分离的，从而，一切未来形式的可能又都蕴涵在这个开端之中，而正是这一点使得这个纯质料不是惰性的，相反，它具有能动的特征，它内在地具有自我实现的冲动，于是，整个生成活动便从它发端。这样，整个生成活动便表现为一个质料逐渐成形的过程，而这当然也就是一个形式的特征日渐明显的过程。这一个过程持续着，直到全部的形式的可能性得到充分的实现，也就是说，生成活动达到它最后的终点，而在这个时候，显然，形式的因素就表现得最为明朗，可以说，在生成的终点，事物完全是作为形式展现出来的。这样，生成就以纯形式作为它的终点。这样看来，纯质料是宇宙整体的全部形式规定性尚未充分展开的状态，而纯形式则是宇宙整体的全部形式规定性充分展开的状态。从而，很显然，对于亚里士多德来说，纯质料实际上就是纯形式，不同的只是，它是潜在的纯形式，反过来，纯形式也就是纯质料，不同的只是，它是已经充分实现的纯质料。我们说，这就是亚里士多德通过他的质料和形式、潜能和现实的理论向我们展现的一幅宏大的宇宙生成图景。这一幅图景克服了柏拉图宇宙论机械、僵化、静止的特征，将外在的、机械的变化从内在的、连贯的生成的角度来重新予以把握。

但是显然，这还不是根本的。更为根本的是，在纯质料和纯形式的这样一种内在的同一的关系中，显示了亚里士多德对宇宙运动的一种特殊的理解，这就是，开端即终点，终点即开端。由于纯质料和纯形式在根本上是内在同一的，从而，整个宇宙运动就显示为一种自我回复、自我返回的过程，也就是说，它从纯质料开始，通过复杂的运动过程，最终又回复到了起点，不同的只是，这个时候作为起点的不再是尚未展开的纯质料，而是业已充分展开的纯形式了。这样，显然，在这样一个宇宙运动模式中，运动成为次要的了，不运动成为主要的了。实际上，始终存在着一个不运动的点，而整个运动不过是这个不运动的点的自我返回和回复而已。我们说，这才是亚里士多德宏大的宇宙生成图景的关键。把握住这个关键，也就把握住了亚里士多德形而上学的灵魂。而《形而上学》第十二卷正是对这个核心灵魂的最为深刻的论证和阐述。

我们看到，在第十二卷中，亚里士多德核心论证的一个主题就是，如果说存在着宇宙的永恒的运动，那么，也就必然存在一个“不动的动者”，它为永恒的运动提供了一个真正的始点，假如它不存在，那么永恒的运动也不存在，而永恒的运动不存在，作为由潜能到现实不断运动的宇宙本身也就不存在。从而，必然有这样一个作为永恒的运动的始点的东西，而就它是运动的始点而不是运动本身而言，它就是“不动的动者”。这是亚里士多德在第五章中加以论证的，在确立了这一点之后，他就进一步讨论了这个形而上学最高实体的特性。他指出，“不动的动者”是完全的现实性，因为，只有这样才能保证永恒运动的现实性，但是这样一来也就意味着“不动的动者”绝不能含有丝毫的质料，而必须是纯形式，因为，质料就是潜能，而潜能是一种可能性，假如“不动的动者”具有质料，那么它就不可能是完全的现实性，而是一种在或多或少的意义上的可能性的存在。但这是与“不动的动者”的完全现实性的要求不相符的，从而，毫无疑问，“不动的动者”只能是形式，而且还是纯形式。但这意味着什么呢？这就意味着“不动的动者”最终在亚里士多德那里就是思想自身。因为纯形式只在思想那里才存在。

但由此一来就产生了一个似乎非常困难的问题，这就是思想如何产生宇宙的永恒运动的。亚里士多德讨论了这个问题。他认为“不动的动者”

的思想本性正符合它作为“不动的动者”的特征，因为，假如它不是思想而是物体的话，那么它对其他东西的推动就必然要以物理运动的方式进行，而这就不能保证它在根本上是不运动的，因为物理的运动是建立在相互作用的因果原理基础上的。但它作为思想却恰恰避免了这一困难，因为，思想的特性就是，当一个人思想一个思想物时，显然，这个思想物会引起他的运动，但是，在这里不存在一种物理的作用方式，从而，思想者所思想的东西本身可以是不运动的。亚里士多德认为，“不动的动者”正是作为被思想者而造成了宇宙的永恒运动的，它是一个思想对象。但是，这意味着什么呢？显然，这就意味着，假如“不动的动者”是作为被思想者而造成别的东西的运动，那么，别的东西就是由于思想到了“不动的动者”才运动的，而这也就意味着别的东西是思想者。这样，从某种意义上说，别的东西相对于“不动的动者”的运动不过就是一个思想者思想被思想者的思想运动，而被思想者正是通过这样一个思想运动来自我实现的。从而，结论就是，在亚里士多德看来，整个宇宙的运动实际上就是一个思想者思想被思想者的思想运动。我们说，这正是《形而上学》在第十二卷所达到的一个最高命题，即，思想自己思想自己，这就是“不动的动者”的自我实现方式。

我们看到，亚里士多德在第七章中深入地论述到了这一点。他告诉我们，“不动的动者”在根本上是一种生活，而这是一种最纯粹的生活，也就是说，它是完全的现实性，它完全沉浸在自己的自我实现之中，从而拥有最大的快乐。但什么样的生活才可能具有这样大的快乐呢？亚里士多德说，这不是别的，这就是思维活动自身。只有在思维活动之中，才有着最完全的现实性，也才有自我的完全的统一、同一。因为，唯有思维活动是无求于外的。因为，思维活动说到底不过是自己对自己的思想，它是思维活动与思维对象的内在的统一。在这里，思维同时既是活动的主体又是活动的对象，从而，它达到了最完满的现实性。这样，“不动的动者”在亚里士多德看来归根结底不过是思想自身，它是纯粹的思想，而显然这一想法与“不动的动者”的纯形式的特征也是一致的。也就是说，作为不含有任何质料的纯形式，而且是作为完全实现出来的纯形式，“不动的动者”不可能以别的方式存在，它只能是以思想的形式存在。而这样的存在，亚里士多德说，就是神。他这样说：“思想的现实便是生命，而神就是这现实；神的就自身的现实性就是最高贵的和永恒的生命。”（1072b28-29）这样，亚里士多德就获得了他的形而上学的最高概念，这就是神。而他的神不是别的，就是自己思想自己的思想活动本身。

我们说，正是这个活动在现实地产生着整个世界的运动，而这反过来也就是说，整个世界的运动不过就是它的自我实现的活动。我们不必神秘地或者唯心主义地来理解亚里士多德的这一理论，而应当现象学地来理解。也就是说，要把世界的运动看成是一个自我实现、自我显现的活动，世界在自我实现着自己，但是，与此同时，它也就在自我显现着自己。在这里，显现和实现是内在同一的。而这也就是说，思维和存在是内在同一的，存在不仅是“去存在”，而且是“在显现”，存在的过程也就是显现的过程。从而，观念和思想不是我们主观的思维表象，相反，却是存在自身的现身方式，存在的自我显现，这就是思想，而思想的自我实现，这就是存在。我们说，这就是亚里士多德所达到的形而上学的高度。

但需要提及的是，这里的思维和存在的同一是在宇宙论的层面上所达到的同一，它不同于近代哲学在自我学的基础上所达到的同一。从而，在亚里士多德这里，所展现出来的就是一幅宇宙论的图景。在这里，整个宇宙就是一个自我实现的运动，从而，整个宇宙就是处于最完全的现实性当中，只要它在永恒的运动之中。这是从整体上而言的，而具体到细节上，亚里士多德在第八章中，利用尤多克索斯和卡利普斯的天文学构想出了一个具体的宇宙论图景。简单说来这就是，“不动的动者”通过作为被思想者引起最外层的天体的运动，这就是所谓的第一天的圆周的运动，而这一运动进一步引起更里面的天体圈层的运动，这样一层一层地推动和被推动，一直及于我们的地球，并进一步引起地球上生物的活动。从而，整个宇宙就构成了一个融贯的运动的整体，在这里，人的活动和动植物的活动一样，都是从属于整个宇宙的活动的，是其中的一个部分，一个环节。所以，亚里士多德便在这里给我们勾勒出来了一个整体论的宇宙观。但更应当引起我们注意的是，在亚里士多德看来，整个宇宙是活的，它是一个有着自己的内在的生活目的的生命体，因此，我们就必须这样来看待宇宙的生灭变化，这就是，不仅把它看成是一个整体，而且看成是一个生活的共同体。“不动的动者”所带来的整个宇宙的运动不是一种机械的物理运动，相反，却是一个生命的运动，它所引起的太阳的运行不单单只是太阳的运行，同时它也带来了四季的交替、昼夜的更迭，而这又不是简单的季节、天候的变化，而同时也就是动植物的以及我们自己的内在生命生活的变化。这样，最终，“不动的动者”所造成的运动便是一个生活共同体的自我实现的运动，宇宙运动不仅是生命运动，而且也是生活活动。我们说，这才是亚里士多德宇宙观的实质。而所有这样的运动最终指向了一个终极的目的，善，也就是说，“不动的动者”，第一推动者，神，在亚里士多德那里同时也就是至善，宇宙自我实现的过程，也就是终极目的实现的过程。

这就是亚里士多德通过他的艰苦而漫长的对实体的探求而向我们描绘出来的一幅宏大的宇宙图景。

参考文献

Barnes，J. *The Complete Works of Aristotle*：The Revised Oxford Translation，2 vols.，Princeton：Princeton University Press，1984

Ross，W. *Aristotle's Metaphysics*，2 vols.，Oxford：Oxford University Press，1924

Jaeger，W. *Aristotle*：*Fundamentals of the History of His Development*，Oxford：Oxford University Press，trans. by R. Robinson，2nd ed.，1948. First published in German，1923

Owen. G. *Logic*，*Science*，*and Dialectic*，Ithaca：Cornell University Press，1986

Owens，J. *The Doctrine of Being in the Aristotelian Metaphysics*，2nd ed.，Toronto：Pontifical Institute of Mediaeval Studies，1963

Irwin，T. *Aristotle's First Principles*，Oxford：Oxford University Press，1988

Barnes，M. Schofield，& R. Sorabji. *Articles on Aristotle*. Vol. 3：Metaphysics，1979

第四章　中世纪的形而上学

张　旭

自亚里士多德提出形而上学的基本原则，直到尼采彻底终结了形而上学，在漫长的形而上学的历史中，中世纪古典形而上学体系是其中最庞大、最完备的形而上学体系。这一体系的庞大与完备得益于中世纪经院哲学对希腊哲学（主要是亚里士多德哲学）和基督教神学（主要是奥古斯丁的拉丁基督教神学）的综合与调和。与希腊形而上学或近现代各种形而上学体系相比，中世纪的形而上学的典型特征是，其整个思想体系不是以存在论或认识论为最高的部分，而是以神学为最高的部分。中世纪形而上学以13世纪的“经院哲学”（这里的“经院”就是当时新兴的教会大学）为成熟的形态，而经院哲学又以亚里士多德的知识体系为主要建构原则，以亚里士多德式论辩推理的辩证法为主要命题形式，成为天主教教会大学中发展起来的一种学术和教育的方式。

尽管我们称其为“经院哲学”，其实，那些经院哲学家都是神学家，而世俗的哲学家在当时主要是指那些拉丁阿维罗伊主义者。经院神学家试图综合从伊斯兰世界重新输入到西方的亚里士多德的哲学和已深陷危机中的奥古斯丁的神学体系，为此所进行的各种努力，以及在波纳文图拉主义和托马斯主义、拉丁阿维罗伊主义之间形成的论战，成为13世纪经院哲学鼎盛的基本动力。这一论战（1277年的“大谴责”和1277年的“77条禁令”）的结果就是经院哲学的分裂，14世纪的奥卡姆主义（经过司各脱主义）以其激进的唯名论和意志论的路线，动摇了以托马斯主义为核心的经院哲学的理性主义传统。奥卡姆主义对托马斯主义的摧毁性打击直接引发了近代西方哲学对中世纪经院哲学以及亚里士多德主义的激烈批判。培根、笛卡尔、路德对经院哲学及其亚里士多德主义的激烈批判在中世纪晚期激进唯名论那里已经有其先声。

由于现代哲学和现代历史主义的成见，人们通常认为在中世纪哲学与近代哲学之间存在着一个巨大的断裂，但是，对中世纪晚期激进唯名论对于近代哲学的巨大影响，以及近代哲学对中世纪经院哲学范畴的世俗化和创造性转化视而不见，乃是思想史研究的致命偏见。布鲁门伯格在《近代的正当性》中正是从中世纪晚期唯名论中推出整个近代哲学发端的必然性和正当性的。[①] 上两个世纪的哲学史研究范式完全被现代哲学家的自我声称所主宰，他们据此相信近代哲学相对于古典哲学和中古哲学有一个激进、彻底、全面的断裂和革命性的新开端。但是，最近半个世纪以来越来越深入的中世纪思想史和近代早期思想史的研究纠正了这一漫画式的图像，更多地强调西方思想传统的连续性和复杂性的一面，由此可以矫正囿于近代哲学家的“新科学”、“新方法”、“新工具”的立场而对不合时宜的中世纪历史垃圾所产生的厌弃和拒斥的态度。

一、对中世纪形而上学的偏见

近代人与自然的二元论的世界观带来哲学上的一个重要转折，就是打破亚里士多德的“理论、实践和技术”的三分法，强调只有人创造的事物才能为人所知，而物自体则不能为人所知。“通过实践和制造而认识”的新科学原理产生出理论与实践相结合的新思维方式。由此，人们厌弃经院哲学出于纯粹理智思辨的乐趣，而没有任何实践的内容，即社会的、政治的、伦理的、宗教的关怀。经院哲学枯燥烦琐的论辩和论证加强了人们对经院哲学这种纯粹理论性的思辨的鄙弃之心。的确，中世纪形而上学体系以其逻辑学和辩证法而见长，但这并不意味着这些逻辑学与形而上学的思辨无关，而那些形而上学的思辨与中世纪的具体文化生活无关，缺乏任何实践的内容和具体的生活的关切。这种脱节是现代与中古的历史错位造成的，而不是中世纪的哲学思想与其历史文化之间的实情。与宗教改革运动诞生于对教会权力和宗教文化的激烈批判之中一样，近代哲学也诞生于对

① Hans Blumenberg, *Die Legitimitat der Neuzeit*, Frankfurt/Main 1983, 99-113.

中世纪经院哲学的激烈批判之中，它将中世纪神学和哲学的内容视为教会的教条和意识形态，并日益发展出一套彻底清除神学概念范畴的哲学话语体系和论证方式。于是，中世纪的形而上学的概念范畴看起来就日渐失去了其哲学的和文化的双重实质内容，那些藏在经院和修道院中汗牛充栋的经卷已经成为无人光顾的古董了。

然而，如果将中世纪形而上学及其语言置于中世纪神秘主义的历史文化语境之中，就可以看到中世纪形而上学与中世纪宗教生活和社会生活之间的密切关系更甚于现代哲学与民主社会之间的密切关系。甚至可以反过来说，中世纪形而上学是与中世纪的宗教生活形态关系最密切的哲学反思和神学表述。的确，中世纪的形而上学不是现代西方哲学，中世纪形而上学所反映的生活方式和文化模式也不是今天西方的生活方式，但这并不意味着中世纪形而上学是在象牙塔中钻牛角尖。经院哲学烦琐论辩不仅不是文字上的胡搅蛮缠，而且可以说是西方哲学的重大发展，即采用与20世纪的分析哲学类似的对术语、概念、用法、命题的细致分析技术，通过定义、分类、分层、比较、辩证等方法，以清晰简洁论证严密的命题，解决争论不休的神学教义和哲学思想的问题。① 赵敦华所著的《基督教哲学1500年》是国内第一本明确地从20世纪分析哲学的视角推崇中世纪的逻辑和辩证法之作。② 亚里士多德哲学大量的术语以及其逻辑学的分析和推理的工具，无疑在极大的程度上推动了经院哲学的论辩范式，在其影响下，阿伯拉尔的论辩术和奥卡姆的“词项逻辑”都算得上是对西方哲学的重要的贡献。中世纪哲学，尤其是它的辩证法和逻辑学，甚至比神秘主义、教阶制、封建制、骑士精神、哥特建筑等更能代表中世纪的文化特征，它是中世纪文化所产生的独特知识形态。对于现代人来说，它就像是一座古老的神殿，虽然已不适合居住和使用，但是其宏大的辉煌气势仍然给人以某种敬重之心。

现代人对中世纪经院哲学的厌弃的一个主要的理由是作为自由民主时代的人不能接受对思想自由的压制，不能接受“哲学是神学的婢女”。不过，对“哲学是神学的婢女”这一经院哲学的命题需要一种思想史的理解，而不是一种意识形态的批判。中世纪神学与哲学之间的关系不能简单视为两种学科之间的关系，也不能简单视为两种文明之间的关系，阿奎那

---

① 奥卡姆：《逻辑大全》，王路译，北京，商务印书馆，2006。

② 赵敦华：《基督教哲学1500年》，“前言”，北京，人民出版社，2004。

《神学大全》中“信仰与理性”的关系只是说出了哲学与神学的关系的部分真理。实际上，阿奎那的立场正是我们要解释的对象，因而它不能被直接拿来作为我们理解问题的答案。

从思想—文化史的视角来看，神学与哲学的关系并不仅仅是两个学科间的“学科之争”（康德用语），而是文化母体与其文化产物之间的关系。① 中世纪的哲学是在整个基督教大一统的文化母体中生长出来的。用黑格尔的话说，基督教神学是那个时代的“时代精神”和“世界精神”。当时没人能够在这一文化母体之外天马行空地进行哲学思考。“信仰与理性”的关系既不是阿维罗伊主义所说的相互独立的双重真理，也不是启蒙主义所认为的“黑暗与光明”，而是一个文化母体之中连续的部分，哲学本身就是基督教文化和教育的一个组成部分。哲学在教会的许可和监督下成为基督教思想的一个组成部分，它被视为有助于深化和护持基督教的教义和神学，因此，基督教并不排斥哲学，但是它时刻警惕哲学演化成异端。中世纪人不可能像后来启蒙时代的人一样成为一个彻底的无神论者，要求他们应该像康德那样沉思纯粹哲学问题，是现代人典型的时代谬误。中世纪思想家都真心诚意地相信，基督教的思想体系已经完备，甚至在哲学上它已经超过了希腊哲学，而作为文艺复兴和启蒙运动的继承人的现代人更愿意将中世纪形而上学和神学仅仅视为教会的意识形态工具，相反，被基督教视为异教的希腊哲学则被视为真正的哲学。从自由民主社会中哲学的存在形态去贬低哲学在中世纪所处的从属于神学的边缘地位，甚至要求哲学在非自由民主的中世纪也具有独立于当时历史文化背景的思想形态及其批判功能，这是典型的历史感贫乏的恶果。

只有抛开三个世纪以来西方狭隘的进步论的寓言图景，设身处地地置于中世纪思想的生存处境和文化视野之中，才能看到中世纪哲学相对于希腊哲学和现代哲学相对独立和完整的思想体系及其从基督教大一统的文化中产生出来的那些鲜明的特点。只有摆脱了进步论的幻象，才能更好地理解中世纪形而上学以基督教教义或神学的论题或语言所表达的思想内容的丰富性，进而能更为历史地考察它在几个世纪世俗化的进程中是如何转化成现代哲学的各种命题的，比如，原罪、堕落、救赎等神学思想内容是如何被转化为现代的自由概念的。

可以说，中世纪的形而上学的典型特征是以神学的概念和话语体系构

---

① 吉尔松：《中世纪哲学精神》，第一章，沈清松译，上海，上海人民出版社，2008。

建了一整套的对存在的秩序的哲学思考。这些哲学思辨的内容并不是以现代人所熟悉的命题方式和话语方式表达的，而是围绕基督教教义或神学的主题进行的。然而，这并不意味着它们是枯燥无聊的，烦琐空洞只是由于根本不能进入中世纪形而上学的历史文化语境而来的浅薄之见。若简单以启蒙主义的意识形态对中世纪形而上学体系进行意识形态的批判，那么，就无法将它置于其历史语境和知识传统中，真正“历史地”理解这一形而上学体系独特的“知识型”（福柯用语），探究它所设置的独特问题和解决问题的独特方式，因而，无非是加强了现代性进步论的自我偏见，而不能在一种异质文化中反思现代性自身的限度和可能性条件。我们探究中世纪形而上学并非简单出于好古博雅的乐趣，而是探究西方现代性早期思想与之决裂的那种西方古典传统。

二、中世纪形而上学概论

中世纪形而上学属于西方中古传统，相对于现代来说，它仍然是一个古典时代。相对于西方近现代500年的历史，西方中世纪有一个远比它更漫长的历史。即使从9世纪末的卡洛林王朝文艺复兴一直到14世纪经院哲学的解体来算，至少也有5个世纪，相当于我们宋朝的整个历史时期。对于中世纪这段历史，18、19世纪流行的历史进步论认为它是辉煌的希腊和罗马文明之后、文艺复兴之前漫长的迷信的蒙昧时代。吉本在《罗马帝国衰亡史》（1776）中将中世纪写成一部罗马帝国衰亡的消极哀史①，布克哈特在《意大利文艺复兴时期的文化》（1860）中则将近代文明的起源归于意大利的文艺复兴，此前的中世纪是文明前的黑暗。② 但是，德国浪漫派十分推崇中世纪，其他欧洲民族也都在中世纪史诗中寻找自己民族和文化的根源。罗马文明虽然衰落了，但是欧洲各国的文明却陆续被基督教文明教化了。对于厌恶基督教文化的人来说，中世纪政教一体的教会制度对西方文明产生了负面的影响，但是，对于像沃格林这样推崇中世纪基督教的大一统的人来说，中世纪文化恰恰是西方现代文明的母体，现代诞生于对中世纪整体的分裂之中。此外，中世纪的修道院、中世纪成立的大学体系、中世纪的市政机构、代表制或代议制、陪审团制、封建自治传统、中

① 参见吉本：《罗马帝国衰亡史》，席代岳译，长春，吉林出版集团公司，2008。

② 参见布克哈特：《意大利文艺复兴时期的文化》，何新译，北京，商务印书馆，1997。

世纪反垄断的贸易联盟传统、中世纪的浪漫传奇、中世纪的哥特式大教堂和城堡，都是西方现代文明不可或缺的一部分。我们越是深入地考察近代早期欧洲各国的情况，就越会发现中世纪与西方现代的连续性和复杂关系。只有抽象地进行历史分期，才能说“中古”和“现代”。

要讲中世纪的思想，其历史比中世纪的历史就拥有更古老的渊源，通常要从公元5世纪的奥古斯丁或西罗马帝国的灭亡（476）讲起，一直讲到14世纪奥卡姆主义分裂经院哲学，甚至还要附带讲到17世纪西班牙的经院哲学和神秘主义的残余。但是，要深刻理解中世纪对古典世界的深刻发展，就要将其思想渊源一直追溯到基督教教父时代的希腊教父神学（包括克莱门、他的弟子奥利金、教会博士克里索斯顿、反阿里乌派的阿塔纳修、卡帕多西亚三杰的纳西昂的格里高利、大巴西尔、巴西尔之弟尼萨的格里高利等）和拉丁教父神学（包括哲罗姆、安布罗西、奥古斯丁等）的各种体系，其中最著名的无疑是奥利金和奥古斯丁两大教父神学。吉尔松的巨著《中世纪哲学》头两章讲的就是希腊教父与拉丁教父。在希腊教父和拉丁教父之前还有早期希腊护教士（如殉道者游斯丁、其弟子塔提安、阿萨纳戈拉、反灵知派的爱任纽、希波利特等）以及拉丁护教士（如德尔图良、阿诺比乌斯、拉克坦修、费利克斯等）。与希腊教父和拉丁教父的基督教正统同时的还有各种基督教异端（如包括马克安系、塞林图斯系、奥菲特斯系、巴西里德斯系、瓦伦丁系等各支派在内的灵知派、阿里乌派、聂斯托利派、多纳特派、贝拉纠派等）。当然，如果要追溯教父思想的起源的话，就还要追溯保罗的恩典论、《约翰福音》的道成肉身论、对观福音中的上帝之国论以及耶稣基督本人的宣道。如果要全面而充分地论述中世纪经院哲学的思想渊源直到其分裂衰亡，就非得一本像吉尔松的《中世纪哲学》两大卷那样不可。①

从希腊教父、拉丁教父神学到中世纪经院哲学之间相隔六七百年的时间，除了波伊修斯、伪狄奥尼索斯和奥里根纳寥寥几位神学家之外，期间是一段巨大的思想空白，给人一种在奥古斯丁所达到的顶峰之后五百年时间漫长的停滞印象。直到9世纪末卡洛林王朝的文艺复兴（Carolingian renaissance）时，西方思想才开始重新酝酿着一个新的繁荣的阶段。从11世纪开始，在基督教的经院之内对神学和哲学的研究逐渐形成了一个庞大的局面，到了13世纪经院哲学达到一个前所未有的鼎盛时期，即使从整个西

① 参见Étienne Gilson，*La philosophie au Moyen Age*，Payot，Broché，1988。

方思想史来看，它也算得上是西方少有的思想勃发的时期，是继卡洛林文艺复兴之后的一次更大规模的文艺复兴。即使我们称之为一场“思想革命”也毫不为过。①

因此，通常所说的中世纪思想指的就是13世纪鼎盛时期的经院神学，其中又以阿奎那的思想体系为代表。11世纪坎特伯雷的安瑟尔谟与唯名论者高尼罗、罗色林之间的论争、方济各修会和多明我修会的兴起，以及12世纪法国的夏特尔学派（包括夏特尔的伯纳尔、拉波里的吉尔伯特、索尔兹伯里的约翰）的人文主义、明谷的伯纳尔、维克多的雨果和理查德、里尔的阿兰、阿米昂的尼古拉等人的神秘主义、阿伯拉尔的理性主义……这两个世纪的思想最终在13世纪经院哲学中汇成一个巨大的思想洪流。在巴黎、牛津和科隆，13世纪经院哲学达到一个空前鼎盛的阶段：巴黎的经院哲学家有奥维涅的威廉、根特的亨利、哈勒斯的亚历山大、雷蒙·鲁勒等；牛津的经院哲学家有罗伯特·格罗塞特、约翰·佩卡姆、罗吉·培根等；科隆的经院哲学家有阿奎那的老师大阿尔伯特、爱克哈特大师、弗莱堡的迪特利希、罗马的吉尔斯等。阿奎那主要在科隆大学和巴黎大学求学与讲学。正是在这一思想勃发流派纷呈的时代孕育了前无古人后无来者的阿奎那的思想体系。在各家各派之中，阿奎那的思想体系是最接近于哲学也是最完备的基督教神学体系，因此，即使在基督教之外的哲学史研究一般也都是以阿奎那体系为中世纪思想的核心。早在19世纪德国人克劳伊特根（Joseph Kleutgen）和施托克（Albert Stoeckl）就建立了这一中世纪哲学研究的基本范式，并为艾尔勒、格拉伯曼、沃尔夫、培尔斯特、盖耶、芒多奈、培尔策、吉尔松等几代学者所共同坚持。② 只是在最近20年中，以阿奎那哲学为中世纪思想的核心的范式才受到方方面面的质疑。

要理解阿奎那在13世纪的经院哲学中所获得成功，就要了解12世纪以来经院哲学所面临的拉丁基督教正统的奥古斯丁主义和亚里士多德的哲学带来的思想上的挑战。吸收亚里士多德哲学以改造奥古斯丁主义成为当时思想的新潮，这一运动并非是阿奎那掀起的，而是亚里士多德著作的阿拉伯译本以及希腊文抄本开始重新传回西方给基督教思想造成的巨大冲击。拉丁基督教的思想体系在奥古斯丁之后基本上已经陷入停滞状态，教会的大学开始接纳亚里士多德的哲学并试图化解它，这一开放的姿态极大

---

① 参见 John Marenbon, *Early Medieval Philosophy* (*480—1150*), Routledge, 1988; *Later Medieval Philosophy* (*1150—1350*), Routledge, 1991。

② 马仁邦主编：《中世纪哲学》，冯俊等译，3～8页，北京，中国人民大学出版社，2009。

地促进了已经日趋衰弱的基督教神学的新陈代谢。阿奎那既是承担这一历史使命的巨匠，也是这一思潮所造就的最杰出的成果。阿奎那应运而生，但他要突破奥古斯丁主义传统的重围，同时又要避免阿维罗伊主义的异教之路，仍要以其不可企及的博学和坚毅无比的天纵之才为之付出艰苦卓绝的努力。

要知道，当时波纳文图拉、阿夸斯巴达的马太、斯蒂芬·唐比埃等坚定的奥古斯丁主义从不向亚里士多德的哲学退让半分，他们将阿奎那视为背叛基督教教义和神学传统，拜倒在亚里士多德这位异教哲学家脚下之人；而拉丁阿维罗伊主义者布拉邦的西格、达西亚的波伊修斯这些极端亚里士多德主义者，激进地坚持亚里士多德哲学的完整性，也从不试图向基督教的教义寻求调和。最终，巴黎的拉丁阿维罗伊主义者遭到了巴黎主教唐比埃的“大谴责”，他向拉丁阿维罗伊主义者颁布了“77 条禁令”。当然，“77 条禁令”不仅适用于拉丁阿维罗伊主义者（如布拉班的西格），而且也牵连到了托马斯主义者，阿奎那的学说也被谴责为异端。阿奎那年迈的老师大阿尔伯特不得不率领多明我会的托马斯主义者，还击方济各会的波纳文图拉主义。16 世纪的特伦特会议上，阿奎那学说终于被接纳为教会正统。但直到 1879 年，列奥十三的《永恒之父通谕》将阿奎那奉为至高无上的神学教父和教会正统学说，推动了 20 世纪新托马斯主义运动。不过，在 13 世纪的经院哲学中，阿奎那的思想在教会和巴黎大学、牛津大学尚没有取得统治性的优势，尽管他是教皇的好友，并在教廷中主持教廷教育，但其势力尚未足以强大到与主宰当时经院哲学的波纳文图拉主义分庭抗礼。到了 14 世纪，托马斯主义又受到来自方济各会的司各脱主义和奥卡姆的唯名论两场运动的攻击，在经院哲学中形成三足鼎立之势。现在人们通常以阿奎那作为中世纪思想体系的代表，但如果认为阿奎那在 13 世纪和 14 世纪也具有 19 世纪以来他在天主教中唯我独尊的地位，如果认为阿奎那的思想就是中世纪大一统文化的象征，就不免犯了“时代谬误”。

此外，中世纪拉丁基督教在欧洲的确形成了跨民族的大一统的局面，但是，其势力并未触及东正教。中世纪基督教思想也不是一个大一统的封闭体系，恰好相反，当时天主教与伊斯兰教、犹太教之间的相互影响是中世纪思想非常重要的历史语境，可以说，中世纪伊斯兰教与犹太教思想对中世纪经院哲学起到了至关重要的作用。[①] 12 世纪上半叶，阿拉伯世界保

---

① 参见马仁邦主编：《中世纪哲学》，冯俊等译，1 页，北京，中国人民大学出版社，2009。

存的柏拉图和亚里士多德的大量著作的阿拉伯译本以及希腊文抄本开始重新被译成拉丁文传回西方，这是经院哲学形成的重要文化背景，也是中世纪最重要的哲学事件。伊斯兰教在7、8世纪兴起后就开始四方征服，在叙利亚他们接触到了希腊文化的遗产，他们把柏拉图和亚里士多德的大量著作都译成了阿拉伯文，在希腊哲学的影响下形成了独特的阿拉伯哲学。但阿拉伯哲学并没有成为伊斯兰教的官方神学，因此，它仍然忠实地保留了希腊哲学的要素而没有成为伊斯兰教的宗教宣传工具。土耳其人阿尔法拉比号称"伊斯兰的亚里士多德"，波斯人阿维森纳是阿拔斯王朝统治区流行的"东部亚里士多德主义"的领袖，在西班牙流行的"西部亚里士多德主义"的领袖则是后来的阿维罗伊，他的著作全部被译成拉丁文。可以说，对亚里士多德的重新发现以及法拉比、阿维森纳、阿维罗伊对它的注释和阐述是经院哲学兴盛的重要因素，也是阿奎那处理亚里士多德哲学时所必须回应的挑战。阿奎那的《反异教大全》主要的论争对象就是亚里士多德的哲学、伊斯兰的亚里士多德主义和犹太教的亚里士多德主义。因此，要理解阿奎那的思想，也还必须理解阿维罗伊、阿维森纳、迈蒙尼德等人对他的影响，以及他对他们的态度所反映的中世纪思想融合与冲突的情况。①

当然，不能用今天的世界宗教对话和普世运动来理解阿奎那与其同时代的伊斯兰教和犹太教之间的交流，但是，中世纪基督教、伊斯兰教和犹太教思想之间的确既相互影响又相互冲突。如果忽略了中世纪伊斯兰教和犹太教思想的因素，而仅仅关注希腊哲学和罗马法的要素，就难以把握中世纪思想的复杂图景，只能形成一种中世纪思想的漫画图式。犹太教、伊斯兰教和基督教它们原本拥有共同的起源和一神教的背景，也有相近的神权政治体制，三者又都接受了来自希腊文化的哲学遗产，亚里士多德和柏拉图的著作（如《工具论》、《物理学》、《形而上学》、《论灵魂》、《蒂迈欧篇》等）对于三者来说都不可或缺。不过，他们处理哲学与宗教思想之间的冲突的方式迥然不同，伊斯兰和犹太教倾向于分立二者，因此偏好柏拉图的著作如《理想国》与《法篇》等；而经院哲学则偏好吸收和调和，因而更偏好亚里士多德的《伦理学》和《政治学》。于是，在这三大宗教中就形成了解释柏拉图亚里士多德哲学的"法拉比—迈蒙尼德"传统、阿维罗伊主义传统以及托马斯主义传统。要理解中世纪形而上学体系的复杂性

---

① 参见 Fernand van Steenberghen, *Aristotle in the West*: *The origins of Latin Aristotelianism*, Louvain, 1970。

及其处理希腊哲学和犹太教-基督教信仰这两个传统的独特方式，比较三者之间的异同大有裨益。当然，作为比较工作的奠基性的部分，遵循两个世纪以来的中世纪思想史的研究范式，探究以阿奎那哲学为核心的中世纪形而上学，是首要的任务。

三、中世纪形而上学体系的建构原则

中世纪形而上学是西方形而上学最典型的形态，其独特性在于整个形而上学的知识体系的最高部分是神学部分与“存在论”（一译“本体论”）的哲学部分二者结合为一体的体系。更准确地说，它是奥古斯丁的拉丁基督教神学与经过伊斯兰教重新发现的亚里士多德哲学融为一体的体系。换句话说，中世纪天主教的经院哲学是由犹太人的圣经的要素和希腊哲学要素二者共同组成。尽管它是希伯来文化与希腊文化这两种文化的融合或调和，这一古典思想体系仍然为哲学思想带来了希腊哲学所未有的新视野和新问题，其创造性就体现在它为了综合两种相互冲突的观念体系和世界观而对二者所做的推进和融通。

早在奥古斯丁时代，他从形而上学沉思的层面吸收柏拉图主义看起来并未导致特别大的困难，尤其是对柏拉图的理念说、灵魂说和回忆说的吸收。奥古斯丁之所以能吸收柏拉图主义，就在于他认为柏拉图的善与灵魂的概念与基督教神学没有任何冲突，如果他生在耶稣基督的时代，柏拉图也会是一个好基督徒。[①] 在奥古斯丁看来柏拉图的不足在于，他那里没有“恶”和“恩典”，也就是说，柏拉图的善的理念无法解决与人的灵魂的实践问题，即幸福问题。奥古斯丁在《忏悔录》中表明，新柏拉图主义在哲学理论上已经达到了古典世界的思想顶峰，但是，它的致命缺陷是在实践上的无力，因而是保罗而不是普罗提诺使得奥古斯丁皈依了基督教。[②] 柏拉图以及亚里士多德的灵魂概念的核心是人的理智，人的最高的德性是智慧，人最接近于神性的生活是沉思善的理念的生活。然而，善的理念以及灵魂的理智概念无法充分解释为什么人会在生活中明知道对却不去做，或者明知道不对却仍要去犯。用圣经的语言来说，希腊哲学无法解决人为什么不追求善好而自甘堕落。

---

① 参见 John M. Rist，*Augustine：Ancient Thought Baptized*，Cambridge University Press，1994。

② 参见奥古斯丁：《忏悔录》，周士良译，北京，商务印书馆，1994。

为了解决善的理念所不能解决的恶的起源的问题（在基督教神学中相应于神义论问题），奥古斯丁在人的灵魂中引入了“意志”的概念。这一概念与基督教的“原罪”与“恩典”概念相关。原罪与恩典这两个概念决不可能为柏拉图和亚里士多德所设想，因此，他们也不会产生出一种人的自由意志的概念，以解决二者的冲突。看起来是柏拉图主义所难以克服的问题，或者说它的缺陷，实际上乃是基督教的原罪与恩典的概念打开了理解人的理智与德性的败坏的一个新视角，即所谓的恶与堕落的问题。从这一新视角不仅会打开一个新的问题域，而且也必然带来理解那些旧问题的新视角。这一视角将极大地修正柏拉图主义仅仅在理论上提出的善的概念和灵魂的概念，进而通过一种更富有实践性的基督教目的论和人类学，将其整合到整个基督教神学体系之中。当奥古斯丁将柏拉图的哲学完全吸纳到基督教神学体系之时，他并未意识到柏拉图的哲学如果理解成有其自身的实践诉求的自成一类的哲学立场的话，它将对从超人的视角或精神的维度来理解人事的基督教思想构成根本的挑战。[①]

但是，到了中世纪经院哲学准备吸纳亚里士多德的知识体系的时候，几乎所有的教会和经院的神学家都感觉到了亚里士多德哲学对基督教教义和神学的尖锐挑战，因为亚里士多德的哲学肯定世界的永恒性，就等于间接否定了上帝创造世界的教义，而上帝创世论是基督教教义体系的基础。没有对创世论的信仰，也就谈不上对上帝的启示以及对耶稣基督的信仰。当亚里士多德的哲学被引入到某种神学体系中，亚里士多德完整的知识体系及其理性主义的鲜明立场就会对整个犹太教、伊斯兰教和基督教教义体系构成了巨大的挑战。法拉比、迈蒙尼德与阿奎那所面临的处境并没有什么本质上的不同。迈蒙尼德在《迷途指津》中以一种非常隐微的方式处理创世论与亚里士多德哲学之间的冲突。[②] 阿奎那的反应方式却与法拉比、迈蒙尼德完全不同，他更为直接地采用了亚里士多德哲学的语言和基本原则，因为基督教并不排斥神学采纳哲学。当我们审视《神学大全》和《反异教大全》处理神学与哲学的关系的方式时，可以说，阿奎那试图向异教徒解释基督教教义的实质内容，实际上也就是拿基督教的教义和神学体系向异教的哲学进行自我解释，在亚里士多德的哲学权威面前来进行证成和

---

① 参见 Ernest L. Fortin, *The Birth of Philosophic Christianity*, Rowman & Littlefield Publishers, 1996。

② 参见 Moses Maimonides, *The Guide of the Perplexed*, trans. Shlomo Pines, University of Chicago Press, 1974；迈蒙尼德：《迷途指津》，傅有德等译，济南，山东大学出版社，2004。

检验，而不是通常所理解的以基督教教义给亚里士多德哲学施洗。① 这正是阿奎那以理性捍卫基督教信仰的方式。不过，中世纪以及各个时代的奥古斯丁主义者都坚定地反对阿奎那的经院哲学，因为他试图缓和启示和理性之间的冲突的做法损害了启示的前提，背离了基督教教义的基本原则而倒向了亚里士多德的哲学，而所有现代哲学家无疑又会坚决拒斥阿奎那哲学中太多的基督教启示和信仰的前提。不管双方怎么说，阿奎那以其博大的心胸和良好的平衡感，第一次天才地将西方思想中最重要的两大要素，即圣经教义和希腊哲学，完整地融合在一起，构建了一个前所未有的庞大的形而上学知识体系。

可以说，中世纪形而上学体系是以亚里士多德的哲学原则改造和重建已经日渐僵化的基督教教义和神学体系的结果。从奥古斯丁神学到阿奎那神学的发展，实际上有其思想史上内在逻辑和充足理由。简而言之，奥古斯丁从“内在的人”或心理的自我出发，论证了人对上帝的爱与认识之路。这与其说是论证，不如说是信仰的见证，因为这条认识之路的前提是上帝启示在我们心中的光。然而，若我们心中没有接受上帝的启示之光的自然能力，那么，上帝的光照也是徒然，启示就无法获得普遍性的见证。因此，阿奎那神学的进路是在“上帝的启示之光”的前提下走理性的“自然之光”之路，以亚里士多德哲学对基督教的教义和神学进行理性的论证。只有理性主义的论证才能真正地证明基督教的内在信仰和神秘主义的模式所追求的目标，即使对于异教徒也具有明确的普世性和真理性。否则的话，上帝的恩典就将冒着被教会垄断和管制成为教会的特权的危险，上帝的启示也将无法被更多的人见证。

奥古斯丁从内在的人的朝圣之旅见证了作为造物主的上帝的存在。而相对于奥古斯丁，阿奎那从恩典和信仰的精神层面重返自然和理性的理智层面，从自我和内心重返自然的世界，从上帝的光照返回到理性的“自然之光”中，从上帝的启示的真理返回到造物的自然真理。② 阿奎那在宇宙论、目的论和存在论三个层面上论证了上帝的存在，确立了“上帝的存在”相对于奥古斯丁的“上帝的爱”作为上帝最重要的属性。这就是阿奎那的学说在基督教神学中所引发的范式的转折。相对于奥古斯丁的信仰主义，阿奎那这一神学范式的转折，继奥古斯丁之后第三次重新奠定了基督

① 参见 Fernand Van Steenberghen, *Thomas Aquinas and Radical Aristotelianism*, Washington, DC: Catholic University of America Press, 1980。

② 参见周伟驰：《奥古斯丁的基督教思想》，北京，中国社会科学出版社，2005。

教的基础，确立了拉丁基督教的理性主义传统，并为西方现代理性主义确立了方向。①

当然，阿奎那理性主义哲学是他的整个神学—哲学体系的一部分，他的神学并不缺少奥古斯丁式的神秘主义，甚至可以说，他的神学核心仍然是奥古斯丁主义的。但是，他的自然神学是奥古斯丁所缺乏的，当然，它不同于希腊神人同形论的自然神学，它仍然是启示神学和教义神学之下的自然神学。忽视阿奎那的神秘主义和教义神学的一面，将其视为一个西方伟大的哲学家，是对这位基督教最伟大的神学家的不公，因为他可能更愿意人们将他尊为一个神学家。不过，尽管他的学说中仍然以基督教教义和神学的内容为主，其表述形式也是典型经院哲学的辩证法的问答模式，但是其建构体系的形式原则、概念分析的术语和推理工具、理性主义的立场等却是亚里士多德式的，比如他的《反异教大全》第一部分的结构可以视为对应于亚里士多德的形而上学、自然哲学、伦理学三个部分，而《神学大全》前两部分的结构也是按照形而上学、自然哲学和伦理学这样的模式建构起来的。不仅哲学的部分大都是取自亚里士多德的术语（比如本质与存在、潜能与实现、形式与质料等），而且，他以存在论的上帝来统摄教义神学和自然神学这两部分的整个形而上学体系建构原则，也来自于亚里士多德的形而上学的理念。按照亚里士多德的形式决定内容的观点，中世纪经院哲学的知识体系决定性的因素是亚里士多德式的。可以说，亚里士多德在西方哲学中至高无上的地位是由阿奎那奠定下来的，当然，亚里士多德的哲学也受到阿奎那的牵累，因为近代哲学为了批判经院哲学首先就要批判经院哲学所尊奉的亚里士多德主义。其实到了14世纪经院哲学晚期，司各脱主义的意志论和奥卡姆主义的唯名论相继兴起，就已经在很大程度上冲破了阿奎那的亚里士多德式的形而上学知识体系的建构原则。

四、存在论的上帝概念与创世论

整个中世纪形而上学体系建构的原则可分为两种非常不同的方式，一种我们可以叫做“存在论的方式”，一种可以叫做“意志论的方式”②。存

---

① 参见汉斯·昆：《基督教大思想家》，包利民译，北京，社会科学文献出版社，2001，主要见论奥古斯丁和阿奎那两章。

② Otto Gierke, *Natural Law and the Theory of Society, 1500 to 1800*, Cambridge University Press, 1934.

在论的方式是遵循亚里士多德的存在论的基本范畴去规定上帝的神性，上帝从哲学上被设定为“必然的存在”、“最完美的存在”、“最高的存在”、“最实在的存在”、“无限的存在”、“永恒的存在”、“自因的存在”等等；而意志论的方式是中世纪晚期唯名论者司各脱和奥卡姆所持有的作为绝对自由和绝对意志的上帝概念。存在论的上帝概念和意志论的上帝概念是性质非常不同的两种上帝的神性（即上帝的理智和上帝的意志）的规定，它们在被分裂之前一直被统一于一个上帝的名下，而对于希腊哲学来说，理智的神和意志的神的统一是不可想象的。

阿奎那以亚里士多德的各种存在论范畴来描述上帝及其神性，其所造成的思想史的效果是双重的：一方面使基督教神学思想冒着脱离圣经的见证以及教会教义的危险，脱离上帝的启示的权威和基督徒的信仰经验的危险，对基督教启示神学造成巨大的冲击；另一方面，作为造物主的上帝也给希腊的存在论带来了一种超越的形而上学视野，这一超越的视野远远超过了亚里士多德思考物理学和形而上学所能达到的领域，也超过了他在描述天体及其运动时所能达到的高度。正是由于造物主的上帝的出现，存在的各个范畴和各个领域才前所未有地被统一起来，被建构成一个统一的奠基性的知识体系。亚里士多德虽然提出了第一推动者的概念，但是在给世界以最初的推动之后，第一推动者就不再干预世界，世界保持其自身的永恒性。这意味着，在这个世界之中没有任何创世的行动，也没有基督教所信仰的奇迹。无疑，亚里士多德这种哲学立场与基督教的创世论是无法调和的。但是，阿奎那的确调和了亚里士多德的哲学和基督教的神学，他从基督教的前提出发，相信上帝创造了世界，并且，这个世界是善好的，与此同时，他将整个亚里士多德的存在论范畴用于描述上帝所创造的这个世界。①

阿奎那之所以部分成功地调和了亚里士多德的形而上学和基督教的教义和神学，应该归功于他对圣经中上帝所做的存在论范畴的论证，并使“上帝的存在”成为上帝的第一属性，而“上帝的存在”在基督教的创世论的教义中是信仰的主题。于是，阿奎那通过将基督教的自然神学部分与希腊的自然哲学结合，进而将启示神学或神秘主义的上帝转化为自然神学视野中的上帝，将圣经中的上帝转化成存在论思辨中的上帝。对阿奎那的

---

① 参见 Etienne Gilson，*The Christian Philosophy of St Thomas Aquinas*，University of Notre Dame Press，1994。

思想采取偏向于阿维罗伊主义的解释时，老奥古斯丁主义者们就正确地看到了他正冒着将信仰转化为知识并被人的自然理性和知识所取代的巨大危险。但是，阿奎那部分成功地将基督教神学建构为一个庞大的形而上学知识体系，是基于他从不同的方向上捍卫奥古斯丁和安瑟尔谟的“信仰寻求理解”的原则的信念，因为信仰只是信徒的入门，若没有理性所巩固的真理，则信仰会沦为迷信，启示会沦为虚妄；只有通过理性的论争，才能使信仰既成为理解的前提，也成为理性探求的归宿，这才是“信仰寻求理解”的真谛。

且不管阿奎那对于基督教神学的是非功过，至少从西方文明的效果历史来看，他部分成功地将上帝及其神性的神学范畴以哲学的方式进行了论证和检验，建构了整个形而上学知识体系。而按照冯肯斯坦（Amos Funkenstein）在《神学与科学的想像》中的观点，全在、全能与绝对意志（神意）的上帝也给哲学带来截然不同于希腊哲学的崭新视野。17 世纪的现代物理学革命和历史意识革命的基本观念正是从基督教的上帝的全在、全能与绝对意志（神意）等自然神学概念所引发的思想张力而来：上帝的全在为现代物理学和时空观奠定了基础；上帝全能的力量为现代的逻辑必然性观念和科学规律的观念奠定了基础；上帝的神意为现代历史意识奠定了基础。[①] 总之，没有基督教的自然神学所提供的思想张力，没有基督教的上帝概念所激发的想象，没有基督教的创世的概念所引发的“创造”的观念，就不可能全面引发 17 世纪的现代自然科学和政治科学中的革命。因此，相对于其他的基督教思想遗产，如意志、自由、人性、人格、精神等概念，中世纪经院哲学中的上帝概念乃是西方哲学和西方文明中影响最为深远的范畴。

正是中世纪经院哲学发展出存在论的上帝概念的全部复杂性，激发了中世纪在形而上学上对单义性、同质性、统一性、必然性、可能性、偶然性、无限性、终极因、实体性、形式化、个体性等重要哲学范畴的深刻思考，这些哲学范畴很难直接从希腊哲学中直接引出来，它们乃是中世纪形而上学的伟大成就。上帝的概念以及创世论学说给西方思想带来希腊哲学闻所未闻的新思维方式。看似枯燥空洞的经院哲学的辩证法和逻辑学，看似对上帝的神性的抽象思辨，却激发了西方哲学最重要的那些概念和观

---

① 参见 Amos Funkenstein，*Theology and the Scientific Imagination：From the Middle Ages to the Seventeenth Century*，Princeton University Press，1989。

念。没有这些基本概念和观念，就不可能有17世纪物理学和自然科学的革命，就不可能有整个近现代西方哲学的那些基本范畴。中世纪的基督教大一统的教会体制及其意识形态在启蒙运动之后已被视为历史的垃圾，但是，人们往往也因此而忽视了中世纪形而上学对于现代哲学的意义。人们经常说，笛卡尔的形而上学沉思、帕斯卡的沉思、马勒伯朗士的直观上帝、莱布尼茨的神义论、康德的实践理性的公设等仍然深受基督教思想的深刻影响，并以此论证中世纪哲学对近代哲学的影响，这种论证方式与其说是证明中世纪思想的深刻影响，不如说是反倒证明了整个近现代西方哲学是一个清除中世纪形而上学残余的过程。但是，如果采取布鲁门伯格的《近代的正当性》和冯肯斯坦的《神学与科学的想像》那种思想史的考察方式，我们就会看到中世纪思想是15世纪至17世纪西方近代哲学和近代自然科学的思想源头，近代哲学和科学在很大的意义上是对经院哲学的理性主义和科学主义的态度以及中世纪晚期唯名论思想的彻底推进，而不是全然断裂。

存在论上和意志论上的上帝概念是中世纪形而上学体系的顶端，也是其核心。整个中世纪形而上学体系都是围绕上帝及其神性而建构起来的。从存在论来说，上帝是整个存在秩序的根据、基础和目的。根据形式或实体的等级，整个存在的链条就分为上帝、自然（或世界）和人（及其社会）三个不同的领域或层次，其中上帝是统一人与自然的基础，而整个形而上学体系就相应地分为神学、自然哲学和人类学三部分，其中神学乃是体系最重要的部分，而神学中最重要的部分又是以存在论论证的创世的上帝概念。

存在论的上帝概念是希腊哲学中也有的，但是，创造世界的上帝概念却是希腊哲学所未曾设想的。柏拉图的《蒂迈欧篇》（28c，41a－c）中的上帝的确是一个造物主，但是，他更接近于一个工匠，因为他是一个理念的神，而且他也不是独一的神。亚里士多德的《物理学》（Ⅷ，6）中的上帝不限于工匠的上帝，他是一个“不动的推动者”，但是，也是“纯粹的实现”、“思想的思想”，是一个纯粹的思想中的神或纯粹思想的神，是一个使存在之为存在的神。只有犹太民族确立了“我们的主只有一个”（《旧约·申命记》，6：4）的原则，并确立了“我是自有永有者”（《旧约·出埃及记》，3：14）的上帝概念。用哲学的话来说，他就是自因的上帝，他就是存在本身。只有在这一上帝概念之上才能建立起整个存在秩序的形而上学体系，而以纯粹思想的“善的理念”和“存在之为存在”则无法建立人与自然、地上与天体之间统一的存在秩序，因为在这些分立的领域之间缺少一个能统一它们的超越性的根基和目的。

司各脱在《论第一原理》[①] 中将作为存在本身的上帝概念视为基督教的“第一原理”。作为存在本身的上帝是最完整、最完满、最完全、最完美的存在，没有任何的虚无或非存在，也没有任何生成和事件，也没有任何潜能和未实现的，因此是纯粹的存在和纯粹的实现。上帝的“自有”或自在性（aseity）决定了上帝就是自因的存在。只有在上帝之中，本质和存在或根据与存在才是合一的，上帝自身存在就是他的本质或根据。上帝就像是柏拉图在《会饮篇》中所描述的理念的大海一样，至大无外，至小无内，他完满地呈现他自己，成为普遍的存在和无限的存在。由此可见，从作为“自在”的上帝的概念也可以推出“无限”的上帝的概念。[②] 对于希腊哲学来说，无限是不完满的，因为没有限度和不确定的事物只能是虚空，完满都是在封闭的有限的空间中实现的，就像在一个封闭的球体或一个封闭的城邦一样。希腊哲学无法设想“存在”高于“善的理念”，其根本原因就在于希腊哲学中的存在概念是一个有限的存在，一个在其有限中实现其完满的目的的存在。基督教的创世的上帝概念完全突破了有限性的观念，带来了“无限”和“超越性”这样的崭新的哲学观念，也带来了存在的统一性的新观念。亚里士多德只能在一种类比的意义上设想“存在的统一性”，但是，基督教的上帝概念却可以在创世、存在本身、至善和无限这些意义上建立存在的统一性。[③]

按照亚里士多德的概念来说，上帝就是没有任何潜能的纯粹的实现，是包含一切内容的纯粹形式，是超越一切有限的无限，因而也是超越一切不完美的完善、完满和完美。安瑟尔谟在《宣讲》中以及笛卡尔在第三沉思和第五沉思中的上帝存在的论证，实际上都隐含着这样一个基督教原理，即上帝的存在本身就是无限完美的存在，只有上帝才能称得上是所有完美的存在中最完美的，因此，能从我们内心具有完美性这一上帝的观念推出上帝的存在。[④] 要想摧毁这一存在论的论证，就要像康德在《纯粹理性批判》中所做的那样，首先摧毁“无限完美性”的观念，其次还要摧毁

---

① 司各脱：《论第一原理》，王路、王彤译，上海，华东师范大学出版社，2008。

② 参见 W. J. Hankey, *God in Himself*: *Aquina s' Doctrine of God as Expounded in the Summa Theologiae*, Oxford University Press, 2000.

③ 参见 Anthony Kenny, *Aquinas on Being*, Oxford University Press, 2002。

④ 参见安瑟尔谟：《信仰寻求理解》，205～210 页，溥林译，北京，中国人民大学出版社，2005。

唯实论的存在概念，将“存在”彻底唯名论化和物质实体化，将其仅仅视为时空中的纯粹知性范畴。也就是说，存在的秩序应该完全局限于时空框架之内，基督教世界所信仰的“存在的秩序”完全超乎人的知性能力限度之外，只能作为理性所要求的调节性的理念而存在，即作为人的实践理性的公设而存在。我们必须将康德这种批判视为牛顿物理学革命所导致的自然与人的世界的二元论的结果，而在此之前，古典世界完全有充分的理由将自然与人的世界视为以作为存在本身的上帝为核心的包括上帝、自然和人在内的整个“存在的伟大链条”上前后连续的一部分。这一存在的秩序的观念就已经包含在“上帝作为存在本身，上帝作为无限的完满的存在，上帝作为必然的存在”这些概念之中了。

在阿奎那看来，安瑟尔谟以上帝的完满性观念证明上帝存在实际上只是一个归纳式的证明，而不是一个演绎的证明；只是一个先天的证明，而不是一个后天的证明。它既不能证明上帝的存在必然包含于上帝的完满性观念之中，而且也不适用于那些内心没有这种观念的人。要理解安瑟尔谟这种奥古斯丁式证明的缺陷，我们就必须揭示出他们自认为已充分论证的信心中所隐含的前提。在安瑟尔谟的论证中所依赖的前提就是，上帝作为存在本身是自在的，也是自明的，其存在是我们能够理解任何事物存在的前提，因为所有的事物都在上帝之中有其存在的根据和本质。如果不是由于作为存在本身的上帝的存在，所有的事物就不能存在，而如果不借助作为存在本身的上帝之光，我们也不能理解任何存在。安瑟尔谟关于上帝的存在的论证与其说是要证明上帝在世界中的必然存在，毋宁说是要证明如何认识上帝作为最完满的存在的神性。要理解这些哲学论证的意义，我们看重的不是其逻辑论证的荒谬或不合法，而是要从思想史的视角揭示其论证和判断的观念前提和文化信念，也就是揭示出设定这些哲学问题的“前理解的语境”，揭示出这些哲学问题赖以成立的基本概念和基本观念及其整个知识体系的原则。

阿奎那的上帝的存在的论证与安瑟尔谟的论证方式颇为不同，他的上帝的存在的证明恰好将安瑟尔谟的论证所隐含的那些内涵和前提一一澄清出来。阿奎那的五个论证（第一论证的推动因，第二论证的动力因，第三论证的自因，第四论证的最完善性，第五论证的目的因）都采取了亚里士多德的存在论的论证方式，但却有着完全不同于亚里士多德的神学内容，即上帝的创世。第一论证看起来用的是亚里士多德“第一推动者”的论证，实际上表达的却是基督教“以爱推动世界”的上帝。“以爱推动世界”

的推动者其推动因乃是目的因，而不是亚里士多德哲学中的动力因。第二论证的第一动力因论证的是，上帝是万物的创造者，因而是万物存在的根据。第三论证从必然存在者推出自因的存在者。第四个论证是通过高级事物是低级事物的根据和原因的原理论证了最完满的上帝是所有事物的原因。因此，自因的上帝也是万物存在的目的，即趋于最完满的存在。①

我们可以看到，安瑟尔谟的论证的前提仅仅相当于阿奎那的第四个论证，即最完美的上帝是整个存在的等级秩序中的核心和顶端，而康德在《纯粹理性批判》中对上帝存在的存在论证明的批判则彻底否定了完满性概念，也即一个按照事物的完满性等级排列的有目的的存在秩序。希腊的自然的目的论已经在现代自然科学的冲击下崩溃了，自然更多地被机械论地看待，自然科学的各种基本概念和规律已经彻底清除自然中的目的论残余。康德的批判表明他是牛顿革命的继承人。对于阿奎那而言，这个存在的等级秩序之所以具有目的性，并非是自然目的，而是因为上帝创造了这个世界，上帝作为世间万物的目的。上帝创世的目的论并非就象征的意义上而言，对于整个中世纪来说，它都是实在的。阿奎那的论证与其说是从自然和世界的宇宙论维度中论证超越于世界的上帝的存在，毋宁说是从存在论的维度论证了对上帝作为造物主的创世行动的信仰。无疑，这一信仰在整个希腊哲学那里闻所未闻，它是基督教思想带给西方文明最深远持久影响的要素。

五、存在本身与存在的秩序

阿奎那对上帝及其神性的论证是以论证上帝的存在为核心的，也即论证上帝作为存在本身能演绎出的各种存在论的结论。阿奎那才用亚里士多德的“现实优于潜能”表达了“存在先于本质”的观点，而他的“存在与本质”的区分只有从上帝作为最完满的存在本身，或者说从存在作为上帝的最高属性的规定，才能得到恰当的理解和解释。因为上帝是没有任何潜能的实现，是纯粹的实现，因此他是自因，是自由永有者。上帝作为必然的存在和完满的存在绝对先于任何其他偶然的存在者及其本质。本质不是外在于存在并独立于存在的必然性，而是实现其存在的潜能和可能性。上帝的本质就是他的存在，就是他纯粹的行动，因而是自在的、无限的、完

① 参见阿奎那：《神学大全》，周克勤等译，台南，闻道出版社，2009。

满的存在。在整个存在的秩序中，上帝之外的存在者都在上帝之中有其本质和根据，而就其自身而言，它们都是偶然的或偶因的，因而也都是有限的定在，只有上帝是必然的和完满的存在。随着存在的完满性的衰减，事物的存在等级也逐渐降低：只有在上帝之中，存在与本质才是同一的；对于人的精神来说，其本质不能充分实现其存在，也就是说，其潜能不能充分实现其现实；而对于物质实体来说，不仅其本质不能实现其存在，而且其质料也限制其形式。正是基于上帝作为存在本身乃是他创造的存在的秩序的基础和目的，整个世界具有了统一性。上帝的超越性与世界的统一性是相互证成的。

按照柏拉图和普罗提诺的哲学概念，所有的存在者都“分有”上帝的完满的存在，因而形成各个等级的存在，因此，基督教的作为最高和最深的存在的上帝，也就是作为存在本身的上帝，其自身就是其自身的根据和目的，因为他是完美和至善的存在，而所有其他的存在者都以上帝为其存在的根据和目的。上帝的存在是完满而充沛的，因而他将自己的存在“流溢”出来，馈赠和分发给万物，上帝作为纯粹的行动和实现就是给予和分享。于是，宇宙万物之中就都分有上帝的存在，成为上帝存在的一部分，而整个世界中的万物则统一为一体，彼此相互连接为一个按照形式或理念的等级排列的“存在链条”。整个存在链条上的各种存在的事物都分有上帝的存在或类比于上帝的存在，于是，整个世界便充满了彼此之间相互关联和彼此类似的纽带。这种存在的等级秩序的世界不仅被基督教的创世论的教义所肯定，更为无处不在的三位一体的类比和踪迹所加强。基督教的上帝的超越性存在将宇宙秩序和自然世界统一建构为一个存在的秩序。这种统一性当然是希腊哲学所无法设想的，庸俗的哲学史认为这是因为希腊哲学囿于城邦的偏见而缺乏罗马帝国那种世界性的眼光。

不管怎么说，基督教的创世的上帝概念取代了希腊的自然概念而成为中世纪形而上学的核心概念。中世纪形而上学不再将自然视为分立的和自足的宇宙，而是从创世论的视角将自然视为上帝亲手写成的一部大书。与这一当时普遍流行的观念相似的观念是犹太教称作“舍金纳”，我们现在称为“万有在神论”的观念，即上帝隐藏和显现在一切事物之中，一切事物之中都有上帝的光辉，也都有上帝的奥秘。但丁的《神曲》最典型地体现了这种中世纪的世界观。① 这种以上帝为核心的宇宙秩序的中世纪世界

① 参见 Etienne Gilson，*Dante and Philosophy*，Gilson Press，2007。

观，现在只有在某些浪漫主义或象征主义的艺术作品中才能找到一些遗迹。13 世纪开始发端的自然哲学研究，经过奥卡姆和两个培根（罗吉尔·培根和弗兰西斯·培根）的发展，到了 17 世纪，已经建立起来一种单义的、唯名论的、科学的宇宙观，象征的、类比的和神秘的维度遵循现代解释学的简约原则被视为应该剔除的累赘。于是，中世纪形而上学那种建立在实在论基础上的宇宙观和象征秩序就消散在现代人的视野之外了；而失去了这一解释学的语境，阿奎那哲学的许多概念和论证也变得不好理解了。

当然，阿奎那以亚里士多德的存在论去解释基督教的创世论所造成的成功与他所带来的困难也是成正比的，因为这种存在论的上帝概念与神学的上帝概念实际上是彼此冲突的。① 存在论的上帝概念强调的是世间万物与上帝之间的“存在的类比”，世间万物分有和参与了上帝的存在，上帝与世界上的各种存在者之间有一个存在的链条。但是，这样却无法解决上帝对于世界的超越性，无法充分解释造物主的上帝如何远远超拔于万物之上，具有根本不同于世界的基本特征。这种存在论诠释的上帝概念是冒着失去基督教的超越的上帝的巨大风险。司各脱主义和奥卡姆主义强调意志论的上帝在很大程度上是为了纠正阿奎那过于存在论的上帝概念的偏差，存在论地论证创世的上帝的“理智”的一面，已贬损了犹太教—基督教的上帝的神性，必须强调上帝的“绝对意志”，以区分开基督教的上帝与希腊哲学中的理念神或理智的神在基督教神学中的影响和残余。

六、恩典的去自然化与偶然性的世界

从圣经的创世论信仰而来的作为存在论的最高范畴的上帝概念以及作为绝对意志的上帝概念，给西方哲学史带来了两个前所未有的革命性的观念，第一个我们可以叫做“去自然化”，第二个可以叫做“可能性”和“偶然性”概念的诞生。

对于亚里士多德而言，世界是永恒的，万物如其所是地存在，万物都有其自然的目的和完善而无须超越的存在。对于犹太教—基督教的信仰而言，世界是被上帝创造的，若没有上帝的创世行动以及上帝持续的恩典行

① 参见 Fernand Van Steenberghen，*Thomas Aquinas and Radical Aristotelianism*，Washington，DC：Catholic University of America Press，1980。

动，这个宇宙本身便一直处于虚无的深渊之中而无法维持其持续的存在。正是作为存在本身的上帝以其持续的创世行动和恩典行动，一劳永逸地克服了世界的虚无，维系了万物的存在。[①] 于是，上帝与世界之间形成了一种迥异于希腊自然世界的存在关系：一方面，万物的根基都在上帝之中，万物的存在都不能基于自身而存在，尽管万物总是倾向于自我独立；另一方面，造物主的上帝以其必然的存在作为万物存在的基础，通过创世的恩典行动一劳永逸地肯定了自然的善好，肯定了造物世界更为稳固的存在。尽管基督教的创世论对自然以极大的肯定，但这一肯定的前提是对上帝的恩典对自然更为优先的承认。这一方面在宇宙论上导致了"去自然化"的结果，上帝的恩典行动高于自然，并成全自然，世界不再是基于自然目的，而是基于上帝的根据；另一方面在认识论上，它导致了一种统一的世界观，以最高的存在和最深的存在为整个世界奠定了存在的根据和基础，也规定了自然世界的超越的目的。与其说这一神学目的论的视野是希腊哲学的自然目的论所难以企及的，毋宁说这是两种世界观的转换。在启蒙运动彻底清除了神学目的论以及现代社会彻底世俗化之后，直到尼采展开对基督教的彻底批判并试图重新恢复希腊哲学的自然哲学的视野时，人们才重新看到了基督教的上帝概念的"去自然化"的巨大效果。可以说，"去自然化"是基督教兴起之后西方哲学最重要的思维特征。希腊哲学的自然目的论先是被基督教的恩典概念解除了其整体性和自足性，到了17世纪以后又被近代自然科学彻底摧毁。

由于自然世界相对于造物主的存在本身是更为低级的存在，希腊的自然目的论在基督教的世界中就遭到了极大的贬低。相对于上帝的必然存在、最高的实体或实在，整个自然世界，包括人在内的世间万物，都是偶然的或偶因的，都是有限的或潜在的，都是没有其自身的根据和目的的，都是偶在的。甚至可以说，它们都很难再被称作"存在"了，因为它们处于时刻的运动、生成、变易和潜在之中，处于虚无的威胁之下，处于表象的半实在的阴影之中。于是，整个世界因而成了一个彻底偶然性的世界，只有上帝创世的恩典和持续创世的恩典行动才能使整个世界的"半存在"的状态维持存在及其善好。是上帝的意志维系着这个彻底偶然性的世界，上帝的意志远远高于万物的存在。由此，我们可以看到，在存在论的上帝概念中如何隐藏着一种意志论的上帝的概念，从托马斯主义发展到司各脱

① 参见奥古斯丁：《论自由意志》，《恩典与自由》，南昌，江西人民出版社，2008。

主义和奥卡姆主义实在存在一条内在的逻辑。

经过司各脱主义和奥卡姆主义的激进唯名论对万物的个体性的肯定，相对于作为必然存在的上帝的绝对意志，个体事物的偶然性就成为其自由活动的可能性。从宇宙论和存在论的层面来看，整个世界存在的偶然性为灵魂的自由意志奠定了基础。在亚里士多德那里被称为“潜能”的东西，在基督教这里成了偶然性的东西，它后来成为现代西方哲学中的“可能性”范畴的主要起源。可以说，现代哲学中的自由概念就奠基于这一哲学范畴之上。由此就不难理解为什么希腊哲学很难产生一种彻底的自由的概念，因为在希腊哲学中只存在着必然性和命运的概念，而恰恰是基督教的哲学产生了彻底的偶然性和可能性的概念。启蒙运动曾经以自由的名义反对基督教的意识形态，但是，启蒙所理解的自由乃是来自人的“自然权利”的自由，这一自然权利作为存在论的基础实际上已经蕴涵于基督教的偶在的世界观和人的自由意志的概念之中了。

七、自由意志与个体性观念

基督教的创世论和原罪论从其诞生一开始就强有力地影响了西方思考存在与虚无的方式，也影响了西方看待人及其自然的方式。基督教的创世信仰完全不同于希腊哲学的思维方式就是：它肯定了世界作为上帝的造物在整体上或在存在的秩序上是好的或善的，而虚无是产生自事物在存在等级上的匮乏和欠缺；就人而言，人的堕落或罪恶乃是由于人的自由意志所致。也就是说，基督教的存在论和人类学之间有一种极其辩证的关系。一方面，基督教的创世论带来了一种整体上的乐观主义，或者说对作为被造物的自然世界在整体秩序上的大肯定，因为上帝就是绝对完满和绝对必然的存在本身，上帝的恩典行动维持万物的存在，并一劳永逸地战胜了虚无。这一点是基督徒去战胜世界的邪恶的信念所系。

基督教对人的自然本来也有一种乐观主义的基础，因为在上帝的整个创世秩序之中，人是按照“上帝的形象”（《旧约·创世记》，1：26－27）造出来的，在失乐园之前，人无疑是上帝最伟大的造物，是最应该荣耀上帝的创世的造物。但是，另一方面，人在堕落之后又沦为原罪的动物。基督教的原罪论则带来了与创世论的乐观主义相反的对造物或人性的悲观主义，一种对恶的现实主义。它不再将虚无或罪恶仅仅归为造物自身的缺陷，而是归为造物以其自我中心的意志对上帝所创造的整全善好的秩序的抵制、对抗和破坏。人作为上帝的造物并非天生就是堕落的，作为上帝的造物，人的自然和本质也曾是善好的。但是，当人错误地使用了上帝赋予人特有的理智和自由时，他就违背了上帝创世的意愿，也违背了上帝所创造的善好的秩序，其中也包括善好的人性秩序。

对于奥古斯丁和阿奎那而言，即使人再堕落，也还是保留了一些上帝的造物的善好本性。[①] 中世纪从不像路德、加尔文和詹森派那样将人的腐败和堕落视为十恶不赦，预定永罚，因为果真如此，人也就永远无法救赎，也永远不值得救赎了。要理解原罪论就必须和创世论、救赎论结合在一起，才能看到它的复杂的内涵，因为它对人性的贬斥首先是在创世的大肯定的背景之下的，其次是为了“立即”就在上帝的恩典下获得人性的提升或救赎。这就是奥古斯丁的《忏悔录》所表达的基本观点。奥古斯丁在书中赞美了上帝所创造的世界秩序，也从自由意志的方面解释了人禁不住去作恶或犯罪的原因，并且将不可推卸的责任归给了人及其自由，而不是归给上帝。但是，即使在人背离了上帝而堕落之后，人也仍然是上帝的造物，并且人性也并未彻底失去当上帝创造他的时候所赋予给他的那些善好的东西，比如肉体和感官等。至于人的自由意志，那就更不能说他生来就是趋向于堕落的了，因为上帝赋予给人以选择从善和从恶的自由，而不必像希腊哲学那样使人遵循某种必然性或强制性的法则。上帝赋予人选择和行动的自由，不是为了让人作恶；但是，上帝也不会因为人倾向于作恶就废除人的自由。这就是中世纪最为典型的神义论的论证方式。谢林的《对人类自由的本质及其相关对象的哲学研究》[②] 这篇经典论文在很大程度上呼应着奥古斯丁和阿奎那的这种自由意志的观念及其对恶的解释方式。

奥古斯丁的“自由意志”概念是对西方哲学中的自由概念的一个根本性的奠基。希腊哲学中也曾提及自由的概念，但是，它主要指的是政治自由，即独立或不受压迫，而新约却第一次从灵魂的或心理的层面上提出了内在的自由的概念。在基督教这里，自由首先指的是不受罪恶的束缚，因而也就是不受律法的束缚，而进入信仰和恩典的状态。因此，自由是自由意志，而自由意志也就是真正的意志，即被恩典和启示所解放了的意志，不再为奴隶的意志所束缚的意志。对于奥古斯丁而言，人的自由意志的善

---

① 参见奥古斯丁：《论灵魂及其起源》，石敏敏译，北京，中国社会科学出版社，2004。

② 参见谢林：《对人类自由的本质及其相关对象的哲学研究》，邓安庆译，北京，商务印书馆，2008。

好本性不可磨灭，尽管它容易被各种诱惑败坏，这是他在《论自由意志》[①]中的基本观点；同时，若没有上帝的恩典，人在败坏和堕落之后，仅凭人的自由意志是无法自我克服的，《忏悔录》[②] 就描述了自由意志无法克服自身的败坏的困境，只有恩典的力量才能提升人的自由意志，这就是他晚年反对贝拉纠派的基本观点。路德就自由意志问题与伊拉斯谟进行的论战，就像是奥古斯丁与贝拉纠派论战的重演，在《论被束缚的意志》和《论基督徒的自由》中他重申了奥古斯丁的原则，若无上帝的恩典，人的意志便无法保持其善好，便无法获得自由。

奥古斯丁通过"恶的问题"（即原罪的概念）使自由概念意志化或精神化，使其从政治的含义转向心理含义，并将其与上帝的恩典紧密联系在一起。[③] 因为仅仅强调自由意志在于不确定的选择或自发性，是不够的。一个人完全可能通过自由选择使自己变得不自由，使自己的意志被自身所束缚或奴役。基督教的自由意志概念的精义就在于，它必定是"善良意志"或"善的意志"，也即趋向于上帝的至善的意志。对于阿奎那而言，这只有在理性的指引下才有可能；对于奥古斯丁而言，上帝的爱将吸引内在的人趋向于他的至善。若没有"理性之光"或"上帝之爱"指引或吸引自由意志趋向于上帝的至善的目的，任意选择的自由意志只会是自我摧毁的意志或自我败坏的自由。阿奎那（近代哲学中的笛卡尔更接近于他）带有经院哲学理性主义特点的自由概念更能全面地代表基督教的自由观念；而司各脱和奥卡姆（现代哲学中的康德、叔本华和尼采更接近于他）的自由概念则更倾向于意志论的自由概念，但同时却失去了奥古斯丁对自由意志中的恩典的必要性的强调，继之而起的路德的因信称义的自由观念则失去了托马斯主义的理性主义因素。

基督教还在另一个方面为现代自由概念进行了坚实的奠基，那就是"个体性"的概念。这一概念在希腊哲学中同样属于结构性的缺失，它在后来的康德哲学中却占据了核心的地位。基督教的普世信仰和救赎的教义实际上不再在肉体的质料和理智的形式上区分人，而是在精神的层面上对所有人一视同仁，并将信仰的实践落实在每一个个体之上。按照亚里士多德的关于种的观念，种之间的差别在于形式（或柏拉图的理念，中世纪叫

---

① 参见奥古斯丁：《论自由意志》，《恩典与自由》，南昌，江西人民出版社，2008。

② 参见奥古斯丁：《忏悔录》，周士良译，北京，商务印书馆，1994。

③ 参见 J. Patout Burns，*The development of Augustine's doctrine of operative grace*. Paris，Études augustiniennes，1980。

做共相），个体之间的差别仅在于质料。但是，这种观点实际上与基督教的基本教义相冲突，那就是人与人的区别对于基督教而言乃在于其灵魂，而不在于其作为质料的肉体。基督教并不看重每一个理性的存在都有一个个别的肉身的实体，而是看重每一个个体都希望自身的灵魂与肉身的不朽，也就是精神的救赎。每一个如此这样的灵魂，这就是波伊修斯提出的而为经院哲学所接受的"位格"或"人格"的概念。于是，阿奎那就不得不在采用亚里士多德的"个体为了种而存在"的原则的同时修正了强调的重心，即个体为了种的不朽而存在。也就是说，每一个理性的个体都希求分有上帝的独一的位格而不朽。于是，"位格"或"人格"的概念就从基督教的救赎的教义中获得了支持，它后来取代了希腊的"德性"的概念而成为基督教人类学和伦理学中核心的词汇，它指的正是每一个个体的人通过理性或上帝之爱的指引而过着称义和成圣的生活，实现其最高的价值和目的。

在奥古斯丁的思想中，个体性的概念与"内在的人"的概念是不可分的，而在阿奎那的思想中，人的个体性就在于人的理智。但是这样他就无法将个体化原则坚持到底，因为理智或自然理性并非一种个体化的东西。于是，司各脱是通过摆脱了上帝的恩典的彻底的自由意志将个体性的原则坚持到底的。按照基督教原理，个体的灵魂就在于其不受制于自然的必然性的自由，在于其作为不可分割的实体所具有的自发性或自律。从司各脱既是一个唯名论者又是一个意志论者的事实可以看到，二者实际上是遵循着同样的存在论原则，即个性（haecceitas）的原则以及存在的单义性原则。①

司各脱坚持存在的单义性原则，以反对阿奎那的"存在的类比"的学说。为了不损害原有的上帝作为存在本身的概念中的丰富含义，司各脱以"无限的存在"和"必然的存在"取代了"存在本身"的概念，以"上帝的意志"取代了"上帝的存在"作为上帝的最高神性。于是，存在的概念就可以不仅仅专门用来指称上帝，而是可以用来描述任何个体的事物。司各脱的存在的单义化和个体化的原则在认识论上具有优美简洁的优点，对于扭转中世纪共相问题的实在论与唯名论之争的局势产生了巨大的影响，为更为极端的唯名论者奥卡姆的思想颠覆托马斯主义铺平了道路。这一原

① 参见 Mary Elizabeth Ingham，*Ethics and freedom：an historical-critical investigation of Scotist ethical thought*，University Press of America，1989。

则对后来的莱布尼茨、康德、谢林、海德格尔等产生了深远的影响。①

对于奥卡姆而言，与必然的和无限的上帝相比，世间万物包括人在内，其存在的样式乃是有限的，是偶然性的，因而其选择也是意志自由的，它没有自身的动力因和目的因。正如后来的康德所说，自然的原因产生必然性的因果，而意志的原因则产生自由的因果关系。人的行动只服从自己的意志，而不是受制于自然的必然性，也不服从普遍的理性或上帝的绝对意志。相对于上帝的意志和自由作为上帝的最高神性②，对于人而言，自由意志也是人的最高属性。在灵魂的两种主要功能之中，意志比理智更能使人及其灵魂彻底个体化，更能证成人的自由。尽管人享有选择的自由，但是，人的善良意志仍然是理性的和自律的，他将为自己的行动承担责任。③ 康德迥异于亚里士多德幸福论的义务论伦理学，其起源正在于基督教的自由意志学说之中，基督教的自由意志学说为其提供了道德法则、义务、责任、自律、良心、善良意志等基本概念，它也为康德之前的笛卡尔和斯宾诺莎的伦理学提供了诸多基本概念。

奥卡姆更为彻底的自由意志论踏上了区别于老经院哲学的"现代之路"，对阿奎那的上帝的存在的证明、神意学说、灵魂本性学说和自然法学说都是一个致命的打击。④ 由于除了上帝之外的一切存在都是偶然的和自由的，因此，它们之间的关系也是彻底平等的。这种唯名论的个体化原则在政治上的平等主义含义和反教权的含义已出现在奥卡姆主义之中了。奥卡姆对私有财产的肯定，对世俗国家的主权的肯定，对教会内普选权的肯定，对教皇和教士权力的批判，无疑都有其存在论和人类学的依据。⑤ 中世纪晚期司各脱和奥卡姆的唯名论的意志主义日渐远离了13世纪经院哲学中托马斯主义的亚里士多德传统，他们预示了路德攻击经院哲学重返对圣经中的上帝之道的宗教改革运动的方向，也预示了整个西方近代哲学反亚里士多德主义的方向。司各脱和奥卡姆的意志论先于路德，以一种不同于阿奎那的存在论论证的方式，重新回到了作为造物主的上帝的最根本的

---

① 参见司各脱：《论第一原理》，王路、王彤译，上海，华东师范大学出版社，2008。

② 参见 Harry Klocker, *William of Ockham and the Divine Freedom*, Milwaukee: Marquette University Press, 1992。

③ 参见 Marilyn Adams, *William Ockham*, University of Notre Dame Press, 1989。

④ 参见阿伦特：《精神生活·意志》，139～166页，姜志辉译，南京，江苏教育出版社，2006。

⑤ 参见 A. S. McGrade, *The Political Thought of William of Ockham*, Cambridge University Press, 2002。

充满奥秘的神性之中，它更切近于圣经中的犹太教—基督教的活生生的上帝，而不是经院哲学中的存在论的上帝概念。

八、神意与历史

可以不无夸张地说，基督教的所有概念都来自圣经旧约中的犹太教的创世论的上帝概念，这一上帝用存在论的术语来说就是存在于自身的存在。对于希腊的自然目的论而言，万物有其自成一类的理念，万物各有其目的；但是对于基督教而言，万物的目的只有一个，那就是指向作为最完满的存在本身的上帝。万物以上帝为目的，上帝以自身为目的，这就是神学中的“上帝的荣耀”一词的含义。上帝出于自身的荣耀而创造了万物，因而万物就都在上帝之中并分有上帝最丰富完满的存在或分有上帝的理念与形式。显然，没有任何存在者能够在上帝之外而存在，一切的目的都在上帝的意志之中。这就是基督教的“神意”的概念。

上帝的神意是美好的，上帝眷顾一切造物，无论是田野里的百合花，还是天上的飞鸟，尽管它们都可以自由行动，但是没有任何东西能逃离上帝的神意而不在上帝的照看之下。上帝的美善的意志用基督教神话学的术语来说就是“天堂”或“天国”（即“上帝之国”）。从存在论上来说，上帝是自足的和以其自身为目的的，这位位格的上帝掌握着世间的一切，将万民和万物都收归于自己的眷顾和监护之下。上帝的神意给西方文明带来一种全新的世界观和全新的信念，即上帝统治天地万物，世界统一于上帝的意志之中；从创世到末世之日，上帝对这个世界有一个隐秘的计划，以使得万事万物各安其位，各复其正。上帝的神意不同于柏拉图的理念之处就在于，犹太教—基督教的上帝不仅是一个创造世界的上帝，而且更是一个统治和引导世界的主宰，即使他并不越俎代庖干预自然，但他具有生杀予夺的绝对意志的力量是毋庸置疑的。他绝不仅仅是体现在事物个体中的纯粹思想或理念，他是具有意志和力量的存在和行动。

但是，上帝的神意必然会带来一个问题，即它如何在人世上实现，也就是如何在世俗之城中建立起上帝之城。答案便是，以“历史”的方式。[①]“永恒”要进入或适应“时间”，不变的理念和形式要进入或适应各种质料，纯粹的实现要进入或适应潜能或本质，于是，历史的观念便从神意适

---

① 参见 Jacob Taubes，*Occidental Eschatology*，Stanford University Press，2009。

应世俗的观念中产生出来。在旧约中一直存在着一种启示录的末世论，一种弥赛亚的救赎观；而福音书中不仅有愿“上帝之国”降临、运行在地上如同运行在天上的坚定信念，更提供了一种基督复活的末世论，二者整合在一起就产生了一种以上帝在耶稣身上道成肉身为中心的“已经发生但尚未完成”的基督教历史观。这一历史观是西方现代进步论的起源。①

奥古斯丁的《上帝之城》看起来与保罗的末世论一样，也是用于解释为什么良善的上帝表现出超善恶的特征、为什么他并不直接干预自然、为什么弥赛亚还没有降临、上帝的神意是否能实现以及违背上帝的神意会遭到什么惩罚等基本问题。奥古斯丁以及他的弟子奥罗修的历史著作都是为了证明，上帝为了在世俗世界中实现其目的，自有其隐秘的救赎计划。这一救赎计划就是不同于世俗历史的“救赎史”，它在隐秘地操纵着世俗的历史，就像是一只“看不见的手”（亚当·斯密），或“理性的狡计”（黑格尔）②。

从上帝的神意及其如何在堕落的世间中实现救赎的观念中，西方第一次产生出了现代意义上的目的论的历史观念。不管塞尔苏斯和狄尔泰是如何嘲笑这种救赎史观，它很难说仅仅是一小撮生活在罗马帝国边缘的卑贱犹太人和基督徒为了赋予自身以一种被拣选的地位和宇宙性的意义而编造的可笑的宣言。从西方文明史来看，没有什么能比它更为深刻地改变了人类的历史并塑造了西方的文明。启蒙运动对基督教的主要攻击点之一就是以进步论的思想批判基督教的神意的思想，以世俗历史和社会发展史彻底取代救赎史，到了19世纪和20世纪，这种进步论的信念进一步转变为蔚为壮观的历史主义潮流。从思想史的角度我们甚至可以说，如果没有从基督教神意观的世俗化而来的历史感，就根本谈不上什么现代人区分“古代与现代”的自我意识。而恰恰是这种历史意识，却彻底地摧毁了基督教原来那些被视为永恒真理和无限美好的信仰。

九、爱的神秘主义

从启蒙运动到现代激进的历史主义，现代性日益陷入一种对宇宙和世界的原子主义的碎片化和现实主义的漠然，对最高的价值和意义的彻底怀疑，对赤裸裸的个人的利益、欲望和自我的肯定。这与中世纪的世界观真

① 参见奥古斯丁：《上帝之城》，吴飞译，上海，上海人民出版社，2008。

② 转引自洛维特：《世界历史与救赎历史》，李秋零译，上海，上海人民出版社，2006。

可谓有天壤之别。中世纪的世界观最典型地体现在但丁的《神曲·天堂篇》之中，其结尾写道："爱推动太阳和群星"。那种中世纪的世界观是一种爱的宇宙观，或者叫做神秘主义的形而上学，明谷的伯纳尔的《论上帝之爱》和《雅歌布道集》是这种"爱的神秘主义"的最优美的表述。①

这一"爱的神秘主义"的宇宙观实际上有其极为深刻的存在论基础。上帝的恩典行动可以用柏拉图主义的流溢的概念和亚里士多德的第一推动的概念来表达，即上帝第一次推动这个世界并持续不断地推动着世界，上帝流溢出光照耀整个世界，整个世界的"存在巨链"就如同一个完满的圆圈环环相扣，万物彼此做功相互吸引。由于上帝是自足的，因此上帝的意志只意愿他自身，上帝的爱只是爱他自己的完满的存在，并且他吸引和推动万物趋向于他自身的完满。爱上帝，也就等于说追求以上帝为目的并在上帝之中实现完满的幸福。因此，对上帝之爱存在于万物之中，而不仅仅存在于人之中。而上帝对万物之爱则是万物爱上帝的基础。基督教的上帝就是这种存在论上的爱的化身："上帝是爱。"（《新约·约翰一书》，4：8）上帝流溢或发射出爱的光，上帝吸引万物趋向于他，上帝也推动万物围绕着他运转。

基于这种爱的宇宙论和形而上学，奥古斯丁发展出一种爱的伦理学。灵魂对上帝的爱，不是占有与欲望，而是无功利的分有和享用上帝。对于基督教而言，爱是至高无上的德性，它产生诸种德性，诸种德性的根基和目的也都是爱。《新约》立下的"律法"是一条爱的诫命："你要尽心、尽性、尽意的爱主你的上帝，这是诫命中的第一，且是最大的。其次也相仿，就是要爱人如己。这两条诫命是律法和先知一切道理的总纲。"（《新约·马太福音》21：37-40）。当然，奥古斯丁以及所有其他的中世纪的思想家都没有简单地区分自爱和无我的爱，对于他们来说，自爱乃是人生真正的目的和归宿，但真正的对自己的爱恰恰不是欲望之爱和自私之爱，而是在上帝之中才能得到的成全自己的本性、实现自己的完善和幸福的爱。

阿伦特在《爱与奥古斯丁》中认为，对上帝的爱要求每个个体直接面对上帝，这实际上培育了一种个体性的孤独的自我，就像是修道士那样；但是，爱邻人的诫命又要求一种社会性的爱，只有在这种社会性的爱之中才有真正的自由，就像是圣徒团契那样。这两个诉求实际上是相冲突的。阿伦特看起来并没有考虑到在奥古斯丁的圣爱学说中并不存在她所认为的

---

① 参见 Etienne Gilson，*The Mystical Theology of Saint Bernard*，Cistercian Publications，1990。

冲突。阿伦特之所以相信存在这种冲突，是宗教改革之后“信仰”取代了“爱”成为基督教首要的德性之后个体信仰的确定性成为基本问题时才会发生的事情。[1] 在奥古斯丁和伯纳尔的思想中，爱具有一个极其复杂的结构，它并不简单以自我为自爱的对象，因为自爱不能脱离幸福的生活目的。真正爱自己或自爱并不是一己贪婪的占有，也不是肉体的欲望满足，而是灵魂的救赎和在精神上享用上帝。“爱人如己”的前提是爱自己，可见，爱自己或自爱仍然是一个自然的起点。但是，人只有无功利地无我地爱上帝，即摹仿上帝的形象，才是人对自己最大的爱，因为他唯有在上帝之中灵魂才能获得幸福和至福。因此，“爱人如己”就是使邻人同胞像自己一样能皈依到上帝的圣爱之中，这并不像物质利益上仗义疏财的此消彼长，而毋宁说是一种“双赢”的格局。

因此，当一个人认识到自己在上帝与造物的“爱的秩序”之中的位置时，他就不会再囿于自我中心，而会成为以上帝为中心的万物间彼此效力的链条中的一环，由此，他也无须过于操心自己的利益和幸福。纯粹利己或纯粹利他的爱都是现代功利主义或义务论的观点，而不是中世纪形而上学的观点，因为对自我的爱和对他人的爱若没有上帝之爱以及对上帝之爱的动力和目的，就会变得极为脆弱而流于空洞。中世纪的爱是基于上帝的创世和上帝美好的神意的，基于一种与经院哲学相伴的神秘主义，无论是思辨的神秘主义，还是苦修的神秘主义。人的自爱、同胞之爱、博爱还没有成为当时的伦理学范畴，因为那种脱离整个宇宙的“爱的秩序”的现代个体对于中世纪来说是不可想象的。只有在整个爱的存在秩序之中，人们才能确定自己生活的目的，并确定自己对待上帝、他人以及自然的方式。

十、基督君主国与基督徒共和国

按照基督教的造物主的上帝概念，上帝的意志要统治和主宰这个世界，上帝的意志要在地上之国成全。在地上的人类政治所追求的善就是上帝之国，此外无他。只有在上帝的圣灵和精神的力量统治整个“世界国家”的情况下，才能真正实现人类社会真正的爱与正义。在统治欲望纷争的世俗世界之中，就根本没有真正的正义可言，因为在尘世之中，上帝统治理性、灵魂统治肉体、精神统治物质的正当秩序是无法实现的。尘世的

① 参见 Hannah Arendt，*Love and Saint Augustine*，University of Chicago Press，1998。

政治和人事在目的的等级上永远低于精神的秩序和神圣的事物。上帝的精神秩序或象征秩序的政治只存在于介于地上与天国之间的教会之中。教会在基督教的神学政治的诉求中占据了远比世俗国家更重要的地位，也理当在世界上拥有更高的权威。由于高于世俗权威的存在，在基督教国家中，柏拉图和亚里士多德对君主制、贵族制、民主制、共和制等政体原则的思考完全失去了效用。

基督教区分了一个人或一个国家宗教的生活与政治的生活，或基督徒的身份、基督教国家与公民身份、公民社会，并赋予前者以更为优先的地位。这造成了两个相关的后果：一方面，它产生了超越现实政治的激进的诉求，另一方面，当它面对现实政治时会产生一种犬儒主义的姿态，一种对现实政治的深刻怀疑。奥古斯丁的《上帝之城》就是这种政治极端怀疑主义的代表之作。对政治的怀疑主义可能会导致一种极端现实主义，甚至是犬儒主义，即它不再去像柏拉图和亚里士多德那样热衷于探求人类社会的最佳政体，相反，世俗政治的现实目的局限于如何维持现存政体的和平，通过政治本身远远无法实现基督教所追求的政治目的即上帝之国。对上帝之国的信念和渴望存在于地上的教会之中，存在于基督徒的爱的共同体之中，它远远超乎人类组织中的正义之上，因此基督教对于现实的政治的目的仅仅设置在维持和平上。地上的世俗组织所追求的和平也是上帝所要求的一种秩序。①

显然，这种政治理念是希腊哲学完全陌生的，尽管最佳的政体或次佳的政体永远不可能诞生于战争之中，但是和平本身却从不是希腊的政治哲学所追求的善好，因为和平并不一定带来人的德性和人的善好生活。基督教的和平也不是基督教的精神政治的核心，维持世上的暂时的和平只是为了克制人类追逐统治和权力的欲望。私有财产、奴隶制、政府、压迫，所有这些公民社会的制度和暴虐都是适应堕落的人类的。因为任何统治都胜似无政府，对于腐化败坏的人类的现实统治，即使是专制和暴力也有其充分的合理性，它通过利用惩罚的邪恶来抑制人更大的邪恶，维持最低限度的正义条件。②

尽管无法实现上帝的公义，但是，公民社会还保留了最低程度上的秩

---

① 参见奥古斯丁：《上帝之城》，吴飞译，上海，上海人民出版社，2008；夏洞奇：《尘世的权威：奥古斯丁的社会政治思想》，上海，上海三联书店，2007。

② 参见罗明嘉：《奥古斯丁〈上帝之城〉中的社会生活神学》，张晓梅译，北京，中国社会科学出版社，2008。

序，因此，一个基督徒在尘世中也应该顺从世俗的权威。这种顺从世俗的掌权者的观念在《罗马书》(13：1-7）中有其起源，后来却成为一直困扰基督教的基本神学—政治问题。[①] 保罗宣称一切正当的权力都来自上帝，因而权力并不是绝对邪恶的，对世俗邪恶的权力只有上帝才能彻底克服而不至于以暴易暴。尽管阿奎那支持大一统的集权的教权制教会与奥古斯丁在面对多纳图派分裂教会时维护教会统一的立场出于不同的理由，但是，在支持教会权力，支持动用世俗“权威”或权力镇压异端政治立场上，二者并无二致。在《论君主政体》[②] 中阿奎那也认为世俗国家的主要职责就在于维护和平，保障生活。当然，僭主或暴君根本不是世俗和平的保护者，而是上帝的和平的践踏者，因此，阿奎那并不相信君主总是有德性的，且能担负起维护和平的责任。像奥古斯丁留恋罗马共和国一样，阿奎那更倾心于在基督教国家中实行亚里士多德推荐的混合政体。

阿奎那虽然在政体学说上接受了亚里士多德《政治学》中的思想，但是，他的政治哲学却不是亚里士多德式的。首先，他虽然接受了亚里士多德的“人按自然来说就是政治的动物”的说法，但同时却将其翻译为“人是社会的动物”。由此，基督教就以成员间相互平等的“社会”概念取代了希腊的“政治”的概念。“社会”这一概念除了有其罗马法的渊源，其核心的含义来自基督教人类学看待人类社会的思想传统，其原型是圣徒同体的不可见的精神性的教会。

其次，在《神学大全》[③] 中，阿奎那将政治置于法律的框架之中，将政治的目的置于上帝以自然法统治的世界国家的公义秩序之下。这是阿奎那留给西方文明最伟大的思想遗产之一，要知道法拉比和迈蒙尼德从未从自然法的视角去思考政治。上帝才是世上唯一权威的立法者，他以其完美的理智和良善的神意为人类立下公义的永恒法，并通过启示传达给人类；而自然法乃是上帝永恒法的分有和摹仿，每一个理性的存在都能凭借其良知而领悟作为实践理性的原则的自然法。神意统治的世界国家不是通过暴力的手段，而是通过自然法对公民社会的伦理生活习惯的持续教育和塑造而实现社会的正义的。由于更关注上帝的永恒法以及作为实践理性原理的自然法并诉诸人的普遍良知，阿奎那并没有给亚里士多德意义上的最佳政体或次佳政体以及智慧的立法者和贤人政治家留有什么位置。亚里士多德

---

① 参见 Jacob Taubes，*The Political Theology of Paul*，Stanford University Press，2003。

② 参见阿奎那：《论君主政体》，《阿奎那政治著作选》，马清槐译，北京，商务印书馆，1963。

③ 参见阿奎那：《神学大全》，周克勤等译，台南，闻道出版社，2009。

的政治哲学完全被阿奎那从罗马的斯多亚学派那里继承的自然法学说所吸收了，或者说，阿奎那的政治理想被其基督教的伦理生活的理想吸收了，以至于在现代国家理性学说崛起后，人们很难从这位古往今来最伟大的自然法思想家那里找到可用的纯粹政治思想。

突破奥古斯丁和阿奎那的框架的是14世纪帕多瓦的马西利乌斯。这位意大利的基督教亚里士多德主义者比阿奎那更为全面地采用了亚里士多德《政治学》中的学说，他相信能够克服各种现实政体之邪恶与弊端的最佳政体只能是共和国，而且是基督徒共和国。当然，这一共和国的前提是和平。在这一共和国中，所有的基督徒都是平等的，全体的基督徒人民都行使其主权。马西利乌斯以此反对国家中的神权政治和教会中的教阶制。[①] 马西留不仅从亚里士多德的《政治学》中找到了世俗的政治共同体及其权威相对于教会而独立存在的理由，而且也从圣经中找到了反神权和教权的基本原理。尽管可以将他称为宗教自由、人民主权（这里的人民是全体基督徒）、反自然法、反教权制、反天主教教会的伟大先驱，但他还难以像伟大的但丁在《论世界帝国》[②] 中那样设想一个纯粹世俗的世界性君主国。他仍然浸淫于中世纪的形而上学之中，很难彻底跳出“上帝之城”与“世俗之城”、救赎史与世俗历史或“两个王国”去思考政治的目的以及政体的原则。但至少，对亚里士多德政治哲学的深入探究，让他能够对抗奥古斯丁—阿奎那的政治神学，对抗中世纪大一统的教权制，并重新撑开基督教神学与希腊政治哲学之间的张力，为现代政治中教会与国家两个权威的分离原则预示了方向。

总之，中世纪经院哲学按照亚里士多德哲学的知识原则建构了一个融合神学与哲学的庞大体系，在存在论、人类学、伦理学和政治学上围绕创世的上帝概念产生了一整套截然不同于希腊古典哲学的基本原则。在以哲学论题的方式清楚表达出来之后，我们会看到这些不合时宜的概念和命题在西方思想史的语境和效果历史中的价值。中世纪形而上学为西方提供了一个完整思想体系的参照系，沃格林认为，现代哲学乃是这一体系分崩离析的产物。[③] 因此，从后现代的视角来看，这一思想体系对于理解现代性的渊源及其限度不无裨益。

---

① 参见马西利乌斯：《和平的保卫者》，殷冬水译，长春，吉林人民出版社，2004。

② 参见但丁：《论世界帝国》，朱虹译，北京，商务印书馆，1985。

③ 参见沃格林：《政治观念史稿》卷三《中世纪晚期》，段保良译，上海，华东师范大学出版社，2009。

参考文献

Gracia, J. G. and Noone, T. B., A Companion to Philosophy in the Middle Ages, London, 2003

Kretzmann, N. and Stump, E., *The Cambridge Companion to Augustine*, Cambridge, 2000

Étienne Gilson, *Le thomisme, introduction au système de Saint Thomas*, Vrin, 1919

Étienne Gilson, *La philosophie au moyen-âge*, vol. I: De Scot Erigène *à* saint Bonaventure, vol. II: De saint Thomas d'Aquin *à* Guillaume d'Occam, Payot, 1922

Étienne Gilson, *Saint Thomas d'Aquin*, Gabalda, 1925

Étienne Gilson, *Introduction à l'étude de Saint Augustin*, Vrin, 1929

Étienne Gilson, *L'esprit de la philosophie médiévale*, Vrin, 1932

Étienne Gilson, *Jean Duns Scot, introduction à ses positions fondamentales*, Vrin, 1952

Frederick Copleston, *A History of Philosophy*. Vol. 2: Medieval Philosophy. London: Continuum, 2003

Alain de Libera, *Denken im Mittelalter*. München: Wilhelm Fink Verlag, 2003

Kurt Flasch, Das philosophische Denken im Mittelalter. Von Augustin zu Machiavelli. 2. Aufl. Stuttgart: Reclam, 2001

Brian Davies, *The Thought of Thomas Aquinas*, Oxford, 1992

J. A. Weisheipl, *Friar Thomas d'Aquino: His Life, Thought and Work*, New York, 1974

M. D. Chenu, *Towards Understanding St. Thomas*, Chicago, 1964

阿奎那. 神学大全. 周克勤等译. 台南：闻道出版社，2008

安东尼·肯尼. 阿奎那. 黄勇译. 北京：中国社会科学出版社，1987

赵敦华. 基督教哲学 1500 年. 北京：人民出版社，1994

傅乐安. 托马斯·阿奎那的基督教哲学. 上海：上海人民出版社，1990

刘素民. 阿奎那自然法思想研究. 北京：人民出版社，2007

吉尔松. 中世纪哲学精神. 台北：商务印书馆，2001

第五章　近代早期哲学中的形而上学

韩东晖

按照通常的理解，近代早期哲学一般居于文艺复兴哲学与启蒙哲学之间，在时间上以 17 世纪为中心，上追溯至 16 世纪出生、活动的培根、笛卡尔，甚至可以到库萨的尼古拉（1401—1464），下延伸至 18 世纪，止于康德哲学的哥白尼式革命之前。这一时期的哲学被一种教条式的二分法简化为两条路线的斗争：右边是理性主义，屹立着笛卡尔、斯宾诺莎和莱布尼茨三位大人物；左边是经验主义，洛克、巴克莱、休谟一脉相承。而其他小人物则只具有某些方面的重要性，而更多的小小人物则湮没在对大人物的关注背后。这种简化的二分法虽有叙述上的便利，但完全不足以理解这一时期气象万千的理智生活和哲学成就。同时，这一时期的哲学也被另一种教条式的观点简化为“从存在论到认识论的转向”。在“认识论转向”这一观点下，人们以为“认识论”或“知识论”（the theory of knowledge）占据了 17 世纪哲学的中心，而断言怀疑论和观念论创造了近代认识论的核心问题，同时认识论成为形而上学的独立的仲裁者。但是，即使从笛卡尔、洛克和贝克莱的著作看来，似乎也并非如此，更不要说斯宾诺莎和莱布尼茨了。诚然，笛卡尔在《第一哲学沉思集》中使用了怀疑论的论证方式，用以检验人类知识的可能性。但这些论证实际上是澄清感觉、揭示纯粹理智的一种适当的策略，而笛卡尔的“阿基米得点”是为了探索形而上学知识，却并非建立在认识论的基础之上，毋宁说是理智活动在认识上的结果。马勒布朗士、洛克和贝克莱等人最强烈的旨趣也是理智的能力和范围；正如康普·斯密指出的，休谟的经验论取向预设了形而上学的自然主义。① 当然，他们的考察方案与以往的哲学有所不同，也与斯宾诺莎和莱布尼茨的方向相去甚远，因为他们使对认知主体的探究成为考量形而上学知识的首要部分，但是，他们的知识论或认识论并非旨在提供裁定形而上学的独立基础。

以认识论为核心的诠释方式无法刻画近代早期哲学的整体性，特别是理论哲学与实践哲学的统一。在20世纪60年代后期之前，分析的哲学史家对于17世纪和18世纪哲学的主要关注点是认识论问题。这一点既与理性主义与经验主义的二分法教条有关，也源于对康德哲学的诠释模式，即以《纯粹理性批判》为康德哲学研究的核心，而认识论问题又被当作《纯粹理性批判》的核心。与此同时，这样的关注点与20世纪分析哲学家的哲学关切是一致的。从一种更为宏大的哲学史叙事来看，根据“存在”、“意识”和“语言”（存在论、认识论和语言观）对哲学史进行粗略断代，认为近代哲学发生了认识论转向，特别是深入到对自身意识的反思，也日益成为教条。自20世纪60年代后期以来，分析的哲学史家对形而上学问题的兴趣与日俱增；而当哲学史家的视野超出了早期分析哲学的关注范围，实践哲学（心理哲学、道德哲学、政治哲学）也成为无法与理论哲学分离的领域——口头上承认理论哲学与实践哲学的统一是一回事，在实际研究中贯彻这种统一则是另一回事。

如果我们走出上述两个教条式的叙事，那么近代早期哲学特别是形而上学将呈现出怎样的面貌呢？概括地说，就思想史而言，近代早期哲学处在多重紧张关系当中。例如：经院哲学与“新科学”、“新哲学”之间的角力；理性的建构原则的能力与怀疑批判的精神之间的张力；欧洲文化世俗化（secularization）进程中的理性反思活动与正统教义和各种教派教义之间的冲突；等等。当然，其中也少不了理性与经验的纠葛，以及形而上学与认识论之间的复杂关系。

一、近代早期哲学的中世纪哲学背景：以亚里士多德主义为例

自20世纪30年代以来，由于吉尔松（E. Gilson）、克里斯特勒（P.

① 参见 Norman Kemp Smith, *The Philosophy of David Hume: A Critical Study of Its Origins and Central Doctrines*, London: Palgrave Macmillan, 2005。

O. Kristeller)、兰德尔（J. H. Randall）和施米特（Charles Schmitt）等人的研究，经院哲学或亚里士多德主义在文艺复兴和近代早期的特点逐渐摆脱了许多不正确的成见，他们的观点在后来的相关研究以及晚近的剑桥哲学史系列[①]中得到了响应和深化。按照 Christia Mercer 的概括，这些成见包括近代早期的亚里士多德主义：

（1）是铁板一块的整体；

（2）对近代早期理智变迁的展开完全不重要；

（3）是任何新思想的顽敌；

（4）在哲学上低于新哲学在那个时期的发展水平。[②]

这些成见都是成问题的。例如，我们有必要区分亚里士多德和他的追随者，也有必要区分出色的经院哲学家和糟糕的经院哲学家，而不是将亚里士多德主义视为同质的整体，同样，近代早期的反亚里士多德主义和亚里士多德主义同样都是相当微妙也是多种多样的；这对于我们理解近代早期亚里士多德主义的历史极其重要。以莱布尼茨为例，他可以说是坚定的反亚里士多德主义者，他形容经院哲学是"野蛮的哲学思考方式"[③]；但他锋芒所指却只是一部分经院哲学家：那些坚定地以亚里士多德哲学为根基的（如邓斯·司各脱和威廉·奥卡姆）值得研究，而那些无视真正的亚里士多德哲学的则要否弃——这些低级的经院哲学家还要为亚里士多德的坏名声负责任。实际上，莱布尼茨的哲学思想本身就具有浓厚的亚里士多德哲学气息。正如乔雷（Nicholas Jolley）所说：

> 在莱布尼茨的第一部成熟著作《形而上学论》中，其哲学的综合精神便清晰可见，并在与阿尔诺的通信中酝酿成形。我们不妨这样来看待这些著作：莱布尼茨一直在用心复兴亚里士多德学派的实体学说，并表明它们与新兴科学的一致性；而笛卡尔派哲学虽是新近的思想，但许多困扰它们的概念上的困难，在亚里士多德学派的实体学说中却在很大程度上得以避免。当然，莱布尼茨并不认为亚里士多德对实体的论述就是定论；但仍然可以认为莱布尼茨是在努力拓展而非取

---

① 包括《剑桥中世纪后期哲学史：从重新发现亚里士多德到经院哲学的解体，1100—1600》(1982)、《剑桥文艺复兴哲学》(1988) 和《剑桥 17 世纪哲学史》(1998)。

② 参见 Tom Sorell ed.，*The Rise of Modern Philosophy*：*The Tension between the New and Traditional Philosophies from Machiavelli to Leibniz*，Oxford：Clarendon Press，1993，38。

③ Gottfried Wilhelm Leibniz and Leroy E. Loemker，*Philosophical Papers and Letters*，2d ed.，Synthese Historical Library，Dordrecht：D. Reidel，1969，125.

代亚里士多德哲学的方案。①

概括地说，16、17世纪的亚里士多德主义哲学并非反进步的一致传统，新的自然哲学家和机械论哲学家最终确实逐渐支配了欧洲思想，在这个意义上新哲学战胜了亚里士多德主义；但这并不意味着近代的一切东西都是创新和思想上的进步，而亚里士多德主义的一切东西则相反。即便在自然哲学领域，伽利略、霍布斯、笛卡尔等人的新思想的确赢得了与亚里士多德哲学的争论，但后者的贡献也不是无足轻重的。那些最为现代的哲学家，如伽桑狄、笛卡尔和斯宾诺莎，都试图融合新旧思想，甚至旧瓶装新酒，用旧术语表达新洞见，同时也不时面临在形而上学问题上（如实体、法则、因果性等）新酒撑破旧瓶的危险；同样，许多亚里士多德主义者也在以自己的方式调和传统的和非传统的思想。有些人将新思想纳入其亚里士多德主义体系中，有些人则将古代和近代思想奇妙地熔为一炉，还有些人则将新旧思想的精华综合起来，将亚里士多德学说彻底转型为极具创新特色的思想，大大推进了近代思想的发展。② 近代早期的亚里士多德主义不仅表现出非同寻常的生命力和适应能力——适应新的风格、新的问题和新的观念——也为哲学革命时代的核心争论做出了贡献。③ 他们的贡献被大大低估了，特别是在英语世界的哲学史家那里。当然，现在的情况大为改观了。

这一改观并不限于亚里士多德主义，也包括柏拉图主义。新哲学家既超出了人文主义者的折衷主义的道德教诲，也借着自身的根据挑战着经院哲学。古代哲学传统特别是柏拉图和柏拉图主义，取代亚里士多德和亚里士多德主义成为他们主要的思想资源。这些人中包括被称为新哲学第一人的库萨的尼古拉，将柏拉图著作译为拉丁文从而复兴了新柏拉图主义的费奇诺，基于犹太教神秘哲学（卡巴拉）及其他秘传哲学而提出普遍神学的皮科（Giovanni Pico della Mirandola），以及布鲁诺、康帕内拉、伽桑狄等。④ 在经院和大学中，亚里士多德主义仍占主流，但在经院和大学之外，柏拉图主义的影响日益深入，甚至预见到与17世纪的“新”哲学相关联的

---

① 转引自 G. H. R. Parkinson，*The Renaissance and Seventeenth-Century Rationalism*，Routledge History of Philosophy，London；New York：Routledge，1993，385。

② 参见 Tom Sorell ed.，*The Rise of Modern Philosophy*：*The Tension between the New and Traditional Philosophies from Machiavelli to Leibniz*，66-67。

③ 参见 Charles B. Schmitt，“Towards a Reassessment of Renaissance Aristotelianism，” *History of Science* 11，no. 3（1973）。

④ 参见 James Hankins，*The Cambridge Companion to Renaissance Philosophy*，Cambridge Companions to Philosophy，Cambridge：Cambridge University Press，2007，5。

诸多发展。在近代早期主要哲学家的思想中，柏拉图主义并未缺位，而是影响深远。关于这一点，可参见《位于现代性开端的柏拉图主义：柏拉图主义与近代早期哲学研究》[①]，其中内容广泛的个案研究足以纠正近代早期哲学史忽略柏拉图主义的缺陷。

从更广泛的语境来看，从中世纪经由文艺复兴到近代早期，西方的理智生活并非如流行的意识形态那样经过了断裂、复活、重生的过程，而是一个逐步演进和发展的过程。正如20世纪中世纪研究第一人吉尔松所说："若说中世纪哲学精神，就其为建设性、创造性而言，不是别的，正是天主教哲学的精神，如果情形果真如此，那就同时肯定了中世纪是一个哲学进步的时代，而且这种进步是奠立在对一个传统加以继承发展上面的。"[②]格兰特（Edward Grant）则富有说服力地主张，如果说近代思想创造了"理性的时代"，那么这个时代恰恰肇始于中世纪。[③] 因为在中世纪大学的理智生活中，就已经弥漫着理性精神。中世纪神学家习惯性地以逻辑和自然哲学的形式将理性既运用到神学和信仰的宗教真理之上，也应用于法律、医学，从而所有的大学学科之上。对理性的自觉运用始于12世纪，并从未间断，直至今日。因此，中世纪本身就是理性的时代，标志着西方世界强烈而自觉的理性运用的开端。对中世纪成就的普遍无知和对中世纪整个时代的严重偏见，导致了对中世纪巨大的误解，并从文艺复兴一直延续到19世纪，甚至20世纪。

上述考察并不意味着弱化近代早期新哲学家——特别是我们所熟悉的六位大人物——的原创性和公认的地位；相反，只有将他们置于哲学史的历史背景中，他们的价值才能真正体现出来；如果通过忽略其他人物、其他传统而凸显他们的地位，实际上委曲了时代的理智生活，弱化了他们的哲学成就。

二、科学革命的形而上学主题

16世纪和17世纪的近代科学经历了漫长而复杂的演进过程，最终爆

---

① Sarah Hutton and Douglas Hedley, *Platonism at the Origins of Modernity Studies on Platonism and Early Modern Philosophy*, Archives Internationales D'histoire Des Idées, Springer Verlag, 2008.

② 吉尔松：《中世纪哲学精神》，192页，台北，台湾商务印书馆，2001。

③ Cf. Edward Grant, *God and Reason in the Middle Ages*, Cambridge: Cambridge University Press, 2001, 289ff.

发为被后来的科学史家称为“科学革命”(The Scientific Revolution)的运动。这几乎成为科学史和思想史上的常识。至于这场革命是否要追溯至15世纪，延续到1800年，是否仅仅是指17世纪突飞猛进的科学进展，则取决于专家们的理论偏好。我们要考察的是近代科学革命在哲学史和思想史上的基础和意义，这场革命不但导致了现代意义上的“科学”的形成，也促成了近代哲学的转型。① 从今天的眼光看，大多数近代哲学家都是哲学—科学家。

按照通常的理解，近代科学的发展之为革命，乃是因为一种新的自然观和科学观在这一时期破土而出，取代了统治欧洲近两千年的希腊科学。科学不但在范式上开始独立于哲学和技术，成为一门自主的学科，而且在价值上具有了造福于人类的功利主义因素。科学观上的转型包括这样一些方面：以抽象的推理改造熟稔的常识；以量的观点而不再以质的观点看待自然；将自然视为一架机器而不是有机体；发展出实验方法，探索那些限定在特定理论框架中的问题，发现其确定的答案；接受了新的解释标准，强调“如何”(how)而不是“为何”(why)这一亚里士多德哲学赋予目的因的特征。

我们在此试图聚焦于科学革命在科学范式的建构层面，考察两个基本的主题——新柏拉图主义传统和机械论哲学。前者以几何学关系来看待自然界，确信宇宙是按照数学秩序建构的；后者则确信自然是一架巨大的机器，并寻求解释现象后面隐藏着的机制。② 这两个思想运动带来了世界观的一致性，即将自然界视为由机械法则统治的物质系统，并且唯有通过数学分析（并辅以科学实验）才能认识这一系统。③ 当然，这两个思想运动的追求也并不是完全相同的，有时对机械论因果关系的阐释与通往精确描述之路背道而驰，科学革命的充分完成要求消除这两个主导倾向之间的紧张。

文艺复兴时期的新柏拉图主义导致了世界观的数学化，使人们能够在

---

① 关于近代科学革命的科学史材料，参见沃尔夫：《十六、十七世纪科学、技术和哲学史》（北京：商务印书馆，1984），沃尔夫：《十八世纪科学、技术和哲学史》（北京：商务印书馆，1997）；导论性著作，参见韦斯特福尔：《近代科学的建构：机械论与力学》（上海，上海复旦大学出版社，2000）和狄博斯：《文艺复兴时期的人与自然》（上海，上海复旦大学出版社，2000）；关于科学革命最有影响的研究，参见库恩：《科学革命的结构》（北京，北京大学出版社，2003）；关于科学革命的思想史材料，参见科恩：《科学中的革命》（北京，商务印书馆，1997）。

② 参见韦斯特福尔：《近代科学的建构：机械论与力学》，1页。

③ 参见 William H. Brenner, *Elements of Modern Philosophy: Descartes through Kant*, London: Prentice-Hall International, 1989, 1。

世界中发现、理解普遍必然的秩序，正如伽利略所说："人类理智可以理解某些命题，即某些相当精确的数学命题，并由此具有了如同大自然一样的绝对确定性。……其客观确定性与神所知的命题是相等的，因为它成功地理解了必然性。"[①] 正是这样的理想，激励着哥白尼、第谷、开普勒和伽利略建构起"天上的动力学和地上的力学"。当然，"既不是伽利略，更不是布鲁诺，而是笛卡尔清楚明白地规范了新科学和新数学宇宙论的原则，这一原则的梦想是将科学还原成数学"[②]。如果我们看到，自1550年到1700年，数学取得了令希腊人相形见绌的划时代成就，则更容易理解这一特点：代数上升为科学，其方法和理论大大扩展；射影几何和概率论的开端，解析几何，函数概念，而首要的是微积分，这些都是重大的创新。[③]

哥白尼（1473—1543）在临终前发表了著名的《天体运行论》，以日心说取代了当时教会所认可的托勒密的地心说，这便是通常所说的伟大的"哥白尼革命"。不过，日心说与我们直接的日常生活经验不符，日常生活所经验的地球确实是不动的，而太阳确实是东升西落的。那么，我们是应该相信日常生活的亲身经验与基督教会一直坚持的亚里士多德的宇宙论和托勒密地心说天文学，还是应该相信根据更系统的天文观测和更简洁的数学模型而确立的日心说呢？在系统观察的经验和理性能力与生活经验和信仰权威之间发生冲突的时候，究竟该何去何从？日心说并不是一个全新的理论，古希腊天文学家阿利斯塔克（Aristarchul of Samos，约前310—前230）就已经提出了地球自转和绕日公转的思想。但哥白尼最突出的特征是把天文学事实置于一个比较简单和比较和谐的数学秩序之中，因而起决定作用的是几何的简单性思想。[④] 这在哥白尼的后继者开普勒那里最为充分地表现出来：如果承认哥白尼最初的假设，即太阳系的中心是太阳而非地球，那么一种圆锥曲线就足以描述每一颗行星的轨道，地心说中偏心圆和本轮的全部复杂性已淹没在椭圆的简单性之中了。[⑤] 对物理原因和对几何结构的研究是结合进行的，二者不过是同一事物的不同方面，因此，数学的模型战胜了经验的常识，以手指天的柏拉图取代了观法于地的亚里士多德。

---

① 参见 Galileo Galilei and Maurice A. Finocchiaro，*Galileo on the World Systems*：*A New Abridged Translation and Guide*，Berkeley：University of California Press，1997，114。

② 柯瓦雷：《从封闭世界到无限宇宙》，80页，北京，北京大学出版社，2003。

③ 参见 M. 克莱因：《古今数学思想》第二册，107页，上海，上海科技出版社，2002。

④ 不过，为了在定量描述的精确性上获得与托勒密体系同样的水平，哥白尼的新天文学体系与旧体系同样复杂。

⑤ 参见韦斯特福尔：《近代科学的建构：机械论与力学》，10页。

在伽利略和牛顿看来，宇宙并不是等级制下的有限宇宙，而是开放的、无限的；宇宙到处都是同一的，都遵循着自然法则。更重要的是，对于近代物理学来说，这种自然法则不是思辨的形而上学论证，而是用数学语言书写的；发现自然法则的方法既不是归纳，也不是演绎，而是假说—演绎法。伽利略有一段广为引用的名言：

> 哲学是写在那本永远在我们眼前的伟大书本里的——我指的是宇宙——但是，我们如果不先学会书里所用的语言，掌握书里的符号，就不能了解它。这书是用数学语言写出的，符号是三角形、圆形和别的几何图像。没有它们的帮助，是连一个字也不会认识的；没有它们，人就在一个黑暗的迷宫里劳而无功地游荡着。①

当然，此前的达·芬奇已经表达过同样的思想：任何人类的探究，除非它以数学的证明为基础，否则就不能被称为真正的科学②，而伽利略的表达更为生动而明确。当亚里士多德主义者谈论着那些关于质的名词的时候，例如流动性、刚性、要素、潜能、自然位置、自然的和猛烈的运动，伽利略却选择了一组全新的可以测量的概念，使得它们的测度可以用公式联系起来。这组概念包括距离、时间、速度、加速度、力、质量和重量等。这些概念在伽利略的时代是彻底的改造，至少作为基本概念来说是如此；这些概念在了解和掌握自然的努力中，已被证明是最有帮助的。而牛顿在《自然哲学的数学原理》中继续追随伽利略。对牛顿来说，科学是由只阐述自然的数学行为的定律构成的，这些定律可以从现象中清楚地推导出来，在现象中得到严格证实；此外的任何东西都要从科学中清除出去，从而使科学成为关于物理世界之行为的一个绝对确定的真理体系。科学是对自然过程精确的数学表达。③ 因此，数学绝不只是一种更方便、更简洁、更清晰、更普遍的语言工具，它已经上升为一种为自然科学提供最基本的概念的理论框架。④

---

① Galileo Galilei, Andrea Frova, and Mariapiera Marenzana, *Thus Spoke Galileo: The Great Scientist's Ideas and Their Relevance to the Present Day*, Oxford; New York: Oxford University Press, 2006, 402.

② 参见达·芬奇：《莱奥纳多·达·芬奇笔记》，12页，艾玛·阿·里斯特编，郑福洁译，北京，三联书店，1998。

③ 参见伯特：《近代物理科学的形而上学基础》，191页，北京，北京大学出版社，2003。

④ 当我们在这里谈论新柏拉图主义对近代科学的重要影响的时候，绝不能忽视近代科学作为实验科学的基本特征。不过，伽利略和牛顿一样，认为科学工作中的演绎数学部分所起的作用比实验部分所起的作用要大，思想实验远比实际的实验重要。

更重要的是，新柏拉图主义不仅在科学上对近代早期哲学家影响巨大，也明显深入到他们的哲学当中。Catherine Wilson 比较了笛卡尔的《第一哲学沉思集》和柏拉图的《蒂迈欧篇》，认为笛卡尔的确汲取了柏拉图主义传统（如诉诸天赋观念和关于不朽的思想），以便赋予机械论哲学在道德和神学上可被接受的方面，当然，二者的思考路向几乎是相反的。[①] 在 17 世纪 60 年代的荷兰，莱顿大学的笛卡尔主义开始展现出实质性的柏拉图主义特征。斯宾诺莎虽然很可能对柏拉图的著作知之甚少，但在许多主题上与柏拉图主义者 Arnold Geulincx 相当接近，例如永恒存在与时间性存在、直观知识、理型与样式、理智与想象等。[②] 最不可能容纳柏拉图主义的洛克，其思想中出现了若干柏拉图主义的论题，他关于灵魂不朽等思想就适合于柏拉图主义框架。而莱布尼茨与柏拉图主义的密切关系则是公认的。

让我们转向近代科学的第二个主题：机械论（mechanism）。机械论的世界图景是我们耳熟能详的，它的思想来源包括宇宙微粒论和近代力学（mechanics）。"在 17 世纪，人们认识到'微粒论的'（corpuscularian）或'机械论的'哲学[③]浮现出来了，它远比以往的任何科学或哲学在解释自然的特殊现象方面都成功得多，而且作为关于物理世界的一般性思想框架，不断指导着直到今天的哲学和科学探究。"[④] 一方面，近代力学形成于 17 世纪，由多种冲突孕育而生，如古代和中世纪力学的不同文本传统的冲突，未成熟的力学与自然哲学、数学之间的冲突，以及理论考量和实践经验之间的冲突。这就是说，近代力学的理论来源包括从古代和中世纪继承的、经过 16 世纪改造的各式各样的思想传统，改造的部分原因来自技术革新和实用兴趣的影响。到 17 世纪末，研究运动物体的近代力学就取代了自然哲学而成为物理科学的范式，这种典范地位至少一直持续到 19 世纪[⑤]，而机械论在科学上的范式就是力学。另一方面，机械论哲学继承了古希腊

---

① 参见 Hutton and Hedley，*Platonism at the Origins of Modernity Studies on Platonism and Early Modern Philosophy*，Chapter 12。

② Ibid，Chapter 11.

③ 对 17 世纪的学者来说，微粒论和机械论几乎是同义词。微粒论强调的是从物体的微小部分出发说明物体的显明性质，而称之为机械论则强调用以说明的原则大体上是机械论法则。参见 Katharine Park and Lorraine Daston，eds.，*The Cambridge History of Science*，*Volume 3*，*Early Modern Science*，Cambridge：Cambridge University Press，2006，43，n70。

④ Daniel Garber and Michael Ayers，*The Cambridge History of Seventeenth-Century Philosophy*，Cambridge：Cambridge University Press，1998，33.

⑤ 参见 Walter Roy Laird and Sophie Roux，*Mechanics and Natural Philosophy before the Scientific Revolution*，Boston Studies in the Philosophy of Science，Dordrecht；London：Springer，2008，1。

哲学家德谟克利特和伊壁鸠鲁的原子论，认为物体只是由处于运动中的物质微粒构成的，只不过这些微粒是惰性的，被剔除了活的要素，并且它们的表现性质只不过是运动中的物体撞击我们的神经所激发的感觉。人们所熟悉的感觉经验的世界原来是一种假象，正如太阳的东升西落其实也是一种假象一样，世界其实是一部机器，它由不活跃的惰性物体组成，按物理的必然性运动，而且与各种思维存在物无关。机械论的自然是没有活力的，物质不可能是自身运动的原因，17 世纪的人们普遍认为上帝创造了物质并使之处于运动之中，有了这第一推动，就不需要任何东西保持物质的运动，运动是一种状态，它遵循的是惯性定律，运动不灭，动量守恒。

因此，在机械论哲学的倡导者波义耳那里，这种哲学抛弃了亚里士多德主义从形式与质料、实体以特殊方式活动的内在趋向（隐德莱希）等方面说明自然现象的方式，也将可感性质从对象自身当中排除掉；一切事物必须从大小、形状、构成部分的运动来说明，正如说明机械行为的方式一样。① 近代哲学之父勒内·笛卡尔就说："我的全部物理学就是机械论"——"给我广延和运动，我就能创造出宇宙。"② 其实其他许多哲学家大概也会这样说。他们既抛弃了亚里士多德主义的四因说、质形论（hylomorphism)，也抛弃了对万物的等级划分的目的论，而把世界描述为"一架机器"，更确切地说，是一架"自动机"。斯宾诺莎在《伦理学》的一段"物理学插曲"中，简明扼要地勾勒了机械论的宇宙观，虽然这并不是他的宇宙观的全部："我们不难理解整个自然界是一个个体，它的各个部分，换言之，即一切物体，虽有极其多样的转化，但整个个体可以不致有什么改变。"（《伦理学》2L7S）尼古拉·库萨和布鲁诺有关宇宙一切部分同质的观点经过努力而得到承认，"自然是永远和到处同一的"。物理学中客观化的、机械论的和还原论的方法的成功使人们自认为揭开了自然的神秘面纱，认为这种方法可以用于一切事物，因为事物被理解为因果关系的必然链条。因此，理性使自然透明起来，为自然"祛除了魔力"，这就是"世界的祛魅"（the disenchantment of the world）。自然界被夺去了精神，自然现象只能用自身来解释；目的论、神人同形同性论必须和精灵鬼怪一起

---

① 参见 Park and Daston，eds.，*The Cambridge History of Science*，*Volume* 3，*Early Modern Science*，44。

② 黑格尔："广延和运动是机械论物理学的基本概念；它们是形体世界的真理。观念性在笛卡尔面前浮现出来了；他大大超过了感性特性的实在性，但是没有进入这种观念性的详情。——因此他仍然停留在地道的机械论中。笛卡尔以机械论的口吻说：如果你给我物质（广延物）和运动，我就给你建造世界。"（黑格尔：《哲学史讲演录》，第四卷，89 页，北京：商务印书馆，1978）

为机械论的理解让路，不能让“天意成为无知的避难所”。同样，精神也失去了自然界，对自然的机械论的非精神化导致了心—物二元论及其变种。“英国的新柏拉图主义者，如卡德沃思和亨利·莫尔，竭尽所有古代的辩证法伎俩去攻击这种新形而上学的机械的—反目的论的基本论调，但徒劳无功。”① 直到德国古典哲学革命的爆发，机械论才在哲学中遭到有效的反击，但在科学中仍然大行其道。当然，机械论哲学也并不是一种单一的理论，而是一群相互竞争的“新哲学”，混合了许多不可调和的因素：阿基米得的力学，传统化学和医学，人文主义的伊壁鸠鲁主义，经院哲学的唯意志论和唯名论，以及其他许多或新或旧的哲学思想。

17 世纪确实到处回响着机械论自然哲学的呼声，这一时期几乎所有创造性的工作都是在机械论哲学的框架中得以展开的。它与自然界的彻底数学化有矛盾，但在一定的诠释框架中也能够并行不悖。这个诠释框架首次出现在笛卡尔的方法论和第一哲学当中——既然物质世界的本质是广延，那么借助数学化的物理学，整个自然世界就能够而且应当被理解。开普勒的先见之明和伽利略的巨大成功在笛卡尔的形而上学中得到了证明。②

三、近代早期形而上学的范式转型

科学革命深刻影响了哲学和知识的新范式，而大多数新哲学家对科学和哲学的共同兴趣，使近代早期的形而上学也呈现新的面貌。从一个相当重要的方面说，近代哲学所探究的形而上学问题和认识论问题是由于对近代科学的反思而产生的：一方面，哲学家要思考科学革命带来了新观念、新思想的基础、意义和界限；另一方面，某些重要的哲学家也从科学当中汲取了引以为榜样的典范（如可用于方法论的数学、几何学，作为确定性知识典范的物理学），也从中感受到科学知识的快速增长对哲学进步的压力。换言之，形而上学的变化与 17 世纪哲学最为紧迫的两个问题密切相关：其一是如何调和神学世界观与新科学——在前者中，万物皆依赖于神，而在后者中，一切变化皆可根据定律规则来说明，那么新科学为神留下了怎样的位置。其二则源于新科学关于致动因的存在论预设，根据这一

---

① 文德尔班：《哲学史教程》，552 页，北京，商务印书馆，1997。

② 参见 Richard Henry Popkin，*The Philosophy of the Sixteenth and Seventeenth Centuries*，Readings in the History of Philosophy，New York & London：Free Press；Collier-Macmillan，1966，14。

预设，有限事物相互引起变化，我们如何解释这种因果性。①

在这一背景下，近代早期形而上学发生了许多重要变化，举其大者有三：

一是中世纪神学所讨论的若干议题，尤其是关于上帝的论辩，其次是个体化问题、人格同一性问题、自由意志与决定论问题等，在这一时期成为形而上学的论辩主题——“上帝现在是证明中的术语，而不再是朝向上帝之旅的假定目标。”②

二是形而上学的中心议题从亚里士多德的“作为存在的存在”转向物理学的形而上学基础——“物”的形而上学。

三是形而上学与认识论——前者探究实在的根本原则，后者探究我们关于实在之知识的根本原则——既由于科学世界观的兴起，也由于自身意识的反思和内在意识世界的建构，形成了不可分割的整体。

1. 就第一个变化而言，我们简略地考察近代早期哲学中的上帝观念。麦西尼斯（L. Messinese）提出过这样一个有意思的命题：近代哲学与上帝观念相关联的特征，就在于近代哲学提出了关于上帝的“问题”。③ 这就是说，近代哲学以“问题”的方式将上帝作为“对象”来考察，开始将这一考察能否成功完成的可能性本身置于怀疑当中。从这个角度来说，近代形而上学关于上帝的问题主要包括上帝的本质、上帝存在的证明和与上帝创世相关的问题。就上帝的本质的考察而言，按照马永（Jean-Luc Marion）的说法，自笛卡尔以降，关于上帝的特性和属性的形而上学讨论就在于将关于圣名的神学论争，用纯粹的哲学术语来转换和转译，其中介是伪狄奥尼西（Pseudo-Dionysius）的名著《论圣名》（*De divinis nominibus*）④，而

---

① 参见 Olli Koistinen and J. I. Biro，*Spinoza：Metaphysical Themes*，Oxford：Oxford University Press，2002，4。

② Garber and Ayers，*The Cambridge History of Seventeenth-Century Philosophy*. 265.

③ 参见 Leonardo Messinese，*The Problem of God in Modern Philosophy*，Contemporary Religious Thought，Aurora，CO：Davies Group，2005，7-8。

④ 伪狄奥尼西的《论圣名》涉及谈论上帝的三种方式：（1）肯定的，即肯定其中的谓词是对上帝的断定；（2）否定的，即否定其中的谓词是对上帝的断定；（3）卓越的，即将上述两种方式调和起来，只在指示某种卓越性上才肯定其中的谓词是对上帝的断定。因此，通过第一种方式，就上帝是我们能够在被造物中所发现的一切善的来源或原因而言，我们可以把上帝称作“善的”；通过第二种方式，如果我们希望谈论作为其自身的上帝，而不是与被造物相关联的上帝，我们就必须否定关于上帝的一切谓述，因为上帝不同于任何能用语言来描述的熟悉的事物。因此在这个意义上，上帝不是善的，而且事实上他甚至不存在！但是，这种否定的方式并不等于彻底而直接的无神论，第三种方式就表明了这一点。上帝就其本身而言不是善的，也不存在。但这并不意味着上帝达不到善或存在，而是说上帝“超越善”（super-good）、“超越存在”（hyperexisting），即超出了善，超出了一个存在物的程度。参见肯尼主编：《牛津西方哲学史》，76 页，北京，中国人民大学出版社，2006。

在考察的主题上，起决定作用的仍然是托马斯·阿奎那的观点。[1] 转换的结果是关于圣名的论辩被转译为上帝的观念、概念和定义问题。在笛卡尔派的上帝观念中，最完满的存在（ens summe perfectum）和自因（ens causa sui）这两个思想被阐发得较为充分，而“无限性”则受到冷遇——主要原因是无限性的定义中包含着不可理解性，而理性主义形而上学的最终完成要求神性中的可理解性，于是无限性丧失了优先性，尽管没有人否认上帝是无限的。

个体化常与同一性和实体问题在一起被考察。一般说来，形而上学的个体化理论试图说明什么构成了个体事物，什么构成了同一个个体事物在时间中持存的同一性，在两个或多个个体事物中，什么构成了其数目上的差异；认识论的个体化理论则试图说明我们如何知道某物是个体事物，如何知道某物在时间中保持为同一个个体事物，如何知道某个个体事物在数目上区别于另一个个体事物。[2] 对个体化原则的探求可以追溯至希腊哲学，并且在中世纪哲学中就已经是标准的讨论（因为它还有更重要的神学功能，涉及三位一体问题），而且相关的讨论构成了近代早期个体化理论的背景，特别是苏阿雷斯的《形而上学论辩》（*Disputationes metaphysicae*，1597）影响最大。与中世纪的讨论相对照，近代早期个体化理论经历了从以存在论方式为主到更为关注主观性的处理方式的转换，也就是说，关注某些东西的概念，这些东西的同一性在处理个体化和同一性问题上被认为是至关重要的。[3] 概括地说，在笛卡尔的理论中，唯有个体事物才是实体，而实体在个体化中总是关键性的（这里不考虑广延实体是否唯一）；在斯宾诺莎的理论中，运动和静止是物体个体化的原则，而且整个自然界是一个个体，它的各个部分，换言之，即一切物体，虽有极其多样的转化，但整个个体可以不致有什么改变，即保持同样的运动和静止的比率，也就是保持出自神性的必然秩序；而在莱布尼茨那里，则从实体性原则出发，提出了个体性原则（即不可辨识的同一性原则）：每一个单子必须与任何个别的单子不同。因为自然界绝没有两个东西完全一样，不可能在其中找出一种内在的、基于固有本质的差别来（《单子论》，第9节）。相比之下，霍

---

① 参见 Garber and Ayers，*The Cambridge History of Seventeenth-Century Philosophy*，265。

② 参见 Kenneth F. Barber and Jorge J. E. Gracia，*Individuation and Identity in Early Modern Philosophy*：*Descartes to Kant*，Albany：State University of New York Press，1994，73。

③ 参见 Garber and Ayers，*The Cambridge History of Seventeenth-Century Philosophy*，213。

布斯、波义耳和洛克等人更关注时间中的同一性问题。①

2. 第二个变化，即形而上学的中心议题从亚里士多德的“作为存在的存在”转向物理学的形而上学基础，也体现了近代早期形而上学的重要特点。中世纪亚里士多德主义者虽然也有一些以形而上学为基础看待物理学的观点，但一般说来，物理学是基本上独立于形而上学的学科，而且作为处理感性事物的具体学科，应当在学生研究形而上学之前学习。因此严格说来，对亚里士多德主义者来说，谈论物理学的形而上学基础是不适当的。② 而对近代早期哲学特别是笛卡尔、斯宾诺莎和莱布尼茨哲学来说，形而上学确实为物理学提供了基础。其中，笛卡尔在《哲学原理》前言中的比喻最为著名：

> 哲学的第一部分是形而上学，包括知识的原理，对上帝的最重要的属性的理解，我们的灵魂的非物质本性，以及在我们当中的一切清楚分明的观念。第二部分是物理学，在发现了物质事物的真实原理之后，我们就可以在物理学中考察整个宇宙的一般构造，之后特别考察这个地球的本性，以及地球上最为常见的一切物体……全部哲学犹如一棵树：形而上学是根，物理学是干，干上的枝则形成了其他所有科学——也许可以简化为三个主要的科学，即医学、机械学和道德学（所谓“道德学”，我理解为最高、最完善的道德体系，预设了其他科学的全部知识，并且是智慧的最高层次）。③

对笛卡尔来说，位于亚里士多德主义形而上学核心的作为存在的存在，在其哲学中根本就没有位置，反倒是将如何获得物理世界的知识纳入其第一哲学当中；马永甚至因此怀疑笛卡尔根本就在概念上避免了形而上学构造。④

斯宾诺莎的“物理学”仅仅作为一个“插曲”出现在其形而上学体系当中（《伦理学》第二部分命题 13 和 14 之间）。对莱布尼茨来说，机械论

---

① 参见 Garber and Ayers，*The Cambridge History of Seventeenth-Century Philosophy*，212。

② 参见 Park and Daston，eds.，*The Cambridge History of Science*，*Volume* 3，*Early Modern Science*，51。

③ John Cottingham，Robert Stoothoff，and Dugald Murdoch，*The Philosophical Writings of Descartes*，2 vols.，Cambridge：Cambridge University Press，1985，vol. 1，186.

④ 参见 Jean-Luc Marion，*On Descartes' Metaphysical Prism*：*The Constitution and the Limits of onto-Theo-Logy in Cartesian Thought*，Chicago；London：University of Chicago Press，1999，11。

物理学的世界最终奠基于形而上学对象（即单子）和形而上学原理（即上帝借以决定创造这个世界的原则）。严格说来霍布斯和伽桑狄都是拒绝形而上学的，但他们也在许多情况下承认拥有关于物理世界之基础的观点。①

在近代早期，物理学的形而上学基础中最重要的构想就是前述的机械论或微粒论。不过，随着牛顿力学的成熟和成功，并成为自然科学的典范，物理学的形而上学基础也发生了两个方面的变化。其一，由于牛顿反对笛卡尔的形而上学，赞成某种形式的原子论，承认原子和虚空，并将动力赋予物体，于是产生了多种为牛顿物理学奠基的方式，如巴克莱的观念论形而上学、莱布尼茨的德国追随者的单子论形而上学，休谟的因果性的心理主义基础，以及康德的先验哲学。其二，尽管在16、17世纪，为物理学进行形而上学奠基的工作与物理学本身密切相关，但到了17世纪末，物理学的发展却基本上独立于这种奠基尝试了，物理学研究与其形而上学基础研究分道扬镳了。尽管哲学仍然念念不忘为自然科学奠基，但这种分手对双方未必都是坏事。

3. 通过数学分析和科学实验把握遵循机械论法则、由微粒构成的物质世界，这种科学革命带来的世界观不仅颠覆了日常经验在科学知识上的权威，也质疑了对感官的盲目信仰，在形而上学意义上，是以表象实在论（representational realism）取代了直接实在论或朴素实在论。

直接实在论是经院哲学主流的知觉理论，认为物理对象及其性质直接呈现在我们对它们的感觉经验中，而关于物理对象的一切知识必须以对这些对象及其性质的直接知觉为基础。这一思想以亚里士多德形式—质料的区分为前提，说明了对物理事物的直接知觉是如何可能的。② 例如，在看到一个对象时，我们的感官或感觉能力就被赋予了对象的实际形式（本性和诸特质）的印记。这种感觉形式是呈现在有感知能力的心灵目前的对象的形式，是与对象的质料相抽离的形式。这种直接实在论自古希腊时期就一直受到怀疑论的攻击，笛卡尔在“第一沉思——论可以引起怀疑的事物”中就发展了相关的论证，如梦境论证、骗人的上帝假设、缺陷来源的假设、恶魔论证等。以相对性论证为例：一方面，物理对象及其性质不随感知者的视角或心理状态而变化；但另一方面，直接呈现在感知者的感觉经验中的东西确实随感知者的视角或心理状态而变化。因此，与直接实在

① 参见 Park and Daston, eds., *The Cambridge History of Science, Volume 3, Early Modern Science*, 24。

② 参见 Brenner, *Elements of Modern Philosophy: Descartes through Kant*, 5。

论相对立的是，物理对象及其性质并不直接呈现在感知者的感觉经验当中。一旦接受了这个论证的结论，即感知的直接对象决非物理殊相，我们马上就可以做进一步的推论：有某种东西直接呈现在我们的感觉经验当中；这种东西要么是物理的，要么是心理的；它不是物理的，因此是心理的。①

于是，物本身之所是与物对我们之呈现、物与物的观念被严格地区分开来。结果，物体的真实特性即客观特性与显现特性即主观特性，或者说物体的第一性质与第二性质，可测量的性质和可感觉的性质，物自身和物之表象等一系列区分被确定下来，自伽利略到洛克，在17世纪成为公认的区分。威尔逊（Margaret Wilson）指出，感觉的观念与物理的事物之间的区分和对立，至少部分地来自机械论科学所提供的物质实在观，从而也源于这种实在观与看似被给予的日常感知经验之间的不一致，从20世纪的感觉—材料理论出发，或仅从古代怀疑论的立场来看待这一对立，是不适当的。② 当然，在这里，这一系列区分走的是认识论的路线，将认识主体与认识客体区分并对立起来。但是，这些区分尚有更重要的形而上学路线。

在形而上学层面，认识主体和认识客体并不是对等的两端，也不是哲学的开端；哲学的开端要返回内心，从自身意识领域来构造。当然，这就是笛卡尔"我思"命题所开启的近代哲学之路。正是因为这个原因，黑格尔赋予笛卡尔一个无与伦比的地位："从笛卡尔起，我们踏进了一种独立的哲学。这种哲学明白：它自己是独立地从理性而来的，自我意识是真理的主要环节。"③ 现象学的创始人胡塞尔也承认："笛卡尔事实上开启了一门全新的哲学。这门哲学改变了哲学的总体风格，它完成了从素朴的客体转向一门先验的主观主义的彻底改变。"④

这种形而上学建构的结果就是心物二元论。肯尼精练地概括了笛卡尔的心物二元论："人是思想着的心灵；物质是运动中的广延。"⑤ 贝克和莫里斯将这种几乎常识性的观点扩展为四个要点：（1）有两个世界，"外部世界"中居住着物质对象（physical objects），"内部世界"中居住着心灵

---

① 参见 Brenner，*Elements of Modern Philosophy*：*Descartes through Kant*，6。

② 参见 Margaret Dauler Wilson，*Ideas and Mechanism*：*Essays on Early Modern Philosophy*，Princeton，N. J.：Princeton University Press，1999，3。

③ 黑格尔：《哲学史讲演录》，第四卷，63页，北京，商务印书馆，1978。

④ 胡塞尔：《笛卡尔沉思》，3页，北京，人民出版社，2008。有改动。

⑤ Anthony John Patrick Kenny，*The Metaphysics of Mind*，Oxford：Clarendon Press，1989，1.

对象（mental objects）。（2）物质对象本质上是钟表式的机械装置；心灵对象本质上是意识（的状态）。（3）物质对象是公共的、可观察的，尽管对它们的感觉会出错；心灵对象是私人的，借助确实可靠的反思官能是（部分地）可观察的。（4）物质对象和心灵对象在逻辑上是相互独立的，但在因果性的意义上，二者在每个人当中相互作用，因此，心物是外在的或偶然相关的。[①] 这种二元论既可以从性质二元论的方面，也可以从实体二元论的方面去理解，但无论哪个方面，都存在着两个重要问题：（1）心灵如何能够真实地“认识”物质世界；（2）既然心灵实体是“多”（多个实体），而一般意义上的物质实体是“一”（一个匀质的实体），那么不同个体的心灵如何具有可交流性和认识的一致性。

柯廷汉指出，有三种动机促使笛卡尔坚持心灵的非物质性，从而导致了二元论：（1）神学的——就灵魂的不朽而言，二元论虽非必不可少，但足以确立其不朽；（2）形而上学的——笛卡尔从他能够怀疑自己身体的存在，而得出他没有身体也能够存在的结论，灵魂“之所以是，并不需要地点，并不依赖任何物质性的东西。所以这个我，这个使我成其为我的灵魂，是与形体完全不同的，甚至比形体容易认识，即使形体并不是，它还仍然是不折不扣的它”[②]。（3）科学的——为了保证一个机械论的世界所具有的确定的规律性，就必须让心灵在其中消失。[③]

在形而上学层面上，心灵和物体是各自独立的两个领域、两个世界；但二者是不对等的，因为心灵或“我思”是奠基性的。用罗蒂的话说，笛卡尔—洛克—康德的问题体系和哲学传统旨在建立一个永恒的非历史的知识构架，人类活动，尤其是知识的追求，就发生在这种理论构架之内，而这个构架是由认知主体的天性、由他的机能的天性或由他在其中进行活动的媒介的性质所加予的。[④] 这样一种以心灵这个“自然之镜”为基础的再现表象的一般理论，就是所谓的“镜式哲学”，是基础主义和本质主义的。后现代主义者的新怀疑论游戏的主要靶子之一，就是笛卡尔的这种二元论。

科学革命建立起的实验科学范式要求表象实在论的形而上学基础，但

---

① Gordon P. Baker and Katherine J. Morris，*Descartes' Dualism*，London：Routledge，1996，11. 这两位学者认为上述解读是可质疑的，并提出了另一种有力的解读方式。

② 笛卡尔：《谈谈方法》，28 页，王太庆译，北京，商务印书馆，2000。

③ 参见 Cottingham（eds.），*The Cambridge Companion to Descartes*，Cambridge：Cambridge University Press，1992，chapter 8。

④ 参见理查德·罗蒂：《哲学与自然之镜》，5～6 页，李幼蒸译，北京，三联书店，1987。

表象实在论又预设了心物二元论。在笛卡尔那里，心物二元论是为对抗怀疑论而确定了心灵的优先性，从而得出的形而上学结论，但是，它既可以导向表象实在论，也可以导向表象观念论。科学旨在描述“物”，而形而上学则要理解“物”，但要理解“物”，也必须甚至更必须理解“心”，理解心—物关系，说明“表象”、“经验”的认识论意义和形而上学地位。形而上学和认识论相互依赖，难分难解。由于心物二元论既坚持心灵世界和物质世界的异质性，又预设了我的心灵、灵魂、意识，以及我的心灵世界当中的存在者（观念），对我来说，相对于物理世界当中的存在者，具有存在论和认识论上的优先性，心灵对于自身仿佛是透明的，因此，如果不对心灵世界的存在者和心灵的各种能力进行分析和考察，不能令人信服地表明内在意识如何能够切中外在对象，从而保证知识的确定性，那么它非但不能抵御怀疑论的攻击，还会导致怀疑论。

以洛克为例，他基于经验论的观念理论，为自己的哲学确立了目标：“探讨人类知识底起源、确定性和范围，以及信仰的、意见的和同意的各种根据和程度”①，但结果却带有理智上的悲观主义色彩：“除了简单的观念而外，我们概无所知——这是我们所不必惊异的，因为我们就那一点虚浮的事物观念，还是由感官从外面得来的、或是由人心反省它自身中的经验得来的，而且我们除了这些虚浮的观念而外，再没有其他观念，因此，再超过这个界限，则我们便一无所知，至于事物底内在组织和真正本质，则我们更是不知道的，因为我们根本没有达到这种知识的官能。”② 不难理解，如果在心物二元论的框架中，基于经验论的原则，退守观念之内，对心灵的自然官能（即理性和感性能力）外科医生式的心理学刻画：思维、记忆、分辨、组合、比较、命名、抽象，等等，那么在心灵如何把握物体、内在意识如何切中外部对象的问题上容易走向怀疑论甚至不可知论。尽管不可知论是个含混不清、容易误导的术语③，怀疑论也有不同的程度和类型，但二者通常被视为不名誉的字眼。之所以会出现洛克式的不可知论，一方面因为这是机械论背景下彻底经验论的必然结局，另一方面也是因为洛克试图展开一场经验论的“理性批判”：“人们如果仔细考察了理智

---

① 洛克：《人类理解论》I. i. 2，1页，北京，商务印书馆，1959。

② 同上书，II. xxiii. 32，286页。

③ 不可知论（agnosticism），源于希腊语 a（不）和 gignoskein（知道），意即不可能知道。英国博物学家赫胥黎（Thomas Henry Huxley，1825—1895）在1869年首先创立和使用这一名词，他用来指没有充分的证据加以信仰的命题。

的各种能力，并且发现了知识的范围，找到了划分明亮和晦暗事物的界限，找到了划分可知与不可知的界限，则他们或许会毫不迟疑地对于不可知的事物，甘心让步公然听其无知，并且在可知的事物方面，运用自己的思想和推论，以求较大的利益和满足。”① 洛克式的“理性批判”具体表现为“观念批判”，包括对天赋观念论的批判和对基本哲学观念的批判。

不过，尽管洛克对笛卡尔、斯宾诺莎式的形而上学持怀疑态度，对关于事物的知识也抱悲观心态，但他又和笛卡尔、莱布尼茨一样，相信我们能够获得像数学那样的先天知识，而非常不赞同将数学视为归纳科学。他还像斯宾诺莎那样，认为道德是能够被证明的。洛克对数学和道德的态度之所以不同于形而上学和其他具体科学，是因为在他看来，数学和道德所涉及的东西，如三角形或感激，其真实本质对理智是透明的，因为它们是人类心灵的创造物，而形而上学和自然科学所处理的东西，如物质实体，其本质对我们则是不透明的，因为它们是自然的产物，而不是心灵的产物。② 心灵自身创造的观念并不比心灵的外在对象的观念更透明，这里包含着一个重大的迷信，这个迷信在近代早期哲学中是相当普遍的。虽然洛克在《人类理智论》中用了一卷的篇幅讨论语言问题，但他难以预见到20世纪的语言批判对这一迷信的批判。

近代哲学就是在怀疑论的威胁和对确定性的寻求这种张力当中成长起来的。其结果是，要在这样的形而上学框架内最终解决怀疑论问题，就必定需要某种将形而上学和认识论融为一体的哲学体系，并由某种逻辑（逻各斯学）充当建筑术或脚手架。然而，一旦这种逻辑被抛弃，脚手架解体，体系的大厦也将倾覆，仅留下一堆掩埋着散落珠宝的瓦砾废墟。

四、怀疑论与确定性

当科学革命在17世纪的欧洲露出曙光，新哲学呼之欲出的时候，怀疑主义这一游牧民族也悄然而至，知识分子被卷入了怀疑论危机的旋涡当中。这一危机挑战着他们在哲学、科学和神学领域中的基本原则、假设和信念。这不仅仅是由于文艺复兴、宗教改革和反宗教改革中产生的丰富多彩的新观念、新发现以及生活境遇的不断变化，也来自古典怀疑论的复苏

① 洛克：《人类理解论》，I. i. 7，5页。

② 参见 Donald Rutherford, *The Cambridge Companion to Early Modern Philosophy*, Cambridge: Cambridge University Press, 2006, 102-103。

和近代怀疑论的萌生。[①] 而自笛卡尔到康德的近代哲学的建构，几乎可以说是在回应怀疑论在各个方面的挑战。此外，虽然彻底的世俗主义尚未出现在公共领域（例如在法国），但至少宗教思想家（例如帕斯卡）已然敏锐地感觉到，教会与世俗世界之间出现了鸿沟。[②]

中世纪的欧洲人对希腊怀疑论（主要是塞克斯都·恩披里柯）知之甚少，由于来自拜占廷的手稿，15 世纪中期的欧洲重新发现了塞克斯都。杰出的意大利人文主义者，包括皮科和费奇诺，研读着他的手稿；伊拉斯谟在与马丁·路德关于自由意志的辩论中还曾小试牛刀。对怀疑论的兴趣在宗教改革和反宗教改革的斗争中逐步升格为锐利的武器，并在法国对抗加尔文主义的斗争中初试锋芒。1562 年和 1569 年，恩披里柯的著作被重新发现并译为拉丁文在法国等地出版，与西塞罗的《学院派哲学》（*Academica*）等怀疑论著作一起，立刻加强了 16 世纪怀疑论的、反理智的和信仰主义（fideism）的潮流。在当时的宗教论争中，经典的怀疑论作家开始被用作重要武器，以摧毁任何一方声称的某种宗教知识的确定标准。而在随之产生的哲学论争中，怀疑论也迅速赢得了市场，一方面深化了近代科学所产生的知识论问题，另一方面也激起了克服怀疑论、寻求确定性的雄心。

最流行也最有说服力的怀疑论论断出现在蒙田的《随笔》中，特别是他最长的一篇随笔“雷蒙·塞邦赞”[③]。此文与其门徒沙朗（Pierre Charron，1541—1603）的《论智慧》一起，使用了各个不同层面的怀疑论论证批评了哲学、科学和理性神学的基础以及加尔文主义，要求悬搁对任何问题的判断，比如想认识实在就如同试图用手抓住水一样。[④] 因为任何为人

---

① 关于近代早期怀疑论的历史，参见 Richard Henry Popkin，*The History of Scepticism：From Savonarola to Bayle*，Rev. and expanded ed.，New York；Oxford：Oxford University Press，2003。较简要的原始文献，参见 Roger Ariew，John Cottingham，and Tom Sorell，*Descartes' Meditations：Background Source Materials*，Cambridge Philosophical Texts in Context，Cambridge：Cambridge University Press，1998。较简明的考察，参见 Richard Henry Popkin “Scepticism and Modernity，” *in The Rise of Modern Philosophy：The Tension between the New and Traditional Philosophies from Machiavelli to Leibniz*，ed. T. Sorell，Oxford：Clarendon Press，1993；Richard Henry Popkin，*The Pimlico History of Western Philosophy*，London：Pimlico，Random House，1999，329-336。本节参考引用时不再详细注明。

② 参见 Michael Moriarty，*Early Modern French Thought：The Age of Suspicion*，Oxford：Oxford University Press，2003，19。

③ 蒙田：《蒙田随笔全集》，中卷，第 12 章，潘丽珍等译，南京，译林出版社，1996；单行本见蒙田：《雷蒙·塞邦赞》，马振聘译，上海，上海三联书店，2006。

④ 参见 Eckhard Kessler，Charles B. Schmitt，and Quentin Skinner，*The Cambridge History of Renaissance Philosophy*，Cambridge：Cambridge University Press，1988，683。

类理性确定基础的尝试要么导致无穷后退，去寻求理由的理由的理由，要么导致循环论证，把基础当作证明自身证据。因此，人所拥有的推理的第一原理必定只能来自上帝的启示，知与信皆来自信仰。蒙田和沙朗的怀疑论的信仰主义的护教论几乎一度成为法国天主教会的官方神学。这样，天主教把宗教改革者逼入了关于其宗教知识论断的怀疑论危机当中，而后者则叱责前者陷入了不可救药的怀疑论。这种“新怀疑主义”通过蒙田等人的作品不仅对宗教论争，而且对整个哲学的面貌产生了影响。基本的怀疑论问题的提出，特别是蒙田的表述，既提供了所谓近代知识论问题，也提供了陈述和探讨这些问题的语汇本身，更使近代形而上学或第一哲学的奠基成为当务之急。

1581 年，图卢兹的哲学教授、蒙田的堂弟桑切斯（Francisco Sanches，约 1550—1623），在其著作《论无物可知》中以近代的方式发动了第一次对亚里士多德知识论严肃的怀疑论攻击，其出发点是人能够拥有的知识的有限性：我们不可能知道实在的真实本性，而只能以科学的方式知道特定时间和地点的事物看起来如何。桑切斯的观点流传甚广，成为反驳亚里士多德主义的有力手段，甚至伽桑狄和梅森都吸收了他的观点。莫里亚特给《近代早期法国思想》起的副标题就是“怀疑的时代”①。

伽桑狄精通古代怀疑论，也深谙桑切斯和沙朗的思想。他采取一种有节制、建设性的温和的怀疑论态度，提出了他所谓介于独断论和怀疑论之间的假说性科学，即把伊壁鸠鲁原子论的哲学观与经验主义的科学观整合在一起，表明我们能够建立关于表象的知识，而无须做出任何关于事物之真实本性的论断，用一种实用主义的经验论取代试图确立实在的真实知识的知识论。梅森和伽桑狄一样，阐发了一种经验性、实用性的近代科学观点，承认怀疑论在根本意义上是无法回答的；不过，我们虽然没有获得事物真实本质从而获得真知的手段，但上帝给我们足够的信息和处理这些信息的方式，使我们获得足够的指导以解决生活的问题，并积极地行动。这样，梅森鼓吹一种没有形而上学、无须证明的科学，试图以实用主义的方式缓和怀疑论造成的危机。这种观点值得注意，因为他们的朋友雨果·格劳秀斯和霍布斯都在一定程度上接受了他们的思想，而后来的法国启蒙哲学家们则以另一种方式将其发展为近代科学方法的重要组成部分。这样，我们看到，在神学、科学和法学领域，一批相当重要的思想家都放弃了对

---

① Moriarty，*Early Modern French Thought*：*The Age of Suspicion*.

完全确定的知识的探求，转而满足于能够进行修正和证实的有用的知识和假说。

对怀疑论危机的另一种回应来自某些唯灵论或通神学思想家，如梅得（Joseph Mede）、夸美纽斯、杜里和波墨。他们的努力是要在解释圣经预言的方法中找到确定性。在伟大的教育家夸美纽斯看来，感觉、理性和圣经必须结合在一起。如果我们只依赖于感觉，就不可能比常人更智慧，而只能接受各种错误的或可疑的观点。如果我们只依赖于理性，我们就只能处理那些抽象的东西，而它们可能只是纯粹的幻觉或想象的世界。如果我们只依赖于圣经，我们就可能被弄得神魂颠倒，涉足那些远远超出我们的理解力的东西当中。只有把感觉、理性和神启结合在一起，我们才能获得信仰、理解和确定性，从而走出怀疑论的囚笼。感觉给我们以证据，理性矫正我们的感觉，而当理性停留在关于不可见的事物的错误的观点上时，启示则能校正之。这样，感觉是知识和关于自然事物的确定性的来源，而理性则是获得知识和关于启示事物的确定性的手段。感觉和理性能够让我们专注于上帝创造的美妙的世界，但却不能帮助我们冥想永恒的事物，这些事物只有在上帝之言中才能知晓。圣经没有告诉我们语法、逻辑、数学、物理学，但它确实告诉我们另外的智慧类型。

怀疑论危机在17世纪早期如英国作家邓恩（John Donne）所说，“将一切都置于怀疑当中”。塞克斯都、西塞罗、蒙田、桑切斯和沙朗的怀疑论著作向以往的一切哲学、神学和科学提出了质疑。真理的标准究竟是什么？是古人的权威还是信仰的虔诚？是经验的归纳还是理性的推演？究竟有没有真理？有没有能够被确定地认识的东西？要么忍受怀疑论的怀疑，要么尝试去克服它，近代哲学就是这样开始的。新兴科学的发展让像梅森这样的人确信真正知识的存在，哪怕这种知识无法得到证明；新的宗教观点让像夸美纽斯这样的人确信圣经能够提供避免彻底怀疑论的手段；而处在怀疑论危机的旋涡中心的笛卡尔深感有必要为知识找到崭新的基础，以克服怀疑论的危机。这一危机似乎是认识论的问题，但它的解决最终取决于形而上学的基础。

我们所熟悉的近代哲学家大都试图回应这一理智上的挑战。他们坚信，只要找到了正确的方法就可以发现一条可靠的道路，去获得关于真实世界的确定知识。在这些哲学家当中，笛卡尔是引领风气、开辟新路的第一人。他从普遍怀疑入手来建立第一哲学或形而上学的基础“我思”（cogito），正是试图突破柏拉图主义和亚里士多德主义的思想框架，着手解决怀疑论造成的问题。[①] 虽然怀疑主义从未停止对他们的挑战，但正是他们构成了17世纪哲学史的主流，向世人展示了人类理智的坚强能力。然而，在17世纪末，怀疑主义又一次卷土重来，皮埃尔·贝尔用《历史与批判词典》（1697—1702）杀出了回马枪，被伏尔泰称之为“启蒙时代的弹药库”。贝尔对每一种理论都痛下杀手，无论是“体系化的无神论者”斯宾诺莎，还是他的朋友莱布尼茨，都被切割分检，无一幸免。在贝尔看来，就理解世界而言，理性根本不充分，毫无希望，应当抛弃理性，转归信仰。信仰是盲目的，不可理喻，也是非道德的，但只能通过信仰才能坚持任何宗教立场，而无须任何证据或证明。这种怀疑论的信仰主义与无宗教信仰的怀疑论只有一步之遥，这种对待宗教的近代态度在启蒙运动中遍地开花。休谟和伏尔泰也在这种怀疑论的态度下对启蒙时代乐观的理性信念进行了温和的怀疑，遭到德国古典哲学激动人心的高峰性回应。理性与经验、确定性的建构意识与理性的怀疑精神构成了近代哲学的两个焦点，科学革命一路高歌猛进，而哲学在危机与革命的双重变奏中、在科学与神学的双重推动下奋力跋涉，由此形成的张力铺展为三百年间博大精深的近代理智生活。

从另一个角度看，对确定性的寻求是对能力或力量的追求。在近代，与之俱来的是对人之自主和能力的巨大肯定。而怀疑论恰恰是对这种能力有节制的否定。数学、科学和技术上的突破唤醒了曾经沉睡的理性，在它们的帮助下，人们着手实现把握自然的计划，开始意识到自己就是他的世界的真正的创造者，而呼之即出的新哲学即表达了这一见解，也为之作了辩护。尽管遭受到许多挫折和阻力，但追求自身能力的趋向逐渐获得了能力，并在近代世界观的主流观念上打上了深深的烙印。培根一语道破了

---

① 在1631年夏天笛卡尔致Villebressieu的信中，谈到一件重要的逸事。笛卡尔，这位已经在数学领域崭露头角的年轻人，1627年秋来到巴黎，参加在教皇Nuncio家中举办的演讲会，聆听物理学家、炼金术士M. de Chandoux（后因伪造货币被绞死）讲述他的新哲学。这位炼金术士谈到人类知识之卑下，故引发怀疑一切之潮流，从而急需新的方法以求革新。所有人除了笛卡尔皆对其怀疑论以及经验的、或然论的、实用的建议表示赞同。但笛卡尔拍案而起，力主当时所需的方法应是保证完全确定性的方法，否则，最可能的真理也会变成不可靠的、错误的或可疑的东西。接下来他针对怀疑论给听众上了一课，指出怀疑论的主张其实是自我驳斥的。此番表现，深得奥拉托利会创始人Cardinal Berulle之激赏，鼓励他写出他的方法，以克服一切怀疑，笛卡尔遂退隐荷兰，撰写《探求真理的指导原则》。参见John Cottingham et al.，eds.，*The Philosophical Writings of Descartes*：*The Correspondence*，3 vols.，vol. 3，Cambridge：Cambridge University Press，1991，32-33；Geneviève Rodis-Lewis，*Descartes*：*His Life and Thought*，Ithaca；London：Cornell University Press，1998，67-68。

“知识就是力量”的近代理想：“人类知识和人类权力（能力、力量）归于一；因为凡不知原因时即不能产生结果。要支配自然就须服从自然；而凡在思辨中为原因者在动作中则为法则。”① 而霍布斯在政治和道德哲学中、笛卡尔在认识论和形而上学中，都以人类个体自我对其自主和能力的确认为出发点。但自我却遭到另一个自我的限制，在霍布斯那里是自然状态中个体的对立状态，而在笛卡尔那里则是沉思的自我在试图获得知识的基础时，被恶魔（genium malignum）所遏制，这个恶魔用其认识和实践能力欺骗自我，阻止他接近真理。能力的斗争或者通过契约达到和解，或者通过来自上帝的自然之光压倒恶魔的能力而结束。在斯宾诺莎那里，“能力或力量”（potentia）是一个非常重要的概念：神通过自身的能力展开为世界及个体，而个体通过“努力”（conatus）而获得“能力”，能力或努力决定了个体的“权利”（jus）范围，通过理性的能力而获得知识，又通过知识产生对神的理智之爱，臻于最高的完满和幸福。能力的斗争贯穿在认识、道德、政治和生存等诸多层面。

当机械论的宇宙在人类面前袒露出自身结构的时候，对确定性的寻求和对能力的确证便为自然之光或理性之光所照明。理性使自然透明起来，为自然“祛除了魔力”（Entzauberung），这就是“世界的祛魅”。神或者被剥夺了除创世能力之外的一切因果性能力，或者被认同于自然界本身，“神是万物的内因（causa immanens [immanent]，而不是万物的外因（causa transiens [transitive]）”（斯宾诺莎《伦理学》1P18）。在伽利略、笛卡尔、波义耳和牛顿及其同道看来，物理学中客观化的、机械论的和还原论的方法的成功使人们揭开了自然的神秘面纱，认为这种方法可以用于一切事物，因为事物被理解为因果关系的必然链条。真知识是清楚分明的，是能够充分说明一切事物或现象的原因和必然性的。在斯宾诺莎那里，“自然的运动并不依照目的，因为那个永恒无限的本质即我们所称为神或自然（Deus sive natura），它的动作都是基于它所赖以存在的必然性”（斯宾诺莎《伦理学》卷4序言）。神或自然当然有它的神秘性，但在可知的领域内（广延和思想、物质与意识）则没有神秘可言，因为理性的计算、推理和证明所认识的恰恰是这种必然性。当前批判时期的康德满怀信心地说“给我物质，我就要用它造出一个世界来！”② 的时候，当批判时期

① 培根：《新工具》，§8，8页，许宝骙译，北京，商务印书馆，1984。

② 康德：《一般自然史与天体理论》，李秋零主编：《康德著作全集》第一卷，226页，北京，中国人民大学出版社，2003。

的康德让知性为自然立法，把现象界建构为自然界的时候，当拉普拉斯面对拿破仑的诘难“为什么不提宇宙体系的创造者”，而答之以“我用不着那样的假设”[①] 的时候，理性对自然的祛魅达到了高峰。当黑格尔改造了斯宾诺莎哲学，把世界完全理念化的时候，真理就已经实现在现实的理智当中。世界的祛魅与历史的祛魅是一脉相承的。霍布斯、洛克等人已经把人类史理性地假设为从自然状态向社会状态的迈进；斯宾诺莎更是尝试恢复《圣经》的文字原貌与历史真相；而康德在《世界公民观点之下的普遍历史观点》中要求：“把普遍的世界历史按照一场以人类物种的完美的公民结合状态为其宗旨的大自然计划来加以处理的这一哲学尝试，必须看作是可能的，并且甚至还是这一大自然的目标所需要的。”[②] 祛魅的起点和终点都是世界、历史和人生的理性化原则。与此相伴而生的价值观一方面充分地张扬了个体的主体性和自由精神，另一方面也稳步确立了人类中心主义。所有这一切都被纳入了一系列庞大的形而上学体系当中：请允许我建构一个包罗万象的形而上学体系，我就能让你理解这个世界。

五、近代早期形而上学中的因果性问题

近代早期形而上学中最具特色的问题也许是实体、因果性和身心关系这三大问题。限于篇幅，我们只讨论其中的因果性问题。

因果性或因果关系问题在近代早期哲学中具有核心地位。这一问题可以追溯到一个特定的历史问题，即需要调和科学革命带来的科学世界观（机械论物理学）与关于上帝及其创造物之间关系的传统信仰。一方面，近代早期的自然哲学家为自己确立了这样的任务：对于被观察到的现象，确定其潜在的因果性结构；然后仅从物质和运动出发形成说明的框架。另一方面，人们都承认上帝不仅为其创造的世界和世界中的东西负责，而且也要负责维持世界的存在。以此为背景，因果性问题在多个语境中浮现出来：在纯粹物理学探究的领域，因果性问题表现为一物如何在另一物中产生变化；在身心关系问题上，因果性问题表现为心理事件是否是物理事态的真正原因，抑或是身体状态在心灵当中产生结果；在对心灵本身的哲学探索中，该问题表现为在思想和其他心理活动之间，是否存在着因果关

① 丹皮尔：《科学史》，259页，上册，北京，商务印书馆，1975。

② 康德：《历史理性批判文集》，18页，北京，商务印书馆，1990。

系。而这些特定的问题又依赖于对一个更为一般性问题的解决：上帝的万能及其在维持万物存在中的作用，如何能够与被造物之间的因果性相调和。①

基于这一背景，近代早期形而上学关于因果性的诠释方式主要包括笛卡尔式的交互因果论、马勒布朗士的偶因论、莱布尼茨的前定和谐观、休谟的心理主义因果观。克拉特堡（Kenneth Clatterbaugh）则概括出两个方面的问题②：

1. 因果关系的形而上学问题：在形而上学的终极实在层次上，我们使用因果性陈述的条件是什么。就存在物的类型及其之间的相互关系而言，这一因果性诠释给出了大量假设。

2. 因果关系的认识论问题：这一层面包括两个子问题：

（1）我们如何能够知道在形而上学层次上发生了怎样的因果事件？（如果某种诠释原则不可知，如经院哲学的实体形式原则，则要抛弃这种形而上学因果观。）

（2）我们如何知道一种表面上的因果性相互作用是真正的因果性相互作用？（除非我们能够正确地确定因果性联系，否则就不会知道在什么地方应用形而上学的分析。）

基于这种分梳，近代早期哲学中关于因果性问题的争论在三个竞技场上展开，当然，对每个参与者来说，这三个方面并不是同等重要的。

第一个方面是如何在形而上学层次上说明物体间表面上的交互作用。物理学是当时科学的典范，而运动定律在其中拥有相当的主导地位。哲学家们迅速开始赞同以对惯性的普遍理解（最终被概括为牛顿第一定律）。惯性概念终结了某些极为紧迫的问题，如为什么物体能够保持运动或静止，同时也表明存在着某些作为外部力量的原因，可以说明物体为什么改变方向和加速减速。在这种力学背景下，哲学家在两个方面展开了争论：其一是如何表述运动定律，在运动中保留的是什么；其二是在形而上学层次上，运动力究竟是什么，这种力在动力学的世界中传布的过程是怎样的。

---

① 参见 Steven M. Nadler，ed. *Causation in Early Modern Philosophy*：*Cartesianism*，*Occasionalism*，*and Preestablished Harmony*，University Park：Pennsylvania State University Press，1993，2。

② 参见 Kenneth C. Clatterbaugh，*The Causation Debate in Modern Philosophy*，*1637—1739*，New York；London：Routledge，1999，3。

第二个方面是如何说明身心的相互关系。没有人否认身心之间的“联系”，问题是这种联系的本性是什么：是因果性的交互作用还是别的什么关系。这种联系具有两个方向：心对身和身对心。有人认为前者是因果联系，而后者不是；有人则否认二者都是真正的因果作用；还有些人认为二者都是因果作用。不同的实体观（一元论、二元论、多元论）对因果关系问题的解决方式也不相同。

第三个方面包含一组问题，涉及如何在上帝及其创造物之间划分因果性网络。既然上帝是万物的原因，而被造的万物本身又是原因，那么就必须确定上帝和这些有限原因之间的关系。上帝是否在创世之后就永久隐退，而让其创造物之间发生因果作用？上帝是否完成了因果性事件，而被造物只是充当认识上的线索而已？而且，就各种变化而言，如果上帝是其中的因果性要素，那么，在说明这些变化时，我们必须在多大程度上理解上帝或将上帝包括于说明当中？早期的哲学家（除霍布斯外）基本上都认为关于上帝的某种知识对于理解自然和自然法则来说是关键性的，而后期的哲学家则普遍反对将上帝作为科学理解的一部分，反倒是理解自然乃是理解上帝的有效途径。

关于这三个方面的争论大致可以分作三个阶段：早期（大体上在17世纪的30年代—60年代）、科学影响下的争论（17世纪60年代之后的时期）和后期（18世纪前半期）。① 在早期争论中，哲学家专注于因果性的形而上学问题，并依靠经院哲学的丰富遗产试图解决之。科学影响下的争论则通过波义耳、牛顿等人的努力，扫清了关于因果性的形而上学思辨，让成功的科学说明成为接纳某种东西为原因的原则标准。后期争论接受了上一个时期的许多结论，经院哲学传统和关于因果性的形而上学问题一样都被遗弃。后期的哲学家，特别是休谟，将因果性问题从科学手中拿回来，将重点放到如何确认真正的因果关系这样的问题上。休谟的问题是，一旦我们确立了因果关系不是逻辑关系、不是观念间关系的观点，那么，我们是否能够发现某种物理关系，如一个事件产生另一个事件的力量，或原因和结果之间非逻辑的必然联系？他的回答当然是我们耳熟能详的了。

克拉特堡还概括出近代早期哲学关于因果性争论的十个论题②：

---

① 参见 Kenneth C. Clatterbaugh，*The Causation Debate in Modern Philosophy*，*1637—1739*，New York；London：Routledge，1999，8。

② 参见 Kenneth C. Clatterbaugh，*The Causation Debate in Modern Philosophy*，*1637—1739*，New York；London：Routledge，1999，15。

（1）四因说：质料因、动力因、形式因和目的因。

（2）形式先于动力因而存在。

（3）因果性要求某种东西从原因“彻底”到结果。

（4）对因果性的恰当说明是演绎推理。

（5）原因和结果必然相联。

（6）原因和结果是实体。

（7）某些实体是主动的，即自己是自身运动的原因。

（8）因果性可以是瞬间发生的。

（9）恰当的说明要从变化的真实的或恰当的原因出发。

（10）上帝是万物的总体致动因。

上述每个命题在因果性争论中都曾被抛弃；唯有命题 9 一直挺到争论的结束，但到了这个时候，什么算是真正的或恰当的原因，却已然发生了重大的变化。这个重大变化当然是休谟对因果关系的崭新分析中出现的四个主要因素①：

（1）理性和经验都不能提供基础，让我们认为将来与过去相似。

（2）原因和结果必定是不同的存在，哪一个都无须另一个即可被设想。

（3）因果关系可以根据接近、先行和恒常联结来分析。

（4）每一个存在的开始皆有原因，这并非必然真理。

在上述原理中，每一条都可以脱离运用印象和观念的心理学手段，但休谟的实际解释正深深包含在那种心理学手段当中。上述每一条原理都得到精细的哲学审查；此后，其中有些原理遭到了康德鞭辟入里的批判，而另一些则被更晚近的哲学家所修正和抛弃。

参考文献

Ariew，Roger，John Cottingham，and Tom Sorell. *Descartes' Meditations：Background Source Materials*，Cambridge Philosophical Texts in Context. Cambridge：Cambridge University Press，1998

Baker，Gordon P.，and Katherine J. Morris. *Descartes' Dualism*. London：Routledge，1996

① 参见肯尼主编：《牛津西方哲学史》，152～153 页。

Barber, Kenneth F., and Jorge J. E. Gracia. *Individuation and Identity in Early Modern Philosophy: Descartes to Kant*. Albany: State University of New York Press, 1994

Brenner, William H. *Elements of Modern Philosophy: Descartes through Kant*. London: Prentice-Hall International, 1989

Clatterbaugh, Kenneth C. *The Causation Debate in Modern Philosophy, 1637—1739*. New York; London: Routledge, 1999

Cottingham, John, Robert Stoothoff, and Dugald Murdoch. *The Philosophical Writings of Descartes*. 2 vols. Cambridge: Cambridge University Press, 1985

Cottingham, John, Robert Stoothoff, Dugald Murdoch, and Anthony Kenny, eds. *The Philosophical Writings of Descartes: The Correspondence*. 3 vols. vol. 3. Cambridge: Cambridge University Press, 1991

Galilei, Galileo, and Maurice A. Finocchiaro. *Galileo on the World Systems: A New Abridged Translation and Guide*. Berkeley: University of California Press, 1997

Galilei, Galileo, Andrea Frova, and Mariapiera Marenzana. *Thus Spoke Galileo: The Great Scientist's Ideas and Their Relevance to the Present Day*. Oxford; New York: Oxford University Press, 2006

Garber, Daniel, and Michael Ayers. *The Cambridge History of Seventeenth-Century Philosophy*. Cambridge: Cambridge University Press, 1998

Grant, Edward. *God and Reason in the Middle Ages*. Cambridge: Cambridge University Press, 2001

Hankins, James. *The Cambridge Companion to Renaissance Philosophy*, Cambridge Companions to Philosophy. Cambridge: Cambridge University Press, 2007

Hutton, Sarah, and Douglas Hedley. *Platonism at the Origins of Modernity Studies on Platonism and Early Modern Philosophy*, Archives Internationales D'histoire Des Idées: Springer Verlag, 2008

Kenny, Anthony John Patrick. *The Metaphysics of Mind*. Oxford: Clarendon Press, 1989

Kessler, Eckhard, Charles B. Schmitt, and Quentin Skinner. *The Cambridge History of Renaissance Philosophy*. Cambridge: Cambridge

University Press, 1988

Koistinen, Olli, and J. I. Biro. *Spinoza: Metaphysical Themes*. Oxford: Oxford University Press, 2002

Laird, Walter Roy, and Sophie Roux. *Mechanics and Natural Philosophy before the Scientific Revolution*, Boston Studies in the Philosophy of Science. Dordrecht; London: Springer, 2008

Leibniz, Gottfried Wilhelm, and Leroy E. Loemker. *Philosophical Papers and Letters*. 2d ed, Synthese Historical Library. Dordrecht,: D. Reidel, 1969

Marion, Jean-Luc. *On Descartes' Metaphysical Prism: The Constitution and the Limits of onto-Theo-Logy in Cartesian Thought*. Chicago; London: University of Chicago Press, 1999

Messinese, Leonardo. *The Problem of God in Modern Philosophy*, Contemporary Religious Thought. Aurora, CO: Davies Group, 2005

Moriarty, Michael. *Early Modern French Thought: The Age of Suspicion*. Oxford: Oxford University Press, 2003

Nadler, Steven M., ed. *Causation in Early Modern Philosophy: Cartesianism, Occasionalism, and Preestablished Harmony*. University Park: Pennsylvania State University Press, 1993

Park, Katharine, and Lorraine Daston, eds. *The Cambridge History of Science, Volume 3, Early Modern Science*. Cambridge: Cambridge University Press, 2006

Parkinson, G. H. R. *The Renaissance and Seventeenth-Century Rationalism*, Routledge History of Philosophy. London; New York: Routledge, 1993

Popkin, Richard Henry. *The History of Scepticism: From Savonarola to Bayle*. Rev. and expanded ed. New York; Oxford: Oxford University Press, 2003

——. *The Philosophy of the Sixteenth and Seventeenth Centuries*, Readings in the History of Philosophy. New York & London: Free Press; Collier-Macmillan, 1966

——. *The Pimlico History of Western Philosophy*. London: Pimlico, Random House, 1999

——. "Scepticism and Modernity." In *The Rise of Modern Philosophy: The Tension between the New and Traditional Philosophies from Machiavelli to Leibniz*, edited by T. Sorell. Oxford: Clarendon Press, 1993

Rodis-Lewis, Geneviève. *Descartes: His Life and Thought*. Ithaca; London: Cornell University Press, 1998

Rutherford, Donald. *The Cambridge Companion to Early Modern Philosophy*. Cambridge: Cambridge University Press, 2006

Schmitt, Charles B. "Towards a Reassessment of Renaissance Aristotelianism." *History of Science* 11, no. 3 (1973): 159-193

Smith, Norman Kemp. *The Philosophy of David Hume: A Critical Study of Its Origins and Central Doctrines*. London: Palgrave Macmillan, 2005

Sorell, Tom. *The Rise of Modern Philosophy: The Tension between the New and Traditional Philosophies from Machiavelli to Leibniz*. Oxford: Clarendon Press, 1993

Wilson, Margaret Dauler. *Ideas and Mechanism: Essays on Early Modern Philosophy*. Princeton, N. J.: Princeton University Press, 1999

丹皮尔. 科学史. 上册. 北京：商务印书馆，1975

文德尔班. 哲学史教程. 北京：商务印书馆，1997

吉尔松. 中世纪哲学精神. 台北：台湾商务印书馆，2001

伯特. 近代物理科学的形而上学基础. 北京：北京大学出版社，2003

克莱因，M. 古今数学思想. 第二册. 上海：上海科技出版社，2002

沃尔夫. 十八世纪科学、技术和哲学史. 北京：商务印书馆，1997

——十六、十七世纪科学、技术和哲学史. 北京：商务印书馆，1984

狄博斯. 文艺复兴时期的人与自然. 上海：上海复旦大学出版社，2000

肯尼主编. 牛津西方哲学史. 北京：中国人民大学出版社，2006

柯瓦雷. 从封闭世界到无限宇宙. 北京：北京大学出版社，2003

洛克. 人类理解论. 北京：商务印书馆，1959

科恩. 科学中的革命. 北京：商务印书馆，1997

培根. 新工具. 许宝骙译. 北京：商务印书馆，1984

康德. 一般自然史与天体理论. 李秋零主编. 第一卷. 康德著作全集. 北京：中国人民大学出版社，2003

——历史理性批判文集．北京：商务印书馆，1990

黑格尔．哲学史讲演录．第四卷．北京：商务印书馆，1978

蒙田．雷蒙·塞邦赞．马振聘译．上海：上海三联书店，2006

——蒙田随笔全集．潘丽珍等译．南京：译林出版社，1996

库恩．科学革命的结构．北京：北京大学出版社，2003

达·芬奇．莱奥纳多·达·芬奇笔记．郑福洁译．艾玛·阿·里斯特编．北京：三联书店，1998

韦斯特福尔．近代科学的建构：机械论与力学．上海：上海复旦大学出版社，2000

第六章　康德对形而上学的贡献

张志伟

康德哲学是形而上学历史上的一座里程碑，他对形而上学的批判是古典哲学中最深入、最全面、最系统的批判，此后的哲学家无论赞同还是反对形而上学都不可能绕过康德。然而，康德对于西方哲学的贡献不仅仅在于对形而上学的批判，也在于对形而上学的重建。

康德的时代，在休谟的怀疑论和法国唯物主义的攻击下，形而上学名存实亡。毫无疑问，对于形而上学的更富有理论性的批判是康德的伟大贡献，然而如果仅仅从这个角度理解康德哲学，他的工作不过是给名存实亡的形而上学再加上致命的一击，似乎有多此一举之嫌，不足以充分体现康德哲学的价值。为此，我们需要明确的是，康德为什么要如此深入系统地批判形而上学。实际上，康德批判形而上学的目的不是要置之于死地，而是试图找到形而上学陷入困境的症结所在，由此而谋求形而上学的新生，这才是康德致力于批判形而上学的目的所在。

虽然康德通过理性的批判而形成的哲学体系被他称为“纯粹理性的体系”，但是这个纯粹理性的体系也是一个相当完备的形而上学体系。在近代哲学中，甚至在整个古典哲学中，康德对形而上学的性质、对象、结构等等的熟悉和精通的程度，除了黑格尔，不作第二人想。在先验论的基础上，康德对于传统形而上学的症结所在、形而上学对象的性质、作为世界的逻辑结构的范畴体系以及形而上学的目的论结构等方面的深入研究和理论建设，对于形而上学这门学科做出了杰出的贡献。

一、哥白尼式的革命

我们可以把康德登上哲学舞台时所面临的哲学问题概括为科学、自由和形而上学三个方面的问题。经验论与唯理论在解释科学知识的普遍必然性的问题上各执一端陷入困境，盛行的机械论自然观使自由失去了存身之地，而经验的限制则使得形而上学名存实亡。康德解决这些哲学问题的突破口仍然是认识论：科学知识的普遍必然性需要认识论的证明，自由的失落源于人们对于自然科学所适用的领域的无限扩大，而形而上学名存实亡则是因为哲学家们企图使之成为像自然科学那样的科学的结果。在 18 世纪，尽管休谟从彻底的经验主义原则出发视一切与经验相关的科学为或然的知识，但是像牛顿物理学这样的科学仍然是具有普遍必然性的科学则是人们公认的事实，所以康德追问的问题不是数学和物理学作为普遍必然的科学知识“是否可能”，而是“如何可能”，而康德证明科学知识的普遍必然性的目的不是为了自然科学，而是为了形而上学。在康德看来，形而上学起源于人类理性试图超越自身有限性而通达至高无上的自由境界的最高理想，以往的哲学企图使形而上学成为像自然科学那样的科学则是南辕北辙，与此理想背道而驰，而真正解决问题的关键是如何满足人类理性追求自由的理想。由此可见，康德是把上述三个问题当作一个问题来解决的，而其解决问题的方式就是“哥白尼式的革命”。

康德一方面同意经验论的原则——一切知识都必须来源于经验，另一方面亦赞同唯理论对经验论的批评——对科学知识来说仅有经验是不够的，它们的普遍必然性只能是先天的。由于经验论与唯理论各执一端而陷入了两难的困境：如果知识必须建立在经验的基础之上，知识就不可能有普遍必然性；如果知识有普遍必然性，它就必须是先天的而不可能建立在经验的基础上。问题是：我们如何能够先天地经验对象？[①] 显然，如若我们承认普遍必然性的科学知识是存在的，它就必须同时具有经验和先天这两方面的因素。

在康德看来，按照形而上学关于知识的传统观念，亦即知识必须符合对象才能成为真实可靠的知识，我们永远也不可能证明科学知识的普遍必然性。因为我们既无法说明外部事物及其属性如何能够挪到意识之中来，

① 参见康德：《未来形而上学导论》，40 页，庞景仁译，北京，商务印书馆，1982。

更不能证明必须建立在经验基础上的知识如何具有普遍必然性。[①] 既然知识必须符合对象这条路走不通，我们不妨像哥白尼以“日心说”颠倒地球与太阳之间的关系那样换一个角度，把知识与对象之间的关系颠倒过来，看一看让对象符合知识亦即主体固有的认识形式会有什么结果，问题由此而得到了完满的解决：一方面我们的知识的确必须建立在经验的基础之上，但是另一方面进行认识活动的主体本身亦具有一整套认识形式，由于这些认识形式在经验之先并且作为经验的条件而存在于主体的认识能力之中，认识不过是主体通过先天认识形式按照规则综合统一经验材料的结果，由此形成的知识也就具有了普遍必然性。换言之，经验为知识提供材料，而主体则为知识提供对这些材料进行加工整理的形式，知识就其内容而言是经验的，但就其形式而言则是先天的，科学知识的普遍必然性由此就得到了证明。

这就是被人们称之为“哥白尼式的革命”的康德哲学革命，它以先验论的方式证明了科学知识的普遍必然性，但是与此同时也产生了极其严重的消极后果。因为如果不是知识必须符合对象而是对象必须符合主体的认识形式，那就意味着事物对我们来说被划分成了两个方面：一方面是通过主体的认识形式所认识的事物，康德称之为事物对我们的“显象”（Erscheinungen）[②]，另一方面是在认识形式的限制之外的“事物自身”、“物自体”或“自在之物（Dinge an sich）”。主体的先天认识形式虽然构成了知识之普遍必然性的根据，但是亦限制了我们对事物的认识：我们只能认识事物相对于我们的显象而不可能认识事物本身。这样一来，形而上学企图超越经验的限制而把握宇宙自然之统一的本质和规律的理想注定是不可能实现的。这就是说，自然科学是可能的，而形而上学是不可能的。从这个角度看，“哥白尼式的革命”归根结底是对理性认识能力的限制。然而在康德看来，这个消极的限制完全可以转化为某种积极的成果。

虽然认识形式的限制体现了认识能力的有限性，但是另一方面它也表明在我们的认识领域之外还有一个不受认识形式限制因而可能是无限自由的领域。在认识范围之内，经验材料经过认识形式的加工整理而形成的知

① 参见康德：《未来形而上学导论》，第九节。

② Erscheinungen 一般被译作“现象”。不过与康德的另一对概念，即现象（Phaenomena）与本体（Noumena）的译名有矛盾。Erscheinen 在德语中是“显现”的意思。事物的“如其所现”是其对我们的“显现”或者“表现”，事物的“如其所是”则是事物自身。李秋零教授译作“显象”，我们从李译。不过“表现”可能更合适。

识具有普遍必然性，康德称这个领域为“现象”。而现象之为现象表明它不是终极之物，在现象之外存在着刺激我们的感官引起感觉经验而其自身不是现象的物自身。现象界之内的东西均服从于自然因果律，而现象界之外引起感觉经验的物自身则可以被我们看作是不再有原因的原因即“自由因”。如果我们试图在现象界之内认识自由因肯定是不合逻辑的，但是在现象界之外设想一个自由因则不会陷入逻辑矛盾，这意味着自由虽不可知但却可以思想其可能性。于是，对理性的认识能力的限制就为理性的另一种能力即实践能力开辟了无限广阔的天地，因为实践理性或者说道德意志乃是以自由为其根据的。所以，康德认为，我们有必要限制知识，以便为信念留地盘。对康德来说，对认识能力的限制为自由留下了余地，也就是为道德和形而上学留下了地盘，因为形而上学从根本上源于人类理性追求自由的理想。

由此可见，康德的哲学革命应该包含两方面的内容：一方面它通过主体先天的认识形式来确立科学知识的普遍必然性，另一方面则通过对认识能力的限制为自由开辟道路，而且这后一方面真正体现了康德哲学的根本精神。因此，康德批判形而上学的目的是将形而上学从认识论的范围转移到伦理学的领域，在以自由为基础的伦理学中为之寻求出路。

以“哥白尼式的革命”为出发点，康德通过理性的分析考察，对传统形而上学进行了深入的批判。

二、形而上学批判

康德从对知识的分析着手批判理性，其方法是通过对知识的考察，从中发现构成其普遍必然性之根据的先天要素，并且证明这些先天要素就是主体的先天认识形式。对康德来说，科学知识不仅是知识，而且具有普遍必然性，因而所有科学知识都表现为“先天综合判断”，科学知识之普遍必然性的根据问题就是“先天综合判断如何可能”的问题，具体划分为“数学知识是如何可能的”、“自然科学知识是如何可能的”和“形而上学是如何可能的”三个问题。简言之，我们的一切知识虽然起源于经验，因而离开了经验就没有知识，但是如果没有理性认识能力对感性杂多经验的综合统一，我们就不可能形成普遍必然的科学知识，甚至不可能形成认识的经验对象。通过深入的研究，康德证明我们有两种认识形式与科学知识的形成有关，其一是感性先天直观形式亦即时间和空间，其二是知性纯概念亦即四组十二个知性范畴。先天直观形式为认识提供了知识必不可少的经验质料，知性范畴则对之进行综合统一从而形成了知识。因此归根到底我们只有一种认识能力，那就是知性，而知性范畴仅在经验范围之内是有效的，绝不能运用于经验范围之外。如果我们不自量力，非要迫使知性范畴去认识形而上学的超验对象，其结果不但不能认识形而上学的对象，反而会损害其至高无上的地位。

对于形而上学来说，以某种认识方式超越经验而通达其对象乃是它的最高理想，康德则彻底粉碎了它的梦想。我们不仅没有理智直观可以通过理性认识直接把握超验之物，而且试图通过穷尽经验而通达超验的东西也是不可能的。在《纯粹理性批判》“先验辩证论”中，康德揭示了以往形而上学把思想的对象错误地看作认识的对象的根源。在康德看来，形而上学的对象体现了人类理性的最高理想，仅就认识而言，如果我们以这些理想来引导知识的进步，去追求知识的系统性和完满性，那么它们还是有一定的意义的。但是倘若我们将其视之为认识的对象，那就无异于把理想的统一性误当作了现实的统一性，把理想的对象误认为是现实的对象，由于对此我们既没有经验的依据也没有相应的认识能力，这就使我们陷入了理性的“辩证法”亦即“先验的幻相”。这就是以往的形而上学始终无法实现其成为科学乃至科学之科学的理想的根本原因。

按照康德的观点，感性之所司在直观，知性之所司在思维，两者结合才能形成知识。然而，人类理性并不满足于支离破碎的知识，他还想进一步使知识调整成为系统，并且最终使所有的知识构成一个统一的体系。于是，我们就需要“理性”的作用。知性是判断的功能，理性则是推理的能力。我们有三种推理形式——直言推理、假言推理和选言推理，因而有三个“理念”——灵魂、世界和上帝。这三个理念作为引导知识无限进步的调整性原理，对于知识来说是有意义的，但若是将它们看作是知识的对象，就会不可避免地陷入先验幻相之中。知性是对经验杂多表象的综合统一，理性也是一种综合统一，不过综合统一的不是经验而是知识。知性形成的是关于感觉经验的知识，理性则是对知性形成的知识进行再加工，形成知识体系。所以，如果说知性是“关于经验的知识”，那么可以说理性是“关于知识的知识”，这意味着理性与感性直观无关，它的对象不是经验的，而是超验的，即现象界之外或者背后的“本体界”。正因为如此，理性不可能形成有意义的知识。因为我们没有别的认识工具，只有范畴，而范畴只能在经验范围内有效。超越了经验我们没有知识，或者准确地说，不能形成有效的知识。而当理性试图认识超验的对象的时候，无异于迫使范畴作超验的使用，结果就陷入了先验的幻相。所谓先验幻相就是植根于理性之中的一种企图超越经验认识终极实在的冲动，从而混淆了理想的统一性与现实的统一性之间的区别，误将理想的统一性当作了现实的统一性。康德为此做了一个比喻：认识的领域实际上是一个“海岛”，它是“真理之乡”，而周围则是波涛汹涌无边无际的海洋，而海市蜃楼总是以空幻的希望引诱人们去发现新大陆，用这种永远也摆脱不开又实现不了的冒险来纠缠我们。规定了知性的界限，就可以使我们的聪明才智不至于浪费在毫无意义的事情上，一方面把认识集中在可靠的知识领域，而另一方面也可以为形而上学安排另外的天地。为此康德在《纯粹理性批判》“先验分析论”的最后一章“现象与本体的区分”讨论了范畴使用的消极意义（界限）。先验分析论所达到的重要结论是，“知性先天地可以做到的，永远无非是预先推定一般可能经验的形式，而既然不是显象的东西就不可能是经验的对象，所以知性永远不能逾越感性的界限，只有在感性的界限内对象才被给予我们。知性的原理只是一些对显象作出说明的原则，自以为能够在一个系统的学说中关于一般而言的物提供先天综合知识（例如因果性原理）的本体论，其自负的称号必须让位于仅仅一种纯粹知性的分析论的谦逊称号”①。于是，康德以知性范畴这一先天的认识形式，取代了传统的本体论。他同意亚里士多德的观点，形而上学乃是一个范畴的体系——世界的逻辑结构，不过他加了一重限制：范畴体系的确是世界的逻辑结构，然而它是“内在的”，即主体认识世界的内在的认识形式，所以“内在的”形而上学是可能的，“超验的”形而上学则是不可能的。为此，康德试图通过现象与本体的区分说明以往形而上学陷入困境的根源以及形而上学对象的性质。

所谓“现象”（Phänomena）与“本体”（Noumena）这一组概念，同“显象”（Erscheinungen）与“物自体”（Dinge an sich）既有相同之处，又有区别。在某种意义上说，“显象”和“物自体”相对于先验感性论，“现象”与“本体”则相应于先验分析论。“显象”是外部事物引起我们的感觉经验而产生的杂多表象，由此可以推论在“显象”之外一定有物自体，只是我们不知道它是什么。因此，引起“显象”的物自体是不可感的，不

---

① 康德：《纯粹理性批判》，A247/B303，240页，李秋零译，北京，中国人民大学出版社，2004。

是感觉经验的对象，而是“思想的对象”。另外，在知性范围内讨论现象与本体，在现象的尽头设定有一个非表象的原因，这只能是一个抽象的思想规定。知性范畴是先天的认识形式，既然如此，它们就不可能起源于感性经验。于是在许多哲学家看来，范畴似乎不受感性事物限制，它们的使用完全可以扩展到感性经验之外去。这样一来，在形而上学中就有了现象与本体之间的区分。现象是“感性存在体”（Sinnenwesen），即感性经验的事物，而本体作为现象的根据，则是“知性存在体”（Verstandeswesen）或“思维存在体”（Gedankenwesen）。按照形而上学的观念，现象是感觉的对象，本体则是思想的对象。然而，康德通过一系列有说服力的证据表明，知性范畴是一切经验之所以可能的先天条件，它们仅仅在经验范围之内是有效的。于是，康德由此出发对现象与本体做出了他的批判性的解释。

所谓“现象”乃是事物对我们的“显象”经过知性范畴的整理而形成的经验对象，所有的经验对象综合在一起就构成了“现象界”，亦即康德意义上的“自然”（一切可能经验的总和）。不过，“现象”毕竟是由感觉经验构成的，因而即使由范畴立法为之提供了普遍必然性，它们终究不是“终极的实在”。这也就是说，在现象之外一定还有东西，虽然我们无法知道它究竟是什么，这就是不可知的本体。在知性范围内，我们可以将它们看作感性对象的基础，虽然不能认识它们，但却可以把它们思想为“思想存在体”。我们之所以把感性对象的基础称为“本体”，并且称之为“思想存在体”，乃在于这个存在于表象系列之外的基础决不是感官可以感觉的，而只能由知性来思维。换言之，它们是且仅仅是知性的思想对象。当然，称之为思想的“对象”其实是有问题的。因为我们虽然有知性，但却没有知性直观。按照康德的说法，物自体不是感性的对象，这个非感性的东西可以看作是知性的对象，由此可以假定有理智直观。然而，就人是“有限的理性存在”而论，我们的知性不能直观，只能加工整理感性表象，所以作为思想对象的本体不是认识的对象，只能思想其可能性。显然，由于直观无概念是盲的，因而没有知性我们就不可能知道感性，但是没有感性却可以知道知性，虽然仅仅是空洞的形式。于是哲学家们以为知性可以有不同于感性经验的思想对象，从而主张有一种“理智直观”。而在康德看来，一种纯粹的理智知识或许是可能的，但对于认识而言没有意义。

因此，就认识而论，我们将本体规定为思想的对象并没有任何肯定的意义，因为本体不是知性的认识对象，不过不可知的本体在认识中并非完全没有意义，它是一个“界限概念”(Grenzbegriff)。“本体”作为“界限概念”其作用是双重的，不过都是“消极意义”。一方面，本体作为“界限”指明一切认识都被限制在感觉经验的范围之内，限制在“现象”之内。这如同划了一道界限——我们以本体为界，以本体标志着现象的界限，即认识的界限。另一方面，本体的作用亦表明感觉经验并不是一切，在此之外必然还有不是现象的东西，只不过我们不知道它们是什么罢了。因此，本体概念在防止知性的超验使用的同时，亦防止我们把一切都变成现象，提醒我们在现象之外，在经验之外，还有东西存在，还可能有无条件的、无限的东西存在。初看起来，这后一种意义似乎是积极的，实际上不然。因为我们归根结底不可能认识经验之外的东西。然而它的影响却是积极的，康德由此来实现从理论理性向实践理性的过渡。这就说明了康德提出本体概念的目的所在。

实际上如果只是为了限制知识，有物自体就足够了，本体概念显得有些多余。由于知性范畴作为先天认识形式仅在经验范围内有效，因而我们只有感性直观这一种直观形式便限制了知性直观本体的可能性，要想获得这些结论，似乎用不着本体概念。由此推论，本体概念还应该有另外的用途。仅就显象与物自体和现象与本体这两对概念而论，我们可以得到这样的关系：物自体——显象——现象——本体。物自体刺激感官形成了显象，知性为之“立法”而形成了现象，而物自体作为认识的界限乃是思想的“对象”即本体，康德通过这一转换便从一般性的“某物”转向了“思想”。对于认识来说，物自体作为非感性的理智直观的对象这一“积极意义”是不可能的，因为我们有知性但却没有知性直观（理智直观），所以知性有先验性的意义而无先验性的使用。[①] 但是，本体概念在限制范畴超越经验的同时毕竟假定了理智直观的可能性，这实际上为知性提供了存在的根据：显象—现象需要有物自体为前提，知性范畴则需要有纯粹理性之理智世界为根据。尽管这是不可能通过认识来证明的，因为它的可能性恰恰是超越的，但是假设理智世界的存在则是合乎逻辑的。就此而论，康德要完成的是两个任务：一方面以本体概念的消极意义为一个理智世界提供可能性，另一方面证明人类理性的确可以按照理性法则行动而实现自由，因此而归属于这个理智世界。[②] 换言之，本体概念在认识论上的消极意义

---

① 参见康德：《纯粹理性批判》，A248/B305，李秋零译，241页。

② 参见康德：《实践理性批判》，韩水法译，47～48页，北京，商务印书馆，2003。

可以为实践理性或伦理学上的积极意义提供可能性。因此康德说："逾越经验对象，因而就作为本体的事物而言，思辨理性就完全正当地被剥夺了知识的一切肯定的因素。——然而，理性也做出了如下成就：它稳固地建立了本体概念，亦即稳固地建立了思维本体概念的可能性，乃至必然性，譬如，它不顾一切非难，使从否定方面来观察的自由之认定保存下来，而与纯粹理论理性的那些原理和限制完全相容。"①

康德关于现象与本体的区分对于形而上学来说具有非常重要的理论意义，他揭示了形而上学的对象归根结底是"本体"亦即"思想对象"的性质。

通常我们说康德通过物自体不可知来批判形而上学，这样的说法其实并不十分准确，因为严格说来物自体并不是形而上学的对象，例如在柏拉图看来形而上学的对象不是事物而是理念。所以，关于物自体的不可知论并不一定真正能够动摇传统形而上学的根基。所以，康德对形而上学的批判比休谟更进了一步，他为我们的认识活动引入了两种限制：先是以人类只有感性直观而限制认识（知性）的范围，继而以本体概念限制感性。结果，感性与知性是相互限制的，而其目的只有一个：形而上学的对象作为思想的对象并没有实质的内容，我们甚至不能称之为对象。康德在"关于区分现象与本体的根据"这一部分中反复说明的就是这个道理。因而，康德批判形而上学的根据主要不是关于物自体的不可知论，而是关于本体的不可知论。康德经常说本体概念是用来限制感性的，其实知性与感性是相互限制的。显而易见，感性不可能限制自己，因为感性是盲目"无知"的，它也无所谓越界不越界的问题，至于感性的界限则要由知性来划定，这就是本体概念。在某种意义上说，"知道"事物区分为显象和物自体两个方面并且为之划界的，不是感性而是知性。"划界"需要"思想"：在事物如其所显的背后（之外），有一个不可感（非感性）但可以思想的"对象"，这是由显象"证明"的，却是有知性确定的。相对于事物的显象，事物自身不可感因而不可知，但却可以被思想为显象的根据，这里不存在矛盾，相反，不这样理解则会陷入矛盾。虽然物自体的概念是相对于感性的，但却只能是思想的对象。而作为思想对象的物自体亦即知性为感性设定的界限，就是本体概念。

于是，康德揭示了形而上学的一个"秘密"：形而上学一向视"存在"

---

① 康德：《实践理性批判》，45 页。

为自己的对象，而实际上它的对象不是“存在”而是“本体”，这个“本体”是思想且仅仅是思想。“思想”并非宇宙万物的实在性的根据，“思想”（理性）归根结底是“思想”（理性）的根据。如前所述，“物自体——显象——现象——本体”贯穿于康德的认识论，其目的乃在于通过物自体到本体的转换，实现从本体到自由的转换。与此相关，康德强调“存在”不是宾词，仅仅说“某物是（存在）”没有任何意义，而且将“实体”概念归入知性范畴，具有形而上学意义的概念只有“本体”（思想）。因此，形而上学的理想不要从物中而应该到思想中去发现，也不要通过认识论而应该通过伦理学（自由）来解决问题。

由此，康德将柏拉图颠倒了的世界重新颠倒了过来。

希腊哲学从早期自然哲学经过巴门尼德到苏格拉底—柏拉图，可以看作是日常世界的颠倒过程。自然哲学家们从朴素的经验观察出发，力图说明眼前这个始终处在变化之中的自然界。巴门尼德区别了两条道路，视自然哲学的道路为“意见之路”，以研究存在的道路为“真理之路”。而柏拉图的“洞穴”比喻则最终实现了对日常世界的颠倒：我们所见所闻都不过是影像，真正的实在是超越于可感世界之上的不可见的理念世界，世界从此区分为现象与本质。按照柏拉图，现象是可感而不可知的，理念（本质）则是不可感但却可知的。现在，康德把两者的关系颠倒了过来：现象是可感的因而也是可知的，本体则是不可感因而也是不可知的。看起来柏拉图为了知识而颠倒了日常世界，康德同样也是为了知识而颠倒了柏拉图的世界，而实际上他们的最终目的都是为了形而上学。表面看来，康德意义上的知识与柏拉图意义上的知识是不同的：柏拉图的知识是关于理念世界的知识，因而具有形而上学的意义，而康德的知识则是科学知识，不具有形而上学的意义，但是两者的目的却可以说是一致的。柏拉图为了形而上学“牺牲”了日常世界，康德“拯救”日常世界也是为了形而上学。

按照西方哲学自柏拉图以降的主流观念，世界划分为现象与实在（本质），两者对应于感觉（经验）与思想（理性）。现象是相对、偶然的感觉经验，普遍一般的本质共相才是知识的对象。然而，这种把感性认识与理性认识割裂开的思路注定了认识论问题无法得到解决的命运，近代哲学经验论与唯理论之争就是证明。在认识论问题上，康德的态度是调和经验论与唯理论，他致力于感觉与思想的结合，不过其结果是使认识论从客观性转向了主观性。就传统观念而论，以客观实在为对象的是思想，感觉经验则是主观的。而按照康德，感觉经验与知性范畴的结合构成了具有客观性的经验对象和普遍必然性的科学知识，单纯的思想则是纯粹主观的。虽然《纯粹理性批判》出版时曾经被误解为贝克莱式的感觉唯心主义，但是从另一个角度看，康德与贝克莱并非没有共同之处。贝克莱曾经表白自己不是要把实在变成主观的观念，而是要维护观念的实在性，他针对的是洛克既承认心外有物同时将知识局限在观念的范围之内这种二元论所引起的怀疑论，康德未尝不是如此。只不过康德承认物自身的存在，而他的证明不是依靠上帝，而是依靠作为先天认识形式的知性范畴。

因此，康德对柏拉图的颠倒可以说是一举两得：一方面维护了日常世界的"客观实在性"，并且证明了与此相关的科学知识的普遍必然性；另一方面则以不可知论为代价，为一个理想世界留有余地，从而为形而上学开辟了一条生路。

康普·斯密对康德关于现象与本体的学说评价不高，认为它充其量也就是"半批判的"。[①] 的确，本体概念在思辨理性中只有消极意义，而在实践理性领域则具有积极意义，这里存在着康德称之为"前后不一贯"的问题，他亦称之为"批判之谜"："为什么我们能够在思辨里面否定各种范畴超感性应用时的客观实在性，而鉴于纯粹实践理性的客体却又承认这种实在性；设若我们只依名称来认识这样一种实践的应用，那么这一点初看起来必定是前后不一贯的"。这种"前后不一贯"表现在："一方面，在理论知识中被否定，而在实践知识中却又受肯定的那些用于本体的范畴的客观实在性；另一方面，那个自相矛盾的要求，即既把自己看作自由的主体，使自己成为本体，又同时因自然的意图使自己成为自己经验意识中的一个现象"。然而，所有这一切都因实践理性之道德法则的证明而得以解决了。[②]

因此，"超验的"形而上学的命运便寄托在了以自由为基础的伦理学的身上。

三、自　由

康德对于自由问题的讨论始终是在形而上学层面上进行的。自由概念在理论理性领域只有消极意义（先验的自由），而在实践理性领域则获得

---

① 参见康普·斯密：《康德〈纯粹理性批判〉解义》，433～434页，武汉，华中师范大学出版社，2000。

② 参见康德：《实践理性批判》，3～5页。

了积极意义（实践的自由即自律）。康德对道德法则的分析证明了理性的实践能力，亦即理性具有能够超越感性的自然限制而遵守自身法则行动的意志功能。于是，原本在理论理性中只是或然概念的“先验的自由”，现在被实践法则证明了客观实在性。显然，所谓自律乃实践理性或意志的自律，实践理性就是自律的理性，因而也就是真正自由的理性。传统形而上学企图通过认识通达的超验者只有在实践理性的自律之中才能找到，人类理性的形而上学理想只有通过自律概念在伦理学中才能得到实现。因此，自律概念在康德伦理学乃至整个哲学中居于极其重要的核心地位。当康德称自由是纯粹理性体系之整个建筑的“拱顶石”之时，他所意指的正是“自律”。自由即自律不仅表明了人类理性的超验性，为伦理学提供了前提，而且为形而上学奠定了基础。

按照康德，自由首先是通过理性宇宙论之第三组二律背反的解决而作为先验的自由出现在我们面前的，只是为我们提供了思维自由的可能性而已。不过，自由理念毕竟是所有理念中虽不能认识但却可以先天地理解其可能性的唯一理念。由此出发，康德在实践领域内通过道德法则终于确证了自由的客观实在性：道德法则实乃意志自律，自律即自由概念的积极意义，而道德法则与自由根本上是一回事，因此自由概念唯有在实践理性领域才有其客观实在性。

康德在实践理性领域中与理论理性领域中所面临的问题是不同的。理性的理论运用涉及认识的对象，批判要求确定认识的界限，因为它有可能也很容易超越经验的界限。理性的实践运用则只关涉意志的动机，若仅就意志的动机而言，理性是永远有其客观实在性的。所以对康德来说，实践理性的问题是，究竟纯粹理性自己就足以决定意志，还是只在经验的制约下决定意志。如果我们证明自由确属人类意志，那么我们就不但证明了纯粹理性有实践能力，而且证明了不是经验限制的理性而是纯粹理性（实践理性）才具有绝对的实践能力。于是实践理性的问题就集中在了自由问题之上。但是自由的先验性使我们不可能直接证明自由的实在性，因而只能通过必须以自由为存在条件的道德法则反过来证明自由，实践理性批判就是循着这个“绕圈子”的思路进行的。简言之，作为必须对一切有理性者皆有效的客观规律的道德法则，不能依赖于准则的经验质料而只能源于纯粹普遍的形式，因而道德法则的形式不能是外在的必然性而只能是内在的必然性，因为只要意志囿于任何外在的、所予的东西便没有自由而只是必然的，也就不存在任何道德法则。因此，道德法则之为道德法则，乃在于它是意志或实践理性自己为自己确立的理性法则，一个只以准则的单纯立法形式作为其法则的意志就是一个自由意志，而意志自律则是一切道德法则所依据的唯一原则。从而我们便通过实践法则使原初只能理解其可能性的消极意义的自由展示了客观实在性或积极意义，而且不仅由此确立了道德法则的坚实基础，也确立了人类理性的超自然本性即本体品格。

康德关于意志自律的思想论证起来很复杂而其内容却十分简明，它所意指的无非是理性且唯有理性（不是作为理论理性的知性而是作为实践理性的理性）具有自立法则的能力，但是它所蕴涵的意义却是极其深刻的。

首先，康德将自由理解为自律，把自由与道德法则结合为一体。与必然的自然法则不同，道德法则是自由规律，它之所以既是自由又是规律，乃在于它所蕴涵的是一种“内在必然性”，即纯粹出于自身的必然性。我们必须把这种“内在必然性”与“外在必然性”严格区别开来。斯宾诺莎和黑格尔都曾经有过“自由就是认识了的必然”的观点，他们所说的“必然”并非外在的自然必然性，而是内在必然性。换言之，真正的自由，真正的无条件性或无限性，乃是对于自身内在必然性的自觉，亦即“自律”。

康德关于自由即自律的思想的确立在其哲学思想发展过程中具有决定性的意义，人们将自律观念在其实践哲学中所占据的地位与“哥白尼式的革命”在其理论哲学中所占据的地位相提并论①，决无过誉之嫌。不言而喻，康德“哥白尼式的革命”的核心是理性的先天立法权：知性为自然立法，理性为自身立法。然而虽然同为立法，意义却有所不同。“知性为自然立法”所体现的只是“哥白尼式的革命”的消极意义，因为它不仅为一切可能的经验奠定了先天条件，同时也是理性认识能力的限制。而“理性为自身立法”所体现的则是“哥白尼式的革命”的积极意义，因为唯有它才真正使人类理性超越了感性经验的限制而具有超自然的本体品格。于是，我们就在一切存在之中发现了唯一能够集两类因果关系于一身的存在者，这就是人类理性。由道德法则所体现的自由因果性与由自然法则所体现的自然机械作用的因果性，前者作为人的本体存在于纯粹意识之中，后者则作为人的现象而存在于经验意识之中。② 因此，本体这个在知性认识领域只有消极意义的“界限概念”，在理性实践领域中便获得了积极意义：本体即自由，本体即自律。以往人们在谈到康德哲学的主体性思想时所津

① 参见卡尔诺伊斯：《康德自由理论的体系》，45页，D.布斯英译本，芝加哥和伦敦，芝加哥大学出版社，1987。

② 参见康德：《实践理性批判》，4页康德注。

津乐道的只是为自然立法的知性，实际上真正体现康德哲学主体性思想的不是知性而是理性，人类理性乃是通过理性（实践理性）自律而超越于一切自然存在物之上成为不受任何外在因素限制的独立自主的真正主体。

由此可见，康德的自律观念其意义并非只在伦理学中，而且对于形而上学具有更重要的意义。如果说先验自由在形而上学中只有消极意义，那么自由即自律则在形而上学中有了积极意义。在某种意义上说，“自律”概念正是形而上学“自因”概念的具体体现，而且“自因”唯有作为“自律”才有实在意义。因而道德法则不仅仅是伦理学的法则，而且就是形而上学的法则。伦理学不可能建立在形而上学基础上，而形而上学倒是只有作为伦理学才是可能的。

然而，当我们把自由看作“纯粹的甚至思辨的理性体系整个建筑的拱顶石”时，恐怕最难解释的就是自由与思辨理性之间的关系了。表面看来，先验哲学仅仅关涉自然法则的先天根据而与自由无关，但是至少在下述几个方面它必须以自由为前提：首先，自由作为先验的理念尽管对知识没有“构成性作用”，然而有“调整性作用”，我们关于自然的知识若离开了自由理念就不能调整成为有系统的知识，而且自由理念还具有引导人类认识无限进步的作用。其次，理论理性批判将事物划分为显象与物自身，它虽然证明了显象（现象）的客观性，但是关于物自身它却只能以之为假设条件而无法证明其实在性。现在实践理性批判通过道德法则揭示了自由理念在实践领域中的客观实在性，从而证明了超感觉的世界的存在，并且借自由理念为其他两个理念确保了客观性和权限，这就解除了人们对理论理性批判的怀疑。因而自由乃是完成批判哲学所不可缺少的关键。[①] 所以最后，理论理性的原理与实践理性的原理就在自由即意志自律的基础上结合在一起了。由道德法则成立的超感觉世界与由自然法则成立的感觉世界之间的关系，可以理解为“服从于意志的世界”与“意志所服从的世界”之间的关系。[②] 即是说，意志由于其自律性有可能、有能力也应该决定其对象在感觉世界中的实现。正是在这个意义上，康德称超感觉世界为“原型世界”（natura archetypa），而称感觉世界为“模型世界”（natura ectypa）。[③]

由此可见，康德哲学作为“纯粹理性的体系”乃是一个与以往形而上

① 参见康德：《实践理性批判》，4 页。

② 同上书，45 页。

③ 同上书，44 页。

学之“科学世界观”不同的“道德世界观”。如前所述，康德的认识论意在限制知识为道德自由留地盘，伦理学是其哲学的核心，而重建形而上学乃是它的根本目标，所以，自由不仅是伦理学赖以成立的条件，而且是形而上学得以可能的基础。因为只有在道德活动中，人类理性才有可能超越感性的限制，超越一般自然存在物而成为超自然的理性存在。换言之，人类理性超越感性界限的形而上学理想，唯有在道德活动中才能真正实现，这就意味着形而上学只有作为以自由为拱顶石的“道德世界观”才是可能的。在这个意义上，意志自由即意志自律使自由真正成为了具有本体意义的概念，证明了超感觉世界的法则即道德法则乃是实践理性自己为自己确立的法则，从而终于使人类理性在感性的自然界之上，为自身确立了一个超感觉的本体世界。

四、理智世界

康德把形而上学区分为“内在的”形而上学和“超验的”形而上学，“超验的”形而上学在认识领域是不可能的，但是在道德领域有其用武之地。于是，康德在“批判”的基础上确立了两种“形而上学”：“自然形而上学”和“道德形而上学”。前者形成了一个由知性为自然立法，具有客观实在性的“感觉世界”，后者则设定了一个由理性为自身立法，虽然只是理想但却具有本体意义的“理智世界”。这个“理智世界”由于其本体的意义，不仅是康德的道德哲学，也是他的全部哲学的最高概念。

表面看来，似乎康德伦理学与以往伦理学一样需要为道德法则确立形而上学的根据，然而实际上在两者之间存在着深刻的差别：以往伦理学依附于形而上学，而康德伦理学则自身就是形而上学。如若康德伦理学只是一般意义的伦理学，那么它的理论建设到“定言命令”为止就应该足够充分了，其实大可不必专门讨论“理智世界”这个概念，那将超出了它的范围。但是依康德之见，只有人的道德实践才有可能真正满足人类理性超越感性界限的形而上学要求，因而只有伦理学能够取代以往的超验形而上学的位置。所以，“理智世界”这个具有本体意义的概念并不是伦理学之外的形而上学概念，而是作为形而上学的伦理学的范畴。它在理论理性（认识）领域内仅有其消极的意义，只是在实践理性（道德）领域中才有积极的意义，亦即通过理性自律而形成的“道德世界”。

在康德哲学中，“理智世界”这个概念不仅是最重要的概念之一，而且是最含混、最晦涩的概念之一。“理智世界”是康德哲学最重要的概念。因为与标示“现象界”的意义的“感觉世界”相应，它标示着“本体界”的意义，所以“理智世界”既是康德伦理学的最高概念，从而也是其全部哲学的最高概念。但是同样显而易见的是，这个最重要的概念又是最含混不清、晦涩难解的。导致这一复杂状况的原因是多方面的。我们看到，康德在不同层面上赋予了“理智世界”这个概念以不同的含义，而且使用了许多既相互类似但又有区别的不同表达方式，这就造成了“理智世界”概念的多义性。不仅如此，更根本的原因是，在康德看来，“理智世界”乃是不可认识只可思想的“意会世界”，而这恰恰是它的优越之处，因为否则它就会沦为现象界概念而失去本体界的意义。在这个意义上，“理智世界”只是人类理性的理想、立场、方向和目标等等，而不是现实性的存在，我们对它不可能形成任何明确积极的理论知识。

由于其哲学的二元论性质，康德哲学在某种意义上是围绕着人的两重性而深入展开的。人是“有限的理性存在”，于是乃有感性与理性、理论理性与实践理性、必然与自由、自然法则与道德法则等等一系列的双重规定，而在这些规定中最高的规定就是“感觉世界”与“理智世界”这一对概念：人是有限的理性存在，因而人同时是两个世界的成员。

所谓“感觉世界”（Sinnenwelt，mundus sensibilis）亦即“现象界”（mundus phaenomenon）。从“批判”的立场看，事物由于受到主体的认识形式的限制而划分为“显象”和“物自身”。事物自身通过空间与时间这一对感性的先天直观形式而如其所现者，就是显象。它为理性的认识活动提供了构成经验对象和知识所必不可少的感性杂多表象即“质料”，而知性的先天认识形式即“范畴”作为自然法则赋予这些质料以“形式”，从而形成了一切可能经验的对象，构成了具有客观实在性的“现象界”，这就是“感觉世界”。康德之所以称“现象界”为“感觉世界”，显然其本义并不是像传统形而上学那样视“现象”为主观偶然的“假相”，因为恰恰相反，“现象”在康德看来具有普遍必然的客观实在性；而是为了揭示理性认识能力的有限性，说明现象绝非终极的实在。不过，虽然“感觉世界”概念揭示了人的有限性，但是它同时也为人具有超越有限性的能力提供了消极的证明。既然我们有理由把感官对象仅仅看作物的“显象”，那么我们就由之而承认了作为这些“显象”的基础的“物自身”，尽管我们不知道“物自身”究竟是什么而只知道它的“显象”，亦即只知道我们的感官被这个不知道的什么东西所感染的方式。[①] 于是我们认识到，“感觉世界”不过是按照普遍法则（知性范畴）把“显象”连接起来的一种“锁链”（Kette），它本身并没有自存性。[②] 因此，当我们把空间与时间仅仅理解为感性的先天直观形式之时，这也就意味着在此之外存在着一个不受空间与时间限制的无限的自由领域。显然，自由不是认识的对象而是道德活动的前提，因为任何认识皆以空间与时间这一对直观形式所提供的质料为基础，唯有在实践领域中人才有可能超越感性的限制，摆脱自然法则的束缚，遵从理性自身的法则活动，从而通过理性自律而在“感觉世界”之上形成了一个“理智世界”。人作为“有限的理性存在”就不只是“感觉世界”的一员，而且由于有理性而成为“理智世界”的一员。

那么，理智世界如何能够对感觉世界有本体性的意义？我们不能在传统形而上学的意义上理解这个问题。从实践理性批判的角度看，理智世界虽然有积极意义，但它仅只是对于一切有理性者而存在的，因而并不是自然存在物的存在条件，况且对人类理性而言，它也不是必然起作用，因为作为有限的理性存在，人完全有可能屈从于自然的限制，仅仅服从自然法则而活动。因此，感觉世界与理智世界只是对人才可能的。虽然感觉世界的确立需要外在事物（物自体）作为感觉发生的原因之一，理智世界的确立也需要纯粹理性作为理性法则的最高根据，但是对人而言，这两个世界都是由法则形式构成的，即是说，知性为自然立法，理性为自身立法，这两个世界是通过人类理性的先天立法而成为可能的。在这个意义上，感觉世界与理智世界的关系问题并不是世界本身的问题，而只是人类理性自身的问题，亦即理性（实践理性）与知性（理论理性）的关系问题。因此，在康德哲学中，感觉世界与理智世界的关系相当于形而上学中现象界与本体界的关系，但是它们的含义却完全不同。形而上学一向将现象看作可感的假相，本体才是可认识的真实存在。而依康德之见，现象的确是可感的，但却也是唯一可以认识的客观对象，本体则是不可认识只能思想的理智对象，其积极意义仅在实践领域之中。然而，这并不意味着康德降低了本体的地位，在他看来恰恰相反，唯有这样理解的本体才具有恰当的至上地位。

按照康德的观点，当形而上学以存在—实体为认识对象时，实际上不

---

① 参见康德：《未来形而上学导论》，86 页。

② 同上书，143 页。

仅世界的结构是由诸范畴所构成的范畴体系，而且其最高的对象不过是思想的对象，亦即“本体”。换言之，形而上学以为它的认识对象是存在—实体，而实际上是不可认识只能思想的本体，从而把仅仅适用于经验的认识能力非法地扩大到了超验的对象上，其结果不是把现象误作本体就是把本体限制为现象，总之把它们当成了同一种认识能力的同一层面上的对象，因而抹杀了两者之间的根本区别。套用海德格尔之“在的遗忘”（Seinsvergessenheit）概念，我们也可以称形而上学的历史为“本体的遗忘史”。在康德看来，只有在“批判”的基础上，我们才能合法有效地区别现象与本体。当然，本体在认识领域中只是消极的“界限概念”，但是它毕竟将认识限制在了现象领域之内，并且免除了可能把一切变成现象的危险，从而以消极意义为思维本体提供了可能性，这就为本体概念在实践领域中获得积极意义消除了障碍。

显然，康德区别现象与本体的目的是为了维护本体的合法地位，而他维护本体的地位并不是为了给自然提供超验的根据，而是为了说明人类理性区别于一切自然存在的超验本性。在康德看来，人而且只有人是两重性的存在，因而归根结底只有人有“本体”。因为对于单纯的自然存在物而言，它们的存在根据就在自然之中，对于纯粹的理性存在而言，它们是凭其自身而存在的。由于它（他）们自身与自身并无差别，因而两者都不需要用“本体”来说明。然而人是“有限的理性存在”，在他之中存在着自然与理性两种完全不同的存在方式，所以现象与本体的区别只对人有意义，两者的区别是通过严格划分两个领域的方式而实现的。因此现象与本体在康德哲学中被赋予了不同以往的新的意义：本体概念所表述的不再是自然现象的存在根据，而是人必须超越自然现象才有可能达到的自由境界。这一“超越”既是人对自身的超越，也是人自身的实现：他超越的是他的自然存在（现象），他所实现的则是他的理性存在（本体）。由于自然与理性乃是同样具有客观实在性但却截然相反的两个世界，而人同是两个世界的成员，只是对他而言理性体现了他不同于任何自然存在物的超验本性，因而他不可能“通过”现象而只能“超越”现象达到本体。换言之，本体的积极意义不可能在限制在现象领域的认识活动中找到，而只能在人的道德实践中发现，因为只有在道德活动中人才有可能超越自然的限制，完全遵从理性法则而行动。因此，在康德哲学中，“本体”之为“本体”无论如何都是“理智的”（intelligible）东西，“理智世界”（intelligible Welt）就是本体的世界。“理智世界”的本体意义并不在于它是“感觉世界”的存在根据，而在于它是生活在“感觉世界”之中但又具有理性的人类理性的存在根据，而且这一存在根据只存在于“应该”实现的道德理想之中。由此可见，康德伦理学中的“理智世界”概念相当于形而上学的本体界的地位，而就其积极意义而言乃是一个“道德世界”：对人而言，“感觉世界”是由自然法则而成为可能的世界，“理智世界”则是由道德法则而成为可能的世界。

“理智世界”之所以是一个“道德世界”，其根本原因在于只有作为“道德世界”，一个具有本体意义的“理智世界”才是可能的。

传统形而上学企图通过认识来寻求自然现象背后的本体。在康德看来，这种形而上学既不可能也无必要，因为认识仅限于经验范围之内，而本体却是超验的存在。对于形而上学寻求本体的顽强努力，只有一种合理的解释：它的动力并非来自为自然现象确立一个本身不再是现象的自由因的需要，而源于人类理性谋求超越自然的限制，力图通达自由境界，说明自己的理智品格的根本理想。于是康德以本体的“界限概念”一方面说明了认识的有限性，另一方面说明了思维本体的可能性，从而为我们从现象过渡到本体、从必然过渡到自由、从感性过渡到理性、从认识过渡到实践奠定了基础，这就使我们能够在自然因果性之外，假设有一种本体意义的自由因果性，对此我们虽然在对自然的认识中找不到，但却可以在人类理性的实践领域中有所发现，因为只有在实践领域中，我们才有可能通过理性自律来证明自由的客观实在性。这就是说，自由即自律，自由体现在理性为自身确立的道德法则之中，遵从道德法则而行动就使人类理性超越自然之限制的形而上学理想有可能成为现实。因而在自然的必然领域之上，由理性自律的道德法则形成了一个具有本体意义的自由领域，这就是超越了感性界限的纯粹理智的世界。所以，本体的积极意义仅在实践领域之中，而作为本体界的“理智世界”，其积极意义当且仅当它是一个“道德世界”时才是可能的，而这样一个由道德法则而成为可能的“道德世界”就是一个“目的王国”(Reich der Zwecke)。

所谓“目的王国”乃是一个由普遍客观法则约束起来的、相互对待如自在目的的有理性者所组成的体系。就一切有理性者都服从自身所制订的理性法则而言，他们形成了一个由这法则约束起来的“共同体”或“王国”。由于理性法则的最高根据就是理性自身，它命令有理性者永远必须将自己和他人当作自在目的而不能当作手段，这样组成的“王国”就是一个“目的王国”。于是我们看到，在受自然法则支配的“感觉世界”之上，由理性法则所约束的有理性者形成了一个“理智世界”，这个“理智世界”区别于其成员互为因果、互为条件的工具性的“自然王国”，是一个由其成员互相对待如自在目的的“目的王国”。作为“目的王国”的“理智世界”乃是一个唯一能够将守法者与立法者，亦即受法则约束的成员与颁布法则的首脑这两种身份合而为一的自律性“道德共同体”。[①] 当然，对于人这种有限的理性存在而言，“目的王国”只是一个理想的王国，因为在自然的限制下，他不可能真正达到既是守法者又是立法者这双重身份的完全统一。但是，对他来说，正是由于这一矛盾，在自然王国之上存在着一个作为理想的“目的王国”才有意义。它充分显示了人类理性区别于一切自然存在，甚至区别于一切理性存在，有能力并且通过自身艰苦卓绝的努力而超越自然限制，成为“理智世界”的立法成员的独特尊严。

众所周知，康德将一切哲学的问题最终归结为“人是什么”的问题，一般地说，他的哲学可以看作是对于人区别于一切自然存在物而独享尊严的全面说明。在康德看来，人与自然存在物的区别不可能在事实领域中发现，因为在那里归根到底只有森严无情的自然法则必然地支配一切。在这个领域中，人不过是自然存在物中的一种有限存在而已。唯有在实践领域中，亦即一切由自由而可能的事物之中，我们才能看到人不同于任何自然存在物的本质。人之所以不同于物，就在于他不只是由自然法则所支配的“感觉世界”的一员，而且是由道德法则所形成的“理智世界”的一员。对他来说，前者是体现着自然因果性的现象界，而后者则是表征着自由因果性的本体界，唯有作为本体，他才不只是自然因果系列中的一个有限环节，而是一个有理性的自由存在者。由于人既是自然存在亦是理性存在，当且仅当他遵从理性法则行动时他才能作为理性而存在，而理性法则对他表现为“应该”遵守的“定言命令”，因而人作为理性存在其本体就体现在他的自律性的道德活动之中。所以，作为本体的“理智世界”不是存在的事实领域，而是应该的理想王国。在自然之中只有过去曾是，现在即是和将来必是的事实，没有也不可能有任何“应该”的事物，但是人类理性却有能力不顾自然法则的束缚去追求和实现“应该”的道德理想。正是这个“应该”体现了人不同于一切自然存在物的价值和尊严。就此而论，康德实际上是将形而上学所追求的对象从存在领域转移到了价值领域之中。在康德哲学中，形而上学的对象不再是“存在”或“实体”而是“本体”，

---

① 参见康德：《道德形而上学原理》，79～86 页，上海，上海人民出版社，1986。

即是说，它所表征的不是“存在”而是“应该”（Sollen）。因而，本体概念在限制理论理性的同时，开放了实践理性的无限未来，它引导着人类理性永无止境地奋力向前。正是在这个意义上，康德通过“理智世界”的形式，以一种“价值本体论”取代了传统的“自然本体论”。

当然，理智世界对于感觉世界的关系问题仅仅在实践理性范围内是无法得到完满解决的，虽然康德在《实践理性批判》“辩证论”中试图以“实践理性的公设”来维持两个世界的协调一致，不过那毕竟只是“公设”而已，问题的关键乃在于实践理性与理论理性的“沟通”。于是，康德在《判断力批判》中以“判断力”为两种理性能力的“中介”，以“目的论”来解决两个世界的关系问题，而这个目的论的体系恰恰体现了形而上学的基本结构。

五、目的论

康德对于目的论的研究主要集中在《判断力批判》之中，其任务是沟通理论理性与实践理性，协调“感觉世界”与“理智世界”，形成一个完整统一的形而上学体系。就康德哲学的基本原则而言，无论是从自然到自由，还是从自由到自然，它们的过渡都只有通过“目的原则”才有可能实现。不仅如此，建立一种目的论也是形而上学体系的需要。

如果我们设定了实践理性对于理论理性的“优先地位”，那么实践理性作为一种目的活动的能力其道德理想在作为感觉世界的自然之中成为现实，显然必须以自然不仅仅是机械性的而且是合目的性的作为前提条件，否则我们永远也无法说明，应该在自然中实现的意志的目的活动，如何能够在完全异于它的机械环境中有实现的可能性。不仅如此，如果我们需要将感觉世界（自然）与理智世界（自由）统一起来形成一个完整的体系，那么不仅自由的目的活动（道德）在自然中的实现必须以自然的合目的性为条件，而且自然作为一个目的系统亦必须以自由的目的活动（道德）为其根本目的，否则我们同样永远无法说明自然与自由如何能够结合为一个体系。由此可见，康德哲学体系的完成有赖于自然之合目的性的证明。因此在《判断力批判》中，康德试图通过“自然的合目的性”来解决诸如理智世界的自由法则如何在感觉世界中实现、服从必然的自然法则的感觉世界如何过渡到理智世界以及这两个完全不同的世界如何构成一个统一的体系等问题，最终为我们提供了一个以批判为前提、以自由为核心和基础、以实践理性为第一性、以目的论为形式的“道德世界观”。

《判断力批判》所“批判”的是“反思的判断力”，“反思的判断力”与“规定的判断力”不同。知性为自然确立的先验法则毕竟是最普遍、最一般的规律，而自然中的存在却是千差万别、无限多样的，因而这些无限多样的特殊事物不可能由知性的一般法则统统完全地规定出来，因为涉及特殊事物的特殊规律有时仅仅与一个自然物的一般可能性有关。如果就知性是自然这个一切可能经验的总和的唯一立法原则而论，一切仅仅涉及特殊事物的特殊规律只是偶然性的经验的法则。但是，既然知性为自然立法，它就要求自然中的一切毫无例外地服从知性的先验法则。这也就是说，如果没有这些特殊的经验的规律，从一个可能的经验一般的普遍类比达到一个特殊类比的进展是不可能实现的，倘若如此，知性就不可能将一切可能的经验构成一个统一的自然秩序，即一个服从知性法则的整体自然。所以，尽管这些仅凭经验认知的特殊法则是偶然的，知性仍然必须把它们当作规律作为必然的法则来思维，虽然它不可能认识它们的必然性。于是对知性来说，只有在它的先验法则之下工作的“规定的判断力”就不够了，它还需要一种为特殊事物寻找法则，亦即谋求从特殊上升到普遍的判断力，这就是“反思的判断力”。知性要求将自然看作一个多样统一的必然的整体，虽然它对无限多样的特殊事物不能先天地规定什么，但它必须为了探究这些经验的规律而提出一个先天原理作为对它们的一切反思的基础，从而按照它们，一个可以认识的自然秩序才是可能的。这个先天原理就是“反思的判断力”的“合目的性原理”：“在自然中类和种有一种我们能够把握的隶属关系；那些类和种又按照一个共同的原则而相互接近，以便一个向另一个的过渡并由此向更高的类的过渡成为可能”①。这个由此及彼的“共同的原则”就是“合目的性原理”，它使我们能够将自然看作一个无限多样的种类相互隶属从低到高进展的目的系统。当然，这个原理只是主观的调整性原理，而不是客观的构成性原理，即是说，自然本身究竟是否是合目的的体系，我们无论如何不可能先天地认识，在自然中能够先天地认识的只是严格的机械因果关系。但是，如果我们不以“合目的性原理”为前提，就不可能有按照诸经验的规律的自然秩序，因而就不能有一个指导线索使一个经验在一切多样性中和诸经验的规律联系起来或对它

---

① 康德：《判断力批判》，《康德著作全集》，第五卷，194页，北京，中国人民大学出版社，2007。

们进行考查。因此知性为自己确立了这条原理，通过“反思的判断力”按照诸经验的规律对自然界的反思，而先天地假定自然界适合于我们的认识能力。

在康德的批判哲学中，“目的”概念首先是实践哲学的概念。实践理性或意志是按照对于规律的观念，质言之，是按照自身内在规律而自己决定自己的行动的能力，因而实践活动就是以某种理想的原则为目的，通过行动将其实现出来的目的活动。在康德看来，目的活动乃是一种自由的活动，唯有作为理性存在的、自律的人能够遵从自身内在规律而行动，而这一真正内在的目的活动正是他的自由的唯一见证。所以，只有实践领域才是目的活动的领域，自然则仅仅是机械因果法则居统治地位的领域。然而，现在的问题是如何将理论理性与实践理性结合起来，亦即将机械性的自然与目的性的自由协调一致，显而易见，我们不能通过把实践之自由的目的活动归结为自然的机械运动的方式来实现这一统一，因为那将使自由与道德乃至人之为人的本体意义荡然无存。因此，康德力图确立自然的“合目的性原理”，以实现自然与自由之间的相互过渡。

由于自然的合目的性包括“形式的合目的性”与“质料的合目的性”，亦即主观的合目的性与客观的合目的性，它们或者是自然的合目的性的美学表象，或者是自然的合目的性的逻辑表象，因而《判断力批判》分为“审美判断力批判”与“目的论判断力批判”两大部分，前者所涉及的是艺术领域，后者所涉及的则是自然领域。

“审美判断力批判”所研究的是“主观目的性”，亦即自然的形式的合目的性，因为它所关涉的是主体对自然事物的纯粹形式的把握，这种把握与所把握的对象并没有直接的关系。当一个自然事物符合了主体的形式，它就使主体产生了愉快的美感，于是对主体来说，这个自然事物就表现为一种合目的性，至于它究竟在客观上是否合目的，在这里是没有意义的。美感的确是对自然的静观，然而由于它只是出于主观的形式而不受感官对象的限制，因而也是一种对自然的无涉功利的自由观照，所以它构成了对机械性之自然的认识与对实践目的性之自由的自觉之间的中间环节。但是亦正因为如此，美感所涉及的只是主观的合目的性而已。如果我们需要把感觉世界与理智世界、自然与自由结合起来形成一个统一的体系，显然仅仅有主观的合目的性的说明是不够的，我们还必须做出客观上的说明，亦即从“质料”上说明自然不仅符合主观的形式，而且其自身也具有目的的性。这就构成了“目的论判断力批判”的主题。

自然在客观上的合目的性不能是“外在目的”而只能是“内在目的”。所谓“外在目的”所表述的只是事物之间的外在关系，它意指在自然中一个事物的存在是另一个事物达到其目的的手段。在康德看来，我们通过这种“外在目的”并不能说明自然的合目的性。一方面这种外在目的性并没有在根本上超越机械性的因果关系，甚至可以说它不过是机械因果性的另一种表述方式，另一方面对它的说明只有假定存在着一种自然预定的“绝对目的”才是可能的，否则我们将永远无法超出手段之外而不可避免地要陷入无止境的推演之中。但是当我们以一种“绝对目的”来完成自然事物之相对的无穷系列时，我们实际上完全超出了自然之外，乃是以某种超自然的存在（上帝）来说明自然的目的性，这种说明不仅所说明的不再是自然的合目的性而是神学的目的性，而且也超越了认识能力的界限。由此可见，任何外在目的都无法合理地说明一个自然目的，诸如莱布尼茨的“预定和谐”和沃尔夫的“目的论”归根到底并不是对自然目的性的说明，而只能算作神学目的论。

因此，如果我们将一个自然事物同时看作一个目的亦即“自然目的”，那么我们决不能依赖于它与其他事物之间的外在关系，而必须着眼于它的内在关系，因为只有在它的内在关系中我们才有可能发现某种与外在条件无关的“终极原因”或“自因”。因而我们把一个事物看作“自然目的”的条件是，当且仅当这个事物所由之起源的因果作用不能在自然的机械作用中来寻找，而必须由其自身原因来确立，而且这种原因的活动能力是由其概念预先规定的，这样的事物才能是一个目的。[①] 换言之，如果一个事物需要我们用目的来说明，这也就意味着它的存在单凭外在的关系或外在的原因无法得到充分的解释，我们只能根据其自身原因来说明它。因而，一个能够当作目的看的事物一定是自己规定自己、自己说明自己的，这样的目的可以称之为“内在目的”。所谓“内在目的”是一种不同于机械因果关系的特殊因果关系。在这种因果关系中，原因与结果不是分离的两个不同的事物，而是内在地结合于一个事物之中的，甚至在某种意义上可以说是一回事，亦即意指一个事物同时是自己的原因而又是自己的结果。[②] 如果我们称一个事物为“自然目的”，这不仅要求它的各个部分只是由于对其全体的关系才是可能的，因为它既是一个目的，因而就是包含在一个

---

① 参见康德：《判断力批判》，《康德著作全集》，第五卷，384 页。

② 参见上书，385 页。

概念之下的，这个概念必然先天地规定着一切包含在这个事物之中的东西；而且还要求其各个部分相互为其形式的因果而自行结合为一个全体。这也就是说，一个能够被称为目的的事物，不仅就其全体而言它自己是自己的原因，而且就其组成部分而言亦互为因果，因而是由其自己的因果作用而产生自己的。这样一个作为“有机的”（organisirtes）和“自己使自己有机化的存在者”（sich selbst organisirendes Wesen），乃是单凭外在的并且不可逆转的机械因果关系无法说明的，我们只能视之为一个“自然目的”。①

尽管在自然界中唯一能够得到证明的客观规律是机械的自然规律，但是我们的确也发现了某种除非作为自然目的是不能想象为可能的事物，这就是“有机体”（organisirtes Wesen）。于是“有机体”就为自然的目的而非实践的目的这一目的概念提供了客观实在性，从而为自然科学提供了一种目的论的基础。因为虽然有机体不过是一个特殊的事例，但是它表明单纯按照机械作用对自然的说明已经不够用了，因而必然导致“自然目的”这个概念。既然如此，我们就必须将整个自然亦看作一个有机体即一个目的系统，才能有效地说明有机体这个特殊的但也是自然的产物的存在必然性。所以，这个目的概念也就把我们引向整个自然作为按照目的原则的一个系统的观念，从而证明了反思判断力为了认识众多经验的规律而提出的“自然的合目的性”这一先验原理，并且与理性的主观原理（理念）不谋而合，因为理性就是要将整个自然思考为一个目的系统的。因此，当我们把事物当作一个整体来看时，自然在其有机的产物中给我们提供的例子，就使我们有权利，甚至鼓励我们将自然“看作”是合目的性的体系。

当然，在目的论的问题上，康德非常谨慎，他始终只是将自然的合目的性看作“调整性”而非“构成性”的先验原理。不过，自然目的论毕竟仅限于解释自然范围内的自然事物，当我们将整个自然看作一个目的系统时却必然要追问它的最高目的以及至上的终极目的，而后者不可避免地关涉到某种超感性的基质，这就不是自然目的论所能说明的了。由此，康德在“目的论判断力方法论”中集中探讨了自然的“最高目的”和创造的“终极目的”问题，并且由此而提出了一种不同于自然目的论的“道德目的论”。

既然我们可以合理地从调整性的角度将自然看作一个目的系统，这就

---

① 参见康德：《判断力批判》，《康德著作全集》，第五卷，388 页。

意味着自然也像作为“内在目的”的有机体一样是一个有机体，因而不仅它的各个组成部分必须是互为因果的，而且它自己作为一个整体亦是预先规定自己的。就此而论，我们既要说明一个有机体内部的合目的性，也要说明有机体之间的关系和自然事物之间的关系都是合目的性的，这样才能进一步确定整个自然的合目的性。于是我们就需要对一个作为“内在目的”的有机体这样发问：它是为了什么目的而存在的？当我们依此类推而将自然看作一个从低到高的目的等级系统时，我们同样要问：自然是为了什么目的而存在的？这也就是说，如果我们把自然看作一个目的系统，这样一个目的系统亦必然有其“最终目的”（Letzter Zweck）。所谓自然的“最终目的”是这样一个目的，它在自然中不仅是一个自然目的，而且是自然目的等级体系的顶点，自然中的一切存在皆以它为目的，而它又能够对于整个自然形成目的系统的观念，从而代表着自然为其自身所预定的发展方向。不仅如此，为了回答这个“最终目的”又是为了什么目的而存在的问题，在这个“最终目的”中还必须能够安置一个“终极目的”（Endzweck），亦即作为“终极原因”的自因，作为目的的目的。

显然，自然的“最终目的”只能是人。因为人在自然之中与众不同，他能够形成目的概念，能够借助他的理性将一切有目的而形成的东西构成一个目的体系，并且使它们从属于他的目的之下。当然，我们有限的认识能力不允许我们在客观上断言人就是自然的“最终目的”，但是从自然的合目的性这一调整性原理看来，却可以也必须得出这一结论。如果我们不仅将人看作像一切有机体一样的自然目的，而且视之为自然的“最终目的”，“如果那种作为目的应当通过人与自然的联结而得到促进的东西必须在人自己身上来发现，那么，这种目的就必须要么具有这样的性质，即人本身能够通过自然的仁慈而得到满足；要么这就是对自然能够（外在地和内在地）被人利用来达到的各种各样目的的适应性和技巧。前一种自然目的将会是幸福，后一种自然目的将会是人的文化”①。在康德看来，自然的“最终目的”不是人的幸福而只能是人的文化。因为在人之中能够作为自然的“最终目的”的东西必须同时也能够作为指向自然之外的“终极目的”的准备，而且不依赖于单纯的自然条件。我们看到，幸福是人在世上的一切目的的“质料”，如果幸福成为人的全部目的，那就决不会有什么超自然的“终极目的”，更何况幸福仅仅依靠自然的恩赐，但是自然却远

---

① 康德：《判断力批判》，《康德著作全集》，第五卷，447～448页。

不是把人当作它的特殊宠儿，厚待他超过其他一切动物。于是，人在自然中的一切目的就只剩下一种形式的、主观的条件，这就是一种可以适合于任何目的的“适应性”：人独立于自然而自己设定目的，按照他的自由目的的各准则将自然中的一切作为手段来使用。而“一个有理性的存在者一般而言对随便什么目的的适应性（因而是在他的自由中的适应性）的产生就是文化”[①]。简言之，作为自然之中唯一拥有理性因而有任意抉择目的并能够使之成为现实的能力的人，的确有资格作自然的主人，因为他对自然中的一切目的有一种“适应性”。从人的角度看，他有能力自由地利用自然中一切目的为自己服务，而从自然的角度看，人不只是一种目的，而且可以成为一切目的，或者说一切目的皆在人之中，因而自然在人之中得到了充分的自我实现，他当然无愧为自然的“最终目的”。所以，文化就是人自由地运用一切自然目的的能力的产物，它是人的主观形式条件在客观世界中的实现。于是，在认识自然改造自然亦即“使自然人化”的过程中，就形成了一个高于自然界之上的“人化的自然”——文化世界。不过在康德看来，尽管这个“最高目的”是自然这个目的系统的顶峰，但是它还不能算是对自然目的系统的充分说明，我们不仅要追问自然是为了什么目的而存在的（最终目的），而且还必须追问这个“最终目的”又是为了什么目的而存在的。因此，我们若不想无限地追问下去，就必须为自然的“最终目的”确立一个无条件的条件，而这个“最终目的”的目的既然无法在自然中发现，因而就只能向超自然的世界寻觅，以之作为自然这个目的系统的根本原因。这个作为自然之“最终目的”的目的就是它的“终极目的”。

因此，康德在自然的“最终目的”与创造的“终极目的”之间作了严格的区别。自然的“最终目的”一如前述。一个“终极目的”则是这样一种目的，它之成为可能不需要任何其他目的作为条件，因而是一个无条件的目的，换言之，它是目的（Zweck）的目的（End）或自身目的。如果自然可以看作是一个目的系统，那么它的等级系列不仅需要有“最终目的”，而且这个“最终目的”亦需要“终极目的”作目的论的说明，否则自然这个目的系统还不能算完成。但是这个“终极目的”不是自然所能实现或者按照它的理念所能够产生的一种目的，因为一个“终极目的”是无条件的，而自然中的一切却不可能没有条件。因此，若要想为自然设定一

---

① 康德：《判断力批判》，《康德著作全集》，第五卷，449 页。

个“终极目的”以完成这个目的系统，我们必须在自然之外以某种超自然的东西来说明它，这也就是康德不说自然的“终极目的”而称之为“创造”（Schöpfung）的“终极目的”的原因。虽然创造的“终极目的”不在自然之中，但是它却必然与自然中的某种存在相关，因为它毕竟是为自然的“最终目的”提供目的论说明。我们在确立自然的“最终目的”时就曾提出了这样的条件：一个“最终目的”必须是能够安置“终极目的”的目的。因此，既然人的文化是自然的“最终目的”，这也就意味着它必然能够指向一个“终极目的”，这个“终极目的”就是人的道德存在：世界上只有一种存在其因果作用是目的论的，而且为它们确定目的的法则是它们想象为无条件的和不受自然制约的，并且是必然的。这种存在就是人，不过是作为本体（Noumenon）看的人。人是世界上唯一的自然物，我们在他之中认识到一种超感性的能力（自由），而且看到因果作用的规律和自由都能够以之为至上目的的东西，即世界上的“至善”。因此，人就是创造的“终极目的”。“因为若是没有这个终极目的，相互隶属的目的的链条就不会被完备地建立起来；而唯有在人里面，但也是在这个仅仅作为道德性的主体的人里面，才能发现目的方面的无条件立法，因此，唯有这种立法才使人有能力成为终极目的，整个自然都是在目的论上隶属这个终极目的的。”①

因此对康德来说，仅有自然目的论是远远不够的，正如自然的“最终目的”（文化）需要以创造的“终极目的”（至善）为目的一样，自然目的论必须以道德目的论为其补充。自然目的论对于解释自然与自由的统一是有意义的，但是这种意义又是有限的。它的意义在于以自然的合目的性这一调整性原理将自然看作一个目的系统，从而将在自然中唯一能够形成目的观念，并且具有对一切目的的“适应性”能力的存在——人的“文化”视为自然的“最终目的”，然而到此为止，它就不能再前进了。倘若我们继续追问自然的这个“最终目的”的“终极目的”即一个无条件的目的是什么，这就超越了自然目的论的范围，因而是它所不能解答的问题。因为这个“终极目的”必然是超自然的东西，它决不可能是自然界中任何一个有条件的自然存在。如果自然目的论非要确定这个超自然的存在，正如18世纪盛行的自然神论一样，那就超出了它所适用的界限。因此，康德认为有必要以一种道德目的论来补充自然目的论，以便使自然这个目的系统得

① 康德：《判断力批判》，《康德著作全集》，第五卷，454页。

到完满的说明。这也就是说，自然目的论所能完成的只是对自然之中的自然存在的目的论说明，这种说明必然指向超自然的存在，然而它只能指出却不能由它自己来确定这个超自然的存在，对此唯有道德目的论才能合理地加以解释。

如前所述，自然目的论意在说明自然目的的系统，我们之所以将人确定为自然的“最终目的”，原因之一就是普天之下，自然万物，只有人的生存根基中有一种无条件的目的可以充当创造的“终极目的”，这就是人的道德存在。因为在人这种有限的理性存在之中，唯有意志能力是自由的，唯有实践理性所遵从的道德法则为理性规定的东西其目的形式是无条件的，因而正是一个“终极目的”概念所需要的形式。当然，仅就道德法则的自律性而言，它完全不必也不可能依赖于任何自然的目的条件，但是作为本体意义上的自因，它又应该也必须在自然中成为现实。因此，道德法则就为我们确立了一个“终极目的”，这就是世界上通过自由而成为可能的“至善”。在它之中，作为其主观条件的幸福必须与作为客观条件的德性统一在一起并以之为根本条件，唯其如此，道德法则的现实性才是可能的。由此可见，人这一自然的“最终目的”所为之而存在的“终极目的”是由道德法则的目的所规定的，因而这个由自然目的论所引出的问题只能由道德目的论来解决。

因此，自然目的论所产生的“自然神学”，亦即企图从自然的目的推论出自然的最高原因及其属性的学说，由于超出了它所适用的范围，因而是毫无意义和价值的。实际上，只有道德目的论所形成的“道德神学”，亦即从有理性者在自然中的道德目的推论出自然的最高原因及其属性的学说，才能够有望达到它的目的。我们之所以需要一种神学而且必须是道德神学的原因是，只有人的道德存在可以视作创造的“终极目的”，而这个“终极目的”则必须有神学上的保证。毫无疑问，道德法则作为理性目的的形式规定是无条件的自律，遵从它而行动是实践理性永远有所作为而不需要也必须根绝任何自然的条件的，而且也不需要甚至也必须根绝任何神学上的说明。但是，如果我们所涉及的不是理性与道德法则的关系，而是理性与道德法则要求我们实现——作为本体性的自因它必然这样要求——的“终极目的”即“至善”的关系，那么情形就大不一样了。因为理性虽然是自律的，但其自律仅在实践领域有意义，自然则是他律的世界。倘若道德法则要在自然中成为现实，它就必须以自然中的一切都符合它的需要为条件。所以，道德法则为理性所确立的“终极目的”——至善，乃是德性与幸福的和谐一致，道德与自然的结合统一，而这就不是仅凭理性的能力所能够实现的了。因此，“我们必须假定一个道德的世界原因（一个世界创造者），以便按照道德法则为我们预设一个终极目的”①。因为人是为这个目的而生存的，而这个目的就要求有一位至上的道德理性是本着这个目的而形成了他这个人和这个世界的。当且仅当确立了这个道德性的世界原因即上帝的存在，我们才有理由将自然看作一个完整的目的系统，并且与我们的道德目的符合一致。于是，道德目的论就补充了自然目的论的不足而第一次建立了一种神学，这就是“道德神学”。

所以，如果说没有人类整个世界就会成为一个没有“终极目的”的浩渺的荒野，那么与这个“终极目的”相关的决不是人的理论理性而只能是人的实践理性，因为人对世界的认识所能发现的都只是有条件的、相对的东西，唯有在道德活动中才能见到无条件的、绝对的自由。因此，如果理性必须指定一个“终极目的”，那么它只能是服从道德法则的人，而唯有道德目的论和道德神学才能使我们有理由这样来规定这个“终极目的”。

如何理解康德在此所倡导的“道德神学”？仅仅将它解释为康德哲学的“神学不彻底性”是肤浅的。首先必须指出的是，从摒弃自然神论到支持道德神学，并不意味着康德哲学基本原则的转变，他自始至终坚持上帝的实在性是不可知的，自始至终坚持道德既不依赖于自然条件亦不依赖神学的帮助，这些基本思想从来没有发生过动摇。其次，康德哲学自批判自然神论始而以道德神学告终，实际上正体现了他的基本原则，那就是“限制知识为信念留地盘”。如前所述，康德限制科学的目的乃在于为论证人的道德与自由开辟道路，他所从事的工作是纠正启蒙科学理性主义的偏颇，以便使理性与自由贯彻哲学之始终，使人的尊严居于主导地位。但是，由于康德的道德哲学过于“纯洁”，因而造成了自由如何在自然中得以实现的难题，于是，保证自然与自由的协调一致就成了道德神学的任务。我们应该看到，康德并不是以道德目的论来推论上帝存在，它所推论出的乃是人的道德存在是创造的“终极目的”，只是为了说明这个“终极目的”，他才提出了道德神学。② 因此，道德神学对于上帝的道德证明仅仅是实践理性为了实现其对象（至善）而必不可少的假设，正如它是实践理性的“公设”，我们在此亦可以视之为道德世界观的“公设”。而且在康德

① 康德：《判断力批判》，《康德著作全集》，第五卷，470 页。

② 参见上书，475 页。

看来，只有道德神学，而没有神学的道德，即是说，只有源于道德需要以道德为根据的神学，而没有源于神学以神学为根据的道德。实际上，康德的道德神学所体现的不单纯是他面对体系之难题所表现出来的“无奈”，而且体现了他对于自由、道德的崇高理想真正成为现实的谨慎态度，体现了他对信仰的意义的重新肯定。当然，康德所谓的信仰并非传统意义上的宗教信仰，而是一种道德信仰。

对康德来说，以目的论为其体系的构成原则是顺理成章的。如前所述，康德哲学体系的难题在于严格的理性划界所造成的“感觉世界”（自然）与“理智世界”（道德）之间的分离，若想使它们结合起来形成一个统一的体系，只能以目的论为形式。因为在理性诸能力中，只有实践理性是自由的目的活动能力，因此它对于体现着机械自然法则的理论理性具有至上的“优先地位”。所以，一个以自由为基础的纯粹理性的体系决不能将实践理性归属于理论理性，而只能使理论理性统一于实践理性，而这也就意味着这个体系必须以实践理性的目的原则为中心。现在我们看到，判断力所提供的“自然合目的性”的调整性原理正在于以目的原则来完成理性的体系，而这样形成的体系必然是一个以道德目的论为形式的“道德世界观”，因为不仅自然目的论服从于道德目的论的要求，而且道德神学亦源于道德目的论的需要。这样一来，我们所看到的康德哲学就是一个从自然经过文化而到道德（自由）的目的体系，其中自然被看作合目的的，它以人的文化为“最终目的”；文化乃是对一切目的的“适应性”的产物，它体现了自然与自由的结合；而自由（道德）则为这个目的系统确立了一个“终极目的”——“至善”。

康德以目的论为其“道德世界观”的体系形式，这不仅基于他的哲学基本精神，而且也体现了一般形而上学的体系原则。康德批判哲学的目的不在于摧毁形而上学，而是为了形而上学的重建，既是形而上学的重建，它就必然是一个目的论的体系。因为形而上学不是以经验说明经验的宇宙论，而是以超验说明经验的本体论。虽然康德哲学不同于传统的以宇宙之超验本体说明宇宙之存在的形而上学，而是以人之超验性说明人的存在的道德世界观，但是它既以超验性为根基，就必然是以某种理想性来统一现实性的哲学体系，而真正能够将理想性设定为哲学的出发点和归宿的体系只能是目的论的体系。

在某种意义上说，康德哲学是现代哲学的开端。他通过理性批判来清算传统形而上学，以论证人类理性之认识能力的界限来揭示人的有限性，并且以实践理性弥补近代哲学的科学理性主义的局限，凸显了形而上学的自由理想。康德之后，就形而上学而论，英美语言哲学将形而上学限制在关于语言世界的逻辑结构的解释，而大陆哲学则从人的有限性出发，谋求以非科学的方式解释人的存在，所有这些都受到康德哲学的深刻影响。

参考文献

Kritik der reinen Vernunft, *Herausgegeben von Raymund Schmidt*, Felix Meiner Verlag, Hamburg, 1976

W. H. Werkmeister, *Kant, the Architectonic and Development of His Philosophy*, Open Court Publishing Company, La Salle and London, 1980

Bernard Carnois, *The Coherence of Kant's Doctrine of Freedom*, Translated by David Booth, The University of Chicago Press, Chicago and London, 1987

Kant-Lexikon, Bearbeitet von Rudolf Eisler, *Georg Olms Verlag*, 8. unveränderter Nachdruck der Ausgabe, Berlin, 1930

康德. 纯粹理性批判. 李秋零译. 北京：中国人民大学出版社，2004

康德. 判断力批判. 康德著作全集. 第五卷，北京：中国人民大学出版社，2007

康德. 实践理性批判. 韩水法译. 北京：商务印书馆，2003

康德. 未来形而上学导论. 庞景仁译. 北京：商务印书馆，1982

康德. 道德形而上学原理. 苗力田译. 上海：上海人民出版社，1982

康普·斯密. 康德《纯粹理性批判》解义. 韦卓民译. 武汉：华中师范大学出版社，2000

约翰·华特生. 康德哲学讲解. 韦卓民译. 北京：商务印书馆，1963

R. 克洛纳. 论康德与黑格尔. 关子尹编译. 台北：联经出版事业公司，1985

第七章　黑格尔与古典形而上学的终结

张志伟

在现代哲学中，康德与黑格尔的命运形成了鲜明的对照：康德哲学始终是哲学史研究的中心话题之一，论文论著汗牛充栋，数不胜数；而黑格尔哲学却充当了批判的靶子，成了形而上学的“替罪羊”。究其原因，在某种意义上说，康德哲学是现代哲学的开端，而黑格尔哲学则是古典哲学的终结。如果西方哲学在19世纪末20世纪初没有发生重大的转折，黑格尔哲学将是不可逾越的顶峰。正是由于西方哲学的转向，古典哲学的许多基本观念受到了人们的质疑，这无异于釜底抽薪，其结果便使黑格尔哲学成了历史博物馆中精美的“艺术品”，我们虽然可以惊叹其完美无瑕，但终究不过是历史的遗迹。尽管如此，研究黑格尔哲学并非没有意义。作为形而上学史上的一座里程碑，黑格尔哲学将西方古典哲学的形而上学底蕴发挥得淋漓尽致，我们若想了解古典形而上学，没有比黑格尔哲学再好的“教科书”了。不仅如此，实际上黑格尔的许多思想已经潜移默化地渗透到了后来的哲学之中，只不过许多人因为黑格尔的“名声”而不愿意承认罢了。总而言之，黑格尔哲学与古典哲学的命运紧密地联系在了一起。我们可以不无夸张地说，黑格尔哲学对古典哲学的概括和总结使之成为了古典哲学的集大成者，一部没有黑格尔的哲学史是不可想象的，一部没有黑格尔的形而上学史更是不可想象的。

一、黑格尔与康德

康德与黑格尔，一位是德国古典哲学的开创者和奠基人，一位是德国古典哲学的集大成者，作为同一个哲学运动的代表人物，他们的哲学思想应该是一脉相承的。然而，黑格尔与康德之间的关系即使不是哲学史上最复杂的问题，至少也是一个难题。人们一方面将两者一同归属于德国古典哲学，另一方面亦意识到他们的思想在许多方面如此之不同，以至于很难理清两者之间的内在关联。更有甚者如逻辑经验主义哲学家们，他们不仅不把黑格尔看作康德的继承人，而且视之为康德哲学的叛徒。赖欣巴哈就认为，把黑格尔看作康德的继承者乃是对康德的严重误解，也是对黑格尔不当的过誉，这种观点有相当的代表性。① 时至今日，虽然人们对待康德与黑格尔已经不再坚持非扬此抑彼不可的激进态度，能够比较客观地评价他们对哲学的贡献和意义了，但是两者之间的关系依然是一个难题。一个十分关键的问题是，康德的后继者尤其是黑格尔关于康德对形而上学的挑战是否做出了有效的回应，是否重蹈了前康德形而上学的覆辙？人们之所以扬康德而抑黑格尔，一方面是因为没有意识到实际上康德与黑格尔同样试图重建形而上学，因而两者的形而上学旨趣是一致的。另一方面很重要的原因是认为黑格尔对康德物自体或自在之物问题的回答是独断论的，因而在认识论上是无效的。我们将看到，虽然黑格尔对康德的回答并非没有问题，但是其独到的思路乃基于黑格尔超越一家一派的哲学史视角和宏大的形而上学立场，迄今为止无出其右。

康德的时代，其后继者们一方面奉康德哲学的基本精神即理性与自由为圭臬，另一方面则认为康德哲学还不是一个统一的哲学体系，其障碍就是自在之物。② 人们往往认为黑格尔绕过了自在之物的问题，或者说，没有从认识论上正面回应康德的挑战，因而重新回到了独断论，这显然是一种误解。黑格尔也需要从认识论上消解康德的物自体，而且他的确这样做了，尽管他意识到仅仅从认识论上不足以解决康德的问题。

黑格尔对康德关于自在之物的不可知论的批判是非常著名的，然而由于人们主要根据《逻辑学》和《哲学全书》来看待这一批判，所以看起来

① 参见赖欣巴哈：《科学哲学的兴起》，61 页，北京，商务印书馆，1983。

② 物自体、物自身或自在之物实际上是一个概念（Dinge an sich），为了与现有的中译本相统一，我们在此用“自在之物”的译名。

黑格尔关于形而上学对象的可知性似乎并没有做出认识论的证明，这就使黑格尔的“绝对精神”蒙上了一层神秘的色彩，总是难以逃脱独断论的嫌疑。的确，单纯的批判毕竟不是建设，由于康德是从认识论上来证明形而上学的超验对象是不可知的，因而如果黑格尔主张它们是可以认识的，他就必须也在认识论上有所交待。不然的话，他的批判就并没有在同一层面上正面回答康德的挑战，而任何人在康德之后若想重建形而上学都不可能回避这一挑战。我们以为，黑格尔并非没有正面回应康德的挑战，而且他的回答是卓有成效的，这一切都体现在《精神现象学》之中，只是由于他最终将认识论与本体论合而为一，使人们在不同程度上忽视了它的意义。

造成这一误解的原因是多方面的。由于《精神现象学》一书的内容过于庞杂，语言亦过于晦涩，这就使我们很难准确地把握它的主题。通常人们最看重的是该书的“序言”，而这篇序言显然主要是针对谢林的。然而与这篇在全书完成之后写就的、概括了黑格尔哲学的基本原则的“序言”相比，实际上该书的“导论”更切近它的原初意图。只有在这篇不长的“导论”中我们才了解到，黑格尔写作《精神现象学》的意图——至少是“原初的意图”——是针对康德的，他的目的是从认识论上通过知识与对象之间的辩证运动来阐明自在之物的可知性。

众所周知，康德批判理性的目的是为了彻底解决形而上学问题。在他看来，既然我们在形而上学问题上众说纷纭莫衷一是，最恰当的办法莫过于暂且将这项事业放一放，先来解决它作为一门科学究竟是否可能的问题，看看在理性中有没有其存在的合理根据。因此，康德的伟大贡献就在于他通过对理性的批判分析使哲学深入到了一切知识的逻辑根据这一“先验的”维度，他的“批判”当属“元哲学”或“元形而上学”的范畴。换言之，“批判”以及由此而成为可能的“先验哲学”在逻辑上应该是先于一切知识，当然也是先于形而上学的。但是，如果再深入一步，我们似可再作追问：如果“批判”在逻辑上在先，那么这一“在先”能否看作“绝对地”在先？这就是说，“批判”确保了一切知识的合理性，那么“批判”的合理性又是由什么来保证的？或者说，对“批判”是否也应该加以批判？这正是黑格尔的疑问，也是他回应康德挑战的入手之处。

康德的思路无疑是合理的：一切知识须以对理性的批判为其前提。问题是，“批判”本身是不是一种知识？即或不是知识而是一种考查理性和知识的“工具”，它仍然属于理性的范围，因而“批判”自己亦需接受批判，否则它就是独断的，经它批判的知识其合理性就仍然是可疑的。现在，康德的“批判”面临的正是这样的责难。由于他仅以“批判”作为工具来考查理性，这就使本属理性的“批判”站在了理性之外，故而难逃进一步的追问：“批判”是如何可能的？依黑格尔之见，康德的“批判”类似于使用某种确定的工具（批判）去考查某个确定的对象（理性），因而不仅工具本身尚未得到合理的说明，而且归根到底只是一种静态的观点。由此出发，自在之物当然是不可知的，因为我们不可能超出理性之外去认识它。那么，我们能否消解“批判”的非批判性，突破作为批判的批判与被批判的批判这一循环呢？看来只有一个办法，那就是将“批判”理解为“自我批判”，即是说，真正的批判应该是理性的自我批判。于是，问题的关键就在于如何使理性批判成为理性的自我批判。

对理性的批判当然在理性之中，我们的确不能以外在于理性的自在之物来衡量知识，这也就意味着，无论知识与对象符合与否，它们都在理性之中，认识的对象乃是“为意识的对象”，因而似乎对象只能像意识所认识的那个样子，我们根本不可能窥探到对象的不是为意识的本来面目或“自在的存在”。但是，既然在意识中存在着知识与对象的差别——如果它们之间没有差别也就无所谓知识了，那么根据这一差别我们就可以比较和考查知识。由于知识是根据对象而形成的，因而在比较考查中双方若不相符合，意识就必须改变它的知识以符合对象，但也正是由于知识与对象的相应关系，若知识改变了，对象亦必然随之一同改变：

知识——新知识——新知识……
|　　　　|　　　　|
对象——新对象——新对象……

于是在意识的比较考查中，不仅知识改变为新的知识，对象也变成了新的对象。这就意味着，在意识中原本未被意识到的东西现在被意识到了，原本被认为是“自在的对象”现在成了“为意识的对象”。如此说来，批判便不再是批判者与被批判者之间的外在关系，而是意识根据自身中知识与对象的差别所进行的自我批判。实际上，认识就是这样一种自我批判的运动过程。

黑格尔正是通过发生在意识中的知识与对象之间的辩证运动，将康德的“批判”改造成了意识（理性）的自我批判。在这种自我批判中，不仅知识经受着批判，对象也同样经受着批判，而且批判是一个不断深化的过程，这就消解了批判的非批判性，更重要的是，它同时也消解了自在之物的自在性。在康德那里，批判是对理性的静态的结构分析，认识似乎是一次完成的，因而在知识与对象之外的东西当然不可能进入到意识之中来。而在黑格尔看来，批判不是我们站在认识之外进行的，而是认识自身的辩证运动，它是一种根据对象考查知识，根据知识考查对象的自我批判的矛盾运动。既然认识不是一次性的而是一个过程，那么新知识乃至新对象的出现就表明原本不为意识所知的东西现在被意识所知了，自在之物从而转化成了为意识之物，或者可以这样说，原则上根本就不存在什么自在之物，一切都是可以被意识的。于是，黑格尔便从认识论上通过意识的辩证运动证明了自在之物的可知性。①

由此可见，黑格尔对康德的批判并非是站在康德哲学之外的单纯否定，它既是批判也是继承，用黑格尔的术语说就是"扬弃"，即通过将康德的"批判"改造成为"自我批判"的方式来克服其不可知论的结论。在黑格尔看来，理性的自我批判不在认识之外，其实就是认识自身的矛盾运动，他在《小逻辑》中就将这种矛盾运动称为"辩证法"：考察思维形式已经是一种认识过程了，所以"我们必须在认识的过程中将思维形式的活动和对于思维形式的批判，结合在一起。我们必须对于思维形式的本质及其整个的发展加以考察。思维形式既是研究的对象，同时又是对象自身的活动。因此可以说，这乃是思维形式考察思维形式自身，故必须由其自身去规定其自身的限度，并揭示其自身的缺陷"，这种思想活动便叫做思想的"矛盾发展"即"辩证法"（Dialektik）②。就黑格尔对康德之"批判"的改造而论，应该说通常那种以为康德哲学是批判的而黑格尔哲学是独断的观念的确有失公允。如前所述，康德对理性的批判基本上是一种静态的结构分析，而黑格尔（包括此前的费希特和谢林）则是通过认识的发展过程来解决自在之物的难题。

虽然黑格尔试图从认识论上回应康德的问题，然而他也意识到，仅仅在认识论范围是不可能真正解决自在之物的问题的，因为认识论归根结底不过是主体的立场，由此出发不可能走出二元论的困境，因而黑格尔致力于从认识论与本体论统一的角度回应康德问题。或者说，黑格尔试图把认识论的视野提高到本体论的高度来看待认识的辩证运动。在他看来，发生在认识之中的知识与对象之间的不一致实际上不仅是主观性自身内部的问

---

① 参见黑格尔：《精神现象学》，"导论"，51～62页，北京，商务印书馆，1981。

② 黑格尔：《小逻辑》，118页，北京，商务印书馆，1980。

题，同样也是本体论的问题。这就是说，知识与对象之间的矛盾并不是发生在实体之外的主体自身的问题，它意味着实体亦与其自身处于矛盾之中。近代哲学从二元论的立场出发，将知识看作是主体内部的事情，将外部世界看作是站在主体之外的对象，黑格尔则试图超越这种二元论，从统一性的角度理解知识与对象的关系。按照他的观点，“在意识中发生于自我与作为自我的对象的实体之间的不同一性，就是它们两者的差别，一般的否定性。我们可以把否定性视为两者共同的缺陷，但它实在是两者的灵魂或推动者。正是因为这个理由，有些古代哲学家曾把空虚理解为推动者；他们诚然已经知道推动者是否定的东西，但还没有了解它就是自身(Selbst)。——如果这个否定性首先只表现为自我与对象之间的不同一性，那么它同样也是实体对它自己的不同一性。看起来似乎是在实体之外进行的，似乎是一种指向着实体的活动，事实上就是实体自己的行动，实体因此表明它自己本质上就是主体。当实体已完全表明其自己即是主体的时候，精神也就使它的具体存在与它的本质同一了，它既是它自己又是它自己的对象，而知识与真实性之间的直接性和分裂性所具有的那种抽象因素于是克服了。存在于是被绝对中介了，成了实体性的内容，它同样是自我的财产，是自身性的，或者说，就是概念”①。由于在我们的认识中发生的知识与对象之间的矛盾，表明这个世界本身还处于不统一、不和谐的状态，因而认识的辩证运动就获得了本体论的意义：当认识扬弃了自在之物而达到了自身统一的时候，通过它的活动亦使世界本身达到了和谐和统一。黑格尔的《精神现象学》所展示的就是这个过程，它通过人类精神认识绝对的过程，表现了绝对自身通过人类精神而成为现实，成为“绝对精神”的过程。换句话说，人类精神的认识活动归根结底乃是绝对精神的自我运动，因为人类精神就是绝对精神的实际存在（Dasein）或“代言人”，它所履行的乃是绝对精神赋予它的任务。

通常我们认为康德哲学是批判的，而黑格尔哲学则是独断的。其实黑格尔哲学也讲批判，他的《精神现象学》就类似康德的《纯粹理性批判》，只不过《精神现象学》是把人类精神的一切认识活动都纳入了其中的某种理性的“自我批判”罢了。

当然，人们之所以扬康德而抑黑格尔并非没有道理。尽管康德亦以重建形而上学为己任，但是作为有史以来最谨慎的哲学家，他的哲学不是关

① 黑格尔：《精神现象学》，上卷，23～24页。

于世界自身的体系，而只是“纯粹理性的体系”。黑格尔则试图冲破康德的限制，把这个纯粹理性的体系放大为关于宇宙万物的形而上学体系。在某种意义上说，黑格尔秉承的是古典哲学的基本观念，并且使之获得了淋漓尽致的充分的展现。就西方哲学而论，哲学思考的发生乃基于宇宙自身之合理性的信念。近代哲学从主体性的原则出发导致了二元论的结果，对古代哲学的信念提出了质疑，而黑格尔则试图恢复古代哲学的信念，并且为之提供哲学的证明。按照黑格尔的观点，倘若宇宙是一个合理的、有规律的、有统一的基础和根据的整体，那么作为宇宙发展的最高阶段的人类精神其认识活动不仅仅属于认识论，也属于本体论。就此而论，人类精神对宇宙的认识作为宇宙自我实现的目的原本就潜在地蕴涵于宇宙自身之中，或者说，人类精神对宇宙的认识也就是宇宙的自我认识。于是，黑格尔需要证明的就是：“实体即主体”。

二、实体即主体

黑格尔在《精神现象学》一书的序言中说道：“照我看来，——我的这种看法的正确性只能由体系的陈述本身来予以证明——一切问题的关键在于：不仅把真实的东西或真理理解和表述为实体，而且同样理解和表述为主体。”① 这就是黑格尔著名的“实体即主体”的基本原则，也是他重建形而上学的基础和核心。

通常我们将黑格尔关于“实体即主体”的思想看作是他的独创，其实第一个提出这一思想的并不是黑格尔而是亚里士多德。亚里士多德在《范畴篇》中曾经从逻辑判断的角度为实体（ousia）下了一个基本规定：“实体，在最严格、最原始、最根本的意义上说，是既不述说一个主体，也不存在于一个主体之中。”② 在这里，“主体”即主词或主语，因而他的意思是说，所谓实体就是只能充当判断中的主词而不能充当宾词的东西。当然，按照亚里士多德的观点，范畴不仅仅是思维的规定，而且也是“存在的意义”。不过当黑格尔宣称“实体即主体”的时候，无论实体还是主体在概念上都发生了深刻的变化。从笛卡尔开始，“我思”这一自我意识原则集中体现了近代哲学主体性的觉醒，主体已经不仅仅是判断中的主词，

① 黑格尔：《精神现象学》，上卷，10页。

② 亚里士多德：《范畴篇》，2a13，《亚里士多德全集》，第一卷，6页，北京，中国人民大学出版社，1990。

而是更多地被用于人类理性尤其是认识能力，也正因为如此，主体与客体、思维与存在被明确地区别开来。由于近代哲学通过与客体之间的差别来确立主体的地位，这就注定了它不可能从根本上解决两者的同一性问题。现在黑格尔提出“实体即主体”的原则，其目的就是在近代哲学主体性原则的基础上重新回到亚里士多德，将近代哲学的主观性原则与古代哲学的客观性原则融为一体。因此与亚里士多德相比，黑格尔考虑更多的是实体本身的能动性。所谓“实体即主体”要说明的是，实体不仅是客观的，而且其自身就是能动的，这样的实体就是“活的实体”。

近代哲学从笛卡尔开始便陷入了二元论的困境。斯宾诺莎的实体固然强调了实体一元论，然而却缺少自我意识的能动性原则。康德和费希特倒是发扬了主体的能动性原则，然而由于他们坚持思维就是思维，因而始终无法扬弃外部世界的坚硬的现实。谢林要求超越思维与存在之间的对立，但是其哲学赖以为基础和出发点的“绝对”由于超越于一切差别和矛盾之外，所以又陷入了无差别的绝对与有差别的世界之间的矛盾而不能自拔。与他们相比，黑格尔则主张“实体即主体”，因为实体自身就蕴涵着运动发展的能动性的内在动力。所以他说：实体作为“活的实体”“只当它是建立自身的运动时，或者说，只当它是自身转化与其自己之间的中介时，它才真正是个现实的存在，或换个说法也一样，它这个存在才真正是主体。实体作为主体是纯粹的简单的否定性，唯其如此，它是单一的东西的分裂为二的过程或树立对立面的双重化过程，而这种过程则又是这种漠不相干的区别及其对立的否定：所以唯有这种正在重建其自身的同一性或在他物中的自身反映，才是绝对的真理，而原始的或直接的统一性，就其本身而言，则不是绝对的真理。真理就是它自己的完成过程，就是这样一个圆圈，预悬它的终点为目的并以它的终点为起点，而且只当它实现了并达到了它的终点它才是现实的。”①

在黑格尔看来，实体唯有在自身中就蕴涵着运动发展的内在动力，它才可能展开自身而成为现实。换言之，实体并非无差别的同一性，而是在其自身内部就蕴涵着否定性和矛盾：由于实体自身就具有能动性，所以它自己否定自己而成为发展出来的现实。因此，只有当我们把实体同时也理解为主体，理解为自己展开自己的运动的时候，才能说明它的现实性，而实体作为主体的能动性就表现在它自身之中就包含着纯粹的否定性，因而

---

① 黑格尔：《精神现象学》，上卷，11 页。

它是单一的东西自己否定自己从而分裂为二，将自己树立为对立面，然后扬弃自身中的矛盾和对立，重建自身统一性的过程。由于实体就是主体，其自身就具有能动性，因而实体的运动过程乃是它的自我运动，世界就是它的外化和展开。于是实体的运动就成了一个以终点为目的的自己展开自己、自己完成自己的“圆圈”，而且只有当实体真正成为主体，从潜在展开自身并且重建自身同一性的时候，它才是现实的。所以在黑格尔看来，真实的存在或真理并不是现成存在的所予对象，而是一个发展的过程，由于这个发展过程是其自己展开自己的自我运动，而且只有当它达到了终点时才能成其为现实，因而真理乃是将所有一切展开了的因素包容于自身之内的“全体”。以往的哲学将宇宙自然看作是所予的对象，自觉或不自觉地从认识主体的角度把真理看作是现成的存在，我们的工作不过是把已经存在的东西“发现”出来而已。黑格尔站在形而上学的立场上把宇宙看作是一个自成因果的发展过程，“实体即主体”便是对此最好的一种解释，而其独到之处乃在于他不是从人类精神的角度看世界，而是从世界的角度看人类精神，从而把人类精神纳入到了宇宙自然的发展过程之中。

因此，单纯的实体还只是潜在的因素，当它展开自身而外化为世界时，也仍然不是真正的现实，只有当实体展开为世界并且扬弃一切差别重建自身的同一性的时候，它才是真正的现实，而这个重建自身同一性的工作就是通过人类精神对于绝对的认识活动来实现的。换言之，绝对通过它的代言人——人类精神——而认识了自己，最终成为绝对精神。所以，在黑格尔哲学之中，“绝对”与“绝对精神”是有区别的：前者是潜在的，后者则是现实的。当马克思说《精神现象学》是黑格尔哲学的诞生地和秘密的时候，这不仅意味着《精神现象学》第一次公布了黑格尔哲学的基本原则和体系的雏形，而且意味着它揭示了绝对精神的秘密：绝对精神其实就是人类精神的绝对化和本体化。在此，黑格尔把康德关于知性为自然立法的思想推到了极端：不是知性为一切可能经验的自然立法，实际上自然法则根本上就是精神的法则，因为“实体即主体”、“绝对即精神”、“存在即思维”。黑格尔就是这样以辩证唯心主义的方式来解决近代哲学的问题。

如果说在希腊早期哲学中自然与产生自然的原因是同一的，中世纪时被人们区别为“产生自然的自然”（natura naturans）与“被产生的自然”（natura naturata），那么黑格尔则致力于将两者合二为一：自然同时是原因也是结果，它是自我生成的。“绝对”是形成宇宙的原因，宇宙则是“绝对”展开、演化的结果，它们不是两个东西，而是同一个东西的自我展开、自我形成、自我完成的过程。“绝对”就像一颗宇宙的“种子”，其中蕴涵着后来发展出来的所有因素，而只有成长为根深叶茂的参天大树，并且通过宇宙发展的最高阶段人类精神而达到了自觉或自我意识，才是真正现实的“绝对”即“绝对精神”。黑格尔有时称“绝对精神”为“上帝”，但作为“绝对精神”的上帝不是人格神，而是宇宙的内因。就此而论，黑格尔与斯宾诺莎一脉相承，可以看作是哲学史上最大的泛神论者。

通常我们说西方哲学发端于两个源头：希腊哲学和希伯来—基督教思想，亦即“雅典”和“耶路撒冷”。在拉斐尔绘制的《雅典学园》中，以柏拉图一手指天，亚里士多德一手指地，极具象征意义地揭示了哲学的两种倾向，近代哲学致力于将这两个方面统一为一个哲学体系，但是受制于笛卡尔的二元论，始终难以完成，黑格尔则以“实体即主体”这一目的论的原则完成了这一历史使命。康德在通过自然的合目的性完成其哲学体系的时候，始终谨慎地视之为“调整性的”原理，而其后继者尤其是黑格尔则在重建形而上学的道路上“超越”了康德哲学，重新恢复了目的论的客观性。黑格尔像亚里士多德一样主张自然是有目的的活动，在他看来，“目的是直接的、静止的、不动的东西；不动的东西自身却能引起运动，所以它是主体。它引起运动的力量，抽象地说，就是自为存在或纯粹的否定性。结果之所以就是开端，只因为开端就是目的；或者换句话说，现实之所以就是关于此现实的概念，只因为直接性的东西，作为目的其本身就包含着‘自身’（das Selbst）或纯粹的现实。实现了的目的或具体存在着的现实就是运动，就是展开了的形成过程；但恰恰这个运动就是‘自身’，而它之所以与开端的那种直接性或单纯性是同一的，乃因为它就是结果，就是返回于自身的东西；但返回于自身的东西恰恰就是‘自身’，而‘自身’就是自相关联的同一性或单纯性”①。由此，黑格尔便以目的论的体系原则踏上了重建形而上学的道路。

如前所述，康德以严格划界的方式区别了两种形而上学，他将讨论宇宙万物之逻辑结构的形而上学“内化”为知性的范畴体系，将超验的形而上学转移到了实践理性的领域，从而使康德始终面临着如何将这两个方面“沟通”而形成一个统一体系的难题。② 显然，黑格尔放弃了康德在理论理性与实践理性之间寻求“沟通”桥梁的方式，致力于将康德分离为两个领

① 黑格尔：《精神现象学》，上卷，13 页。

② 参见上一章：康德对形而上学的贡献。

域的形而上学重新统一起来，而其关键在于逻辑学与形而上学的统一，这就是黑格尔《逻辑学》要完成的工作。对于黑格尔来说，逻辑不仅仅是世界的逻辑结构，而且同样能够满足超验形而上学的理想。

三、逻辑—形而上学

在西方哲学中，逻辑原本就具有形而上学的意义。前有亚里士多德，后有康德，他们为黑格尔树立了榜样。不过两者不同之处在于，亚里士多德的范畴体系是存在的存在意义，而康德的范畴体系则是主体先天的认识形式。在某种意义上说，黑格尔试图将两者结合起来，在近代哲学自我意识原则的基础上重建形而上学的范畴体系。

黑格尔区分了三种客观性：唯物主义所说的客观性，康德纯粹主观性意义上的客观性，以及他所主张的客观性。在他看来，单纯的物或单纯的主观性都不是真理，真理乃是两者的“结合”，即“思想所把握住的事物自身”①。在近代哲学中，通常逻辑学亦即形式逻辑所研究的只是单纯主观的思维形式，而古代哲学却有所不同。古代的形而上学主张“唯有通过思维对于事物和在事物身上所知道的东西，才是事物中真正真的东西；所以真正真的东西并不是在直接性中的事物，而是事物在提高到思维的形式、作为被思维的东西的时候。因此，这种形而上学认为思维及思维的规定并不是与对象陌生的东西，而毋宁是对象的本质，或者说，事物与对事物的思维”，因而“思维在它的内在规定中，和事物的真正本性是同一个内容”②。作为形而上学的创始人，亚里士多德从范畴入手来解决存在问题，通过以实体（ousia）为中心的十个范畴确立了“存在之网”或世界的逻辑结构。康德对亚里士多德的范畴体系作了调整，提出了四组十二个范畴作为知性为自然立法的根据，以将范畴主观化、内在化的方式，有条件地确立了世界的逻辑结构。而黑格尔要做的工作就是恢复亚里士多德哲学的传统，重新赋予范畴以客观性的意义。

既然真理是“思想所把握住的事物自身”，我们就需要为之提出证明，这是《精神现象学》的任务。按照黑格尔的观点，在人类精神认识了世界的本质之前，事物的本质虽然是思想，但是作为事物的本质的思想毕竟被

---

① 黑格尔：《小逻辑》，120 页。

② 黑格尔：《逻辑学》，上卷，26 页。

限制在有限的事物之中，它虽然是思想但却还不具有思想的形式，这种尚未成为现实的思想只是潜在的。“自然界不能使它所蕴涵的理性（Nous）得到意识，只有人才具有双重的性能，是一个能意识到普遍性的普遍者”[1]，“哲学的最高目的，就在于确认思想和经验的一致，并达到自觉的理性与存在于事物中的理性的和解，亦即达到理性与现实的和解”[2]。因此，人类精神的工作就是把普遍性从个体的东西中“解放”出来，赋予其普遍性的形式，这个过程也就是“绝对”成为“绝对精神”的过程。黑格尔像康德一样把关于逻辑范畴的证明称作“演绎”，不过这一“演绎”不是关于范畴应用于经验的客观有效性的证明，而是展示范畴的来源和生成的过程。康德的全部注意力集中在知性范畴如何是经验的先天条件从而对于经验具有客观有效性的问题上，他的工作基本上是对理性认识能力的静态的结构分析，至于为什么我们的认识能力具有四组十二个范畴，在他看来是不可知的。康德的后继者们尤其是黑格尔则致力于追溯思想范畴的起源和形成的过程。因此，《逻辑学》以《精神现象学》为其前提：“意识，作为显现着的精神，它自己在途程中解脱了它的直接性和外在具体性之后，就变成了纯知，这种纯知即以那些自在自为的纯粹本质自身为对象。它们就是纯思维，即思维其本质的精神。”[3] 所以，黑格尔将人类精神认识绝对的历史看作“纯科学概念”即范畴的形成史，他的《精神现象学》亦即“纯科学概念的演绎”，而《逻辑学》便以这些“纯科学概念”即范畴作为它的研究对象。[4] 由于“纯概念就是对象的核心与命脉，正像它是主观思维本身的核心与命脉那样。这个逻辑的本性，鼓舞精神，推动精神，并在精神中起作用，任务就在于使其自觉”[5]。所以，认识论、本体论和逻辑学是同一的。

与亚里士多德和康德相比，黑格尔的范畴体系以整个哲学史作为它的丰富“资源”。在《精神现象学》中，人类精神经过艰苦卓绝的努力终于达到了“绝对知识”，于是整个认识过程便纯化成了范畴，《逻辑学》就以此作为它的对象。在黑格尔看来，人类精神对于绝对的认识是一个艰苦漫长的过程，这个过程亦是一个由浅入深、从简单到复杂、从抽象到具体的

---

① 黑格尔：《小逻辑》，81页。

② 同上书，43页。

③ 黑格尔：《逻辑学》，上卷，5页。

④ 参见上书，30页。

⑤ 同上书，14页。

过程，而哲学史恰恰就是这一过程的最高体现。在哲学史中，每个哲学体系都有它自己独特的哲学原则，它们都代表着人类精神认识绝对的一个阶段。因而看似相互对立、杂乱无章的哲学史实际上乃是“一个”哲学的发展过程，哲学家们的独特的哲学原则就凝结为范畴，构成了范畴体系上的诸多环节。所以黑格尔主张历史与逻辑是一致的，他所做的工作无非是将人类精神认识绝对的哲学史纯化为一个有着内在联系的、有机的范畴体系。因此，黑格尔不仅消解了康德先验逻辑的单纯主观性和静态结构的局限性，而且将范畴体系展开为一个自我实现的动态过程，从而重新赋予了康德视为“内在的”形而上学的范畴体系以“超验的”形而上学的意义。在黑格尔看来：“逻辑需要作为纯粹理性的体系，作为纯粹思维的王国来把握。这个王国就是真理，正如真理本身是毫无蔽障，自在自为的那样。人们可以说，这个内容就是上帝的展示，展示出永恒本质中的上帝在创造自然和一个有限的精神以前是怎样的。”① 根据这段话，人们完全有理由认为黑格尔哲学是极其荒谬的，他似乎主张绝对精神在外化为自然和人类精神之前，首先在某个地方进行着逻辑推演，然后才由这种纯粹的思想规定产生出自然和人类精神来，这其实是一种误解。作为一个唯心主义者，而且是有史以来最大的形而上学家，黑格尔所讲的“以前”并不是时间意义上的在先，而是逻辑意义上的在先。从时间上讲，黑格尔承认自然在人类精神之前就已经存在了。但是从逻辑上讲，就本质而言，精神则是真正在先的，因为它所体现的乃是决定世界之为世界、自然之为自然的本质和根据，作为宇宙发展过程的结果亦是它的目的所在。从“实体即主体”的原则出发，黑格尔构建了一个预悬终点为起点、以终点为目的的“圆圈”式的目的论形而上学体系，逻辑学所研究的范畴体系就是这个体系的本质结构。当然，这个本质结构还不是现实的存在。正如他所说的：“逻辑的体系是阴影的王国，是单纯本质性的世界，摆脱了一切感性的具体性。”② 实际上，逻辑学是从“一个方面”即本质的方面来展示真理，因而逻辑的理念还只是“幽灵”而不是活生生的灵魂，潜在的绝对必须在人类精神的认识活动中才能成为现实的“绝对精神”。

在黑格尔看来，他的逻辑学所确立的范畴体系并不是他自己的独创，而是对哲学史这个关于绝对的认识史的概括和总结，所以他的工作就是以

---

① 黑格尔：《逻辑学》，上卷，31 页。

② 同上书，42 页。

所有哲学的基本原则亦即范畴为“原料”形成一个统一的逻辑系统，而所有这些范畴作为“绝对”的诸多环节都被安排在恰当的位置之上，由此而形成的即是一个完整的“绝对”。当然，这里所说的“绝对”还不是现实的绝对精神而只是绝对精神的“骨架”或结构，只有到了“精神哲学”之中绝对精神才真正成为现实，所以黑格尔称之为“绝对理念”。不仅如此，由于人类精神对于“绝对”的认识就是“绝对”对其自身的自我认识，因而“绝对”的范畴体系实际上并不是我们推演的结果，而是它自己扬弃自己、自己推演自己的自我运动。众所周知，黑格尔逻辑学中的范畴推演不乏牵强附会之处，不过从总体上看的确具有极其严整的逻辑必然性。只要我们从它的第一个范畴“存在”开始进入这个逻辑系统，立刻就会身不由己地融入其中，感受到辩证法作为范畴体系的展开原则那种不可抗拒的强大力量。

四、形而上学体系

通常人们称黑格尔哲学为形而上学的完成，考虑到黑格尔后的形而上学有其不同的演变过程，或许称之为古典形而上学的完成更为恰当。在某种意义上说，黑格尔集之大成，将古典形而上学的基本原则发挥得淋漓尽致，在把握形而上学的本性、展示体系的构成原则以及构建形而上学的统一体系等方面做出了杰出的贡献。

形而上学的出发点是宇宙的合理性，这也是它论证的核心。就此而论，黑格尔哲学的全部工作就在于此，它的每个部分都可以看作是对宇宙合理性的证明。众所周知，黑格尔认为凡是合理的都是现实的，凡是现实的都是合理的。实际上，黑格尔哲学的目的就是证明合理的就是现实的，现实的就是合理的。质言之，合理性等于现实性，现实性等于合理性，或者准确地说，宇宙乃是合理性成为现实性的发展过程。近代哲学自笛卡尔开始谋求从第一原理出发推演整个形而上学体系，然而在如何确立第一原理以及第一原理与体系之间的关系等问题上陷入了困境。按照笛卡尔，第一原理之为第一原理，乃在于它是不证自明无可置疑的，但是由于第一原理与体系之间类似“线性”的推演关系，很难解决“无穷后退”的难题，因而具有独断论的嫌疑。黑格尔继承了苏格拉底—柏拉图和亚里士多德等人的目的论思想，从形而上学研究宇宙之终极实在的本性出发，以“自己构成自己”的“实体即主体”为基本原则，形成了一个目的论的形而上学体系。

综观黑格尔的著述历程，从《精神现象学》、《逻辑学》到《哲学全书》，体现了他从结果（终点）回溯目的（起点），以目的展开为现实的目的论方式构建形而上学体现的过程。《精神现象学》描述的是人类精神认识绝对的历史，如果我们把人类精神看作是宇宙发展的最高阶段，那么人类精神认识绝对的历史也就是绝对认识自己的过程，从而便以合理性的现实性证明了现实性的合理性。于是，黑格尔从历史与逻辑同一的原则出发，将人类精神认识绝对的过程纯化为一个范畴体系，确立了宇宙的逻辑结构，在此基础上以《哲学全书》将宇宙自然乃至人类精神的全部发展过程囊括于一体，建立了一个包罗万象的形而上学体系。

黑格尔关于哲学体系的构想有一个过程。在《精神现象学》中，哲学体系分为：(1) 精神现象学，(2) 逻辑学，(3) 自然哲学，(4) 精神哲学。这一设想直到黑格尔写作《逻辑学》时仍未改变，他在那里将哲学体系分为两大部分：第一部分是精神现象学，第二部分包括逻辑学和哲学的两种实在科学亦即自然哲学和精神哲学。[①] 所以《精神现象学》第一版发表时在扉页上曾经标有“科学体系，第一部分”的字样。直到写作《哲学全书》时，黑格尔的哲学体系才最终定型。从严格意义上讲，《哲学全书》并不是“书”而是“教学大纲”，全名为《哲学科学百科全书纲要》(*Enzyklopädie der Philosophischen Wissenschaften im Grundrisse*，简称《哲学全书》)。《哲学全书》分为三大部分：“逻辑学”、“自然哲学”和“精神哲学”。“逻辑学”是研究理念的自在自为的科学，它讨论的是纯粹的本质性因素亦即纯思想规定或范畴；“自然哲学”是研究理念的异在或外在化的科学，它讨论的是理念外化自身而成为自然亦即理念的外在表现；“精神哲学”研究的是理念由它的异在返回它自身的科学，它讨论的是理念通过人类精神重新获得自己的形式，从而成为真正的现实的过程。黑格尔将他准备教给学生们的哲学体系称作“百科全书”自有其深意。Enzyklopädie 源于两个希腊语词汇：enkyklios（循环的、周期性、平常的）和 paideia（教育），意即“全面教育”或“通才教育”。黑格尔不仅想以此来表达他的哲学体系是无所不包的集大成者，而且这个哲学体系是一个目的论式的自我完成的“圆圈”。

在“逻辑学”的结尾处是从“逻辑学”到“自然哲学”的过渡。从本

---

① 参见黑格尔：《逻辑学》，上卷，6页。

体论上说，当逻辑理念在“概念论”中达到了“绝对理念”亦即自在自为的真理之时，“按照它同它自己的统一性来看，就是直观，而直观着的理念就是自然”①。这就是说，“绝对理念”扬弃了一切差别和矛盾而实现了自身统一性，这个直接的统一性就是一个简单的事实，一个消解了所有间接性的现成的东西，这个东西就是“自然”。从宇宙论上看，这个达到了自身统一性的直接性（直观）的理念由于返回自身而享有绝对的自由，因而它便自由地决定将自身中的特殊规定和诸环节“释放”出来，将其自身作为它自己的反映，自由地外化为自然。换言之，现在“存在”在这里成了“存在着的理念”，而存在着的理念也就是“自然”。显然，从逻辑理念到自然的过渡具有某种神秘主义的色彩，不过这里的“过渡”不应该理解为时间意义上的过程，而应该看作是逻辑上的关系：逻辑理念是自然的本质性因素，自然乃是逻辑理念的外化和表现。

“自然哲学”以从自然向精神的过渡作为它的终点。自然发展到了这样的阶段，它在有生命的东西中得到了完成。因此，“精神是在自然界中发展出来的。自然界的目标就是自己毁灭自己，并打破自己的直接的东西与感性的东西的外壳，像芬尼克斯那样焚毁自己，以便作为精神从这种得到更新的外在性中涌现出来”②。因此，精神与自然之间的关系是，两者在根本上是统一的：精神是自然的本质，自然是精神的异化或表现。所以精神既可以说在自然之后，也可以说在自然之前：精神是从自然界中发展出来的，因而自然在时间上是在先的；然而就精神是自然的本质，精神是自然的真理性和最终目的，是理念的真正现实而论，精神则是真正在先的。“自然并不是一个固定的自身完成之物，可以离开精神而独立存在，反之，唯有在精神里自然才达到它的目的和真理。同样，精神这一方面也并不仅是一超出自然的抽象之物，反之，精神唯有扬弃并包括自然于其内，方可成为真正的精神，方可证实其为精神。”③ 所以，精神哲学乃是黑格尔哲学体系的最高阶段。

《哲学全书》虽然是黑格尔哲学思想最成熟时期的作品，但是它毕竟只是供教学使用的纲要，还有待他去展开和发挥。虽然体系的框架有了，但是黑格尔在世之时并没有以哲学著作的形式全面详尽地阐发他的哲学体系，我们不知道如果他写作了这样的哲学著作，其内容和细节会有怎样的

① 黑格尔：《小逻辑》，427页。

② 黑格尔：《自然哲学》，617页，北京，商务印书馆，1986。

③ 黑格尔：《小逻辑》，212～213页。

改变。仅就哲学体系的开端为例。在黑格尔看来，哲学不像一般科学那样总有其假定的前提，它是一个自己证明自己，自己创造自己的对象，自己返回自己的“圆圈”，因而哲学没有一般科学意义上的起点。通常我们把黑格尔哲学体系的顺序理解为“逻辑学”、“自然哲学”和“精神哲学”，实际上在黑格尔看来，他的哲学体系不仅仅这一种排列方式，作为自我运动的“圆圈”，哲学可以从任何地方开始。在《哲学全书》的结尾之处（第575、576、577节），黑格尔分别以逻辑、自然和精神为“中项”提出了三个推论：

第一个推论：逻辑理念——自然——精神。自然作为逻辑理念与精神的“中项”展开于这两个极端之间，它是直接性的存在，在时间上在先的东西。

第二个推论：自然——精神——逻辑理念。精神作为自然与逻辑理念的“中项”，是自然的预定目标，因而是先于自然的，它能够在自然中认识到逻辑理念，从而使自然得到提升而返回自己的本质。

第三个推论：精神——逻辑理念——自然。逻辑理念作为精神与自然的“中项”，乃是这两者的绝对实体，它把自己区分为自然与精神，将它们规定为自己的显现。因而逻辑理念在逻辑上是真正在先的。

由此三个推论，黑格尔要传达给我们的是这样的信息：哲学—形而上学是一个完整统一的体系，作为对宇宙的描述，这个体系没有通常意义上的开端，它是且只能是自己是自己的开端，因而是自我展开、自我实现、自我完成的过程。逻辑学、自然哲学和精神哲学实际上是从三个角度描述这个过程：逻辑学描述的是宇宙的逻辑结构，自然哲学描述的是宇宙的自然过程，而精神哲学描述的则是宇宙的最终实现。以往的哲学家们在构建哲学体系的时候通常把哲学分为几个部分，而部分与部分之间的“沟通”和“过渡”往往是难以解决的难题，而黑格尔对形而上学的伟大贡献就在于他把形而上学构建为一个从潜在、展开到现实的统一的体系。

《哲学全书》以绝对精神成为真正的现实而告结束。据此人们经常指责黑格尔狂妄自大到了极点，自以为自己可以而且确实穷尽了所有的真理。黑格尔确实说过：“那在时间上最晚出的哲学体系，乃是前此一切体系的成果，因而必定包括前此各体系的原则在内；所以一个真正名副其实的哲学体系，必定是最渊博、最丰富和最具体的哲学体系。”① 然而另一方

① 黑格尔：《小逻辑》，55页。

面我们也可以据此而发现黑格尔的谦虚：他没有像以往的哲学家们那样总是强调唯有自己的哲学才是真理，也并不认为他的哲学是自己的独创，而是把自己的哲学看作是以往哲学发展的结果，看作是对以往哲学的概括和总结。

在《哲学全书》的结尾，黑格尔对亚里士多德表示敬意，他照搬了亚里士多德《形而上学》中的一段希腊原文作为其哲学体系的结束："就其自身的思想，是关于就其自身为最善的东西而思想，最高层次的思想，是以至善为对象的思想。理智通过分享思想对象而思想自身。它由于接触和思想变成思想的对象，所以思想和被思想的东西是同一的。思想就是对被思想者的接受，对实体的接受。在具有对象时思想就在实现着。这样看来，在理智所具有的东西中，思想的现实活动比对象更为神圣，思辨是最大的快乐，是至高无上的。如若我们能一刻享到神所永久享到的至福，那就令人受宠若惊了。如若享得多些，那就是更大的惊奇。事情就是如此。神是赋有生命的，生命就是思想的现实活动，神是现实性，是就其自身的现实性，他的生命是至善和永恒。我们说，神是有生命的、永恒的至善，由于他永远不断地生活着，永恒归于神，这就是神。"① 显然在黑格尔看来，亚里士多德这段话中所体现出来的东西也是他的哲学基本原则。的确，黑格尔理应对其哲学思想的这位古代先驱表示敬意，亚里士多德哲学中的许多东西在黑格尔哲学中得到了充分的发挥。在古典形而上学史上，亚里士多德与黑格尔形成了两座遥相呼应的里程碑。

将一个包罗万象的宇宙构成为一个统一的形而上学体系，体系的构成原则至关重要，这就是黑格尔著名的辩证法。

五、辩证法

黑格尔以认识论、逻辑学、本体论或形而上学的同一作为其哲学的基本原则，而辩证法构成了它们的基本结构和运动形式。他站在近代哲学主体性原则的基础上恢复了古代哲学的辩证法传统，用辩证法来克服近代哲学机械世界观的局限，以辩证法为结构，第一次使形而上学形成了一个科学的体系。因而在某种意义上说，辩证法乃是黑格尔构建形而上学体系的关键。

---

① 亚里士多德：《形而上学》，1072b27—31；参见《亚里士多德全集》，第七卷，279页。

黑格尔登上哲学舞台的时候，正是近代哲学在方法问题上陷入困境之时。在古代哲学中并不存在认识方法和建构体系的方法这样的区别，因为“作为思维和作为存在是一回事”（巴门尼德），存在的存在意义就是范畴（亚里士多德）。然而在近代哲学中就不同了。当笛卡尔将“我思”确立为形而上学的第一原理的时候，主体性固然建立起来了，但是主观性与客观性之间却出现了难以弥合的鸿沟。在黑格尔看来。近代哲学的困境源于其思维方式的片面性。

在《精神现象学》的序言中，黑格尔分析对比了古代人的思维方式与近代人的思维方式之间的差别。古代人的思维方式的特点是朴素性和直观性。当人类精神开始认识活动之时，它还没有现成的抽象观念可以利用。对古代人来说，首要的问题是如何从感性经验中抽象出普遍的共相。“古代人的研究是真正的自然意识的教养和形成。古代的研究者通过对他的生活的每一细节都作详尽的考察，对呈现于其面前的一切事物都作哲学的思考，才给自己创造出了一种渗透于事物之中的普遍性。但现代人则不同，他能够找到现成的抽象形式；他掌握和吸取这种形式，可以说只是不假中介地将内在的东西外化出来并隔离地将普遍的东西（共相）制造出来，而不是从具体事物中和现实存在的形形色色之中把内在和普遍的东西产生出来。”① 黑格尔称这种固执于思维规定之差别的思维方式为“知性思维”。莱布尼茨是第一个试图恢复古代哲学的辩证思维来弥补近代哲学的缺陷的哲学家，康德则通过对理性的详细批判指出了以知性范畴为基本形式的科学思维方式的局限性，认为这种思维方式只能运用于现象而不可能把握事物自身，并且通过理性的辩证法证明了这一点。康德的本义是通过揭示思维的辩证性来说明形而上学不可能成为科学，然而黑格尔却从康德的消极辩证法中看到了使哲学成为科学的一线曙光。在他看来，思维的辩证性为我们扬弃固定的概念，打破它们之间的界限，重新再现事物的整体生命提供了可能性。因此，现在的工作就在于扬弃那些固定的思想，从而使普遍的东西成为现实的有生气的东西。然而我们必须认识到，要想使固定的思想取得流动性比将感性存在变成流动的要困难得多，唯一的途径是辩证的思维：扬弃固定的思维形式，使它们流动起来，克服自身的片面性，再现事物之活生生的生命。

黑格尔将辩证法称为真正的科学方法。近代哲学在近代自然科学所取

① 黑格尔：《精神现象学》，上卷，22页。

得的伟大成果的鼓舞下，试图将科学的方法应用于哲学，使哲学成为科学。然而黑格尔则认为，科学其实并不是真正的科学，因为任何一种科学总是从某些不证自明的前提出发的，所以它们都有着这样或那样的局限性，哲学就不同了。由于哲学研究的是最高的对象，因而哲学是没有前提和条件的，它是自己证明自己、自己完成自己的。就此而论，唯有哲学才是真正的科学，而哲学自己证明自己的方法或真正的科学方法就是辩证法。

一般说来，辩证法诞生于希腊哲学，辩证法（Dialektik）这个概念源于希腊文，原意是“对话”。当黑格尔试图克服近代哲学的局限性，站在近代哲学的主体性原则的基础上恢复古代哲学的客观性立场的时候，古代哲学朴素天然的辩证性思想便为他提供了扬弃近代哲学之“知性思维”的极其有效的可能方式。黑格尔曾经将赫拉克利特、芝诺和苏格拉底等人称作辩证法的创始人，虽然他们的思想很少共同之处，但是无论是赫拉克利特的自然辩证法、芝诺的概念辩证法，还是苏格拉底探索事物“是什么”的对话方法，都对黑格尔的辩证法思想的形成产生了深刻的影响。在某种意义上说，黑格尔的辩证法乃是将苏格拉底通过两个人对话而追问事物的本质的方式进一步深化为思想自己与自己的“对话”。不过在黑格尔看来，思想不仅是我们的思想，而且是事物本身的本质规定，所以思想从根本上说乃是“客观思想”。于是，当黑格尔将思想看作是宇宙万物共同的根据和基础的时候，他的辩证法就不仅仅是一种认识的“方法”，也不仅仅是建构哲学体系的方式，而且是世间一切事物共同的运动方式或客观规律。换言之，辩证法与本体论、认识论、逻辑学是同一的。

在黑格尔看来，真正的科学方法亦即辩证法的本性，“一方面是方法与内容不分，另一方面是由它自己来规定自己的节奏”①，这两个方面可以看作是其辩证法的基本特征。如前所述，黑格尔认为辩证法不仅仅是方法，而且是事物自身的客观法则。因而真正科学的方法并不是像唯理论所推崇的数学方法或康德的先验认识形式那样外在于内容，方法不是外在的形式或我们认识事物的某种方式，而是事物内在的生命、灵魂和运动方式。所以黑格尔说，科学方法“正是内容本身，正是内容在自身所具有的、推动内容前进的辩证法”②，“方法不是外在的形式，而是内容的灵魂

① 黑格尔：《精神现象学》，上卷，39页。

② 黑格尔：《逻辑学》，上卷，37页。

和概念”①。我们的任务并不是去发现一种用来说明事物的方法，而是去发现事物自己运动的内在方式，也就是让事物自己展示自己内在的运动规律。要想做到这一点，关键就在于对否定性的辩证的理解。马克思曾经将黑格尔《精神现象学》的伟大成就概括为“作为推动原则和创造原则的否定的辩证法”②。的确，在对待否定性的态度上，黑格尔区别于任何一位近代哲学家，其辩证法的核心就是对于否定性的辩证的理解。

近代哲学通常是站在主体与客体之间差别的基础上来谋求两者的统一的，由于知性思维的限制，它在要求获得具有确定性的科学知识的同时，对否定性的东西、有差别的东西或矛盾采取了排斥的态度，这就使它在将事物分解为各个部分和方面的同时，难以保持住事物的活生生的生命和内在的统一性。在黑格尔看来，事物本身是一个结合了诸多有差别的属性在自身之内的统一体，这种差别既不是仅仅存在于我们的认识之中的主观差别，也不是事物之外在的差别，而是“内在的差别”。从知性思维的立场看，事物之中包含着差别意味着事物自身的瓦解，因而差别和否定性乃是死亡的因素。黑格尔则认为，否定性不仅不是死亡的因素，而且是真正的生命的力量和原则，因为正是否定性构成了推动事物运动发展的内在动力。事物之中存在着差别，所以事物之中包含着否定性的因素。在通常观点看来，差别就是否定，就是事物与其自身的不同一，所以是不真的。如果我们不能消解这些差别，事物自身就会消解为虚无。但是，与这种将否定仅仅看作是否定的观念不同，黑格尔认为“否定的东西也同样是肯定的”，或者说，自相矛盾的东西并不消解为抽象的虚无，而是消解为它的特殊内容的否定，而这样的否定并不是全盘否定，而是自行消解的“被规定的事情的否定”，因而是“规定了的否定”。这就是说，否定从来不是抽象的否定，而总是具体的特殊的否定，所以否定的结果也总是有内容的或有规定性的。因此，否定的结果其实是从否定之中而产生的有内容的东西，由于它在否定了先前内容的同时亦将其内容以新的形式包含于自身之内，这就使事物发展为更高、更新、更丰富的阶段。③ 黑格尔将这种辩证的否定称为“扬弃”。在德文中，“扬弃（aufheben）”这个概念“既意谓保存、保持，又意谓停止、终结”④。因此我们可以说，扬弃或辩证的否定包

① 黑格尔：《小逻辑》，432页。

② 马克思：《1844年经济学—哲学手稿》，116页，北京，人民出版社，1979。

③ 参见黑格尔：《逻辑学》，上卷，36页。

④ 同上书，98页。

含着三个环节：一是否定，二是在否定中对有价值的东西的保留，三是向更高的阶段的过渡。列宁十分恰当地把它概括为“联系的环节”和“发展的环节”。的确，通过“规定了的否定”即扬弃，前一阶段中有价值的东西保留了下来，外在的形式被克服了并且发展为新的阶段，于是这种辩证的否定就使两个阶段“联系”起来，从而使事物成为一个“发展”的过程。

因此，“辩证的否定”乃是黑格尔辩证法的核心，亦是构建哲学体系的基本原则。在他的哲学体系中，前一阶段中的差别和矛盾的运动产生了后一阶段，在后的阶段是在先阶段矛盾运动的必然结果，亦是对在先阶段的继承和发展，因而前一阶段中的合理因素就保留在后一阶段之中，成为它的构成因素或环节。于是，整个事物过程就成了一个相互联系的、发展着的、具有内在必然性的有机整体。由于“实体即主体”，在实体中就包含着纯粹的否定性，它自己否定自己，将自身树立为自己的对立面，然后扬弃自身，恢复自身的同一性，由此而成为现实。这样一个过程就是绝对的自我运动、自我完成、自己实现自己、自己成为自己的过程。所以，绝对精神乃是由于其自身内在的矛盾而自我运动的，在它的发展过程中，每一个阶段、每一个环节都是有限的、暂时的和有缺陷的，然而它们之间的相互扬弃以及继承和发展，又使它们构成了整体的必要环节。在《精神现象学》中，黑格尔形象地把绝对精神的自我运动比喻为“酒神节的宴席”：所有人都加入了欢庆酒神节的宴席之中，每个人都在这场豪饮之中一醉方休，但是这场宴席却不会因为我或者你的醉倒而告终结，而且也正是因为我或者你以及我们大家的醉倒而成其为酒神的宴席。我们都是这场豪饮不可缺少的环节，而这场宴席本身则是永恒的。

所以在黑格尔看来，真理是全体，哲学是一个“圆圈”。黑格尔辩证法的独特之处就在于他把宇宙万物看作是一个由于其内在矛盾而自我运动的过程，从而把真理理解为过程、结果和全体，理解为一个自己完成自己的“圆圈”。以往的形而上学总是企图在最初的、原始的开端中寻求真理，并且在不同程度上将它看作是独立于我们之外的现成的存在。黑格尔则把绝对精神看作是一个自我生成自我发展的过程。在这个过程中，越是在后的阶段或环节越具有现实性和真理性，黑格尔称它们是在先的东西的“真理”或“本质”，因为它们是此前阶段或环节“扬弃”自身的结果，因而克服了自身的缺陷并且保留了合理的因素，而最后的结果就是一个把此前一切阶段和环节都包容于自身之内的整体之大全。所以，黑格尔把这个过程看作是“前进—回溯”的辩证运动：“前进就是回溯到根据，回溯到原始的和真正的东西；被用作开端的东西就依靠这种根据，并且实际上将是由根据产生的”，因而“离开端而前进，应当看作只不过是开端的进一步规定，所以开端的东西仍然是一切后继者的基础，并不因后继者而消灭”，于是哲学之整体就成为了一个“圆圈”，在它之中，开端与终结、起点与终点乃是目的与目的的实现这样一个自我完成、自我实现的关系。①

黑格尔对否定性的辩证理解是人类思想史上最为大胆的思考之一。差别、对立和矛盾问题自哲学产生以来就是人们十分关注的难题，对此希腊哲学提出了极其深刻的辩证思想，但是由于它的朴素性和直观性，使得这些深刻的思想没有得到全面深入的阐发。由于近代哲学家们固执于科学思维方式的知性思维，因而无论他们怎样追求客观性的科学知识，都最终因为主体与客体之差别的二元认识论结构而无法将有差别的东西结合统一在一起。在这个问题上，黑格尔的确与众不同。在他看来，在自然万物之中，否定性是死亡的力量，任何事物都将由于它而自我瓦解，失去自身的存在，但是精神的生活却是敢于承担死亡并在死亡中得以自存的生活，而且只有当它在支离破碎的瓦解之中保持其自身时它才是真正的存在。“精神在否定的东西那里停留，这是一种魔力，这种魔力就把否定的东西转化为存在。”② 实际上精神自身就是否定性，它否定自己而变成了对象，在对象中仍然保持着自身的同一，从而使它能够扬弃对象成为真正现实的自己。由此可见，黑格尔所发挥的归根结底是一种“精神辩证法”。

六、古典形而上学的终结

黑格尔哲学标志着古典形而上学的完成，也标志着古典形而上学的终结。

毫无疑问，黑格尔是有史以来最伟大的形而上学家，他将古典哲学的理性主义发挥到了极致，以“实体即主体”为核心，将认识论与本体论统一起来，以逻辑学为结构，以辩证法作为体系的构成原则，以目的论作为

---

① 参见黑格尔：《逻辑学》，上卷，55～56页。

② 黑格尔：《精神现象学》，上卷，21页。

整体形式，将宇宙万物阐发为一个自己构成自己、自己完成自己的形而上学体系，终于使自亚里士多德以来哲学家们所怀抱的让哲学或形而上学成为科学的理想成为了现实。然而黑格尔之后，哲学“更新换代”，他的哲学既是古典形而上学的完成，同时也标志着古典形而上学的终结。就此而论，我们可以说黑格尔既是最好的形而上学家，也是最坏的形而上学家：他是最好的形而上学家，因为没有哪个哲学家能够像他那样建立起如此恢弘如此庞大乃至如此“合理”如此严密的形而上学体系；然而由于古典形而上学这条路最终被证明是根本不可能的，所以这位最好的形而上学家当然也就成了最坏的形而上学家。总而言之，黑格尔哲学标志着形而上学的完成，同时亦标志着形而上学的终结。黑格尔之后，尤其是20世纪西方哲学彻底扭转了哲学的方向，当人们为古典哲学和形而上学举行临终告别仪式的时候，黑格尔哲学理所当然地被摆上了祭坛，遭到了极其猛烈的批判。

首先是黑格尔哲学的理性主义与唯心主义。在古典哲学中，理性主义往往也就是唯心主义，因为它的根据和基本原则建立在宇宙的合理性之上，这个原则用黑格尔的话说就是“理性统治世界”。在当代哲学看来，黑格尔企图穷尽绝对真理实在是狂妄自大，而他将宇宙自然的本质或实体看作精神或理性更是没有根据的。唯心主义者如黑格尔一方面认为我们能够认识事物的本质，另一方面又据此而主张事物的本质即是共相因而也就是概念、理性或精神，这不过是一种循环论证。因此，无论黑格尔哲学看上去多么精致，无论它体现了怎样美好的理想，归根结底是建立在虚幻的基础之上的。由于当代哲学一般地排斥古典形而上学的研究对象，放弃了理性统治世界这种乐观的理性主义立场，因而黑格尔哲学即使不被看作是美丽的谎言，最好的结果也就是某种美丽的梦幻而已。

其次是黑格尔哲学的普遍主义和整体主义。其实这并不是黑格尔所独具的特色，形而上学作为形而上学通常都有这种特性，因为它以宇宙之统一的本质或根据作为研究的对象，只不过黑格尔哲学表现得最典型而已。对于当代哲学来说，最令人难以容忍的就是黑格尔把人类精神看作是绝对精神实现自己的手段，把个人看作是世界历史进程的工具，以至于人们甚至视黑格尔哲学为国家主义、纳粹主义的理论根据。20世纪有许多哲学家坚持个人的不可通约性，所以他们不仅放弃了古典哲学乐观的理性主义，而且对那种以普遍抽象的人性来规定个人的观念，尤其是黑格尔将个人淹没在绝对之汪洋大海之中的理论学说难以认同。

最后就是黑格尔哲学晦涩思辨的辩证法。据说黑格尔生前就曾抱怨说人们甚至包括他自己的学生都不理解他的思想，情况确实如此。哲学家们的思想一向被人们认为是晦涩难懂的，黑格尔的思想尤其如此，以至于许多哲学家都指责他故意将简单的东西弄得复杂化了，认为黑格尔是在故弄玄虚。虽然黑格尔关于联系和发展的观点，关于事物自身的矛盾运动的思想已经成了人们的认识活动自觉或不自觉的基本观念，但是他那种将所有一切事物牵强附会地统统纳入严格规整的辩证法的做法确实无法为人们所接受。在人们看来，黑格尔不是从事物本身出发，而是从自己的思辨方法出发来说明和解释事物的，因而他所谓的科学不过是一种伪科学。

在某种意义上说，黑格尔哲学之所以是古典形而上学的完成也是古典形而上学的终结，其中最重要的原因莫过于古典哲学的基本观念遭到了人们的质疑。

哲学诞生之初，希腊人试图说明宇宙的本原，追求关于自然的知识，而这一哲学旨趣的萌生乃基于一系列未经审查的观念：宇宙自然是一个有规律、有秩序、有统一根据的合乎理性的有机整体。由于这些基本观念相继受到了质疑，使得西方哲学从古典哲学走向了现代哲学。有意思的是，最初的哲学思考实际上建立在这些可疑的基础之上，如果希腊人一开始就因为质疑其基础而放弃哲学思考，或许哲学根本就不可能诞生。然而从哲学的批判精神看来，哲学的这些基本观念不可避免地会受到人们的质疑。如果人们对于这些基本观念仍然坚信不疑，那么黑格尔哲学就是不可超越的顶峰。然而，当人们终于发现，我们无论如何无法证明盲目、偶然的外在宇宙是一个合乎理性的存在，便注定了黑格尔哲学的命运。如前所述，黑格尔哲学的全部工作意在论证合理性与现实性的统一，整个宇宙被解释为一个合理性展开为现实性的过程。他所营造的形而上学体系恢弘壮观且不失为精巧，但是由于其理性主义的基础坍塌，充其量只能作为精美的艺术品供人欣赏了。

纵观西方哲学史，哲学始终在怀疑之中前行。康德曾经说过，人类理性非常爱好建设，不止一次地把一座塔建成了以后又拆掉，以便察看一下地基情况如何。[①] 黑格尔之后，古典形而上学这座塔的地基被彻底摧毁了，因而黑格尔在此基础上所营造的形而上学体系虽然雕梁画栋已臻完善，但如空中楼阁，终究失去了现实意义。

---

① 参见康德：《未来形而上学导论》，4页，北京，商务印书馆，1982。

参考文献

黑格尔．精神现象学．贺麟，王玖兴译．北京：商务印书馆，1981
黑格尔．逻辑学．杨一之译．北京：商务印书馆，1977
黑格尔．小逻辑．贺麟译．北京：商务印书馆，1980
黑格尔．自然哲学．梁志学，薛华等译．北京：商务印书馆，1986
黑格尔．精神哲学．杨祖陶译．北京：人民出版社，2006

第八章　20 世纪语言哲学视野下的形而上学

韩东晖

形而上学在 20 世纪分析哲学运动中的命运可谓跌宕起伏。如同在哲学史上的许多时期一样，形而上学在这一时期曾饱受漠视和拒斥，以至于许多重要的形而上学家和著作在分析哲学的盛期湮没无闻。但形而上学的生命力从未真正泯灭，这不仅因为形而上学根植于人类思想的超越性追求和人类语言的语法幻相，而且随着哲学范式的转换，形而上学的问题域和研究进路也在转型。在这里，我们首先勾勒形而上学在分析哲学运动中的历史变化，形成了所谓“分析的形而上学”；接着以拒斥形而上学和形而上学复兴为个案，集中考察形而上学命运变迁的过程。最后两部分分别综述分析的形而上学的研究概况，以及以因果性问题为个案，概述当代形而上学问题研究的某些特征。

一、“分析的形而上学”——历史性的勾勒

曾几何时，“分析的形而上学”这个表达式似乎和“圆的方”一样包含着语义矛盾，根本不可能存在。不过，现在人们也认识到，在分析哲学初期，摩尔和罗素所拒斥的其实是特定类型的形而上学（以布拉德雷和鲍桑葵为代表的英国新黑格尔主义者）；维也纳学派在拒斥形而上学的同时也预设了某种形而上学。进而从 21 世纪初回顾 20 世纪的分析哲学历程就会发现，如果把肇始于弗雷格—罗素—摩尔—维特根斯坦—维也纳学派—

华沙学派，后来在英语哲学界占主流地位的哲学风格视为“分析哲学”的话，那么，具有百年历史的分析哲学其实并不具有共同的特征，唯有在特定的一段时期，我们才能观察到占主导地位的分析哲学流派和纲领。从长时段来看，“分析哲学”毋宁说是具有家族相似性的概念，是由诸多相似性联系起来的家族，而这些相似性与“非分析哲学”并没有原则上的界限，何况一度眉眼分明的“分析哲学”现在也开始改头换面，某些典范的相似性逐渐淡出，“分析哲学”这个大家族也以多样性或多元化为特征了，换言之，不再具备典型的特征。也许可以说，英美哲学已经从分析的时代走向后分析哲学时代了。在当代英美，分析哲学固然仍然是主流，但它与形而上学的关系却复杂起来。

著名形而上学研究专家、《牛津形而上学研究》的主编齐默曼（Dean Zimmerman）将20世纪分析时代的形而上学家分为三种类型①：

第一类可称之为“非分析的形而上学家”，其典型代表包括过程哲学家（怀特海及其追随者，如Charles Hartshome、Robert Neville、David Weismann等），新托马斯主义者（如Norris Clarke、Ralph Mclnerny），人格主义者（如Borden Parker Bowne、Peter Bertocci、Austin Farrer、Josef Seifert、Erazim Kohak、Karol Wojtyla），某些现象主义者（如J. N. Mohanty、Dallas Willard），新柏拉图主义者（如J. N. Findlay），某些类型的观念论者（如新巴克莱主义者的代表人物W. E. Hocking、G. R. G. Mure、Brand Blanshard），以及一些受到黑格尔启发却不是观念论者的体系建构者（Paul Weiss、William Desmond）。这些形而上学家不属于分析哲学传统，而且将“分析”这个词视为粗鄙的字眼，“分析的形而上学”也无异于语词矛盾，因为分析哲学视更深层的形而上学问题为寇仇。

第二类可称之为“分析的形而上学家”，以Roderick Chisholm、Saul Kripke和David Lewis为典范。他们在当今的形而上学研究中占有相当大的比重，大部分相关专著和期刊论文都出自他们之手。他们处理传统的形而上学问题，并提供出解决这些问题的哲学理论，研究形而上学却无妨被称为分析哲学家。

第三类被称为“新潮流形而上学家”（new wave metaphysician），以普

① 参见Dean W. Zimmerman, ed. *Oxford Studies in Metaphysics*, vol. 1, Oxford: Oxford University Press, 2004, x-xi。

特南和麦克道威尔的近期著作为典范。他们也像非分析的形而上学家一样，认为齐硕姆、克里普克、刘易斯等分析的形而上学家所研究的形而上学是死胡同，他们倾向于将这种被误导的形而上学风格称之为“分析的”，因此他们不认为自己是分析的形而上学家。然而，在非分析的形而上学家以及一些非分析的哲学家（如福柯和德里达等欧陆哲学家的追随者）看来，他们却又是分析哲学家。

分析的形而上学家对非分析哲学家圈子中的形而上学几乎毫无兴趣，而非分析的形而上学家也不甘示弱，认为分析哲学（无论是分析的还是新潮流的形而上学家）根本就是反形而上学的。当然，这一点其实是分析哲学与非分析哲学之间的鸿沟的缩影，弥合这一鸿沟的时刻在齐默曼看来似乎遥遥无期。另一方面，分析的形而上学家和新潮流形而上学家之间虽然分歧严重，倒是保持着重要的对话，这也是为什么非分析的形而上学家觉得他们两家统属一个传统的缘故。

其实这样的分类都不免有牵强和遗漏，我们也不必过分拘泥于这三派的精确界限。虽然在各种专业杂志、著作中，在各个哲学系的传统中，不同类型的形而上学之间的分歧、隔阂仍然相当明显，但毕竟形而上学研究已经从被拒斥、被忽视的状态中恢复了一定的地位，早期分析哲学对形而上学的敌对声音也已经近乎销声匿迹，赫卡柏式的抱怨也可以停止了，不过这一次却不是因为康德的“纯粹理性批判”。

英国分析哲学的开路者罗素和摩尔的确是以反抗以布拉德雷为代表的英国观念论（新黑格尔主义）起家的，但他们既没有取消传统的形而上学问题，也没有在自己提出的解决方案中采取反理论的态度，例如，罗素的《哲学问题》、《我们关于外部世界的知识》都在讨论传统的形而上学问题，并提出了积极的解决方案。早期维特根斯坦的《逻辑哲学论》似乎也包含着一种形而上学理论，尽管现在的新维特根斯坦派反对这种解读。真正反对、拒斥形而上学的乃是以维也纳学派为代表的逻辑经验主义、后期维特根斯坦及其追随者，以及奥斯汀所开创的日常语言学派。① 在 20 世纪三四十年代，首先是逻辑经验主义的著作的流行，如卡尔纳普的《哲学与逻辑句法》(1935)、艾耶尔的《语言、真理与逻辑》(1936)，继之以后期维特根斯坦的治疗性哲学，再之以日常语言学派的广泛影响，在 60 年代之前，

① 参见 Dean W. Zimmerman, ed. *Oxford Studies in Metaphysics*, vol. 1, Oxford: Oxford University Press, 2004, x-xi., 3。

形而上学黯淡无光。

但这并不是说在盎格鲁-撒克森哲学界，这一时期没有形而上学家和形而上学著作。在齐默曼看来，仍有一大批一流哲学家从事着形而上学研究，如 G. F. Stout、C. D. Broad、C. A. Campbell、H. H. Price、D. C. Williams、C. J. Ducasse、G. Dawes Hicks、William Kneale、A. C. Ewing，另有许多有分量的形而上学著作或接续布伦坦诺和迈农的脉络，或与今天的分析的形而上学家一脉相承。但他们和他们的著作并没有进入哲学界的主流视野，也没有掌握"话语权"，以至于 60 年代之后形而上学复兴的时候，他们相对来说也已经成为明日黄花了。虽说近年来对 C. D. Broad 和 D. C. Williams 的兴趣在复兴，但这些大量精心创构的形而上学已经激不起一丝涟漪。①

众所周知，形而上学的"黑暗时代"是随着蒯因对经验论的批判和对存在论的辩护而终结的。蒯因的文集《从逻辑的观点看》（1953）出版之后，在整个 60 年代至 70 年代，关于形而上学问题的尘封的卷宗被重新打开，谈论形而上学问题已经不是一件不好意思的事情。斯特劳森的《个体：论描述的形而上学》（1959）也功不可没。虽然无论是蒯因还是斯特劳森都不是以传统的方式而是以逻辑分析和语言分析的方式在处理形而上学问题。模态逻辑的发展也促进了形而上学的繁荣，这在一定程度上要归功于克里普克的工作。似乎可以说，形而上学的复兴实际上是分析哲学包括逻辑的进一步发展所导致的，正如当年形而上学的没落也是因为逻辑分析和语言分析的兴起一样。到 70 年代末，关于共相、事件、因果关系、数等常见的形而上学问题几乎成为分析哲学的核心，正如在罗素和摩尔的时代一样。甚至像自由行为、实体二元论、关于上帝存在的存在论和宇宙论证明等传统问题也再次复活。

在英国，形而上学的复兴带有独特的康德风格，哲学家讨论这个或那个概念性实践的预设，提出关于特殊事物的辨明和重新辨明、时空位置归属、范畴性概念的使用、概念构造的客观性等形而上学问题。在美国，形而上学兴趣的复兴是以更为自觉的存在论范畴来表达的，对各种问题的讨论差不多都是从追溯蒯因开始的，先验的形而上学则随着克里普克的《命名与必然性》得到深入的研究。这种复兴是渐进的，直到 20 世纪 80 年代

① 参见 Dean W. Zimmerman, ed. *Oxford Studies in Metaphysics*, vol. 1, Oxford: Oxford University Press, 2004, xviii。

中期，一批新一代哲学家出现，开始尝试建构全面的、系统性形而上学理论，如齐硕姆、阿姆斯特朗（David Armstrong）、刘易斯和普兰廷加（A. Plantinga）。①

新兴的形而上学理论既回应传统的问题，也开辟了新的领域，但其核心是一贯的：形而上学是范畴理论。共相和殊相、普遍与特殊是传统形而上学的典型问题，除了继续探讨柏拉图式的共相理论和唯名论之外，对殊相和个体化的研究也十分热烈，阿姆斯特朗的两卷本《共相理论》产生了广泛的影响。围绕存在问题展开了对同一性、存在论承诺、虚构实存物的讨论，蒯因的著作和威廉姆斯（C. J. F. Williams）的《何谓存在?》、《何谓同一性?》成为讨论的焦点。围绕模态概念，可能世界理论取得了长足的发展，获得了几乎毋庸置疑的合法地位。人格与心灵、自由意志等问题也在新的维度上展开，甚至模糊性（vagueness）问题也随着威廉姆森（Timothy Williamson）和基菲（Rosanna Keefe）的相关著作而成为讨论的热点问题。

在英语世界，近50年来，仅直接以形而上学为标题的形而上学著作就有300多部（不包括研究哲学史上形而上学理论的），关于形而上学的导论性著作就有几十部，布莱克威尔出版公司出版了《形而上学指南》②、《形而上学选读》③、《形而上学导引》④、《形而上学：重大问题》⑤等形而上学“四部曲”。牛津大学出版社也出版了大部头的《牛津形而上学手册》⑥和连续出版物《牛津形而上学研究》（2004；2006）。上述出版情况表明，形而上学已经成为当代哲学教学和研究领域中的当然而且重要的领域。不过，形而上学却不再是公认的第一哲学，虽然有些人仍然坚持形而上学是哲学的核心⑦，存在论是形而上学的主要领域，但大多数分析传统中的形

① 参见 Michael J. Loux and Dean W. Zimmerman, *The Oxford Handbook of Metaphysics*, Oxford: Oxford University Press, 2003, 4。

② Jaegwon Kim and Ernest Sosa, *A Companion to Metaphysics*, Blackwell Companions to Philosophy Oxford: Blackwell Reference, 1995.

③ Jaegwon Kim and Ernest Sosa, *Metaphysics: An Anthology*, Blackwell Philosophy Anthologies: 7, Malden, MA.: Oxford: Blackwell, 1999.

④ Richard M. Gale, *The Blackwell Guide to Metaphysics*, Blackwell Philosophy Guides V. 8 (Oxford: Blackwell, 2002).

⑤ Peter Van Inwagen and Dean W. Zimmerman, *Metaphysics: The Big Questions*, Philosophy, the Big Questions, Malden, Mass.: Oxford: Blackwell, 1998.

⑥ Loux and Zimmerman, *The Oxford Handbook of Metaphysics*.

⑦ 如 E. J. Lowe, *The Possibility of Metaphysics: Substance, Identity, and Time*, Oxford: Clarendon Press, 1998。

而上学家并不持这样的观点，而且反感形而上学的也为数不少。不过，虽然形而上学不再享有科学的女王的尊荣，但不再流离失所，无家可归，也跟哲学的其他分支一样，得到广泛而深入的研究。

有趣的是，近年来，通常被作为形而上学核心的存在论与人工智能、信息系统科学和计算机科学的发展纠缠到了一块。John McCarthy 首先认识到哲学存在论中已完成的工作与人工智能系统的逻辑理论的构建活动之间有重叠之处，他受到蒯因的启发，在 1980 年就证实，基于逻辑的智能系统的构建者必须首先列出一切存在的东西，构建我们的世界的存在论。虽然绝大多数形而上学家对此一无所知，但也有些哲学家和信息科学家认为，信息系统存在论者的研究能够促使分析的形而上学开启新的研究领域，如社会建制、模式、人工制品、孔（holes）、部分（parts）等，而且，如果可以将哲学的存在论视为一种普遍化的化学。那么，信息系统就有助于弥合存在论中的一个重要裂隙，这个裂隙就好比研究了这么多年化学的化学家，却没有做过化学实验。于是，哲学家似乎既可以关注自己的存在论理论，也拥有了所谓“应用存在论”的领域，将存在论应用于法律、商业、医学和地理学等领域。①

在我们概述当代英美形而上学即所谓分析的形而上学之前，我们不妨先回顾一下，在形而上学的“黑暗时代”，形而上学也并未真正消失，而是潜伏在拒斥者所持的理论背后，分析哲学—语言哲学的发展，最终让形而上学重新复活。

二、拒斥形而上学与语言视野下形而上学的复兴

实证主义，无论是孔德、密尔的旧实证主义，还是以维也纳小组为核心的新实证主义，甚至包括二者的思想先驱休谟和二者之间的中介马赫主义者，都以“拒斥形而上学”为口号式的标签和消极意义上的目标，以至成为与形而上学为敌的各种流派中的旗手，一度令形而上学的诉求销声匿迹，同时也是国内学术界在当代分析的形而上学研究领域成果稀少的重要原因。然而，（1）实证主义所拒斥的是一切形而上学还是某种形而上学？（2）他们是否拒斥了形而上学本身而自身无须任何形而上学的支持，故未

① 参见 Barry Smith and Christopher Welty, “Fois Introduction: Ontology—towards a New Synthesis,” in *Proceedings of the international conference on Formal Ontology in Information Systems-Volume* 2001, Ogunquit, Maine, USA: ACM Press, 2001。

曾预设任何形而上学？但事实上，我们认为（1）他们拒斥了“物”的形而上学，而不是一切形而上学；（2）在拒斥这种形而上学的同时，实证主义者暗地里为科学知识设定了“事实”的存在论基础，不可避免地预设了一种“事”的形而上学，而这种形而上学的建立是由维特根斯坦在《逻辑哲学论》中完成的。因此，在实证主义乃至经验论本身的缺陷和狭隘性暴露出来的同时，当代英美学界的形而上学研究也日臻活跃。不过，当代英美形而上学的发展又得益于（逻辑）实证主义对它的尖锐批判；这就是说，无论当代分析的形而上学研究与传统形而上学有多大的承续关系，最大的差异在于它经历了“语言转向”的洗礼，它在语言哲学的背景下展开了宏阔的视野。实证主义与形而上学的命运之间就是这样富有戏剧性。

“形而上学”是在哲学史上就已经是你死我活的战场，但也是一个没有一致定义的概念。在这里，我们采取了一个为英美学术界普遍接受的描述性定义：“形而上学是一种对实在（reality）① 和我们在其中的位置的最基本、最普遍的特征的哲学探究。”② 而存在论一直是形而上学的主要内容，根据当代的理解，它有三个基本目标：

（1）确定存在者（所是的东西）的基本范畴，即实在的终极构造的类别；

（2）探索不同类型的事物之间的关系；

（3）勾画同一范畴内诸事物之间的关系。③

此外，在这里，我们拟将逻各斯学与逻辑学区分开来，分别视为两大逻各斯学传统。虽然它们在西文中是一个词（拉丁文 logica，本意是推理的技术，technique of reasoning），哲学家们在用词上也常常未作区分，但显然，“研究有效推理的规则的”逻辑学与存在论意义上的和认识论意义上的“逻辑”（逻各斯学）有原则上的差别。④ 换言之，我们在“研究推理技术”的逻辑和探索逻各斯（logos）的逻各斯学之间作出了区分。

---

① “Reality”一词通常译为“实在”。但正如 Vlastos 所说，在希腊哲学术语的英译当中，将分词 on 译为 being，而将名词 ousia 译为 reality（因为英语中没有 beingness 的构词），所以 real 和 reality 其实是不定式“to be”的形容词和名词形式；反过来，“is”又成了 real 和 reality 的动词形式（参见 Gregory Vlastos，*Platonic Studies*，Princeton：Princeton University Press，1973，58）。所以，我们不能因为“reality”和“实在”的译名而耽搁了对“being”概念的整体理解。

② Kim and Sosa，*Metaphysics：An Anthology*，ix.

③ Steven D. Hales，*Metaphysics：Contemporary Readings*，Belmont，CA：London：Wadsworth，1999，xv-xvi.

④ 参见威廉·涅尔、玛莎·涅尔：《逻辑学的发展》，1 页，张家龙等译，北京，商务印书馆，1985；王路：《逻辑的观念》，19 页，北京，商务印书馆，2000。

1. “物” 的形而上学批判

1929年发表的“维也纳学派宣言”明确地提出了实证主义的最终纲领：“我们已经根据两点规定基本上描述了科学世界概念的特点，第一，它是经验主义的和实证主义的，只有来自经验知识，这种知识是建立在直接所予的基础之上的，第二，科学的世界概念是以一定的方法即逻辑分析的运用为标志的。”①

“科学的世界概念”可谓一语中的，鲜明地概括了实证主义的基本特色：

（1）19世纪以来的现代科学，不但是他们的参照系，更是他们的指南针和目的地，而现代科学被他们认为是事实科学，是来自经验的知识，而不是形而上学或神学的；

（2）科学完全独立于哲学，不必再忍受形而上学和神学的羁绊，也无须它们来实现自身的合法化，科学是自身证明自身的，科学确立了自身的意识形态；

（3）科学的有用性进一步确证了它的合法性地位——“一切健全思辨的必然使命都是为了改善我们个人和集体的现实境况，而不是徒然的满足那不结果实的好奇心”——实证主义的鼻祖孔德直截了当地否定了亚里士多德《形而上学》开宗明义的名言：哲学起源于好奇。因此，只有科学，只有现代科学才是知识，才是有力量的知识；哲学纵然是科学的女王，也不是知识的体系。而对于试图让自己成为科学之科学的形而上学来说，“沉默的怀疑和绝望似乎是对待它的唯一恰当态度”②。

因此实证主义要拒斥一切非科学的、伪科学的、有害于科学的形而上学，要把形而上学的迷雾笼罩下的世界图景交还给科学去描绘。这种形而上学的核心是关于“物”的形而上学，因此必定要“去追求经验背后的形而上学问题”③。它要寻觅“一些蕴藏在世界万物之中，并能产生一切现象的真正的实体（人格化的抽象物）”④，要探索“所谓研究事物本质的知识领域，它超越了以经验为基础的归纳科学的领域”⑤。因为这幅世界图景是

---

① 纽拉特、卡尔纳普：《科学的世界概念：维也纳学派》，陈启伟主编：《现代西方哲学论著选读》，443页，北京，北京大学出版社，1994。

② 洪谦主编：《逻辑经验主义》，6页，北京，商务印书馆，1989。

③ 同上书，67页。

④ Auguste Comte, *The Positive Philosophy*, trans. Harriet Martineau, Kitchener: Batoche Books, 2000, 28.

⑤ 洪谦主编：《逻辑经验主义》，36页。

由万物构成的，一旦我们试图探究万物“是什么”，就不但要赋予名称，观察性质，而且要认识它的本原、本体、实体和本质（ousia，essentia）。从这种思路出发，万物究竟只是个别，有必要从个别和特殊上升到一般和普遍，从存在者上升到存在本身。按照逻辑实证主义的看法，这是自巴门尼德以降直至海德格尔的形而上学进路。

在这一传统中，“物”的形而上学是地地道道的“物理学之后”和之上的知识领域，它在质问究竟何物存在，在探究与表象相对的实在是怎样的，它把世界作为一个整体来研究，探索世界的第一原理，因此它是第一哲学，是亚里士多德意义上的“神学”。“物”的形而上学是“思辨”（theoria，specula）的形而上学，思辨的对象其实是思辨自身的产物，因此思辨必然是“理”论，依理起论。“物”的形而上学是“本身”（per se）的形而上学：事实本身就是事实，但物本身却不是它的影像、偶性、性质、现象以及其他可以表象出来的东西。“物”的形而上学是贬抑经验和现象的形而上学，它坚信泛泛的经验和流变的现象无法提供关于实在的真实知识。“物”的形而上学是传统认识论的形而上学基础，这种认识论试图说明意识、心灵如何切中超越自身的外在对象，认识外在事物的本质，但始终被心物关系的纠葛所困扰。总之，“物”的形而上学是实体主义的、本质主义的、基础主义的，它的形而上学思辨一开始就为自己设置了超验的目标，这个目标令人心驰神往但又似乎是不可企及的。

“物”的形而上学“错”在何处？当休谟以温和的怀疑论把“只有诡辩和幻想”的神学书或经院哲学书付之一炬，只允许包含着量或数的抽象推论和关于事实和存在的任何经验推论的知识的时候，当康德在“纯粹理性批判”中将“物自身”逐出认识论的知识领域，从而在认识论层面上拯救了经验和现象的时候，“物”的形而上学已经被上述消极的和积极的批判工作在一定意义上终结了。而孔德只不过是把源自培根的英国经验主义和来自孔多塞与圣西门的历史进步论杂糅在一起，以知识学取代了认识论，以科学进步观取代了认识论的形而上学基础而已。他“从一开始就拒绝研究形而上学提出的问题；他不是考虑这些问题，而是贬低这些问题……实证主义不是对形而上学进行分析，而是抽掉了它脚下的大地；它宣布形而上学的命题毫无意义，并且任凭这似乎被遗忘的理论由于自身造成的原因，自己‘废弃’自己……”①

---

① 哈贝马斯：《认识与兴趣》，77～78页，上海，学林出版社，1999。

然而问题还要复杂一些。对“物”的形而上学的否弃一方面是科学观的深化，另一方面是逻各斯学（逻辑）的演替。前者我们不妨略过，直接谈谈后者。从洛克、贝克莱到休谟，英国经验论者对实体、对“物”的形而上学的逐步否弃是在观念论领域内完成的。但这种观念论其实主要得益于笛卡尔的观念论，至少洛克是如此①，而洛克对经验论者的影响又是极为深远的，可是，笛卡尔的观念论与实体论的形而上学结合在一起，而洛克等人则没有。似乎可以说，原因在于前者是理性论的观念论，而后者是经验论的。但这种解释似乎是标签重于实质。笛卡尔区分了观念（idea）的两重涵义，一是一种思想的行为，一是这种行为的对象。笛卡尔实际上侧重于前者，强调思想的能力，洛克则侧重于后者，强调思想的对象。前者会突出理性及其天赋观念的地位，而后者则更注重经验及其对象的来源。于是，前者要确保理性能力，就不可避免地寻找实体论的形而上学根据；后者则一步步退守感觉经验的雷池，终以对知识的怀疑论为归宿。这可与柏拉图对于型相世界的执著和智者派对于感觉世界的怀疑合观。康德的批判恰恰是统一了思想能力与思想对象，同时也把物自身作为超验的要素排除在知识领域之外。因此黑格尔评价道：“康德这种哲学使得那作为客观的独断主义的理智形而上学寿终正寝，但事实上只不过把它转变为一个主观的独断主义。”② 黑格尔正是通过把自为的主体赋予自在的实体，从而扬弃了旧的“物”的形而上学，而将精神注入“物”的本体，从而使“物”的形而上学焕发出新的生命力，并臻于极致。

这一群雄逐鹿的战场或可视为“逻各斯学”的领域。同样是 logic，即关于 logos 的知识，（我们现在所称的）逻辑研究的是有效推理，是形式化的符号逻辑③，而逻各斯学则是“关于真正实在（true reality）的科学知识”，必须具有质料和内容，而不能是纯粹形式的（这里的纯粹形式不是康德意义上的纯形式）。在近代科学的激励下，无论是经验论者，还是理性论者，无论是要取代空洞的三段论的经验归纳方法，还是演绎世界的基本构造的“几何学方式”，都是在探索一种崭新而有力的逻各斯学。康德的先验逻各斯学是对先天综合判断的真之可能性的探究，是对知识建构和

---

① 参见 John Cottingham，*The Cambridge Companion to Descartes*，Cambridge Companions to Philosophy，Cambridge：Cambridge University Press，1992，416。

② 黑格尔：《哲学史讲演录》，第四卷，258 页，北京，商务印书馆，1978。

③ 卡尔纳普在《世界的逻辑构造》中称之为“逻辑斯蒂”（logistics）。值得注意的是，这部书并不能完全归于卡尔纳普本人，毋宁说是维也纳学派早期代表作。参见卡尔纳普：《世界的逻辑构造》，6 页，陈启伟译，上海，上海译文出版社，1999。

认识能力的批判；黑格尔的辩证逻各斯学则展现为一次更为宏大的尝试，将存在论的、认识论的和逻各斯学的具体的真理统一在一起。我们现在有时费力不讨好地硬把“归纳”逻辑和“辩证”逻辑置于“逻辑”的名下，不是犯了“时代错误”（anachronism），就是犯了“范畴错误”（category mistake）。逻各斯学实质上总是展开为概念的等级体系。成熟的概念体系是自我完善的，这使得它们虽必定有部分的承续关系，但体系之间几乎是不可翻译的。因此形而上学的战场习惯于一个杀死另一个。更需注意的是，逻各斯不仅属于世界，它首先属于语言和理性。这暗示思想以语言的方式对世界的把握，要与世界本身同构，这种语言的 logos 对应于世界的 logos。对黑格尔来说，本质、实体总是表现为概念，因此概念不仅仅表达为语词，更要作为判断才能展开自身，而黑格尔的判断总是主谓式的。与维特根斯坦一样，黑格尔的世界构造、概念系统、语言体系是同构的，但二者分属于不同的形而上学。

正是在这个意义上，“纯粹理性批判”之后对“物”的形而上学的有力批判，是“纯粹语言批判”[①]。而“绝对精神”之后的批判，就是试图否弃“逻各斯学”。因此，一方面，“全部哲学都是一种‘语言批判’”（《逻辑哲学论》4.0031），另一方面，语言批判的实质似乎是用逻辑取代或推翻逻各斯学。世界的逻各斯学被迫要彻底让位给语言的逻辑批判。而逻辑实证主义者的批判的武器正是现代符号逻辑，但批判的目的并不是单纯地宣布“研究形而上学问题是徒劳的”，因为这种做法并不能澄清已遭形而上学浸染的各门科学的各种概念，相对于形而上学的伟大成就而言，仅仅抛弃形而上学是可笑的。真正可靠的工作是以同样巨大的努力“通过语言的逻辑分析清除形而上学”。对于“物”的形而上学而言，它的词没有意义，因为它们“甚至满足不了逻辑的第一要求，即规定它的句法，亦即规定它在基本句子里的出现形式”[②]；它的句子没有意义，因为它们是假陈述，而这个“假”不是与经验冲突，而是与逻辑冲突；因此，全部形而上学都是无意义的，因为它要“发现和表述一类与经验科学不相干的知识”，而根据证实原则，即使存在着这类“知识”，既非逻辑命题（重言式或矛

① J. Hamann 和赫尔德的对纯粹理性批判的“批判”（Metakritik）便是一例：“没有语言，就没有理性”，因此“理性就是语言，即 logos”（Hamann）。参见 Karl-Otto Apel and Eduardo Mendieta，*Karl-Otto Apel*：*Selected Essays*，2 vols.，New Jersey：Humanities Press，1994，92－93。

② 洪谦主编：《逻辑经验主义》，20 页。

盾式），亦非经验陈述，因此没有逻辑的或认识的意义。于是哲学就成为一种活动，确定或发现命题意义的活动；一种方法，逻辑分析的方法；总之，哲学是一种语言批判，一种释义活动。而形而上学，至多不过是“用来表达一种人对人生的态度的”①。

例如，对逻辑经验主义有重大影响的罗素，通过对传统逻辑的批判，轻而易举地干掉了黑格尔：“黑格尔关于哲学命题必有‘绝对如何如何’这种形式的学说就依赖于认为主谓式具有普遍性的传统信念了”②。而这信念在现代逻辑看来是错误的。此外，“黑格尔在其‘逻辑学’的这一部分中的论证，完全是建立在混淆了作为谓词的‘是’（如在‘苏格拉底是终有一死的’的句子中）与作为等词的‘是’（如在‘苏格拉底是饮了毒药的那位哲学家’的句子中）基础之上的”③。在逻辑上错了！真可谓釜底抽薪。

在卡尔纳普著名檄文《通过语言的逻辑分析清除形而上学》中，把费希特、谢林、黑格尔、柏格森和海德格尔统归于他所批判的形而上学家，并不惜笔墨专门拿海德格尔开刀。然而，我们却知道，海德格尔自始至终在与“物”的形而上学作斗争，在批评这种形而上学所造成的“在/是”的遗忘。而卡尔纳普对他的批判与其思想主旨几乎没有关系，是他的形而上学式的语言风格和“逻辑”让批评者深恶痛绝。实际上，海德格尔不但要批判“物”的形而上学，也坚决地与“事”的形而上学划清了界限；他也与黑格尔一样，在探索新的逻各斯学。因此，他指出了普通“逻辑”的局限；所以，他遭到实证主义的普通“逻辑”的嘲弄。真是“道”（logos）不同不相为谋。

可以说，新实证主义者的成就在于，他们一方面用逻辑分析来澄清句子或陈述，另一方面把经验主义的可证实性原则一以贯之。但二者又殊途同归：逻辑分析的终点必定是经验证实中的基本要素。问题是，这种要素是什么？它如何保证自身的基础性？无论它是感觉的要素还是逻辑的原子，它如何证明自身便是世界的终极构造？在它证明这一点时，它能否摆脱形而上学的气息？

2. “事” 的形而上学建构

以事实为知识的基本来源，这在经验论者休谟那里已经揭示出来。孔

① 洪谦主编：《逻辑经验主义》，35 页。

②③ 罗素：《我们关于外间世界的知识》，34 页，上海，上海译文出版社，1990。

德不过是进一步强调了它的唯一性；只有事实才能成为严格的科学对象。观察以便预测，从事实或现象中发现那些不变的自然规律、发现事实之间的精确关系，这才是实证主义，因而也是科学的基本性质，而物的实体、本质或目的因、形式因之类的玄学戏法必须予以摒弃。然而事实是什么？现象又是什么？它们怎么会与知识或知识的陈述发生关系呢？这本身就需要作出超出感性经验或事实的哲学考察。

要想清除实体而保证关于事实的知识是对世界的正确而充分的写真，似乎必须确定三点：（1）世界是由（基本）事实、现象或经验构成的；（2）现象就是本质，或者说，现象本身是透明的，它背后并没有隐藏着什么，对现象及其关系的正确而充分的陈述就是“本质”；（3）可以对事实、现象或经验作出客观而中立的描述，而不至陷入唯我论和唯心论的泥沼。这正是马赫的要素一元论的努力方向。“一切科学总是以事实在思想中的摹写为其出发点”①。当要素处于联系或关系之中时便是感觉；以要素或感觉及其（函数）关系来搭建统一的一元论的宇宙结构，这一思想直接启发了卡尔纳普。卡尔纳普在“世界的逻辑构造”中所建立的系统是以自我心理对象为基础的，这一基础又分为两个部分：作为基本要素的原初经验和作为基本关系的原初经验间的相似性记忆。同时，还要建立起事实的语言或“实在论的语言”的可还原性标准——“个别事实须由命题表达，一般事实须由命题函项表达。”②

要素及其函数关系（原初经验及其关系）与命题及其函项之间的对应，揭示了逻辑实证主义或彻底经验论“事”的形而上学基础。在这里，不但“物”消失了，“自我”或主体也不复存在了，因而认识论，特别是康德意义上的先验逻各斯学——对认识主体的认识能力的批判——也被知识学甚至仅仅是方法论所取代了。取而代之的是统一的中立的要素一元论，是统一的物理语言的描述，所谓心理过程也好，物理过程也好，只不过是不同的描述方式而已，“在‘我’之内的东西和在‘我’之外的东西之间并没有任何不可逾越的鸿沟”③。斯宾诺莎的幽灵在这里奇异地复活了。世界中和正确的思想中没有别的，只有发生的事实和对它们符合逻辑的陈述。“物”的形而上学恰恰要在事实背后发现点什么，要在对事实的陈述之外探索出某种“知识”来。结果，它不但误解了这个世界，也误解

---

① 马赫：《感觉的分析》，241页，北京，商务印书馆，1986。

② 卡尔纳普：《世界的逻辑构造》，91页。

③ 洪谦主编：《逻辑经验主义》，66页。

了什么是正确的思想。

然而，凭什么把科学特别是物理学的维度规定为标准的参照系？凭什么在这种科学主义的独断论之前放弃对科学的认识论批判？凭什么在架空“物”的形而上学之后，又偷运着“事”的形而上学，却又不给出形而上学的阐明？维特根斯坦似乎意识到这一点，他在《逻辑哲学论》[①] 中首先就试图给出一个形而上学的阐明。他并不避讳形而上学，哪怕是一种神秘主义的形而上学。[②]

无论是马赫的要素一元论还是卡尔纳普的“世界的逻辑构造”，都预设了“事”的形而上学，但都没有加以论证或构造，或者不如说，都在回避这种形而上学化。而维特根斯坦在《逻辑哲学论》一开篇，即构造了这样一种形而上学：“世界是事实（Tatsache）而非物（Dinge）的总和”（《逻辑哲学论》，1.1）。这是一种怎样的断言？是一个描述者在经验地描述这个世界，还是一个思想者在先天地规定这个世界？而且，哪个世界？世界是什么（意思）？“世界是一切发生的事情”（1）“世界为诸事实所规定，为它们即是全部事实所规定。”（1.11）“在逻辑空间中的诸事实就是世界。”（1.33）“世界分解为诸事实。”（1.2）“存在的诸基本事态（Sachverhalte）的总和即是世界。”（2.04）“全部实在（Wirklichkeit）即是世界。”（2.063）

上述命题无论如何都暗含着一个描述或规定的主体，甚至是一个遭遇着世界的主体，这个主体在对世界作出说明，并在说明中显现自身来。这些说明中显然包含着经验的成分，但经验的描述无法涉及总体，因此世界最终是被先天地规定的，要使现实世界与使知识可能的逻辑世界一致，就必须先天地规定世界。或者说，世界具有双重涵义：在可经验的意义上，世界是所有实际情况，是诸事实；在可理解的（intelligible）意义上，世界是逻辑空间中的诸事实：世界不是物的罗列，也不是事实的罗列，而是一个逻辑的构造，是逻辑空间中的子空间（事实空间）。然而，这双重涵义如何并列在一起而不存芥蒂呢？这也许是维特根斯坦“事”的形而上学

① 维特根斯坦：《逻辑哲学论》，陈启伟译，见涂纪亮主编：《维特根斯坦全集》第一卷，石家庄，河北教育出版社，2002。

② 在《逻辑哲学论》中，从表面上看，存在着两种形而上学。一种是关于“我所看到的世界的”，一种是关于作为这个世界的界限的形而上学主体的。粗略地说，前者是事实的形而上学，而后者是价值的形而上学；前者是知识的，而后者是生命的；前者要奠定经验领域的基础，要为经验立法，后者要确立超验领域的意义，要为自我安身立命。前者是逻辑的，后者则在逻辑之外；前者是可说的，后者则是不可说的；前者是澄明的，而后者是神秘的。这里关心的是前者。

建构中最为棘手的问题之一。维特根斯坦对事实的进一步规定就说明了这一点。事实或事态是由基本事实或基本事态构成的，而后者是对象的联结。对象是简单的、稳定的、持存的（2.02，2.027），对象是世界的实体（2.021），而实体是独立于实际情况而存在的东西。

维特根斯坦为什么要引入对象、物、实体？又为什么不把世界分解为它们的总和？既然对象是具有形式和内容的实体，既然维特根斯坦所规定的世界秩序是世界→事实→基本事实→对象，这难道不是把“事”的形而上学又化为“物”的形而上学了吗？维特根斯坦的解决方案是：对象的本质在于能够成为事态的组成部分（2.011），基本事态虽然是对象的配置，但只有在基本事态中对象才能给出，正如命题虽然是名称的结合，但名称只有在命题中才有意义一样。对象是世界之分析的终点，但全部对象并不构成世界，正如全部砖瓦并不构成大厦一样。维特根斯坦只在逻辑上给出了对象之存在的证明，没有、不可能、似乎也不必要给出一个经验的例证。对象是为了保证基本事实的可能性而逻辑设定的世界终极要素。就世界而言，“如果世界要有一个稳定的形式，就必须要有对象”（2.026）。换言之，世界的逻辑形式要求对象的存在。就知识而言，“假如世界没有实体，那么一个命题是否有意义就依赖于另一个命题是否为真”（2.0211），而这会导致无穷后退，也无法确定命题中名称的所指，“就不可能勾画出世界的任何图像（真的或假的）”（2.0212）。对世界及其事实来说，对象在逻辑上是必要的，却不是充分的。而事实对于世界不仅在逻辑上是充分必要的，而且在经验上也是如此。因此，可认识、可理解的世界是由事实构成的，而不是对象的总和。故曰：“诸基本事态的存在和不存在即是实在”（2.06）；“全部实在即是世界”（2.063）。

维特根斯坦进而要求语言与世界的同构性：语言→命题→基本命题→名称。这种同构性在于命题对事实的描画关系，描画关系的可能性在于共同的逻辑形式。由于这种描画关系，“一个命题符号是一个事实”（3.14）。由此，维特根斯坦的“事”的形而上学确立起来，并为知识的可能性奠定了基础。而这整个过程体现了“逻辑”的强制性，而这里的逻辑也不仅仅有关有效推理，而是决定了世界的逻各斯，因而这种逻各斯也决定了可理解的（可说的）语言，而“命题的总和是语言”（4.001），因此，知识的可能性也取决于这种逻各斯。至此我们得到了一个令人惊讶的结论：维特根斯坦的“事”的形而上学的最终确立，与其说以逻辑取代了“逻各斯学”，不如说是用一种“逻各斯学”取代了另一种。或者说，逻辑经验主义者以逻辑取代逻各斯学的做法是支离的，而在维特根斯坦这里却是完整的。因为语言批判的最终根据只能是另一种形而上学或逻各斯学。

这两种逻各斯学表面上针锋相对，但实则是人类理性思维的两条进路。西方古典哲学有两大逻各斯学传统，一是肇始于赫拉克利特并为黑格尔所继承的逻各斯学，强调逻各斯的运动和生命，一是肇始于亚里士多德并经斯多亚派、经院哲学、莱布尼茨等人发扬光大的逻各斯学传统，即研究有效推理的逻辑学传统。黑格尔批评亚里士多德的形而上学，实为两种逻各斯学之间的异路。如果将亚里士多德逻辑视为知识的领域，黑格尔的批评是有道理的；如果亚氏逻辑只是研究“必然地推出的”，那么黑格尔就不免剑走偏锋了。

黑格尔的逻各斯学始终是“哲学的认识方式”，即反思的、批判的。反思的对象是哲学的事实，而哲学的事实是一种现成的知识，哲学是在黄昏起飞的密纳发的猫头鹰。但维特根斯坦的逻各斯学却旨在确立这种知识，确立“科学的认识方式”，这恰恰是黑格尔力图反思和批判的东西。只不过维特根斯坦似乎比黑格尔找到了更可靠的工具，那就是现代形式逻辑，使他的“事实”不再单纯是感觉的或主观的直接“事实”，而是经历了逻辑的重构。因此，二者的逻各斯学所运用的武器和施展的功夫大相径庭，剑锋所指已不完全是对方。这一场关公战秦琼，输赢是分不来的，但令看官们眼花缭乱。因此，逻辑经验主义者不愿接纳维特根斯坦整个的逻各斯学，只从中剥离出他的武器和对手；而后期维特根斯坦彻底地从世界走向语言，从逻辑走向语法，从逻各斯学走向语言批判，却是脱胎换骨。这一取一弃之间，当真是错综复杂，气象万千。

3. 语言哲学视野下的分析的形而上学

前期维特根斯坦的世界是事实的总和，但物（对象）又是世界的实体。尽管维特根斯坦能够为“事”的形而上学而不是“物”的形而上学辩护，但其中仍有变数。因为与其说维特根斯坦的世界是这样说的，不如说我们关于世界的概念构架或概念图式是这样的；与其说我们的概念构架是这样的，不如说世界的逻辑形式和语言的逻辑形式是这样的。不同的概念构架和对逻辑形式的不同理解，给出的世界构造是不一样的。斯特劳森说，有两种形而上学，一种是描述的（descriptive），一种是修正的（revisionary），前者“满足于描述我们关于世界的思想的实际结构”，如亚里士多德、康德，而后者“则关心创制一个更好的［思想］结构”，如笛卡尔、莱布尼茨和贝克莱。[①] 当然，对具体的哲学家来说，斯特劳森承认，这只是大致的归类；而且，我们要强调，这是他的归类。用我们的话说，有两种逻各斯学，一种致力于揭示我们实际的思想和语言的逻各斯，例如康德的先验逻各斯学，一种致力于展现作为终极性的第一原则的逻各斯，而力图超越日常思维和语言的逻各斯，例如黑格尔的辩证逻各斯学。

任何二分法都是成问题的。这里也不例外。一方面，就“事—物”的形而上学而言，维特根斯坦和黑格尔分属不同的阵营；但如果就“描述的—修正的”而言，他们是同一个战壕里的。因为“语言遮蔽着思想”(4.002)，从日常语言看不出思想或语言的逻辑形式，看不出命题的一般形式，从日常语言勾画出的作为物的堆积的世界看不出由事实构成的世界。我们通常把包括前期维特根斯坦在内的逻辑经验主义称为“人工语言学派”，就说明了这一点。至于黑格尔则毋庸赘言。他们都不满足于日常语言形成的概念构架，而要力图揭示出世界、思想和语言的真正结构。另一方面，斯特劳森自认为属于“描述的”形而上学，但他在晚年的论文集《分析和形而上学》中，反思了分析哲学的发展历程之后，却提出了将存在论、逻辑学和认识论结合起来的哲学构想。这难道与黑格尔殊途同归了吗？这种假象似乎是因为二者都可归“物”的形而上学的阵营。但实际上斯特劳森更接近于他所青睐的康德。将存在论概念（对实在的判断）和认识论概念（赋予判断以内容和意义的经验）通过逻辑概念联结起来，恰恰是刻画我们的思想和概念结构的不可或缺的方式。这种“复归康德”的思想进路似乎预示着“作为科学的形而上学是如何可能的”这一问题应该有当代的解答。

斯特劳森的问题是：我们实际的概念构架具有什么样的特征，它的可能性条件是什么。他不是在谈论世界如何，而是在描述当我们谈论世界的时候，我们在存在论意义上实际承诺了什么东西。被承诺的（committed）是可辨明的（identifiable），可辨明性是我们说话和交谈的根本条件。在最基本的交流形式“说者—听者辨明”中，被辨明的是特殊物：处于时空结构中的特殊物是日常语言的基本主体（主词），而物体和具有物体的个人则是基本特殊，是辨明其他特殊的基础。因此，“认为物体是我们概念构架中的基本特殊，等于说，物体在那个构架中在存在论意义上优于其他类

---

① 参见 P. F. Strawson, *Individuals: An Essay in Descriptive Metaphysics*, London: Routledge, 1990。

型的特殊”[①]。这一论证的一个推论是，心物二元论是不能成立的，否则“心”的概念就比“个人”的概念更为基本了，但“物体”和“个人”才是基本特殊。个人的概念在逻辑上是原始的个体[②]，不可再分割为“心”、“身”两个概念。另一个推论是，感觉材料不是最原始的构造，它们是“私有特殊”（private particulars），从属于“个人”的类别。[③] 由此推出一个对我们来说最重要的结论：事实不是我们所谈论的世界的基本单位，要谈论事实必须首先辨明物体。这恰恰与早期维特根斯坦的论断截然相反。

不过，这种相反是同一层次上的相反，因为斯特劳森的考察恰恰表明，逻辑实证主义所引导的“哲学的转变”，其积极意义在于，此后的任何形而上学探究都必须建立在语言分析和语言批判的基础之上。换言之，形而上学的探究实际上是我们在语言的层面上“触摸”实在，更确切地说，必须在语言的层面上用概念建构实在，构造关于实在的范畴理论。当然，具有悖论意味的是，逻辑实证主义基于经验论特别是证实原则的语言批判仍然未能逃逸出它所挖苦的形而上学。除了“事”的形而上学之外，剑桥学派的威斯顿就把逻辑经验主义当作一种新的形而上学，因为其核心的证实原则既非重言式的分析命题，亦非关于事实的综合命题，按照其自身的标准就是无意义的。而在蒯因和戴维森批判了经验论的三个教条之后，在这三个教条支持下的实证主义更是无地自容了。

蒯因在当代形而上学的复兴事业中扮演了举足轻重的角色。他采取了语义上行的策略，使存在论问题从事实走向承诺，从经验证实走向语言使用：“一般地说，何物存在不依赖于人们对语言的使用，但是人们说何物存在，则依赖于其对语言的使用。”[④] 因此，在《论何物存在》一文中，蒯因指出，在辩论什么东西存在时，有必要退回到语义学的水平上，以便找出可以进行辩论的共同基础。而存在论的分歧必然包含概念结构上的基本分歧，如果把存在论的基本争论翻译为关于语词和怎样使用语词的语言学争论，在这样的范围内的争论才能争论下去。这样看来，“汉尼拔是否存在”是个存在问题，却不是存在论问题；是经验事实问题，而不是关于世

---

① 参见 P. F. Strawson, *Individuals: An Essay in Descriptive Metaphysics*, London: Routledge, 1990, 59。

② “个体”（individual）最初是译希腊文“原子”（atom）的拉丁词，二者都是“不可分割”的意思。

③ 参见 Strawson, *Individuals: An Essay in Descriptive Metaphysics*, 41。

④ 蒯因：《从逻辑的观点看》，涂纪亮、陈波主编：《蒯因著作集》第四卷，97 页，北京，中国人民大学出版社，2007。

界或实在的最一般的存在的问题。哲学家想要知道的是，在更一般的层次上，总体存在着什么。也就是说，哲学寻求整个世界系统的大致轮廓。然而，不同的理论给出的世界的大致轮廓是不同的，但当它们这样做的时候，就已经给出了构成世界系统的存在者的类，而这也就是这些理论的存在论承诺。负载着存在论承诺的是约束变项，“存在就是成为约束变项的值”。当然，蒯因的存在论承诺不同于哲学史上的存在论预设，例如（∃x）A（x）和（∀xx）A（x）虽然具有同样的存在论预设，即变元的同一个值域，但不具有同样的承诺，前者承诺了 x 的存在，而后者则只承认了非空论域的存在①，从而避免了困扰着哲学史的如何谈论“非存在”的问题。这也许并不起眼，但在哲学史上却是一个非同小可的进展。

重复这些论述的原因在于，在蒯因看来，形而上学不是可以被一劳永逸地清除的，相反，形而上学内在于任何科学理论之中，是不可避免的，而且应当成为“科学的”。哲学与科学是连续的。知识如何产生？知识的有效性何在？这仍然是康德式的问题。为认识论提供形而上学的基础，这也是康德式的思路。“一旦我们择定了要容纳最广义的科学的全面的概念结构，我们的本体论就决定了；而决定那个概念结构的合理构造的理由，同决定整个概念结构的合理构造的理由没有种类上的差别。对任何科学理论系统的采用在多大程度上可以说是语言问题，则对一种本体论的采用也在相同的程度上可以说是语言问题。”② 当然，正如亚里士多德的形而上学需要三段论逻辑作为工具，康德的“科学的形而上学”需要“先验逻辑”为准备，黑格尔的精神辩证法需要“辩证逻辑”为骨架一样，蒯因的形而上学构想也是以逻辑特别是一阶谓词逻辑为背景框架的。也正如亚里士多德《形而上学》的某些部分相当于一部“哲学概念辞典”，黑格尔的形而上学是一部“概念的辩证法”一样，蒯因也要求我们明确地返回语义的层次，通过语义整编等方式研究形而上学问题。

可以说，蒯因与斯特劳森一起在英美学界充当了重建形而上学的先锋。他的著名论文“On What There Is”（《论何物存在》）更是每一部当代形而上学文选必选的经典之作。显然，“存在论”问题仍然是当代形而上学研究的重头戏——“存在”及其同类词所表达的是哪一类概念？是一阶概念还是二阶概念？当我们说某物存在时，我们是把某种性质（存在的性

① 参见陈波：《蒯因哲学研究》，§9.1，北京，三联书店，1998。

② 蒯因：《从逻辑的观点看》，26 页。

质）归之于它，如同我们把红这一属性归之于苹果一样吗？说某物是红的意味着它与黄或黑或别的颜色相反对，总之不是红的，但说某物存在是与什么相反对呢？与它的不存在吗？但这怎么可能呢？等等——这些问题仍然在讨论之中。俄罗斯哲学家 S. L. Katretchko 在《作为形而上学的哲学》[①] 一文中认为，未来的哲学活动与科学不同，它所探讨的不是自然对象，而是特殊的对象——哲学家们所构造出来的 the totalities（总体性的东西）。“存在”作为这样一种概念，更具有基础性。“存在”是谓词也好，不是谓词也罢，但它究竟意味着什么？既然它似乎不可能从我们的概念框架中被清除，它的意义何在呢？这就是说，“存在”及其同源词所表达的究竟是何种概念？当我们说某物存在时，我们是把某种性质（即存在性）归于此物，就如同当我们说这个苹果是红的的时候，是将红作为性质归于这个苹果吗？某物是红的，意味着与黄、黑或其他不是红的东西相对，但是，说某物存在则相当于什么？相对于非存在的存在（Being nonexistent）？但这是怎么可能的？[②]

除此之外，像同一性、可能世界、普遍者、性质、种类、物及其持存、自我及其持存、因果关系、真、事件、颜色、抽象物与具体物、实在论与反实在论等等，都是当代形而上学广泛讨论的主题。当然，或许由于这些问题太过抽象，或许是由于反形而上学力量造成的偏见作祟，当代西方形而上学的研究在中国未能得到足够的重视。因此，本部分的目的实际上是通过揭示实证主义与形而上学的命运纠葛，以使我们正视和深入研究作为哲学主要分支之一的形而上学。

三、当代英美形而上学研究概况

形而上学研究在当代英美学界已经走出了困境，正在走向复兴；但复兴之后的“分析的形而上学”已经不再是出自自然禀赋的理性冲动了，也不再拥有“一切科学的女王”的尊贵头衔。相反，形而上学的衰落与复兴皆源于不同阶段的“语言转向”，在“语言转向”为主脉的时代，形而上学已然失去了第一哲学的地位；与之相比，语言哲学更有资格要求第一哲学的头把交椅。我们要关注的是，在这样的背景下，形而上学的研究内容

---

① S. L. Katretchko, “Philosophy as Metaphysics,” http://www.bu.edu/wcp/Papers/Meta/MetaKatr.htm.

② 参见 Kim and Sosa, *Metaphysics: An Anthology*. 3。

发生了怎样的变化。我们依次从当代形而上学家关于形而上学这门学科的一般性界定、对形而上学基本特征的描述、形而上学的研究主题和主要问题入手加以概述。

首先，让我们看看一些形而上学概论著作中关于形而上学的若干有代表性的定义：

- 形而上学是关于实在和我们在其中的位置的最基本、最普遍特征的哲学探究。（金在权、E. Sosa：《布莱克威尔形而上学选读》）①
- 作为一种探究领域，形而上学关注与我们所栖居的世界的一般性质和结构相关的哲学问题。（Carter：《形而上学基础》）②
- 形而上学是哲学的主要分支之一，研究存在（being，即 existence）概念以及其他若干密切关联的概念。（朱比恩：《当代形而上学》）③
- 形而上学是所有学科中最一般性的学科，旨在确定一切存在者的性质和结构，这一探究的核心是刻画 being 的诸范畴，而范畴是最一般、最高的类，一切存在的东西皆涵摄于其下。（卢克斯：《形而上学导论》第三版）④
- 形而上学试图告诉我们世界的终极真理。（范·英瓦根：《形而上学》）⑤
- 形而上学研究世界中有什么东西（或更准确地说，研究根本的或终极实在是什么）；它之所以值得研究，是因为我们都拥有关于世界的信念，我们也希望知道这些信念是否能够真的、如何能够是真的。由此，形而上学就是存在论研究，研究 being，而与研究认识的认识论相对。（麦克唐纳：《多种多样的东西：当代形而上学的基础》）⑥

---

① Kim and Sosa, *Metaphysics: An Anthology*. ix.

② William R. Carter, *The Elements of Metaphysics*, The Heritage Series in Philosophy, New York: McGraw-Hill, 1990, 2.

③ Michael Jubien, *Contemporary Metaphysics*: An Introduction, Malden, Mass.: Blackwell Publishers, 1997, 1.

④ Michael J. Loux, *Metaphysics: A Contemporary Introduction*, 3rd ed., Routledge Contemporary Introductions to Philosophy, New York: London: Routledge, 2006, x.

⑤ Peter Van Inwagen, *Metaphysics*, Dimensions of Philosophy Series, Boulder, Colo: Westview, 1993, p. 3.

⑥ Cynthia Macdonald, *Varieties of Things: Foundations of Contemporary Metaphysics*, Oxford: Blackwell, 2005, 3.

● 至少在可以追溯至亚里士多德的传统中，形而上学是对存在本身的根本性质的哲学探究。它关注的是各种实存物（entity）的范畴的轮廓，这些范畴是关于世界任何可能的、可接受的描述所设定或预设的——无论这世界是物理世界，还是世界的其他什么方面。形而上学的任务是建立完整而融贯的存在论，凡是对把握任何特殊探究对世界的正确描述来说必要的东西，都包含在其中，这些特殊的探究包括经验的、数学的、模态的或道德的探究等。（《麦克米兰哲学百科全书》，卷6）①

在上述定义中，我们发现，它们都试图从亚里士多德传统出发把握形而上学的性质，以期概括所谓古典形而上学和现代形而上学或“旧”形而上学和“新”形而上学。同时，许多形而上学家也指出，形而上学几乎是不可定义的，因为所谓“存在”、“实在”、“终极”等概念本身在理解上就存在着严重分歧。定义本身不足以刻画当代分析的形而上学的面貌。

其次，也许更好的方式是概括形而上学的若干特征，以表明形而上学进路与其他研究进路的根本差异。

C. Macdonald概括了形而上学的四个特征：

（1）形而上学研究事物的“真实”（real）性质，研究从根本上说世界中到底有什么东西，这些事物的根本类型乃是其他经验或先天学科所预设的。

（2）形而上学具有“理智”的或先天的性质，所谓先天（a priori），指我们可以独立于感觉经验而能够知道形而上学的主题。

（3）形而上学关注的是普遍性或一般性，即关注最一般形式下的存在本身，而不是特殊科学所关注的这种或那种特殊类型的事物的存在。也许正是这个特征，可以说明形而上学相当于其他学科的功用，即其他学科是在形而上学清晰阐释并试图辩护的假设基础上前进的。同样，这个特征也可以说明形而上学家何以陷入无休止的争吵、形而上学为什么在能够得到一致同意的信息或知识上毫无进步；这恰恰是因为特殊科学是在形而上学所设定的框架内活动，存在着公认的标准解决各种争论，而对形而上学来说，只要没有内在矛盾，许多形而上学理论都能够给出同样充分的说明，以解释我们关于世界的信念。

① Donald M. Borchert, *Encyclopedia of Philosophy*, 2nd ed., 10 vols., vol. 6, Detroit: London: Macmillan Reference USA, 2006, 169.

(4) 由于形而上学的本性就是以先天的方式处理关于存在物的性质和种类的最一般、最根本的问题，形而上学命题在传统上就被认为是必然为真而非偶然为真的。①

上述四个特征的确可以体现形而上学史上大多数理论的基本特性，也基本上适用于当代分析的形而上学，但并没有展现当代分析的形而上学的个性和进展。毋宁说，上述四个特征是形而上学这个学科的“家族相似性”，即形而上学的典范性特征。

第三，要刻画当代分析的形而上学的一般面貌，最好的方式其实是从主题和问题出发，因为当代分析的形而上学家致力于建构形而上学体系的很少，但他们所探索的形而上学问题却很多，正是对这些问题的研究，构造了当代分析的形而上学的大厦。我们不妨仍然借用齐默曼在《牛津形而上学研究》第一卷中对形而上学研究主题的概括：

(1) 形而上学的核心主题：模态、存在论、整分论（mereology）；关于因果性、自然法则、时间中的持存和时间本身的形而上学理论；多重涵义下的实在论与反实在论；等等。

(2) 其他领域中的形而上学问题群：如心灵哲学中的伴生（supervenience）与物质论、感受特质（qualia，感质）的本性、心理因果性等问题，科学哲学中的相对性和量子物理学的形而上学意蕴、生物种类的存在论等问题，宗教哲学中包含神学预设的关于共相、因果性和模态的理论，对有神论形而上学的考察（如神性的简单性理论和莫利拉主义者的“自由的反事实性”），等等。②

范·英瓦根和齐默曼在布莱克威尔“大问题”系列《形而上学》卷中，以如下方式划分了形而上学问题的结构：

1. 世界最一般的特征是什么

1.1 个体与其性质的关系

1.2 什么是时间和空间

1.3 物在其部分和性质的变化中如何持存

1.4 原因如何产生结果

2. 我们在世界中的位置

---

① Macdonald, *Varieties of Things: Foundations of Contemporary Metaphysics*, 7-8.

② Zimmerman, ed. *Oxford Studies in Metaphysics*. vi.

2.1 物的显象如何与显现之物相关

2.2 心身关系是怎样的

2.3 我们能否自由地行动

3. 是否只有一个世界

4. 何以有世界存在

4.1 这问题有答案吗？

4.2 答案是否涉及某个必然存在者

5. 形而上学是否可能

这一形而上学问题的结构基本上概括了当代分析的形而上学研究的主线和脉络。

综合各种当代形而上学著作，我们更详尽地勾勒了分析的形而上学的十大核心主题及其相关问题，见图 8—1。

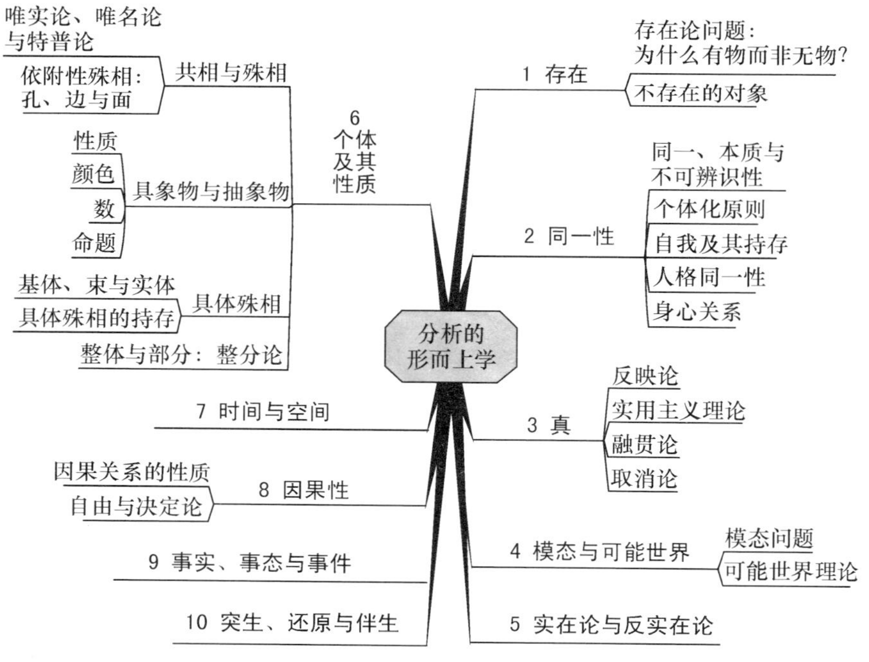

图 8—1 分析的形而上学的十大核心主题及其相关问题

我们从这幅图可以看出，分析的形而上学的主要问题虽然在古典形而上学中皆有迹可循，但讨论的深度和广度都大大推进了，其抽象和艰深程度也远远超过了以往的形而上学著作。限于篇幅，我们不可能详细考察所有这些主题，而仅以因果性当中的因果关系的性质作一介绍。

四、当代英美形而上学中的因果性问题概述

无论构成世界的基本的形而上学要素是物体、事实，还是事件，也无论我们以何种方式谈论世界，世界都不是要素的单纯堆积，恰如我们的语言不是语词的单纯堆积一样。世界必定是有一定结构的，世界中的存在者也必定以各种方式相互联系。在这些联系中，因果关系或许是最重要的，正如休谟在《〈人性论〉摘要》中说的，因果关系是宇宙的接合剂。

具体说来，因果性概念的重要性体现在描述、说明和预测三个方面。首先，因果性概念极为普遍，不仅在明显表达因果关系的概念上（如产生、引发、导致等），在一些不太明显的表达中也是如此（如杀人就包含置人于死地，打碎某物即使其各部分分崩离析）；如果我们从语言中去掉与因果性相关的所有概念，则我们的语言将极为贫乏，不敷所用。其次，因果性与说明密切相关，说明某个事件为什么和如何发生，通常就是确定其原因，即使该事件发生的事件或条件。进一步说，没有因果性概念，我们也无从说明道德义务和法律责任，因为如果我们没有导致某些事件或条件，大概也就无须为此负责。第三，因果性知识对于我们预测未来、控制自然事件进程的能力来说，也至关重要，这一点毋庸赘言。①

在因果性问题的历史中，休谟无疑是关键性的分水岭。传统的形而上学家认为因果性是模态概念，即有因必有果（原因必然产生其结果）。但休谟则凭借对概念的经验论解释，主张凡我们所遇之因果序列，无非两类事件以恒常联结的模式表现出来的实例，这种恒常联结或有规则的连续性，导致心灵从关于某类中的某事件的某个经验或观念，前进到另一类中某事件的观念，因此因果性完全是非模态的关系。由此，围绕休谟的解决方案，大致形成了两条进路。其一是捍卫传统进路，肯定因果性是模态概念，表达了因果的必然性。如康德就认为，如欲使知识具有普遍必然性，则因果性概念实为不可或缺的先天概念、知性范畴。又如，有人认为休谟的论证表明的只是因果性不是观察性概念，而因果性本身恰恰是休谟的概念形成模式无法说明的理论概念。因果关系是我们无法直接经验的，毋宁说是我们设定的关系。因果关系设定所说明的，恰恰是休谟错误地确定为因果关系的现象。休谟的错不在将有规则的连续与因果性联系起来。事件

① 参见 Kim and Sosa，*Metaphysics：An Anthology*．411。

之间的因果关系产生了有规则的序列；而序列的规则性却不是因果性，毋宁说是因果性的模态关系存在的表征。因果关系虽不可观察，却产生了可观察的规则序列，并可用于说明之。还有人认为因果性概念虽然具有强烈的模态特征，却也可算作观察概念，即我们其实能够观察到因果效力，能够直接经验到某物使另一物发生。而休谟对感知的理解模式过于贫乏，使他否认我们能够在感知方面意识到因果效力；这就是说，他的感觉经验的模型是将色、声、味、形之类的东西当作对象的。但实际上我们需要更广泛的知觉概念，使我们能说我们不仅感知具体殊相，也感知物理变化、过程和事件，以及这些殊相所进入的相互作用。①

另一条进路则承认休谟的观点，提供了对因果性的非模态诠释。其中有代表性的有 J. L. Mackie，他认为规则性分析提供了不可或缺的非模态诠释，而另外一些学者则追溯 David Lewis 的理论，坚持对因果性的反事实分析。

Mackie 在“原因与条件”一文中引入了“INUS 条件”这一概念②，并在《宇宙的黏合剂：因果性研究》③ 一书中继续发挥。将因果性分析为 INUS 条件，意味着从规则性着手探讨因果性的方式；根据这种方式，单个的因果关系，即两个个别事件之间的因果关系，必定被该原因和结果所属的事件种类之间的合乎法则的规则性所覆盖。原因作为条件，虽然其本身对其结果来说是不充分的，但却是某种条件的必然部分，而这一条件对于该结果虽非必要条件（因为通常会有另外的原因），却是其充分条件。④因此，INUS 条件可以形式化的方式定义如下：

> A 是结果 P 的 INUS 条件，当且仅当，对于某个 X 和某个 Y 来说，（AX 或 Y）是 P 的充分必要条件，但 A 不是 P 的充分条件，且 X 也不是 P 的充分条件。⑤

在“因果性”⑥ 一文中，刘易斯从反事实依赖性方面解释了因果性：

---

① 参见 Loux，*Metaphysics：A Contemporary Introduction*. 194－195。

② 所谓 INUS，意指原因是某条件的非充分却必要（insufficient but necessary）部分，而该条件本身却是结果的非必要却充分（unnecessary but sufficient）条件（参见 Kim and Sosa，*Metaphysics：An Anthology*. 414）。

③ J. L. Mackie，*The Cement of the Universe：A Study of Causation*，Clarendon Library of Logic and Philosophy，Oxford：Clarendon Press，1980.

④ 参见 Kim and Sosa，*Metaphysics：An Anthology*，411。

⑤ Ibid. 414.

⑥ 该文收入作者的《哲学论文集》第二卷，作为第 21 章，并增加了 6 个重要的附录。参见 David K. Lewis，*Philosophical Papers*，vol. 2，New York：Oxford University Press，1987。

原因是结果的必要条件，无此条件则此结果无从发生。刘易斯认为他的思路解决了困扰合乎法则的规则性思路的诸多困难。他的讨论比较技术化，此处不予详谈。①

Michael Tooley 从因果性是否可分析的角度区分出四类因果性理论：直接实在论；休谟式还原论；非休谟式怀疑论；间接实在论（理论名词的实在论）。而这四重划分依赖于三个区分：还原论与实在论的区分；休谟式事态与非休谟式事态的区分；可直接观察状态与不可直接观察状态的区分。②

（1）直接实在论（direct realism）。该理论包含四个主要论题：

a）因果关系是直接可观察的；

b）因果关系不可还原为非因果性的性质和（或）关系；

c）因果关系也不能和因果法则一起被还原为非因果性的性质和（或）关系；

d）因果关系概念是基本的、不可分析的。

（2）休谟式的还原论（Humean reductionism）。这一还原论进路包含三个主要类型：

a）从条件方面分析因果性，这些条件在法则的意义上（nomologically）是充分或必要或既充分也必要的（如上述 Mackie 的思路）；

b）认为反事实条件句在其中发挥了核心作用（如刘易斯的理论）；

c）基于休谟类型的概率论关系。

（3）非休谟式的还原论。传统的概率论进路是从统计学关系出发分析因果性的，从而提出了休谟式的还原论解释。而在20世纪后期则出现了另一种概率论进路，是从趋势或客观机遇（propensities or objective chances）出发的。不过，客观机遇在逻辑上并不伴生于休谟式事态总体，例如，如果已知类型的原子进行放射性衰变需要花某平均时间 t，则就这原子在已知时间段内的衰变过程而言，该事实与此过程的不同客观机遇在逻辑上是相容的。于是，涉及客观机遇的因果性分析就是一种非休谟式的怀疑论解释。

（4）间接实在论或理论名词的实在论。关于因果性的直接实在论问题很大，而间接实在论作为与之大不相同的因果实在论，主张因果性是事件

① 较为详细的讨论，参见韩林合：《分析的形而上学》，6.3 节，北京，商务印书馆，2003。

② 参见 Michael Tooley，"Causation：Metaphysical Issues，" in *Encyclopedia of philosophy*，ed. Donald M. Borchert，Detroit：London：Macmillan Reference USA，2006。

之间的理论关系。一切关于因果性事态的知识都是推论性知识，且因果性概念就需要分析。不过，这种分析不同于还原论的解释，它并不认为因果性事态在逻辑上与非因果性事态相伴生。

参考文献

Apel，Karl-Otto，and Eduardo Mendieta. *Karl-Otto Apel*：*Selected Essays*. 2 vols. New Jersey：Humanities Press，1994

Borchert，Donald M. *Encyclopedia of Philosophy*. 2nd ed. 10 vols. Vol. 6. Detroit：London：Macmillan Reference USA，2006

Carter，William R. *The Elements of Metaphysics*，The Heritage Series in Philosophy. New York：McGraw-Hill，1990

Comte，Auguste. *The Positive Philosophy*. Translated by Harriet Martineau. Kitchener：Batoche Books，2000

Cottingham，John. *The Cambridge Companion to Descartes*，Cambridge Companions to Philosophy. Cambridge：Cambridge University Press，1992

Gale，Richard M. *The Blackwell Guide to Metaphysics*，Blackwell Philosophy Guides V. 8. Oxford：Blackwell，2002

Hales，Steven D. *Metaphysics*：*Contemporary Readings*. Belmont，CA：London：Wadsworth，1999

Jubien，Michael. *Contemporary Metaphysics*：*An Introduction*. Malden，Mass.：Blackwell Publishers，1997

Katretchko，S. L. "Philosophy as Metaphysics." http：//www. bu. edu/wcp/Papers/Meta/MetaKatr. htm

Kim，Jaegwon，and Ernest Sosa. *A Companion to Metaphysics*，Blackwell Companions to Philosophy. Oxford：Blackwell Reference，1995

——. *Metaphysics*：*An Anthology*，Blackwell Philosophy Anthologies：7. Malden，MA.：Oxford：Blackwell，1999

Lewis，David K. *Philosophical Papers*. Vol. 2. New York：Oxford University Press，1987

Loux，Michael J. *Metaphysics*：*A Contemporary Introduction*. 3rd ed，Routledge Contemporary Introductions to Philosophy. New York：

London: Routledge, 2006

Loux, Michael J., and Dean W. Zimmerman. *The Oxford Handbook of Metaphysics*. Oxford: Oxford University Press, 2003

Lowe, E. J. *The Possibility of Metaphysics: Substance, Identity, and Time*. Oxford: Clarendon Press, 1998

Macdonald, Cynthia. *Varieties of Things: Foundations of Contemporary Metaphysics*. Oxford: Blackwell, 2005

Mackie, J. L. *The Cement of the Universe: A Study of Causation*, Clarendon Library of Logic and Philosophy. Oxford: Clarendon Press, 1980

Smith, Barry, and Christopher Welty. "Fois Introduction: Ontology-Towards a New Synthesis." In *Proceedings of the international conference on Formal Ontology in Information Systems-Volume* 2001. Ogunquit, Maine, USA: ACM Press, 2001

Strawson, P. F. *Individuals: An Essay in Descriptive Metaphysics*. London: Routledge, 1990

Tooley, Michael. "Causation: Metaphysical Issues." In *Encyclopedia of philosophy*, edited by Donald M. Borchert. Detroit: London: Macmillan Reference USA, 2006

Van Inwagen, Peter. *Metaphysics*, Dimensions of Philosophy Series. Boulder, Colo: Westview, 1993

Van Inwagen, Peter, and Dean W. Zimmerman. *Metaphysics: The Big Questions*, Philosophy, the Big Questions. Malden, Mass.: Oxford: Blackwell, 1998

Vlastos, Gregory. *Platonic Studies*. [*Princeton*]: Princeton University Press, 1973

Zimmerman, Dean W., ed. *Oxford Studies in Metaphysics*. Vol. 1. Oxford: Oxford University Press, 2004

王路. 逻辑的观念. 北京：商务印书馆，2000

卡尔纳普. 世界的逻辑构造. 陈启伟译. 上海：上海译文出版社，1999

哈贝马斯，尤尔根. 认识与兴趣. 上海：学林出版社，1999

威廉·涅尔、玛莎·涅尔. 逻辑学的发展. 张家龙等译. 北京：商务印书馆，1985

洪谦主编. 逻辑经验主义. 北京：商务印书馆，1989

黑格尔. 哲学史讲演录. 第四卷. 北京：商务印书馆，1978

蒯因. 从逻辑的观点看. 涂纪亮，陈波主编. 蒯因著作集. 第四卷. 北京：中国人民大学出版社，2007

纽拉特和卡尔纳普. 科学的世界概念：维也纳学派. 陈启伟主编. 现代西方哲学论著选读，北京：北京大学出版社，1994

维特根斯坦. 逻辑哲学论. 陈启伟译. 涂纪亮主编，维特根斯坦全集. 第一卷. 石家庄：河北教育出版社，2002

罗素. 我们关于外间世界的知识. 上海：上海译文出版社，1990

陈波. 蒯因哲学研究. 北京：三联书店，1998

马赫. 感觉的分析. 北京：商务印书馆，1986

第九章　海德格尔与形而上学

张　旭

“我们时代唯一伟大的思想家”① 是海德格尔，他以摧毁形而上学闻名。珀格勒说：“海德格尔试图解决存在问题，他把形而上学考虑为批判的范畴学说或逻辑，把现象学考虑为解释学的现象学，然后把形而上学考虑为此在的形而上学，把现象学和形而上学当作一条道路的可能性而接受下来，然而在走过道路时又改变了它们，使它们返回来去顺从更本源的发问。最后，海德格尔完全放弃了与现有的哲学的可能性和道路相联系。”② 然而，海德格尔的哲学难道不是一种新的形而上学吗？不管怎样，海德格尔的哲学绝不是一种伦理学、政治学、美学、艺术哲学、历史哲学、社会理论，也不是一种神学、先验哲学、辩证法。海德格尔的哲学也不能再简单地称之为“生命哲学”或（萨特式的）“生存主义”（旧译“存在主义”），尽管他的确是这场20世纪重要的思想运动的奠基人。或许我们可以称他的哲学为“存在哲学”，因为其哲学的唯一主题是“存在”：“走向一颗星”。

海德格尔在《现象学的基本问题》中指出，按照形而上学的传统，哲学就是关于存在的科学。但是，传统形而上学追问存在的方式是思辨，海

① Leo Strauss, *The Rebirth of Classical Political Rationalism*. ed. by Thomas Pangle, The University of Chicago Press, 1989. 29-30.

② 奥托·珀格勒：《海德格尔的思想之路》，203页，宋祖良译，台北，仰哲出版社，1994。

德格尔在《存在与时间》中追问存在的新方法是现象学："哲学是普遍的现象学的存在论"。海德格尔1962年在给理查森的信和《我进入现象学之路》(1963)中自述，他毕生追问存在问题，一开始(1907)受到了胡塞尔的老师布伦塔诺的《论存在在亚里士多德那里的多重含义》(1862)的启发，接着受到他的老师Carl Braig的《论存在：存在论纲要》的影响。[①]但他真正找到追问"存在的意义"的方法，还是受到他的老师胡塞尔早年的《逻辑研究》，尤其是其中的"第六研究"中的"范畴直观"学说的影响。通过对范畴直观的分析，胡塞尔将存在从它固着于判断的状态中解放了出来。这么一来，对存在问题的整个考察领域就被重新定向了。"存在的意义"的问题必须首先超出将存在作为"存在者的存在"的那种理解。为了能够一般地展示存在的意义的问题，这个存在的真理必须被给予，以便通过它去追问"存在的意义"。海德格尔从未遵循胡塞尔对感知和意识现象的分析之路，而是通过坚持现象学追问事情本身的彻底明证性的原则走上了追问"存在的真理"之路。[②]

海德格尔追问存在问题必然遭遇到流传下来的整个西方哲学的传统，其中以形而上学的"存在论"(旧译"本体论")为核心。海德格尔通过时间境域，开辟了与整个形而上学传统截然不同的理解存在的新的进路。从这种此在与时间性的视角，海德格尔分析了亚里士多德形而上学中的系词问题、源自亚里士多德的经院形而上学中的"本质与存在"的论题、近代笛卡尔的"心(思维)与物(广延)"的问题、康德的"存在不是实在的谓词"论题、黑格尔的"存在与虚无"的问题等等。此外，海德格尔还写有大量关于形而上学的文字，从《康德与形而上学问题》、《形而上学是什么?》、《形而上学导论》、《形而上学的存在—神—学机制》这些著作的标题上就可见一斑。这表明海德格尔认为处理形而上学问题具有比伦理学或政治哲学更为重要的意义。按传统哲学的划分标准似乎可以说，海德格尔的基本研究领域应该是形而上学或存在论，尽管他从未运用传统形而上学的思辨方法。

不过准确地说，这位伟大的哲学家毕生所"运思"的领域却是传统形

---

① 参见萨弗兰斯基：《海德格尔传：来自德国的大师》，28～43页，靳希平译，北京，商务印书馆，1999。

② 参见Martin Heidegger，*Ontology: The Hermeneutics of Facticity*，trans. by John van Buren，Indiana University Press，1999；*The Phenomenology of Religious Life*，trans. by Matthias Fritsch and Jennifer Gosetti-Ferencei，Indiana University Press，2004。

而上学所“未思”的领域，用《形而上学是什么?》（1929）第5版的导言“回到形而上学的基础”（1949）的标题来说，海德格尔所思考的拓扑空间不再是传统形而上学所占据的那个空间，而是传统形而上学更深的那个空间，这个空间是被形而上学遮蔽并被形而上学遗忘的深渊。尽管如此，这一空间作为传统形而上学所运作的根基仍然与传统形而上学有着最紧密的关系。因此，“海德格尔与形而上学”这一标题首先就有一定的正面意义，而不仅仅是那种简单的否定的意义。

据说，海德格尔是20世纪最猛烈地批判传统形而上学的哲学家，然而，我们必须澄清，说海德格尔批判形而上学这到底意味着什么。海德格尔对形而上学的批判和逻辑实证主义或解构主义对形而上学的批判有什么不同呢？看起来，海德格尔连同形而上学一起，放弃了现代理性主义、认识论、主体性、意识哲学的传统，并将整个现代哲学传统视为传统形而上学的展开（而不是根本性的断裂）。海德格尔对现代性的批判与法兰克福学派对启蒙辩证法的批判有什么本质区别呢？每一种批判或解构都诉诸某种未曾言明的标准、前提和偏见，那么，海德格尔批判形而上学与那些仅仅出于某种哲学视角偏见的批判有什么不同呢？海德格尔彻底摧毁了形而上学并使其万劫不复了吗？

显然，海德格尔与那些认为形而上学已经死亡且无须再理它的人的态度迥然不同。海德格尔对形而上学的批判并未将形而上学视为无意义或历史的垃圾，因为这种嘲笑和贬斥历史的态度只是一种幼稚病，以为一夜之间发动一场思想革命就可以一劳永逸地埋葬形而上学。然而，形而上学总会在被宣称遗弃的地方以另一种方式重新出现。基于这种思想经验，海德格尔从未低估形而上学的顽固力量，从未简单地嗤之以鼻、置之不理，将其作为历史的一页轻率地翻过去，相反，他将理解和克服形而上学看作是他一生运思的根本任务。理解和克服形而上学就意味着进入到整个形而上学传统的本质和根据所运作的空间之中，理解并考察它顽固的存在机制及其虚无主义的后果。只有完全沉浸在整个形而上学的传统之中，才能体会到理解和克服形而上学的艰难，因为形而上学的概念、语言和认识方式层层堆积，无所不在，已经堵塞了运思的各种可能性，一种非形而上学的运思就像在林中摸索一些“林中路”一样。克服形而上学及其虚无主义的历史，为哲学敞开和预备一些不为形而上学的逻辑—技术性思维绑架的运思，这是海德格尔的哲学遗产。海德格尔说形而上学的死亡或哲学的终结，恰恰激发了更多新的哲学之思，在20世纪没有谁能比海德格尔催生和哺育了那么多形形色色的哲学家。可以说，正是海德格尔对传统形而上学的解构，才引发了西方哲学传统的复兴，使人们开始以一种新的眼光重新阅读西方哲学传统。海德格尔重新反思了传统形而上学的基本概念，如时间、空间、世界、真理、根据、超越、自由、同一、差异、本质、在场等，以更新两千年形而上学传统的方式回归到西方哲学的传统之中。

早期海德格尔将西方哲学视为形而上学，而将形而上学视为存在论，而存在论的主题就是存在的意义。在《存在与时间》中他为了远离传统形而上学的思辨，在运用现象学的方法进行分析生存现象时他几乎不使用传统哲学概念，而是自己从日常语言中挪用了大量的词语来描绘人的生存状态和结构。但他仍然使用了“存在论”和“形而上学”，他那时尚未完全意识到这些概念所负担的传统含义的负面作用。海德格尔后来日益相信，有必要彻底消解和卸除传统概念的基本含义，重新赋予这些词语显示存在的意义的魔力。哲学的运思和语言不一定要甚至是一定不要遵循理性主义的概念和论证的传统，现象学的分析在面对事情本身时比理性主义更具有严格性和彻底性。对于海德格尔而言，思的真正的事情就是“存在”，而不是认识的普遍性和客观性规则。理性主义的概念建构和逻辑论证对于建立一种无须探究其根据的知识体系是必需的，但是对于聆听、沉思和显示存在本身就远远不够了。

哈贝马斯以及那些战后德国哲学家纷纷指责海德格尔放弃了康德的理性主义立场，海德格尔这样做的理由在于他的哲学并不旨在建立一个自我学说以及相应的道德形而上学，而在于反思“康德与形而上学问题”，沉思此在的有限性与存在本身的有限性问题，沉思如何在技术统治的时代中拯救和保护物和世界的问题。切合于这一任务的语言和思不是自我理论、社会理论或批判理论，而是作为那些非逻辑—技术的诗的语言。如果不能克服形而上学的技术性的概念、范畴和推理方式，就难以克服主宰西方人的形而上学的思维方式。海德格尔早年《存在与时间》只完成了“此在与时间性”的分析而未能完成“存在与时间”的任务，其困难主要来自他尚未在传统形而上学的语言之外，甚至是当时他采用的现象学、解释学、生存哲学的描述、分析、解释的语言体系之外，找到适于沉思存在的那种语言。因此，从“早期海德格尔”（Heidegger I）向“晚期海德格尔”（Heidegger II）的“转折”（Kehre）并不是一个断裂，而是追寻同一个问题的不同“道路”（Wege）。[①]

海德格尔是通过十分复杂的探索才最终踏上对“存在与时间”的寻求之路的。[②] 按科克尔曼斯的表述：“在1916年到1926年之间，海德格尔的思想发生了急剧的变化；他从一个非常熟悉哲学传统的著名学者，发展成为本世纪最有创造性的思想家之一。在这一发展过程中，下述几个因素起了重要作用：海德格尔对宗教和神学（圣保罗、圣奥古斯丁、路德、克尔凯郭尔、奥托、布尔特曼）的关心；对亚里士多德哲学的丰富而又深入的知识；对现象学意义的重新解释；他关于解释学和解释学传统的知识；对从品达和索福克勒斯经由荷尔德林和陀思妥耶夫斯基到格奥尔格、里尔克和特拉克尔的文学的长期关注；对德国唯心主义及其新康德主义的重新解释的深刻洞察；与狄尔泰的接触；等等。”[③] 这一思想探索的成果就是《存在与时间》，它是海德格尔追问存在问题的第一个“路标”，它标志着其前后数年的一个思想阶段。

按《存在与时间》一书的原计划（第5—6节）所指示的方向，这本书应该在两个相辅相成的方向上进行：一个是建立“基础存在论”，海德格尔在《康德书》中称其为“此在的形而上学”，这是从肯定的方面而言的[④]；另一个就是“解构存在论的历史”，海德格尔有时也称其为：“解构形而上学的历史”，这是就否定方面而言的。在首要的意义上，海德格尔建构基础存在论的任务是，凭借胡塞尔的现象学直观和狄尔泰的解释学建构一个分析此在的生存的意义的体系；在次要的意义上，它也依赖于对流传下来的整个形而上学传统（或至少是一些关节点）的解构。显然，“解构”依赖于“建构”，而建构的稳定性也依赖于解构的彻底性。海德格尔解构形而上学的出发点依赖于他重提存在的意义问题、从时间的视域重新

---

① 海德格尔转折时期著作丰富，包括《论真理的本质》（1930）、《形而上学导论》（1935）、《艺术作品的本源》（1935）、《荷尔德林的〈日耳曼〉与〈莱茵河〉》（1935）、《物的追问》（1936）、《哲学论文集》（1936—1938）、《哲学的基本问题》（1938）、《世界图景时代》（1938）、《尼采》（1936—1941）等。See James Risser. ed. *Heidegger Toward the Turn*: *Essays on the Work of the 1930s*. Albany: State University of New York, 1999。

② 参见 Theodore Kisiel, *The Genesis of Heidegger's Being and Time*, University of California Press, 1993；海德格尔：《形式显示的现象学：海德格尔早期弗莱堡文选》，孙周兴译，上海，同济大学出版社，2004；靳希平：《海德格尔早期思想研究》，上海，上海人民出版社，1995。

③ 科克尔曼斯：《海德格尔的〈存在与时间〉》，15页，陈小文等译，北京，商务印书馆，2003。

④ 参见海德格尔：《康德与形而上学问题》，孙周兴编：《海德格尔选集》，120页，上海，上海三联书店，1996。

思考存在的意义的基础存在论。即使在未完成的《存在与时间》中，此在的生存论的建构也已经完成，但是对亚里士多德、奥古斯丁、笛卡尔、康德、黑格尔的形而上学的解构只是散乱地出现在全书。与《存在与时间》同一时期的《康德与形而上学问题》，可以说部分完成了对康德的存在论的批判；《现象学的基本问题》初步完成了对中世纪形而上学以及笛卡尔和康德的存在论的批判；《形而上学导论》完成了对希腊形而上学的批判。从《存在与时间》以及同时期的《康德与形而上学问题》、《现象学的基本问题》来看，海德格尔的哲学抱负与形而上学问题有着密切的关系：无论是解构传统的形而上学，还是为形而上学进行新的奠基。1929 年的弗莱堡大学就职演讲的题目《什么是形而上学?》显示了早年海德格尔的哲学关怀。①

不过，按照海德格尔本人的回顾，《存在与时间》中所建构的“此在的生存论分析”就基础存在论的任务而言是不成功的。在书的结尾，海德格尔坦率地承认，基础存在论的“此在与时间性”仍然没有思考“存在与时间”本身，因此以“解释现象学”方法重建的基础存在论仍然是缺乏基础的。《现象学的基本问题》结尾谈到“时间与时间性”以及从时间的境域中所显示的“存在与存在者”之间的“存在论差异”，但是如何思考存在本身，仍付之阙如。自《哲学论文集》之后，海德格尔晚年的运思的方式围绕着就存在来思存在本身，思存在的真理、存在的敞开、存在的发生、存在的自行隐蔽、存在的保护……海德格尔晚年的运思远离了传统形而上学以概念—范畴—逻辑设定和规定存在的真理和意义的方式，开拓了西方形而上学两千年传统之外的新的哲学开端。在海德格尔看来，敞开和庇护存在的真理和意义的那个空间，虽然久为形而上学所窒息，但并未被形而上学所穷尽；虽然尤为技术时代的科学所宰制，但是并未被科学所掏空。从更为前苏格拉底的自然哲学，甚至从更为晚近的德国诗人荷尔德林那里，仍然能回忆起一种截然不同于形而上学传统的思，它不再是存在论，而是对存在的回忆、思念、谢恩和守候。

可以说，海德格尔的晚年哲学要比其早年被解读为“存在主义”的哲学更具有世界性的意义，存在主义只是对欧洲第一次世界大战后与第二次世界大战前欧洲文明危机感的回应，但是“存在哲学”却是对两千年的西方文明，尤其是现代性技术文明使人无家可归的困境和危险的深思。如果

① 参见海德格尔：《形而上学是什么?》，孙周兴编：《海德格尔选集》，135～153 页。

我们领悟到，海德格尔的思想并不存在着斯皮格伯格所说的“现象学方法上的退步”，而是一直在各条不同的道路上推进其毕生追求的事情，那么，我们就必须根据海德格尔晚年的思想重新解释其早年哲学。这样的话，可能更尊重海德格尔本人的意愿，将他置身于西方哲学两千年的传统之中，而不仅仅是 20 世纪初的一场现象学运动之中。由此我们可以说，“海德格尔与形而上学”的主题比“海德格尔与现象学”的主题可能更有意义。

我们将从三个不同的方面来展开“海德格尔与形而上学”的主题：第一，此在的有限性的形而上学；第二，解构形而上学传统；第三，对存在之思。我们将阐明，在何种意义上海德格尔的此在的形而上学是建立在此在的有限性的观念上的；我们也将阐明，海德格尔的存在的命运的思想在何种意义上是建立在存在的有限性之上的；最后，我们将澄清海德格尔晚年对存在的有限性之思的主要内容和基本意义。

一、此在的形而上学

海德格尔早期哲学的基本主题就是对“存在的意义”（而非“存在者的意义”）的追问。追问“存在的意义”就是追问“存在者的存在”，而这一追问总已预设了我们或多或少对存在的领悟。正如康德所说，存在“不是一个实项的谓词”，它不是判断的组成部分，而是在直观中显示出来的比现成的存在者更多的东西。胡塞尔认为，本质直观之所以能看到比单纯的存在者更多的东西，是由于人的意识最内在的存在方式即内时间体验，使得人的意向性行为活动于前对象化的边缘域之中，它激活并统摄了经验被动提供的感觉材料，使其构成为有意义的对象。然而，胡塞尔没有进一步设想，这种内时间经验的边缘域活动就是人的生存的事实性和历史性经验。时间性的边缘域既是理解时间内生存状态和周围世界的构成性因素，而且，它也是人的生存的基本结构。用海德格尔的话说，时间性就是此在本身。当海德格尔从范畴直观转向生存的解释学时，他就找到了“存在与时间”二者互属的一个根源，即时间作为存在显示和现象其自身的边缘域（或译为“境域”）。胡塞尔的边缘域的现象学是海德格尔许多重要概念的起源，比如处境、世界、大地、敞开、不在场、疏明、域等。

海德格尔在 20 年代早期对“宗教生活现象学”的研究中进一步加强了他从胡塞尔的内时间经验现象学中所获得的洞见。他看到，原始基督教的基督徒当下就活在“已经”和“尚未”的时间性张力之中，活在“已经成为"、"已经知道"和"尚未来临"的时间性之中，活在原始基督教共同体的实际生活经验和生活处境之中。① 基督徒对于自己生存的意义来自于对自己具体的实际的生存处境的领悟，这一信仰的生存方式是"凯逻斯"（Kairos，或译为"时机"）化的，而且不是一般的日常的时间性。海德格尔对原始基督徒的生存处境的时间性的"形式显示"（formale Anzeige）②，既不关心胡塞尔的形式化的形式本体论，也不关注胡塞尔先验主义的意向性和意义构成，它关注对实际的生存现象自行给出的非对象性关系的描述，关注对这种描述之所以得以可能的时间性境域的分析。海德格尔以形式显示的解释学方法反对新康德主义的主体主义和胡塞尔的先验现象学，也反对克尔凯郭尔、尼采和狄尔泰等直接诉诸作为前提的非构成性的生存或生命概念。海德格尔通过时间性的形式显示的"事实性解释学"完全超出了胡塞尔对作为严格科学的现象学的逻辑学、存在论、心理学的关怀，对于海德格尔来说，现象学只剩下方法论意义上的"回到事物本身"了：它不再是对意向活动的构成性分析，而是存在论的境域的形式显示了。

可以说，通过拉斯克，从胡塞尔的"范畴直观"概念中，海德格尔发展出他对事实性的生活经验的"解释学直观"或对事实性的生活处境的"解释学的领悟"的概念，并以对生存的现象学结构的分析彻底取代了在克尔凯郭尔、尼采和雅斯贝尔斯那里从未得到深入分析的"生存/生命/生活"的概念。海德格尔还将胡塞尔的范畴直观问题引向了亚里士多德的"存在的统一性"的问题，也即"存在的意义"问题。海德格尔将生存问题和存在问题通过"此在"的概念完美地同一在一起。存在问题既不能从区分存在者的范畴区域和等级秩序中被提出来，也不能在意向行为对感觉材料的统摄和构成的意向结构和先验主体性中被把握，存在问题只能在活生生的、具体的、处境性的、事实性的生活和生存体验中被此在所领悟，并进而筹划其存在的意义。正是由于海德格尔的思想从范畴直观到形式显示找到了存在的领悟之路，也即从内在意识的时间性到解释学处境的时间性找到了此在的时间性之路，成功地对胡塞尔的现象学实现了"解释学的转折"，海德格尔才得以在《存在与时间》中对此在的"事实性"生存展开了全面的分析和解释。对人的生存论分析使得海德格尔重新拾起了被胡塞尔悬搁起来的存在问题。

---

① 参见 Martin Heidegger，*The Phenomenology of Religious Life*，trans. by Matthias Fritsch and Jennifer Anna Gosetti-Ferencei，Indiana University Press，2004. 35-36。

② Ibid.，38-45.

海德格尔在《存在与时间》中的基本计划（第 4 节）是建立一个“基础的存在论”。按《康德与形而上学问题》的最后部分（“在人类学中为形而上学奠基”、“人的有限性问题与此在的形而上学”、“作为基础存在论的此在的形而上学”）的意图，我们可以进而言之，“基础的存在论”指的是“人的有限性的形而上学”，即“此在的形而上学”[①]。在《论根据的本质》中，海德格尔将此在的“有限性”[②] 进一步规定为人的自由的本质。在《论真理的本质》中，海德格尔从此在的有限性的自由转向了真理的有限性，即“非真理”[③]，由此，按海德格尔在 1949 年的自我评注，这篇论文从《存在与时间》第 44 节未曾展开的真理概念突破了“此在的形而上学”。以此为界，我们可以说，“基础的存在论”或“此在的形而上学”是《存在与时间》时期海德格尔早年思想的基本主题。

“此在的形而上学”的立论不同于传统形而上学的存在论、神学、宇宙论、心理学和人类学，其基础建立在前所未有的“此在”概念之上。“此在”这一概念并不是海德格尔生造出来的词。在传统基督教的术语体系中，“此在”（Dasein 或 Sosein）这个不起眼的词，被用来在贬义上指相对于无限的和完美的上帝的人的有限存在或被造物的局限性。海德格尔在《存在与时间》中扭转了整个形而上学传统的基本方向，不再将“有限性”视为一种匮乏、缺陷或缺乏自身基础的派生物。海德格尔用“此在”一词就是要将“有限性”视为人的积极的本质，这一积极的本质就在于“此在”（熊伟曾译为“亲在”）是唯一能亲自领悟自身存在的意义的存在。若没有此在，也就没有对所有的存在者的存在的领悟，所有的存在者就封闭在其自在之中。若没有此在，就没有对区别于存在者的存在的领悟，因而也就没有存在。“此在”优越于其他非此在的存在者之处就在于，他自身就能在周围世界和他人共在之中领悟自身的存在，在有限性生存之中领悟本己存在的意义，而毋需参照上帝、自然目的或者善的理念。

当然，海德格尔并不是第一个将“有限性”视为人的积极的本质的人。按《康德与形而上学问题》中的讲法，康德第一个不再从传统形而上学的宇宙论、心理学、神学和存在论来规定人的本质，因此，他也是第一个深刻地思考了理性存在的有限性的哲学家。“有限性”不再从希腊的否定性（“不”或“无”）或基督教的原罪概念来理解，而是从人的自由和自

① 海德格尔：《康德与形而上学问题》，孙周兴编：《海德格尔选集》，120～134 页。

② 海德格尔：《论根据的本质》，孙周兴编：《海德格尔选集》，207～208 页。

③ 海德格尔：《论真理的本质》，孙周兴编：《海德格尔选集》，230～232 页。

律来理解，从人处于现象世界之中同时又对自身是物自体的存在论地位来理解。当然，康德所理解的有限性仍然局限于“限度”和“可能性”的意义上。在康德之后，康德的有限性主体性的思想被黑格尔的绝对精神的“无限”所中断。不过，科热夫却认为，黑格尔是第一个尝试从人的有限性建立一种全面取代基督教哲学人类学的体系之人。黑格尔这一计划在青年黑格尔派中得到了积极回应，克尔凯郭尔、马克思和尼采都通过黑格尔左派继承了黑格尔建构一种无神论哲学人类学的理念。虽然尼采从未澄清其“生命”概念的内涵，但其“永恒轮回”和“视角主义”的有限性的含义是确定无疑的。

可以说，海德格尔是彻底推进了康德和尼采的有限性的视角，从人的生存的有限性重建此在的形而上学，以取代古今哲学中基督教人类学的概念。在《存在与时间》之中，人之有限性不再是相对于完美的上帝的“不完美”的存在，也不是相对于无限的上帝的“限定性”的存在，这种不完美的被限定的存在就是人的原罪，也是虚无寄生的场所。人的有限性也不是康德的理性能力的局限性，而是存在论上的有限性，即人对自身存在的领悟的生存的有限性。《存在与时间》（第10节）表明，海德格尔立意坚决在基督教创造与被创造的人类学以及希腊的理性动物的人类学之外，建构一种有限性的哲学人类学。因此，《存在与时间》从不以“理性”、“灵魂”、“肉体”、“精神”、“人格”、“生命”这些概念来描述和规定人的本质。当然，很容易就看出来《存在与时间》中许多关键的哲学术语仍然是从基督教，尤其是从克尔凯郭尔那里挪用的，比如生存的“极限情境”、“常人”、“畏”、“死”、“罪”、“良心”、“决断”、“重复”、“瞬间”等，只不过这些概念不再用来描述与上帝无限距离的信仰生存，而是用来描述尼采式“在大地之上”的生存。海德格尔的有限性生存的概念最彻底地接受了尼采的无神论立场，他以此建构其基础存在论。一种彻底无神论的哲学如果不能建立一套形而上学，即使可以嘲讽和抨击传统形而上学，但却不足以取代亚里士多德的形而上学、基督教的形而上学体系以及黑格尔的形而上学。《存在与时间》在建构一套新的无神论形而上学以取代各种传统形而上学上获得了巨大的成功。

正如《存在与时间》的标题所示，这本著作最伟大的创见就在于从时间（而非永恒）的视角来理解存在以及存在的真理。因而，存在不再被视为对立于人、精神、思维的自然、物质、实体，也不再被视为对立于时间的永恒持存之物。存在并不是自在的存在者，存在区别于自在的存在者之处在于，存在不是永恒地、自在地、现成地摆在时空框架中的某物或现象，而是被此在于时间的境域中所领悟的意义。正是时间的视域显示出了存在与存在者之间存在论的差异，也正是此在的时间性领悟，揭开了存在的意义。于是，按《存在与时间》（第6节、第9节）的抱负，整个基础存在论便不复是僵化的理性主义的范畴、概念或知识体系，它必须在对存在的意义的时间性领悟上进行重新奠基。一切僵化的陈词滥调的范畴和概念，都必须进行依时间性进行解构或重新解释。用尼采的话来说，必须重估一切价值。比如，《存在与时间》的日常生活分析和“良知”的概念在很大程度上就是以生存的时间性解释学对亚里士多德伦理学的重新解释。海德格尔重新界定和解释传统形而上学基本范畴的含义的关键就在于，他在传统的存在论中引入了时间的视域，即“有限性”的视角，而这一有限性的视角正是来自彻底个体化的生存的自我领悟本身。通过解释学地建构以现象学描述的整体生存状态的基本结构，海德格尔从此在的解释学，即此在对于存在的意义的领悟出发，建立了“基础存在论”。“基础存在论”是他所筹划的形而上学的基础。

“基础存在论”是关于“此在与时间性”的存在论，即从“此在的时间性”来理解“存在与时间”的意义。此在的时间性不同于世界历史意义上的时间概念，因为并不存在所谓的客观的“时间”，通常所谓的时间，是从被领悟的“时间性”中派生出来的概念，真正的时间性只是来自必有一死之人的“有限性”。只有有限性的时间性才能建构起此在生存的统一性和超越性。这种统一性和超越性不是无限的上帝对世界整体的统一性和超越性，而是此在出于自身并归于自身的有限性，即彻底个体化的本己的有限性。此在必有一死的有限性是只属于彻底个体化的自我，对于此在而言是最本己的时间性，因而，也是人领悟时间概念更为根本的源头。

此在的有限性不仅在必有一死的本己时间性中最清晰地显示出来，它还体现在此在“在世界之中”和“与他人共在”的有限性，此在“被抛于世界之中”的有限性，以及此在领悟自身存在的有限性。也就是说，海德格尔未曾明言地将人的有限性的思想贯穿于他对此在的非本己的生存与本己的生存的分析之中。海德格尔以现象学和解释学的方法所做的此在的日常生活的生存论分析和生存的历史性分析，都旨在从人的有限性概念重建“基础的存在论”。简而言之，非本己的生存的有限性来自人生存于世界之中的被抛性以及当下的沉沦，而本己的生存的有限性则来自从畏和无中所涌现出来的只属于自身的必死性以及对未来的决断和筹划。前者的有限性总是倾向于从世界的总体性来领悟一切的有限性共在，后者的有限性是个体生存的自我超越和自我筹划；前者实际上是“此在在世界之中”的整体现象，后者是此在本己生存的整体现象。这两种整体性（对应于传统的“世界”和“自我”）都不是总体的和无限的：前者是周围世界和共在世界的有限整体，后者是回到自身之中的自成一体。可见，无论是本己的生存，还是非本己的生存，海德格尔都是从此在的有限性出发来界定的。

“存在与时间”的互属之根就在于此在在自身的有限性中领悟到，此在本身即时间性，时间性本身即此在的意义。人的有限性的生存或生存论意义上的死亡（不是生物学或医学意义上的死亡）对于领悟其自身生存的意义是决定性的。此在本身的时间性不是物体的运动序列或心理活动的前后相续，而是从本己生存的“存在与虚无”来界定。必有一死的终结从将来临到每个人的当下生存之中，它从人的当下生存中涌现出来，并在每一个当下瞬间显示出这种有限性和绽出性。这种绽出的“到时”的时间性不是相继出现的三段可计算的时间内序列状态，而是时间的三个维度（过去、现在、未来）共时性地绽出，每一个当下都是将过去的滞留保持在自身之中并由此而展开对未来的预期。这种当下的瞬间到时的、涌出的、本己的时间性由生存的有限性同一为一体，直到死亡最终临到生存，这种时间性才会彻底终结。正是从有限性的时间性出发，海德格尔一反以现在实实在在地在场为中心的传统时间模式，他将本己的时间性视为未来的（而非现在的）和瞬间性的（而非线性的），而康德所谓的时空框架的牛顿式物理时间不过是本己时间的平均化和形式化而已。除非从这种被领悟的此在自身的时间性出发，就不会有亚里士多德的物理时间、奥古斯丁的心理的时间概念以及牛顿和康德的时空框架的概念。海德格尔并不是要废除亚里士多德或牛顿的物理时间或世界时间，他只是要为这种时间找到存在论上的根基，它就是为有限性的此在所领悟的本己时间性。

此在本己的时间性来自于对自身有限性存在的领悟。这一领悟不同于日常的安全稳定熟悉习惯的情绪性的生存领悟（闲谈、好奇、模棱两可等）。海德格尔认为，从理性的动物或理性的普遍性来理解人与其自身的存在的生存论关系是最疏远的，他诉诸人的被抛性的生存，它表明平均化的日常情绪性的有限性，而人的决断和筹划也表明生存的意志性因素的有限性。那种能使生存彻底地个体化和有限化的情绪性和意志性的因素（而非理性的因素），是对日常生活世界的坍塌和断裂的独特情绪性领悟，即“畏”。

在《形而上学是什么?》中，海德格尔将“畏”视为彰显人之有限性存在的“无”。[①] 当然，“无”不是相对于善或上帝而言威胁存在的彻底否定意义上的“虚无”，相反，恰恰是世界的“无化”使得此在能从世界返回到自身之中，并在自身的有限性中领悟人的存在的意义。海德格尔将情绪性的“畏”而不是爱、怨恨、同情、羞愧、焦虑等作为此在生存论分析的关键，并不是随意的选择，恰恰是因为只有“畏”才能在存在论上显示出“无”的力量，才能显示出有限性的生存对其日常世界的内在地“超越”，实现从非本己的沉沦到本己的良知和筹划的突破。“畏”的“无化”的力量并不是来自烦忙操劳的外在世界或他人，来自外在世界的陌生性或毁灭性会使人感到“怕”，只有来自生存本身的虚无（即死）才会使人感到前所未有的“大畏”。

如果仅就死亡论死亡，死亡就意味着终结和时间性的不再可能；但若从生存论来论死亡，则这种“不可能性”是总悬搁在生存之前时时刻刻“已经发生但尚未终结”的纯粹形式上的“可能性”。正是“畏”所揭示的人的“有限性”存在，才使得彻底个体化的整体性在现象学的描述下显示出来，并为筹划提供了敞开的空间。清醒地面对由死亡而来的“大畏”并“大无畏”地面对有限性存在自身不确定的可能性，才能领悟此在的存在的意义。海德格尔将这种领悟称之为“良知”，它原是从对亚里士多德的“审慎”（或译为“实践理性”）的概念的克尔凯郭尔化而来。对“畏”的“良知”使得此在领悟到人的存在自身是有限性的，并且只有通过“无”或世界的无化，在自身之中的超越才有可能。《形而上学是什么?》表明一种截然不同于《存在与虚无》的旨趣，即“虚无”主要不是来自人的自由，而是来自此在的有限性存在：人的有限性以至于太有限了，他不能通过“自为”而积极筹划自身，他更需要“畏”的力量来打开被世界隐藏起来或变得晦暗的生存。因此，在海德格尔那里，“畏”不是萨特所说的自为的能力或自由的力量，而是来自存在的有限性自身而临到生存的罕见的力量。

海德格尔将此在在世界之中与他人共在的生存视为非本己的生存，因为这一生存状态掩盖或遮蔽了本己的有限性的生存结构。只有本己的有限性才揭示了人作为必死的存在的生存的意义，非本己的有限性则仅仅是人被抛于世界之中与他人共在的有限性，这种意义上有限性接近于通常所理

① 参见海德格尔：《形而上学是什么?》，孙周兴编：《海德格尔选集》，143 页。

解的他人和世界对个人构成的限制或局限，它不愿以积极的姿态面对本己的有限性并筹划它。此在无差别地被抛在与其他人共在世界之中，通过使用上手的用具而拥有相互牵连的有意义的整体世界。尽管按照现象学的眼光来看，此在所居住的熟悉的周围世界并不是一堆千篇一律的东西，也不是主客体的理论态度或认识论的关系，但沉沦于日常生存状态仍不过是一种说、看和领悟的平均状态，即闲聊、好奇和模棱两可，日常生活的平均状态和通常状态往往遮蔽和遗忘了本己生存的有限性。的确，人可以没有对有限性的本己生存的领悟而生活，却不能没有非本己的周围世界和他人而生存，但是，人在非本己的日常生活的平均状态中对本己存在的意义就只能处于一般的流俗的领悟之中，陷于无穷无尽的“烦”之中，而无法聆听来自“畏”的沉默的良知之声，决心去见证本己的有限性存在。于是，人作为“此在”与其存在（即生存）本来最切近的关系反而成了最疏远的关系了。

人们不禁会针对《存在与时间》提出对于领悟存在的意义而言，“本己与非本己的生存状态何者更为优先”的问题。从现象学对世界现象的分析来说，非本己的状态的优先性在于，它揭示了人生存在世界之中最平均和最日常因而也是最基本的生存状态，其否定神学的含义是，它否定了基督教所说的信仰的生存的基础性的地位。但是从解释学对生命现象的解释来说，本己状态的优先性在于，它揭示了此在领悟自身存在的意义的方式，即此在是与其生存于有限性的自身之中的存在互属的唯一一类的存在者。本己的生存的有限性结构并非是对非本己的生活世界的抛弃或否定，而是对于它的意义的建构和筹划。获得本己的生存领悟之后人仍会生活在与他人共在的世界之中，但对于本己生存的时间性和历史性的领悟使其可以在被抛于其中的处境中筹划自身的日常生活状态。这不是柏拉图主义式的“两个世界”的问题，而是在一个世界之中建构这一世界的意义的问题。要理解这一看似背反的命题（非本己在生存状态上的优先性与本己在生存论上的优先性），就一刻也不能离开此在生存的有限性这一根本的洞见。

与传统的形而上学相反，不是自然、世界、上帝、自我意识决定着人的条件和处境，而是此在的有限性，既建构了与他人共在的周围世界，也建构了自我的生存结构。由此我们可以理解海德格尔所说的，时间、空间、真理、世界等都是此在的构成机制，它们的存在方式都要从此在的存在方式来领悟，而不是将它们视为亚里士多德的世界的永恒性、牛顿的时空框架和基督教的永恒的真理等等。在《存在与时间》中海德格尔是从此在的有限性出发重新解释了存在论的基本范畴，他晚年还将以存在的有限性对它们进行新的解释。与传统的实体论和认识论的解释模式迥然不同，海德格尔从生存论上解释了这些存在论范畴是如何奠基在此在之中的。

第一，就此在的概念而言，此在的有限性将生存的根据、真理和超越完全建立在自身性之中，因此，此在自身也就是最原初的无根据了。这就是人的自由的本质。此在的有限性等于将上帝的“自因”的概念转移到此在之上，因此，此在的有限性和自身性的概念矛头所指就是基督教的上帝概念，此在的生存论分析彻底排除了基督教人类学的残余，比如创造、无限、永恒、完美性、必然性、实在性、精神性等范畴，以一系列生存论和时间性范畴建构了一个此在形而上学。①

第二，就真理的概念而言，此在的有限性是真理的存在方式，因为，只有能领悟存在的意义的此在，作为敞开状态的真理才能在此在中被自由地揭示出来。因此，源初的真理就是被自我敞开的此在所领悟的现象本身，它在此在的敞开状态中自我敞开和去蔽。在敞开状态和揭示状态中才会有词与物的符合。海德格尔的真理概念承接胡塞尔的范畴直观和明证性的思路，明确反对传统的词与物的符合或逻辑命题上的正确的真理观，反对主客体的辩证统一。此外，对于海德格尔而言，科学活动作为一种独特的生存样式并不具有比日常生活优先的地位了，因为对于领悟生存的意义而言，科学对周围世界的主题化、对象化、客观化失去了现象学视野中的周围世界的丰富性，也失去了此在生存的烦、畏、必死性、决断等情绪性和意志性因素，因而，它只是以强有力的表象和对象化的去蔽方式处理世界及其中的物体，科学活动既无法敞开人的生存的本己状态，领悟生存的有限性，也无法进而从时间的境域领悟存在的意义。②

第三，就时间的概念而言，真正的时间是此在的有限性和必死性的生存本身即时间性。时间性的三个维度同时绽出，只有在此在之中才有可能。时间性不是一个存在者，也不是现在的无限序列，它是来临到曾在中的当下，这只有在此在面向将来可能性的决断和筹划中才可能显示出来。海德格尔并不认为自己是第一个理解了此在即时间性之人，他将这一发现归之于康德，因为《纯粹理性批判》第一版中的“先验想象力”彰显了对

① 参见海德格尔：《存在与时间》（修订本），53～59页，陈嘉映、王庆节译，北京，三联书店，1999。

② 参见海德格尔：《存在与时间》（修订本），245～265页。

此在的有限性的领悟，只不过在第二版中，这一洞见又为知性和逻辑的统治性地位给阻塞了。要想坚持此在的时间性，就必须彻底回到此在的有限性之中。《存在与时间》从此在的时间性来界定时间本身，而将传统时间概念视为整个实体化的形而上学体系遗忘此在的有限性的积极意义的产物。海德格尔还从此在的时间性规定了此在的历史性和共在的世界历史，并为历史学及其解释学方法在生存论上进行了奠基。历史学不再追求历史主义的实证目标，而是回其生存论的源头重新激活我们历史的被遮蔽的历史性，以一种更为激进的方式推进了当时已深陷危机中的德国历史主义。①

第四，就空间的概念而言，真正的空间是此在以其对工具的上手所建构起来的空间性。空间不再是康德的纯粹直观的形式，而是此在在世界之中的整个现象所形式显示出来的那种有意义的关联。空间性的方位和距离也都以此在的烦忙和上手的活动来定位的。空间并不是一个没有此在的世界的物理属性，也不是此在活动的专题化、对象化和形式化，相反，空间性正是此在的肉身性存在及其活动所建构的周围世界所呈现出来的指引和关联。② 梅洛-庞蒂的《知觉现象学》发挥了海德格尔这一洞见。

看起来，《存在与时间》中被此在所领悟和筹划的有限性的时间性区分了本己与非本己的生存，即此在返回自身而存在；而被此在的肉身性在情绪中经验到的空间性则主要属于此在非本己的生存样式，即此在在世界之中存在。在《存在与时间》中存在着此在的时间性压倒空间性的情况，或本己的生存样式优先于非本己的生存样式，因为，非本己的生存样式是日常的平均状态，是人在世界之中更为普通的生存状态，而本己的虽然并非跳出非本己的生存之外另有一个空间，但其生存状态却能充分揭示此在的有限性结构和意义。在《存在与时间》之后，海德格尔更多谈到“存在的空间性”，即“存在的真理”或“存在的敞开”的问题，而更少谈论“此在的时间性”，即“存在的意义”或“存在的领悟”的问题。此外，非本己的存在于世界之中的思想也在“人诗意地栖居于世界之中”有其回响。

第五，就世界的概念而言，世界意味着人的有限性的共在，而不是以对象和实体的样式罗列的存在者整体或自然界。从人的有限性来理解的世界概念，不再是现成的物质的存在者整体，而是此在被抛于其中的世界为

---

① 参见海德格尔：《存在与时间》（修订本），474～482 页。

② 同上书，118～130 页。

此在的时间性筹划所敞开的状态。[1] 然而，世界之为敞开状态的世界奠基于此在回归自身的有限性之中对周围世界的自由超越。因此，《存在与时间》中关于用具、在手、上手、指引等分析在后来海德格尔的思想中不再有重要性了，况且将“物”理解为用具也根本没有道出所谓的“物性”。[2] 正是从对世界的超越性的分析转向对世界与大地之间的张力的分析，海德格尔把握住了世界之为世界的存在论的意义，他也得以在《论根据的本质》到《艺术作品的本源》的过渡中，实现了从此在的形而上学向来自存在本身之思的转折。

海德格尔以此在的有限性出发建构了基础存在论，然而从一开始他就意识到，仅从此在的有限性来思考存在是不彻底的，因为此在只是存在的意义被领悟的“此”，此在以决断回到自身性完全不同于主体性主动建构自身的能力，此在对自身的领悟与筹划依赖于此在的存在本身的敞开状态，而存在的真理的敞开状态在生存论的分析中仍被付之阙如。存在的真理问题尽管一直保持在《存在与时间》的导论和仓促收尾的最后一节中，但其整个基础存在论的计划还是只完成了解释学循环的一部分，即此在对存在的领悟的部分，而更为重要的存在本身或者存在的真理问题就需要新的追问了。海德格尔在 30 年代中思想的转折完全由探究“此在的解释学”所缺失的解释学的前提所推动。此在的领悟与存在的敞开状态之间的“解释学循环”，迫使海德格尔中断了《存在与时间》之路，转而探索“存在的真理”或“无蔽”之路。海德格尔在给《海德格尔：从现象学到思想》的作者理查森的信中说：“应该始终注意到，只有从在前期海德格尔那里已思得的东西出发，才能最切近地通达在晚期海德格尔那里尚待思的东西。但前期海德格尔只有包含在晚期海德格尔中，才能成为可能。”[3]

二、解构形而上学

海德格尔 30 年代思想转折之后所从事的基本主题就是对存在的真理或无蔽的追问。[4] 这一问题曾经以粗糙散乱的形式出现在《存在与时间》（第 7 节、第 44 节）之中，与这一主题相呼应的是对艺术作品、诗以及语言中

① 参见海德格尔：《存在与时间》（修订本），104～117 页。

② 参见海德格尔：《物》，孙周兴选编：《海德格尔选集》，1165～1187 页。

③ 海德格尔：《给理查森的信（1962）》，孙周兴选编：《海德格尔选集》，1271～1279 页。

④ 参见海德格尔：《关于人道主义的书信》，孙周兴选编：《海德格尔选集》。

存在的敞开和庇护的讨论。艺术作品的问题没有出现在《存在与时间》之中，而语言问题在《存在与时间》中也仅限于第34节中对言谈和闲谈的论述。可见，存在的真理或无蔽的相关主题完全不同于《存在与时间》存在的意义的系列主题。

30年代从存在的真理或无蔽来思考了存在问题之后，50年代海德格尔开始转向强调“存在与此在”之间互属的关系。因此，尽管发生了30年代“从此在到存在”的思想转折，但在《存在与时间》第7版前言（1953）中，海德格尔指出，从此在追问存在之路并非歧途，对于存在问题来说，此在之路必不可少。[①]“存在与此在”的关系可以从不同于《存在与时间》的视角来追问。这就是海德格尔将“此在”写成“此—在”的含义。“此—在”不再集中于领悟来自此在自身的沉默的良知的呼声，而是专注于聆听并响应存在的呼唤。

在1957年出版的文集《同一与差异》中，海德格尔表达了他关于“此在与存在”之间关系的成熟想法。虽然这个文集中只有两篇论文，但其重要性足以与《存在与时间》相比。第二篇《形而上学的存在—神—学机制》论“差异”，是关于解构形而上学的主题的；第一篇论文《同一律》论“同一”，即存在与此在的关系。这两篇论文分别回应了当年《存在与时间》的基础存在论和解构形而上学的计划。

不同于《存在与时间》从此在出发追问人与存在之关系，也不同于30年代全力探讨存在的真理或无蔽，《同一与差异》从“存在与此在的关系”本身（而不是从解释学循环）出发来追问二者的“互属”（Zusammengehöre），海德格尔将这种互属关系称之为“同一”。《存在与时间》讨论过此在的“自身性”，是此在的时间性给出了此在自身性的统一性；在《同一律》中，海德格尔不是通过此在自身的时间性的领悟和筹划来讨论此在与存在的关系，而是通过“思”来建立二者之间的互属关系。

“思”在海德格尔那里被视为“此—在”真正的本质，即归属于存在并呵护存在。“思”并非什么理智的活动，更不是主体的认识能力，它完全不同于“理论”、“认识”、“思辨”、“理性”、“意志”、“精神”这些传统的概念。在《什么召唤思?》、《从思的经验而来》、《面向思的事情》、《哲学的终结和思的任务》中，海德格尔用“思”来重新规定人的本质，规定此在与存在的互属关系，以抵挡由“座架”（Gestell）所规定的此在与存

① 参见海德格尔：《存在与时间》（修订本），5页。

在的关系。“思的任务”、“思的事情”、“召唤思”的，都是存在本身。世界图景—技术的实体化形而上学所思考的并非存在本身，而是现成的存在者。科学就其本质而言完全是技术性的思维，它所致力于的事情就是强行使事物（也包括人本身）变成可被加工和被使用的东西。因而，科学不“思”。“思”就是此在聆听并回应存在的要求和需要，即此在本当在归属于存在中呵护存在，避免使其成为被技术所架空的赤裸裸的物质或材料。“思”乃是使此在归属到“存在的无蔽”之中并庇护“存在的奥秘”的人的最高的行动。“思”因此就与神秘主义或东方主义不着边际。海德格尔在巴门尼德的讲座中将“存在（不再是客体和对象）与思（不再是思想和理智）的同一（不再是表象）”解释为此在与存在的“互属”，互属的发生就是 Ereignis 的含义。就此在而言，这意味着，此在在“思”中归属于存在之中，他庇护存在使其不至于沦为技术形而上学中的存在者。

如果说《同一律》以浓缩的形式表达了海德格尔晚年关于此在与存在关系的最成熟的思想[①]，那么，《形而上学的存在—神—学机制》则以简明的形式表达了他晚年解构形而上学最成熟的思想。[②] 海德格尔说：“任何想对我们所猜度的思想之任务有所洞见的尝试，都不免依赖于对整个哲学史的回溯；不待如此，这种尝试甚至必得去思那种赋予哲学以一个可能历史的东西的历史性。”[③] 当年《存在与时间》的基础存在论的计划已经为“此在与存在的互属”之思所取代，而解构形而上学的计划也转而从存在的有限性而不是此在的有限性出发。在 1936 年的《哲学论文集》中，海德格尔就不再讨论存在的领悟和存在的意义问题，而是集中从存在的真理或无蔽的有限性反思存在被遗忘和被虚无化的命运问题。

在《存在与时间》中海德格尔宣称形而上学遗忘了存在，遗忘了存在与存在者的存在论差异。而《形而上学的存在—神—学机制》进而断定，存在的遗忘乃是根植于西方形而上学的“本体—神—学”机制之中的，这一机制遗忘了存在在自身有限性中的同一与差异。形而上学总是用最高的存在者来奠定存在着整体的最终根据，总是用神学来解决存在论体系的基础，从而将存在自身的同一与差异转换成最高的存在者（即上帝）与最普遍的存在者整体（即世界）之间的关系。这种奠基和论证的关系从柏拉图

---

① 参见海德格尔：《同一律》，孙周兴选编：《海德格尔选集》，646～660 页。

② 参见海德格尔：《形而上学的存在—神—学机制》，孙周兴选编：《海德格尔选集》，820～846 页。

③ 海德格尔：《哲学的终结和思的任务》，孙周兴选编：《海德格尔选集》，1242 页。

的善的理念和亚里士多德的第一哲学开端，并与基督教的创世论结合在一起，在阿奎那的经院哲学中完成了一个无所不包的体系，奠定了整个形而上学史的存在—神—学的逻辑。这一存在—神—学的逻辑最终奠定了现代技术形而上学的基础，预定了现代虚无主义的命运。

海德格尔解构形而上学的前提是从对存在的有限性和存在的历史性之思来审视整个形而上学历史，存在的有限性和历史性就在于存在自身的自我遮蔽。这种遮蔽会造成不同时代的形而上学对存在的领悟的各种迷误，形而上学史上各种范畴都是对作为同一者的存在的不同理解。因此，形而上学历史是存在史的一部分。形而上学历史是整个遗忘存在的虚无主义命运的部分，而返回形而上学的根据和开端，进而期待一个克服形而上学的新开端，这是存在史的另一部分重要的内容。没有这一部分，解构形而上学就是盲目的；而没有解构形而上学，对新开端的期待就是空洞的。存在史以存在的有限性和存在的历史性对形而上学历史进行了非历史判定，从存在的真理和无蔽来看，形而上学史的本质是遗忘存在的真理和无蔽、遗忘存在论的同一与差异的虚无主义，这一虚无主义正是现代技术的座架本质的根源。要想克服形而上学和现代技术的虚无主义的本质，就需要解构整个形而上学。解构形而上学意味着必须在存在—神—学之外去思考作为形而上学的机制的存在—神—学的本质，即存在论的差异。要思考存在论的差异本身，就必须以一种非存在—神—学的语言去思物和世界自身的差异，将存在论的差异显示并保持在存在自身的有限性之中。

海德格尔对形而上学的存在—神—学机制的判定，是其解构形而上学的毕生事业的总结。1963 年海德格尔在《我进入现象学之路》中追溯说："在 1911 年以后的几年里，我仍然听了一门神学讲座，这就是 Carl Braig 的教义学。这是由于我对思辨神学的兴趣决定的。我获许陪他做过多次散步。从他那里我第一次听到了谢林和黑格尔对于与经院哲学的教义学体系截然不同的思辨神学的重要性。就这样，存在论与思辨神学之间的张力作为形而上学的机制，便进入了我的研究领域。"① 众所周知，沃尔夫和康德将思辨神学分成存在论神学、宇宙论神学和自然神学，安瑟尔谟被视为第一个从存在论上论证上帝存在的存在论神学家。海德格尔对形而上学的断言根本不同于上述作为神学分支的"存在论神学"。海德格尔将希腊的存

① Martin Heidegger, *Zur Sache des Denkens*. Tübingen, Max Niemeyer, 1969. S. 82. 海德格尔：《我进入现象学之路》(1963)，孙周兴选编：《海德格尔选集》，1281 页。

在论与基督教的神学在两造至深处的结合视为西方形而上学最根本的特征。也就是说，西方形而上学或整个西方哲学的根基就在于“存在—神—学”的一套逻辑，甚至整个西方的历史命运也就取决于“存在—神—学”的那套逻辑。[①] 海德格尔认为，世界历史命运既不是物质力量推动的结果，也不是人的精神力量的产物，而是对人与世界的本质关系的历史性设定的结果。因此，海德格尔的存在—神—学的论断更深的意图是，追问整个西方现代性文明在存在论上的起源和限度，以及重返存在论的本源能否开出新的西方文明。由此看来，海德格尔解构形而上学就不仅仅是学院之内的事业，而且还关乎西方文明的兴衰。因此，勘定形而上学的基本机制是理解以哲学为核心的西方文明的命运的关键。

“存在—神—学”（ontotheologie）这一由存在、上帝（或神）和逻各斯（或逻辑）三个词所构成的概念到底是什么意思呢？看起来它是由“存在论”（关于存在的逻辑）和“神学”（关于上帝的逻辑）两个词组成，但显然“存在—神—学”并不仅仅是说形而上学就是由存在论和神学这两门高级学科构成，也不仅仅是说西方文明的特征就在于希腊哲学与基督宗教的同一。海德格尔以此意在指出形而上学的机制就在于，形而上学总是从普遍的存在者（世界）和最高的存在者（上帝）这两个方向上去思考存在的真理，它总是预设了自身的存在论的基础和神学的基础，并且二者在深层上是统一的，即存在论与神学所共有的那个“逻各斯”（逻辑、“学”、“论”）。这就是黑格尔为什么把他的形而上学叫做逻辑学的原因。

形而上学探究所有存在者整体的方式是，给所有存在者找出一个最终的根据或者最后的原因，并把这一根据或原因归为一个最高的存在者（即上帝）。形而上学追求根据和原因的强大意志将所有存在者都视为千篇一律的，因此，它们才可能作为整体而存在。这一整体的根据在“自因”的上帝之中。正如黑格尔的逻辑学所示，存在即是最空洞和最普遍的，其最终在最高的存在者（上帝）中成为最完满的存在。这就是典型的存在—神—学。“上帝来到哲学之中”（列维纳斯的话）担负了最根本的存在论功能，即作为“最高的存在”或“存在本身”的上帝完成了形而上学世界的统一性。正是基于“求真意志”或“逻各斯中心主义”的强大机制，上帝必然要在形而上学之中成为最高的存在者，成为整个知识体系的奠基和完

---

① 参见 Martin Heidegger，*Identität und Differenz*. Pfullingen，Günther Neske，1957. S. 51；孙周兴选编：《海德格尔选集》，829 页。

成，成为所有存在者的根据和超越。这就是“哲学的上帝”概念。海德格尔在《尼采的话：上帝死了》中说，第一因、自因、实体、主体、意志、最高价值，都是“哲学的上帝”的不同名字而已。①

在形而上学中，上帝就是起源，上帝也是最终的目的，上帝是终极的拯救，因此，德里达将形而上学判定为存在论—神学—考古学—目的论—末世论（onto-theo-archeo-telo-eschato-logie）。这些形而上学范畴之所以具有统一性，就在于其存在论和神学的“逻辑中心主义”，即万事万物都需要有其存在的根据和理由，万事万物都将从根据上得以表象和论证。存在的根据和理由在传统形而上学思维中最终只能是自因或自我启示的上帝。只有在这一最终的根据之上，只有在超越世界的形而上学领域中，才能建立起整个知识学的体系。恰恰是这种“作为根据的逻各斯”的概念，需要上帝作为包罗万象的统一的知识体系的出发点或归宿。这种情况在笛卡尔、斯宾诺莎、莱布尼茨、黑格尔、谢林那里都是一样的。“作为根据的逻各斯”是对存在的真理或无蔽的一种思考方式，它将存在设定为一种“普遍的无差别的存在者”，并将其真理、根据和理由设定为超越它们之上的“最高的存在者”，作为奠基和论证的形而上学机制只有预设了千篇一律的所有存在者和超越存在者整体之上的最高存在者，才能将整个形而上学的知识学体系建构成统一的整体。然而，这种奠基和论证的存在论观念揭示存在的方式彻底遗忘了存在自身的有限性的深渊，遗忘了它从中产生出来的存在自身的同一与差异。

早在1928年的《论根据的本质》中，海德格尔就从根据思考了存在的真理；在1956年弗莱堡大学的莱布尼茨根据律的讲座中，海德格尔借助谢林《论人类自由的本质》中的思路，深化了《论根据的本质》中的思想，将作为深渊（或无根据）的自由视为根据的根据。在海德格尔看来，莱布尼茨的根据律（旧译“充足理由律”，即所有存在都必然有其根据或理由）从根据来设定存在的本质是典型的存在—神—学，因为存在作为为存在者进行奠基的根据，其本身是没有根据的，存在就是没有“为什么”，存在就隐藏在自身的有限性之中，存在的有限性决定了存在的根据在自身之中。存在自身就是“无根据的游戏”，这就是存在最深的和最高的秘密。② 这并不是所谓的神秘主义。如果因为存在并不像存在者那样可对象化和表象化并

① 参见海德格尔：《尼采的话：上帝死了》，孙周兴选编：《海德格尔选集》，771页。

② 参见 Martin Heidegger, *Der Satz vom Grunde*. Pfullingen, Günther Neske, 1957, S. 188。

为技术所控制就称其为“神秘主义”的话，那么，海德格尔的确就是要将存在区别于存在者，将存在本身保护在其有限性的自我归隐的奥秘之中。即使不从考据出发也能看到海德格尔的思想与中国的老庄思想确有共鸣之处。

根据与被根据二者之间的同一性乃是二者的互属，只有存在的无根据的“无”才能显示出存在本身的有限性以及存在与存在者之间的差异。当我们说到存在者的时候，它就已经存在着；当我们说到存在，又必然是指存在者的存在。存在者和存在向来已经从存在论的差异而来并且在差异中被发现。现象学地显示存在论的差异就是在名词性的存在和动词性的存在之间的差异，而深深根植于形而上学的日常思维习惯却对这种差异本身视而不见。形而上学总是以表象性和对象性去思考存在者及其存在，因而无法直观到存在在存在者中现象自身并使存在者存在的同一与差异，存在自身在存在者之外并没有最高的根据和最深的本质。

存在的有限性显示出，存在的同一与差异就是存在的无蔽与庇护相互间张力的互属。二者之间的互属与张力，就是有限性存在的自由游戏，也是存在的无蔽在庇护中送达此在被领悟的发生。存在—神—学把存在论差异和互属表象和设定为一种最高、最初、最终、最深的存在等级秩序和因果逻辑，到处区分了各种二元对立范畴，它却忘了自身正是从存在论的互属与差异而来。只有使形而上学返回到作为形而上学的本质的存在论差异之中，才能真正克服形而上学的存在—神—学的机制和逻辑—技术思维的虚无主义本质。

海德格尔自30年代以来将形而上学作为存在史来解构，无疑是继承了尼采“重估一切价值”的方案，尤其是他将整个形而上学传统视为虚无主义的历史，更是与他从1936年开始对尼采的重新解释有关。哈贝马斯将海德格尔视为尼采事业的继承人，的确，《存在与时间》看起来正是对尼采的超人思想的现象学表述，因为“上帝之死”迫使人只有成为自我克服的超人才能使自身成其为人。“超人”（在海德格尔那里叫做“此在”）在没有上帝的情况下无辜地（没有原罪）活在“大地”之上（在海德格尔那里叫做“在世界之中”），“权力意志”（在海德格尔那里叫做“决断”）的强度将决定自己如何生存（骆驼还是狮子或是孩子）。不过，海德格尔与尼采思想最亲密之处还是在于，他们将西方哲学判定为“欧洲虚无主义”。[1]

尼采第一个深刻地承受了“欧洲虚无主义”带来的无家可归的剧痛，

---

① 参见海德格尔：《尼采》，孙周兴译，北京，商务印书馆，2002。

这种无家可归的剧痛是由于价值和意义世界的虚无所致。现代世界的虚无主义由基督教世界衰落所致，而基督教的衰落不是来自无神论的抨击，而是来自那些基督徒和神学家将上帝视为最高的存在者或者最高价值。最高的存在者将真实的世界制造成一个寓言的世界，这个寓言的世界的本质就是意志的衰落和虚无。尼采试图以强力意志的“积极的虚无主义”去克服西方柏拉图主义—基督教的“消极的虚无主义”。不过，在海德格尔看来，尼采诉诸权力意志学说对形而上学的克服不仅是不成功的，而且在最大程度上推进了整个西方形而上学的彻底完成，因此，他将尼采叫做“最后一个形而上学家”。但是，如何理解海德格尔对尼采这一备受争议的判决呢？

海德格尔在《哲学的终结和思的任务》中说：

> 哲学即形而上学。形而上学着眼于存在，着眼于存在中的存在者之共属一体，来思考存在者整体，即世界、人和上帝。形而上学以论证性表象的思维方式来思考存在者之为存在者。因为从哲学开端以来，并且凭借于这一开端，存在者之存在就把自身显示为根据（本原、原因、原理）。根据之为根据，就是这样一个东西，存在者作为如此这般的存在者由于它才成为在其生成、消亡和持存中的某种可知的东西，某种被处理和被制作的东西。作为根据，存在把存在者带入其当下在场。根据显示自身为在场性。在场性之现身当前乃在于：在场性把各具本己方式的在场者带入在场状态。依照在场性之印记，根据就具有建基特性，它是实在的存在者状态上的原因，是使对象之对象性得以成立的先验可能性，是绝对精神运动和历史生产过程的辩证中介，是那种价值设定的强力意志。为存在者提供根据的形而上学思想的特性乃在于，形而上学从在场者出发去表象在其在场状态中的在场者，并因此从其根据而来把它展示为有根据的在场者。……哲学之终结是这样一个位置，在那里整个哲学历史把自身聚集到它的最极端的可能性中去了。作为完成的终结意味着这种聚集。纵观整个哲学史，柏拉图的思想以有所变化的形态始终起着决定性作用。形而上学就是柏拉图主义。尼采把他自己的哲学标示为“颠倒的柏拉图主义”。随着这一已经由马克思完成了的对形而上学的颠倒，哲学达到了最极端的可能性。哲学进入其终结阶段了。无论说人们现在如何努力尝试哲学思维，这种思维也只能达到一种摹仿性的复兴及其变种而已。[①]

---

① 海德格尔：《哲学的终结和思的任务》，孙周兴选编：《海德格尔选集》，1242～1244 页。

由此可见，海德格尔的断言尼采作为形而上学的完成，是将尼采视为传统形而上学最极端的可能性，正是在这种极端的可能性中，形而上学的虚无主义本质和尼采学说的虚无主义的本质都将彻底显露出来。

尼采的欧洲虚无主义思想是对整个西方传统整体性的判定，这不仅包括柏拉图主义和基督教的虚无主义，也包括大众民主的虚无主义，不仅有历史主义导致的虚无主义，也有科学的求真意志导致的虚无主义。海德格尔无疑认可尼采的欧洲虚无主义的诊断，但是，他看到尼采由于过于纠缠于柏拉图主义和基督教，过于纠缠道德谱系学问题，因而尚没有彻底意识到技术统治人和世界是虚无主义时代最根本的问题。自17世纪自然科学革命以来，整个形而上学的各个存在论领域四分五裂，哲学作为西方文化的母体日益成功地分裂出心理学、社会学、逻辑学、人类学等科学分支。这些学科的成功之处在于其基本原理和规则完全切合自然科学的原理和方法，不再是纯粹的沉思，而是有征服自然、控制人的本质效用的表象—计算性的思维。简而言之，从哲学中成功分离出来的那些科学的本质就在于技术，而不是相反。科学图景的世界、大众民主的世界以及无神论的世界实际上是一个技术控制大地的虚无主义时代。尼采并未从这一视角判定欧洲虚无主义，因此，他试图以最激进的方式（上帝死了、重估一切价值、超人、权力意志、永恒轮回）克服传统形而上学的努力，归根结底没有克服牛顿的自然科学和达尔文的进化论的现代传统。海德格尔不像后来的福柯、德勒兹和德里达那样注重尼采的“真实的历史”、“真理游戏”、“解释”、“符号”、“谱系学”等先知性思想①，他更关注于尼采本人未曾澄清的权力意志学说在存在论上的局限，即权力意志归根结底将存在与人置于一种座架之中。

尼采的权力意志学说继承了笛卡尔、莱布尼茨、康德、谢林、黑格尔、叔本华一脉相承的意志论，将一切存在设定为意志或意志的产物。除了权力意志之外，没有任何目的和意义能作为确定价值的原则。权力意志的实质是“求意志的意志”。权力意志实际上最彻底地完成了人的主体性，海德格尔将设定一切新价值的强力意志称作“意志形而上学”。尼采将他所经验的虚无主义理解为“最高价值的自我贬黜”，并试图以“积极的虚无主义”即权力意志的原则“重估一切价值”，重新设定一切新价值。可

---

① 参见贝勒尔：《尼采、海德格尔与德里达》，李朝晖译，北京，社会科学文献出版社，2001。

见，尼采仍然深受当时价值哲学的影响，他将存在设定为“价值”，而权力意志决定一切存在的价值。在尼采这里并没有一种泰然任之（Gelassenheit），让存在自行显示和隐藏。故而，海德格尔断言，尼采仍深陷于形而上学传统之中，其“意志形而上学”仍然是一种存在—神—学的机制，尽管尼采第一个宣称“上帝死了”。

在存在论上，尼采将存在者之为存在者的根据设想为“强力意志”，他也以神学方式将存在者整体设想为“永恒轮回”，并且二者统一于作为意志的存在之中。强力意志的存在方式就是同一者的永恒轮回，而永恒轮回思考了置身于无蔽状态中的存在者之为存在者（即同一者），却没有思考作为存在的真理的无蔽本身，因为他没有思考到存在的无蔽的本质并不是在大正午的阳光下的揭示和去蔽，而是在林中路里的自行隐匿和自行庇护。无蔽的自行隐匿的状态看起来好像是虚无，它使存在自身始终处于被遗忘和被虚无化的危险之中，只有归属于存在的“思”而不是权力意志，才能谨守住无蔽和遮蔽的张力，才能呵护世界与大地的张力，才能将存在与存在者的同一与差异保持在“此—在”的绽出性空间之中。一言以蔽之，尼采的永恒轮回学说思考了存在的去蔽，却未能思考存在的自行遮蔽和庇护，未能思考“虚无主义”的“虚无”原本在存在的自行遮蔽中有其根基：“无”是不在场状态，也就是隐蔽的聚拢的在场状态。“无”的“不”或“不再”不是彻底的否定和遗弃，实际上乃是“尚未”。在上帝之死之后，尼采将存在视为权力意志所设定的价值原则，存在的遮蔽和庇护就进一步被遗忘了，存在自身就处于被权力意志彻底遗忘和虚无化的状态之中。海德格尔断言，尼采所认为的西方历史上的“消极虚无主义”只是虚无主义的非本真形态，尼采的“积极的虚无主义”才是本真的虚无主义，也就是说，尼采在“上帝之死”之后彻底展开了无神论的虚无主义。海德格尔并未否认尼采克服形而上学的方式与传统的形而上学有所不同，但是，尼采的意志形而上学仍然无法摆脱形而上学的虚无主义命运。只有返回到让存在进入到存在本身所是的自行遮蔽着的无蔽中，才能以非形而上学的方式克服形而上学及其虚无主义的命运。

海德格尔之所以能跳出尼采的视域看到尼采彻底完成了整个形而上学的极端可能性，就在于海德格尔的存在史视野比尼采的更为宽广深刻。①尼采亲自经验了“上帝之死”的欧洲虚无主义的无家可归的精神危机和文

---

① 参见 Wolfgang Müller-Lauter. *Heidegger und Nietzsche*. Berlin：Walter de Gruyter，2000。

化危机，面对西方的命运衰颓，他既感到巨大的悲伤和焦虑，同时也伴随着播撒未来哲学福音的亢奋与疯狂。尼采对基督教的衰落和虚无主义的来临悲痛和兴奋，在海德格尔这里，它让位于对技术形而上学统治全球这一“欧洲虚无主义”后果的冷静反思。技术形而上学并非源自基督教的奴隶道德，也不是来自柏拉图主义，而是来自“存在—神—学”的思维方式。与尼采对欧洲虚无主义的判定理据不同，海德格尔认为现代虚无主义不是文化危机或信仰衰落的问题，而是由于技术对人的本质和存在的真理的彻底架空。现代文明的技术的本质在历史上源于近代西方自然科学的兴起，但其存在史的根源却在于存在—神—学的形而上学传统。

海德格尔从存在—神—学判定了形而上学的虚无主义的本质和机制。海德格尔对存在的有限性和历史性之思，不仅拒斥希腊存在论和基督教神学传统，而且全面拒斥了启蒙运动以来的科学、理性、主体性、意志论、价值哲学的现代性传统。海德格尔的存在史之思将技术时代中无家可归的人和被对象化的世界视为整个西方形而上学思维的彻底展开和完成。要解构和克服形而上学，就要进入西方的存在—神—学的本质之中，进入到完全不同于存在—神—学的空间中，开始一种新的非存在—神—学的思，吁请人向存在的归属以守护起物的世界。海德格尔求助于远离存在—神—学的西方思想的第一个开端的前苏格拉底的自然哲学以及预示未来新开端的荷尔德林的诗歌，他也从老庄和爱克哈特大师的神秘主义思想中吸收非存在—神—学的思和语言的灵感。① 海德格尔认为必须从非存在—神—学之思重返形而上学的本质之中以克服现代西方技术形而上学的统治。要想克服技术形而上学统治人类的命运，我们时代那些根本没有任何根基的伦理学、政治学、美学、宗教哲学都是无能为力的，对技术的本质的危险一无所知的文明也是无能为力的。这就是为什么海德格尔比任何人都更关注存在问题以及解构形而上学问题。

海德格尔的存在史之思是一个世界历史性的判断，尽管这一判断不是一个政治性的判断，但却是事关现代西方的命运以及非西方的命运。因此，能否有一种非存在—神—学的语言和思，关系到能否克服西方现代性乃至于全球现代性的技术虚无主义命运，它也关系到那些进入世界历史和现代技术文明中却不知道自己的危险处境的非西方文明的生死存亡问题。海德格尔不同于韦伯和法兰克福学派的工具理性批判的视角，他断言整个

---

① 参见海德格尔：《泰然任之》，孙周兴选编：《海德格尔选集》，1230 页。

现代性的技术文明之根在于西方的形而上学，因此，要克服技术时代的危机就要解构和克服形而上学的存在—神—学机制，开出一个不同于传统的形而上学及其现代技术的结果的领域。后期海德格尔就行走在沉思如何克服西方形而上学—虚无主义—技术的威胁以保护存在的路上。

三、存在之思

在《哲学的终结和思的任务》（1964）一文中，晚年海德格尔回顾了自己20年代的《存在与时间》的主题。他认为，思的任务自此不再是从此在的时间性来领悟“存在的意义”，不再是“从时间的境域”来理解“存在的真理”，而是从“疏明”（相当于《存在与时间》中的时间）来理解“在场性”（Anwesenheit，相当于《存在与时间》中的“存在”）。“疏明”（Lichtung，旧译“林中空地”，也曾错误译为“澄明”）是一切在场者和不在场者的自由敞开之境域，这是比存在的真理更源始的境域。“疏明”的概念表达了“存在的有限性”的含义，即存在将自身庇护于有限性之中。因此，“无蔽”的含义不是理性之光的澄明，而是疏明的庇护。海德格尔晚年从“疏明”来理解“无蔽”的发生彻底取代了他早年从时间的境域理解存在的意义的问题。①

从胡塞尔的《逻辑研究》第六研究的“明证性”和“直接给予性”概念出发，海德格尔在《存在与时间》中以彻底性和严格性的精神追问现象学的“现象”和“事情本身”到底是如何显示自身的。对这一问题的追问不再关乎活生生的意识活动和意识对象的构成，而关乎存在的真理的自我显示以及整个形而上学的存在的遗忘问题。从《存在与时间》的“展开状态”到《哲学的终结和思的任务》的“疏明”，《论真理的本质》中的“无蔽”（Unverborgenheit）概念是海德格尔彻底沉思存在问题的转折点。

在《论真理的本质》这篇转折时期的文章中，海德格尔从此在的被遮蔽的本质的经验来探讨人之本质的问题，从而将人置于源始的敞开的存在的真理之中，并从存在的真理的敞开中获得其本质。由此，“此在”转变成“此—在”，即自由地参与到存在的敞开领域及其无蔽中，在其中，被此在领悟的存在者已经如其所是地呈现被解蔽的状态和过程。这就是人的

---

① 参见海德格尔：《哲学的终结和思的任务》，孙周兴选编：《海德格尔选集》，1252页。

自由的本质。人的自由不在于康德所说的纯粹实践理性的能力或《存在与时间》中所说的意志决断的能力，而在于参与并归属于存在的真理即无蔽之中。也就是说，人并不占有自由，人并不拥有自由的能力，而是人归属于自由之中。在《关于人道主义的书信》中，此在生存的“绽出性”就是此在自由地进入存在的无蔽之中。进入“无蔽”就是“此—在”中的“此”的含义。

海德格尔用“无蔽”来翻译希腊的“真理”一词，它实际上与判断无关，而是在前苏格拉底哲学中被经验为“自然”（phusis）的东西。希腊的“自然”概念并不是我们所说的大自然或自然科学所说的自然界，而是生生不息地涌出的在场和在场性本身。它源初地给予存在者的存在，使存在者进入去蔽的状态，也使此在能开放地进入本己生存的绽出性之中。“无蔽”就是“让存在者存在”或“给予存在者存在”，因此，存在的真理就是在彻底地被给予性中的“给予”事件本身，就是在庇护状态中的敞开。希腊人的存在的无蔽的经验在拉丁语的翻译中被遮蔽和扭曲了，自此就开始预备了表象—计算性的技术形而上学之路。当主体性和技术的本质彻底统治了物的世界的时代，看起来好像只有存在者存在，而存在本身倒像是虚无。这就是形而上学的虚无主义的效果及其成因。

实际上，存在在形而上学史中被遗忘的状态在存在的无蔽的自行遮蔽中有其根源。当不顾无蔽和庇护互属的张力而对存在者强行去蔽，就会导致对存在的真理有限性和丰富性的遗忘，遮蔽状态就会被扭曲为相对于“真”的“假”或“错误”。因而，错误不是判断、命题、逻辑的问题，不是人的能力能够支配和控制的问题，而是属于人的存在方式，是在存在论上的遗忘存在起支配作用的必然结果。理性之光追求确定性的真理，技术的力量要求表象和呈现，理性与技术都难以彻底铲除错误状态。因为，自然却总处在隐蔽之中，人也总是处于迷途之中，这都有其存在论的依据。路德的“隐秘的上帝”和爱克哈特的“上帝的隐秘”表达了类似的洞见。对存在的自行遮蔽，有时候海德格尔也称之为“奥秘”（Geheimnis）。对于存在的奥秘，我们需要“泰然任之”，让其保持为奥秘。

在《论真理的本质》中海德格尔曾将无蔽的自行隐蔽命名为“非真理”或“非本质”，后来在《艺术作品的本源》中他又称之为“大地”，与去蔽的“世界”共同构成“物”的无蔽状态。凡此种种，都是对存在的有限性和历史性一以贯之的沉思。哲学之“思”和诗人的“诗”的使命就在于，让存在者置身于其存在的被庇护的状态之中，而不试图以技术那种强暴的方式对存在者去蔽，使一切存在者都成为可以被表象、加工、储藏和消费的赤裸裸的存在者。海德格尔呼吁人呵护存在，并以此规定人的最高本质，看起来实在是一种不合时宜的沉思，于是，它要么被冠以“非理性主义”、“神秘主义”、“静寂无为主义”、“东方主义”、“原始主义”之名，要么被视为“生态的”、“诗意的”、“神话的”思想，在学院哲学眼里它很难称得上是哲学。海德格尔本人也针锋相对地宣称了学院哲学的终结，语言分析和结构分析远未穷尽一切“思”的可能性，真正的“思”的任务就在于让存在的无蔽保持在其去蔽和遮蔽的张力之中，保持在被庇护的“疏明”之中，保持在存在的有限性之中。

海德格尔关于存在的“无蔽”之思可以从四个方面来理解：第一，“无蔽”之“蔽”（“遮蔽”）有两种含义，即作为“庇护”和作为“扭曲”；第二，“无蔽”之“无”有两种含义，即作为“无蔽”和作为“去蔽”；第三，“无蔽”同时是一种张力，即无蔽和遮蔽的张力；第四，“无蔽”的状态有两种含义，即“敞开”和“疏明”。晚年海德格尔关于“无蔽”和“疏明”的思想未曾明言地基于“存在的有限性”。存在的有限性不是康德意义上的时空内有限度的现象，而是存在的自行隐蔽性和自我的无根据性。由于存在的遮蔽性将其封闭在一个有限的域（大地）中，存在的无蔽才能通过张力而从中敞开自身（世界）。早在1936年的《艺术作品的本源》中海德格尔就以“世界”和“大地”的概念表达了“存在的有限性”的思想。必须从“存在的有限性”来思如何守护存在，使其免遭技术的本质的强力去蔽，并进而寻求从座架的命运中开出人归属于存在的自由之路。

海德格尔区分了两种截然不同但却又有共同根源的对存在的“去蔽”方式，一种是技术，一种是艺术，二者原本在希腊那里就是同一个东西，即“技艺”。海德格尔将“技术的本质”规定为“座架”（Gestell），而将艺术的本质（以及语言的本质或诗）规定为守护存在的“Ereignis”（译为“发生”、“大道”、“居有事件”、“本是”、“成己”等都不恰切，故不译）。Ereignis是《哲学论文集（论Ereignis）》（1936）的主题。在这部生前未发表的著作中，海德格尔指出了“座架”在存在史上的过渡性，一方面它是欧洲虚无主义的征象和本质，另一方面它也是Ereignis的预示。关键在于能否以对技术的泰然任之将座架扭转向Ereignis，在诗人之诗与哲人之思中呼唤和期待一个全新的存在史开端。

在《技术的追问》中，海德格尔将技术的本质规定为对存在和人的本质的“座架”。[1]“座架”作为对存在的去蔽方式，它不是人所能控制的工具，也不是人所操作的生产过程，相反，技术的本质是对人和物的本质的一种架空，它要求把人动员起来，逼迫人去从事对存在的去蔽，以因果的思维和现代科技的方式对所有的事物进行制造、储备和生产。因此，技术的本质不同于作为科学工具和工业组织方式的技术因素，它是一种深刻地改变了人与自然的关系的“形而上学”，即“技术形而上学”，它早已在西方形而上学开端中就埋下了根基。[2] 因此，技术时代的虚无主义命运不是一个世界历史或救赎历史的事件，而是存在史的事件。技术已经完成了“世界的除魔”（韦伯），杀死了上帝（尼采），于是，一切皆在因果控制之中，一切皆可加以改造而不管其自然构成，一切皆可根据人的需要和欲望生产出来，一切皆可毫不吝惜地被消费掉。没有人能对技术说“停下来”，也没有人能对现代科技文明说“不”。技术重新界定了人的本质，将人动员成为权力意志（荣格尔），人不再被视为智慧的人（homo sapiens），而被视为劳动的人（homo faber），即“技术的人”（约纳斯）。技术已经不再是人自身之外的人的工具，而成了人的意志的化身。现代人几乎不能在技术性思维之外思考，连政治也沦落为技术（施米特）。技术不仅使得一切自然之物都从其根基上移位和错位，而且，技术也使人远离了其本质而无家可归。存在史上最重要的事件不是尼采所说的“上帝之死”，“上帝之死”只是欧洲虚无主义慢性病的最后结果，最重要的事件恰恰是“上帝之死”之后所彻底显露出来的危机，即技术的本质全面主宰人的本质和存在的去蔽，主宰现代人的生活方式、伦理感觉、政治精神。从存在史来看，尼采将人动员成“权力意志”，将存在视为价值，根本无法克服“技术形而上学”的虚无主义，因而他在存在史上的地位也远不如荷尔德林。

海德格尔在 1969 年 9 月 7 日的一次研讨班上指出，马克思的思想比尼采更彻底地达到了“座架”的深度：人的历史性存在被彻底地还原为物质生产的力量，人的本质被设置为社会生产关系。此外，按海德格尔自己的评论，《存在与时间》也是一种“技术形而上学”，甚至是“技术形而上学”的顶峰。为什么海德格尔如此自我评价呢？可能他是指《存在与时间》第二部分的意志论的因素，也可能是指书中第一部分通过“用具”和“上手”分析此在在世界中的机制。尽管不能说它是主体—客体模式，但

---

① 参见海德格尔：《技术的追问》，孙周兴选编：《海德格尔选集》，924～954 页。

② 参见海德格尔：《〈物〉后记》，孙周兴选编：《海德格尔选集》，1186 页。

是仍然是一种技术性地看待世界与物的思路。此在情绪性地领悟、决断和筹划固然可以解释本己的生存结构，却根本无法如其所是地呈现世界之为世界、自然之为自然、物之为物，或者说，存在之为存在。于是，《艺术作品的本源》（1935）从此在的生存论分析转向通过艺术作品来现象学地呈现世界之为世界、自然之为自然、物之为物，实现了从此在到存在的一个转折步骤。

海德格尔这篇从黑格尔《美学讲演录》以来沉思艺术之本质最重要的著作，其实完全与艺术哲学或者说美学无关，它既不关注创作意图或审美体验，也不关注天才的想象力和创造性或艺术形式的意味。诚然，海德格尔也谈荷尔德林、里尔克、特拉克尔、格奥尔格的诗，也谈诗的语言，也谈雕塑与空间，也谈凡·高和塞尚的绘画，但他既不关心艺术家或作者，也不关心欣赏者或读者，也不留意具有形式和意义的作品或文本本身。海德格尔关注的是艺术作品的存在论的地位，即艺术作品本身显示物性的去蔽方式。凡·高的画中一双农妇的鞋或一座希腊神庙之为物，并不是《存在与时间》中所说的具有使用性的用具，而是一个聚拢了天地神人并将其保存于自身之中的世界（无论是此在的世界还是民族共在的世界），在其中，存在的真理自行显现出来。在《物》中，甚至无须艺术作品，一个壶，一座桥，就足以显现一个天地神人相互游戏的世界，一个庇护着的敞开空间。

艺术作品敞开着一个疏明的空间，使人可以去理解到物的整个世界；与此同时，艺术作品的意义却并不是一下子就能看出来的，甚至它就是一个无法穷尽其自身存在的意义的无底深渊。艺术作品总是在材料的物性即“大地”中聚拢起一个世界，它甚至是隐藏起自身，使它不可能显现。于是，艺术本身就呈现出一个令人震撼的奥秘、神圣、秘密的“大地”。正是“大地”的封闭性使作品成为自持于有限性中的作品。正是大地收藏和保护着世界，遮蔽和庇护着“存在的真理”。正是在世界的敞开与大地的封闭的“斗争之爱”中，存在的真理历史性地发生，有所庇护地显现自身。[①] 世界从大地中涌出的斗争性常被人们说成艺术作品的“内在张力”，而传统所谓的实体与属性、质料与形式等对立只不过是对物聚拢世界的对象化的结果。作为艺术作品的物，呼唤有死者的人（或此在）栖居在大地之上和世界之中。只有艺术作品聚拢的世界才使人归属到人能居住的

① 参见海德格尔：《艺术作品的本源》，孙周兴选编：《海德格尔选集》，263～270页。

家中。

可见，海德格尔赋予艺术作品的存在论的地位就是，它聚拢了一个天地神人的世界，它也庇护了“无蔽”的敞开方式，使其免于遭受技术对无蔽状态暴力地去蔽的方式。正如海德格尔在《技术的追问》中所说：“由于技术的本质并非任何技术因素，所以，对技术的根本的沉思和对技术的决定性的分析必须在某个领域里进行，这一领域一方面与技术的本质有亲缘关系，另一方面却又与技术的本质有根本的不同。这一领域就是艺术。”①

海德格尔引用荷尔德林的诗说：“哪里有危险，哪里就有拯救”。可见，海德格尔沉思艺术的本质与美学和艺术哲学无关，他从存在的真理的有限性和历史性，也就是从我们所处的技术时代的历史命运去思考艺术的本质，他赋予艺术以救赎技术主宰现代世界的现代性危机的地位。海德格尔相信，那些没有任何根基的科学、伦理学、政治学、美学、艺术哲学、历史哲学、社会理论、神学、辩证法……对于克服形而上学—虚无主义—技术都无济于事。甚至哲学也不能做些什么，任何理智的反思或积极的行动都会适得其反。海德格尔在《明镜》周刊的访谈中留下谜一样的一句话：“只有一个上帝能救赎我们”。实际上，海德格尔还是将救赎“座架”的命运的使命赋予给了艺术或诗。海德格尔在《诗人何为?》（1946）中追问：在一个技术统治的神性消逝和人性贫乏的时代，“诗人何为?”② 答曰：诗人就是承载西方历史命运的人，就是以非形而上学—技术的语言去思天地万物并命名和追寻神圣的人。只有被诗人所命名和期待的“一个上帝”（ein Gott）才能救赎我们。这就是海德格尔留下的思想遗嘱。③

洛维特用“贫乏时代的哲学家”这个词称呼海德格尔④，而海德格尔用“贫乏时代的诗人”来称呼里尔克和荷尔德林。海德格尔自认为与荷尔德林承担着同样的使命，他们一个致力于一种非形而上学—技术性的思，使人归属于一个物的世界；一个以诗来聚拢可以栖居的大地和世界，命名神圣的自然，并追寻上帝和诸神的踪迹。显然，荷尔德林而非尼采才是海

---

① 海德格尔：《技术的追问》，孙周兴选编：《海德格尔选集》，954 页。

② 海德格尔：《诗人何为?》，孙周兴选编，《海德格尔选集》，461 页。

③ 参见海德格尔：《只还有一个上帝能救渡我们》，熊伟译，孙周兴选编：《海德格尔选集》，1291 页。奈斯克，克特琳编：《维塞尔对海德格尔的采访》，《回答：马丁·海德格尔说话了》，陈春文译，5 页，南京，江苏教育出版社，2005。

④ 参见 Karl Löwith，*Martin Heidegger and Eueopean Nihilisim*，trans. By Gary Steiner. Columbia University Press，1995，159-169。

德格尔思想上的同路人。海德格尔在《人诗意地栖居》中通过荷尔德林的诗追问：在座架抽空了人与存在的互属的时代中，无家可归的人是否还能诗意地“栖居”于大地之上？[①] 海德格尔将人栖居于大地之上视为“伦理”（Ethos）的真正的含义。当然，这个大地不是尼采的赤裸裸的永恒轮回的“大地”，而是天地神人“四重体”（Geviert）。人栖居在大地之上首先需要人呵护人的本质赖以获得自由的整个敞开的四重领域。海德格尔有时将“四重体”称为“物”，而“物”是存在最切近于人的方式，而不是作为对象与人相对立的死物。

其实，“四重体”可能有助于澄清 Ereignis 这个晚期海德格尔哲学中最令人难以捉摸的核心词语的内涵。四重体大致相当于传统形而上学中的自然（天空与大地）、人和上帝，但它们并不是传统形而上学的四个存在论领域的整体，而是作为有限性的存在的四者之间的关系（Bezug/Verhältnis）。四重体之间的这一“镜像—游戏”（Spiegel-Spiel）关系比人与存在的“互属”的 Ereignis 有更为丰富具体的含义。海德格尔在《筑、居、思》（1951）中将四重体表述如下：“‘大地’是效力承受者，开花结果者，它伸展于岩石和水流之中，涌现为植物和动物。……‘天空’是日月运行，群星闪烁，四季轮转，是昼之光明和隐晦，是夜之暗沉和启明，是节气的温寒，是白云的飘忽和天穹的湛蓝深远。……‘诸神’是有所暗示的神性使者。从神性那神圣的支配作用中，神显现而入于其当前，或者自行隐匿而入于其掩蔽。……‘终有一死者’乃是人。人之所以被叫作终有一死者，是因为人能够赴死。赴死意味着能够承受作为死亡的死亡。唯有人赴死，而且只要人在大地上，在天空下，在诸神面前持留，人就不断地赴死。……我们把这四方的纯一性称为‘四重体’。终有一死的人通过栖居而在四重体中存在。但栖居的基本特征乃是保护。终有一死者把四重体保护在其本质之中，由此而得以栖居。……在拯救大地、接受天空、期待诸神和护送终有一死者的过程中，栖居发生为对四重整体的四重保护。”[②]

人栖居于大地之上是“诗意”地栖居，因为“语言是存在的家”。《关于人道主义的书信》（1946）中这个人们耳熟能详的说法需要澄清一下，海德格尔在此所讲的“语言”乃是“本质的语言”[③]。由于西方形而上学的

---

① 参见海德格尔：《人诗意地栖居》，孙周兴选编：《海德格尔选集》，463～480 页。

② 海德格尔：《筑、居、思》，孙周兴选编：《海德格尔选集》，1192～1194 页。

③ 海德格尔：《关于人道主义的书信》，孙周兴选编：《海德格尔选集》，358 页。

语言是存在—神—逻辑的语言，它从存在论差异而来却无法思及存在论差异。海德格尔将一种非存在—神—学的语言即非单义性、对象性、逻辑性的语言为“本质的语言”。在《语言的本质》（1959）中海德格尔说，“本质的语言就是诗”①。本质的语言命名差异，它显示存在论差异的语言；在语言之外没有差异。显然，德里达的“延异”或“播撒”的文字学的意图与海德格尔的思想关怀相去甚远，因为海德格尔所思的差异的语言的本质并非语言学或符号学的对象，它关涉的是本质的语言以其多义的统一性显示出存在论的差异以及四重体的相互归属，显示出物的世界。

“本质的语言”是存在的真理敞开的最终境域，在最早的时候，这一境域是“时间”，然后是“艺术作品”，在最后的日子里海德格尔干脆就将之称为“域”。可见，海德格尔对语言的思考与通常所说的语言哲学或“语言学转折”干系不大，他更关注的是语言的本质，也就是与语言、话语、言语的要素完全不同的东西。语言的本质不是《存在与时间》中的沉默的良知呼声，而是在词语、命名和言说中庇护和保护存在的有限性和存在论的差异，因而也就是“存在的家”。“诗”与“思”的共同的渊源就在于“本质的语言”之中。只有在本质的语言的“家”中，作为此在的人才能归属于存在之中并成为物的四重体世界的守护者。海德格尔在《语言的本质》中说：“词语破碎处，无物存在”②。这不是在判断或象征的意义上理解的“词与物”的关系，而是在存在的无蔽和庇护的张力中所理解的“词与物”的互属。

总而言之，海德格尔晚年思考存在不再是从时间性追问“存在的意义”，也不再从“存在的真理”追问“存在史”的命运，而是从“本质的语言”沉思对物和世界的保护以及人的栖居，预备克服“座架”命运的新的“存在拓扑空间”。

参考文献

Martin Heidegger，*Beiträge zur Philosophie* (*Vom Ereignis*). Frankfurt am Main：Vittorio Klostermann，1989

Martin Heidegger，*Die Frage nach der Technik*. Stuttgart：Verlag

① 海德格尔：《语言的本质》，孙周兴选编：《海德格尔选集》，1084页。

② 海德格尔：《语言的本质》，孙周兴选编：《海德格尔选集》，1090～1096页。

Klett-Cotta，2002

Charles Guignon ed.，*The Cambridge Companion to Heidegger*. Cambridge：Cambridge University Press 1993

George Pattison，*Routledge Philosophy Guidebook to the Later Heidegger*. London：Routledge 2000

Julian Young，*Heidegger's Later Philosophy*. Cambridge：Cambridge University Press 2001

Otto Pöggeler，*Der Denkweg Martin Heideggers*，Stuttgart：Klett-Cotta / Verlag Günther Neske，1994

Otto Pöggeler，*Heidegger in seiner Zeit*. München：Fink，1999

Otto Pöggeler，*Neue Wege mit Heidegger*. Freiburg / München：Alber，1992

Reiner Schürmann，*Heidegger on Being and Acting*. From Principles to Anarchy，trans. C.-M. Gros，Bloomington：Indiana University Press，1987

海德格尔. 存在与时间. 陈嘉映，王庆节译. 北京：三联书店，1999

海德格尔. 形而上学导论. 熊伟，王庆节译. 北京：商务印书馆，1996

海德格尔. 路标. 孙周兴译. 北京：商务印书馆，2000

海德格尔. 尼采. 孙周兴译. 北京：商务印书馆，2002

海德格尔. 海德格尔选集. 孙周兴选编. 上海：上海三联书店，1996

第十章　形而上学与后现代主义

吴　琼

形而上学作为对最高存在与终极价值的研究和追问，自产生之日起，就遭遇着来自诸如怀疑论、经验论等方面的攻击，一定意义上说，一部形而上学的历史亦即一部反形而上学的历史，而形而上学/反形而上学的这种角力与纠缠正是哲学或人类智性思辨的魅力所在，在其中，没有哪一方可以一劳永逸地宣告自己是永远的胜利者，而它们之间的每一次交锋，最终的结果总是各自向更精密、更高级的智性阶段的提升，有时甚至是通过各自向对方的渗透来使对方趋于更高的阶段。因此，形而上学与反形而上学之间其实构成了一种结构性的对立，尤其在传统的西方哲学史中，两者之间的对抗与其说是一种相互的否定和抵牾，不如说是一种辩证的共生共存。

然则，到20世纪六七十年代，随着法国结构主义/后结构主义运动的扩展，随着一个所谓的后现代主义时代的到来，形而上学遭遇了前所未见的挑战，这就是，它们开始从元问题的层面对形而上学进行质疑，例如形而上学自称是对最高存在和终极价值的追问与思考，那么，这一追问和思考是如何可能的？形而上学是借用何样的策略将自身置于哲学和科学之王的位置的？形而上学对最高存在与终极价值的设定具有何等的合法性？这样的设定来自于什么样的心灵结构？等等。后现代哲学正是通过对这些问题的思考来对形而上学实施打击的，并以其出人意表的提问方式、前卫的文本写作技巧和先知般的末世学腔调敲响了形而上学的丧钟。下面，我们主要从三个方面来看后现代哲学对形而上学的批判：形而上学作为一种宏大叙事；形而上学作为一种本原之学；形而上学作为一种表象论。

一、形而上学作为一种宏大叙事

在西方哲学漫长的历史进程中，形而上学作为对最高存在的追问和思考总是或隐或显地关涉着一个基本的三合一结构，这就是本体论、认识论和目的论的统一：作为本体论的方面，形而上学乃是对存在者之所以存在的最高根据和原因的思考与追问；作为认识论的方面，形而上学关注的是人如何认识和把握这个最高的根据和原因；而作为目的论的方面，形而上学还进而把这个最高的根据和原因设定为存在者所要趋达的目标。这意味着，一个形而上学的体系，总是隐含着要在存在论、认识论或目的论的方面对所有存在者的存在给出一个总体的言述，而这一总体的言述其实就是一种叙事，且是一种无所不包的总体性叙事，或称宏大叙事。故而，形而上学何以可能，一定意义上说，也就是有关形而上学的总体性叙事何以可能。当然，这里隐含着一个提问方式的转换，即从“形而上学何以可能”转换为“形而上学的叙事何以可能”，意味着我们的提问方向发生了转变：当我们问“形而上学何以可能”的时候，其实就已经对问之所问给出了一个前设，那就是存在者之存在本身是先行存在的，所要追究的是这最高的存在何以是所有存在者的根据和原因，以及我们该如何去认识它；而当我们问“形而上学的叙事何以可能”的时候，问之所问便转向了语言学的方面，那就是我们所追究的东西是如何被表述出来的，进而这一表述的合法性何在。而这正是后现代哲学对形而上学实施解构的策略和切入点之一。法国哲学家列奥塔尔就是进行这种解构的一个典范，1979 年，他发表《后现代状态》一书，对总体性叙事的合法性做了全面而彻底的质疑。

列奥塔尔所谓的“后现代状态”，首要的是指现今的发达社会或后工业社会的“知识状态”，他对“后现代”的界定主要就是从这个时代的“知识状态”入手的，而他对这一状态的考察是围绕着知识的合法性问题展开的。显然，“知识”是列奥塔尔用来分析各个时代的一个关键词。何谓“知识”呢？与我们常规的理解——把知识看作是对事物的一种认识——不同，在列奥塔尔那里，“知识”指的是按照一定规则所构成的有关世界的话语，说到底，“知识”是维特根斯坦意义上的“语言游戏”。故而，在列奥塔尔的理解中，“知识”是一个很宽泛的概念，既包括对事物进行界定或描述且可以用真或假来加以判断的指示性陈述，例如我们所讲的科学知识或认识，还包括诸如做事能力、处世能力、倾听能力等一系列的能力因素，“知识就是那个能让人说出‘好的’指示性陈述的东西，但它也能让人说出‘好的’规定性陈述、‘好的’评价性陈述……它不是关于某一类陈述（例如认知性陈述）的能力，它不排除其他的陈述”①。这就是说，知识不仅是对真伪的判断，而且是对效能、正义或幸福、声音语言色之美等等东西的评判。

列奥塔尔着重分析了西方传统中两种主要的知识形式，即叙事知识和科学知识：前者指的是诸如神话、传说、民间故事这样的话语形式，它追求的是一种内在的平衡和审美的愉悦；后者则是指有关对象的真理性陈述，它只遵循“真”的原则，只关涉知识与客观对象之间的统一性。

列奥塔尔从语用学的角度指出，叙事知识是综合性的，它既表达了人们对客观事物的认识，同时又以一系列的规范约束着身处叙事体系之中的社会人群——包括发话者和接受者——的行为；叙事既包括描述性的话语，也包括规定性和情感性的话语，它具有历史的整合功能，因而是约束和联系社会成员的一种纽带，“一个把叙事作为关键的能力形式的集体不需要回忆自己的过去。它不仅可以在叙事的意义中找到自己的社会关系，而且也可以在叙述行为中找到自己的社会关系”②。尤其是，对于这样一种话语形式，其权威性或合法性就存在于自身之中，存在于社会群体对叙事规则的共同认定之中：“从某种意义上说，人民只不过是那些使叙事现实化的人，他们的现实化方式不仅是讲述叙事，而且也是倾听叙事，同时也使自己被叙事讲述，总之在自己的体制中‘玩’叙事：既让自己处在受述者和故事的位置上，也让自己处在叙述者的位置上。……这样一来，叙事便界定了有权在文化中自我言说、自我成形的东西，而且因为叙事也是这种文化的一部分，所以就通过这种方式使自己合法化了。”③

与叙事知识是一种包含着描述、规定、评价等能力的综合性陈述相比，科学知识则只是一种排除其他陈述的指示性陈述，其可接受性的标准在于它的真理价值；并且，与叙事知识的有效性来自于叙事本身以及叙述行为所处的社会整体关系相比，科学知识的有效性的获得不是来自于它被讲述这个事实本身，而是来自于对以前的陈述的有力反驳和对自身论点的

① 列奥塔尔：《后现代状态》，车槿山译，41 页，北京，三联书店，1997。

② 同上书，46 页。

③ 列奥塔尔：《后现代状态》，47～48 页。

有力论证，这不仅意味着，科学陈述所要求的能力只涉及陈述者的位置，而不涉及受话者的能力和指谓的能力，而且还意味着，科学知识所关涉的是一种历时性，一种记忆和设想，因为人们总是假定，科学陈述的实际发话者了解过去关于这个指谓的各种陈述，而他之所以再次对同一个主题作出陈述，仅仅是因为他的这个陈述与过去的陈述有所不同。

列奥塔尔指出，本来，科学知识和叙事知识都只是人类知识总体中的构成部分，两者各有自己的特殊规则，且只能在自身范围内使用，我们既不能从科学知识出发来判断叙事知识的存在和价值，也不能反过来从叙事知识出发来判断科学知识的存在和价值，可是，自近代以来，随着理性和科学的发展，西方社会开始对叙事知识的有效性提出质疑，当初，叙事知识并不重视自身的合法性问题，它只通过传递的语用学，就使自己获得了信任，它虽然不理解科学话语的问题，但对科学话语还是表现出一种宽容，可如今，科学知识却对叙事知识表现出相反的态度，认为叙事中的陈述从来没有经过论证或证明，因此它们是野蛮的、原始的、不发达的和落后的，是成见、无知和空想，是寓言、神话和传说，只适合妇孺，需要用科学知识的“真理”之光来重新照亮它们。列奥塔尔说，科学对待叙事的这种态度正好构成了自西方起源开始的整个“文化帝国主义”的历史，而这一历史的本质就是西方从此将受到合法化要求的支配：“科学在起源时便与叙事发生冲突。用科学自身的标准衡量，大部分叙事其实只是寓言。然而，只要科学不想沦落到仅仅陈述实用规律的地步，只要它还寻求真理，它就必须使自己的游戏规则合法化。”①

那么，科学知识的合法性来自哪里呢？列奥塔尔发现，自柏拉图以来，西方思想在说明知识的合法性时，常常要借助于某一些叙事，因为西方思想总是觉得，知识的合法性除来自于自身判断的真伪以外，还有赖于知识与社会实践的关系，就是说，一个知识不仅要自身为真，而且还要能运用于社会，由真至善。自近代以来，科学知识在排斥传统叙事的虚妄的同时，却又要借助于诸如政治的或哲学的叙事为自身提供合法性的基础，列奥塔尔把这些叙事称之为“宏大叙事”或“元叙事”，并把它看作是现代性的标志。列奥塔尔说：“当这种元话语明确地求助于诸如精神辩证法、意义阐释学、理性主体或劳动主体的解放、财富的增长等某个大叙事时，

---

① 列奥塔尔：《后现代状态》，1页。

我们使用‘现代’一词指称这种依靠元话语使自身合法化的科学。”[①] 在此，所谓精神辩证法和意义阐释学指的是德国的思辨哲学传统，而所谓理性主体或劳动主体的解放则主要是指法国的启蒙哲学传统，列奥塔尔把它们全都归为宏大叙事或元叙事。

何谓“宏大叙事”或“元叙事”呢？列奥塔尔并未就这两个概念给出明确的定义，不过，依据他对法国启蒙叙事和德国思辨叙事的说明，我们大致可以明了他所说的这两个概念的意思，那就是：一方面，作为一种理论或陈述，它们遵循的是理论本身所要求的一致性和自律性的模式，即它们追求的是陈述本身的“真理性”；可另一方面，它们又都自诩是对社会现实的某种描述，承诺只要理论的论述为“真”，只要我们按照这一真的理论去行事，那么我们在社会实践中就能达成预期的结果，亦即可以从“真”过渡到“善”，列奥塔尔把这种承诺和预期又称之为“规范性的陈述”。这表明，在列奥塔尔那里，所谓宏大叙事或元叙事，既是指一种涵盖性的、包罗万象的陈述性话语，也是指那种企图把所谓真的陈述引入社会实践，并借此指导和评价社会实践的规范性话语。这其实也正是形而上学作为一种话语的典型特征，因为正如我们所说的，在西方传统中，形而上学常常既是一种本体论，也是一种认识论和目的论，既是对世界本质的某种描述，也是对人类社会实践的一种规范和评判。形而上学即是地道的宏大叙事或元叙事。列奥塔尔所指称的法国启蒙叙事和德国思辨叙事正好是近代西方最典型的两种形而上学的话语。

列奥塔尔说，所谓启蒙，就是要普及教育、普及新知识，使公民摆脱心智的愚昧状态。而法国启蒙叙事就是以此为宗旨，确立了理性主体的权威地位，视理性是人的本质规定性，人只要正确地运用理性，就能把握和认识自然及社会规律。由此，法国启蒙叙事不仅把理性原则运用于对自然和社会的认知中，而且还运用理性原则来指导人类的道德行为和政治实践，使启蒙话语成为了一种规范性的话语。“在理性精神可能形成一致意见这种观点中，具有真理价值的陈述在发话者和受话者之间建立共识这一规则被认为是可以接受的：这就是启蒙叙事，在这一叙事中，知识英雄为了高尚的伦理政治目的而奋斗，即为了宇宙的安宁而奋斗。”[②] 可是，正如列奥塔尔指出的，用这样一个包含了历史哲学的元叙事来使知识合法化，

---

① 列奥塔尔：《后现代状态》，1～2 页。

② 同上书，2 页。

势必会使我们对支配社会关系的体制是否具备有效性产生疑问，因为这些体制本身也需要使自身合法化。

类似的，德国的思辨叙事则是将科学的目的与意义纳入到精神展开的历程中。按列奥塔尔的说法，德国的思辨叙事最早萌芽于19世纪初柏林大学建校之时。当时德国思想界就高等学校的发展方向提出了不同的设想，最终德国著名教育家威廉·洪堡提出了自由主义的道路，即鼓励学术自由发展。列奥塔尔指出，尽管洪堡坚持科学遵循自身的规则，科学机构要自我更新，但他也提出大学应该将科学引向民族的精神和道德培养上。那么，价值中立的科学探索如何与民族和国家利益相结合呢？为此，洪堡提出了“精神”概念，它由统一的三重愿望所构成：“一切都来自一个本原”——与之相对应的是科学活动；“一切都归于一个理想”——它支配伦理和社会的实践；“这个本原和这个理想合为一个观念”——它保证科学中对真实原因的研究必然符合道德和政治生活中对公正目标的追求。通过这三个方面的综合，理想的主体就能建立起来。由此可见，德国思辨叙事本质上是哲学性质的元叙事，这种哲学的意图就是要为科学话语的合法化提供依据，并重建知识的统一性。在这种哲学性质的元叙事中，精神有一个普遍的“历史”，精神是“生命”，这个“生命”自我展现、自我表达，它采用的方法是把自己在经验科学中的所有形式排列成有序的知识。“哲学只有在一种语言游戏中才能做到这一点，这种语言游戏通过一个叙事，或更准确地说通过一个理性的元叙事，像连接精神生成中的各个时刻一样把分散的知识相互连接起来。以后黑格尔的《哲学全书》将力求满足这种整合设想，但它已经在费希特和谢林的著作中作为系统观念出现了。”① 德国唯心主义正是依靠这样一种元原则把知识、社会和国家的发展建立在实现“主体的生命”（费希特称之为“神圣的生命”，黑格尔称之为“精神的生命”）这一基础上。“德国唯心主义的哲学全书讲述的就是这个主体—生命的‘历史’。但它制造出来的其实是一个元叙事，因为这个叙事的讲述者不可能是局限在自己的传统知识所特有的实证性中的人民，也不可能是局限在与自己的专业知识相对应的职业性中的全体学者。这只可能是一个正在建立经验科学话语的合法性和民间文化机构的合法性的元主体。它通过阐述这两种合法性的共同基础，实现它们没有明确说出的

① 列奥塔尔：《后现代状态》，70～71页。

目标。”①

由此看来，尽管启蒙叙事与思辨叙事的思路不同，前者直接从政治理想出发，阐述科学对社会理想的作用，后者试图通过抽象的“精神”概念将两者统一起来，但这两种叙事的功能是一致的，它们都把科学知识纳入一个总的、普遍性的社会理想框架内，使后者成为前者的目的，并以此方式使社会和政治体制、法律、伦理、思想方式合法化。

列奥塔尔这里所说的两种叙事都是西方近代以来的理性主义传统的具体体现，这两种叙事都表达了对理性的信仰，相信科学技术的发展能够推动人类历史的进步，能够给人类带来更文明的生活。正是为了使这种信仰合法化，启蒙叙事和思辨叙事以各自的方式确立了自身的形而上学或元叙事，把有关理性主体或精神的陈述推及社会政治实践和伦理实践中，以形而上学的体系统摄一切。列奥塔尔说：这两种话语“需要的大叙事是解放的叙事——它们不是神话。和神话一样，它们发挥了合法化的功能：它们把社会和政治制度与实践、立法的形式、道德、思想形式和象征体系合法化。它和神话不同的是，它们不是把这种合法性建立在一个原初的‘创立’行为的基础上，而是建立在要实现的未来，也即要实现的理念上面。这一（自由、‘启蒙’、社会主义、普遍繁荣的）理念具有合法化价值，因为它是普遍适用的。它赋予了现代性特有的形式：事业，也即指向一个目的的意志”②。

但是，启蒙叙事和思辨叙事真的能给理性主体的解放或精神的自我实现提供合法化的证明吗？在列奥塔尔看来，回答只能是否定的，因为现代科学技术的发展固然使人成为了自然的主人，现代西方社会的政治结构固然承诺了主体拥有自由、平等的权利，但它们同时也在颠覆自身的事业，“当代科学和技术产生的主体对客体的把握并未带来更大的自由、更多的公共教育或更多的、分配更平均的财富”。“技术科学并未完成实现普遍性的事业，而是实际上加快了合法性丧失的过程。”③ 也就是说，真与善并未达成统一，相反，它们之间的裂隙、矛盾越来越大，技术科学越是发达，它离理性所允诺的合理现实就越远，它的合法性问题就越是严重，因此，技术科学并未完成普遍的社会理想的实现，相反，它加快了合法性丧失的过程。由此，列奥塔尔指出：“合法性丧失早已是现代性的一部分”。如同

① 列奥塔尔：《后现代状态》，71 页。

② 列奥塔尔：《后现代性与公正游戏》，谈瀛洲译，181 页，上海，上海人民出版社，1997。

③ 同上书，168 页。

基督被圣父抛弃使他丧失了自身合法性的根据，因此只能以上十字架来证明自己的合法身份一样，在政治上是合法君主的路易十六被处决也是对现代历史里面的合法性源头的一次迎头痛击。而20世纪中期以后所谓信息时代或后工业时代的到来，更是给科学知识的合法性以毁灭性的打击，科学知识赖以为生的那种宏大叙事也遭到瓦解和唾弃。

合法性的危机不仅是社会理想的危机，根本上也是理性的危机，是元叙事的危机。在这种情形下，提供合法性的元叙事便失去了可信性。列奥塔尔还把合法化的叙事称之为是一种总体化，在他看来，元叙事意味着用一种普遍原则统合不同的领域，这种统合最终导致的是总体性的产生。而总体性体现的是一种压迫关系，即一种话语对另一种话语的压迫，这种话语压迫最终常常会导向政治上的极权主义。正是在这个意义上，列奥塔尔引入了"后现代"的概念，称"后现代"即是对元叙事的怀疑。因此，后现代哲学的核心任务就是向总体性开战。

列奥塔尔的后现代哲学致力于消解统一性原则，解除统一性原则对不同知识的束缚。他认为，不管是科学知识还是叙事知识，它们都遵循着不同的标准，而我们所要做的便是以诧异的目光凝视话语种类的多样性，就像看着千姿百态的动植物一样。为了表达这种多样性，列奥塔尔采用了维特根斯坦的"语言游戏"概念。

语言游戏是维特根斯坦晚期哲学中的一个重要概念。在《再研究》中，维特根斯坦曾把语言比喻成一个历史久远的城市，里面有迷宫一样纵横交错的街道和广场，有新旧毗邻、建于不同年代的房屋，城外则是街道宽阔的新建小区，房屋整齐划一，新的房屋还在不断建造，城区在不停扩大，这一增长和繁殖过程使得按照某种统一的原则对城区进行总体规划越来越不可能。语言也是如此，如同城市在不断扩展一样，新的语言也在不断产生，尤其现今的这个信息社会，科学知识的问题就是语言或话语的问题，音位学与语言学理论、交流问题与控制论、现代代数与信息学、计算机与计算机语言、语言翻译问题与机器语言兼容性研究、存储问题与数据库，等等，这些都与语言有关，且都归属于不同的语言系统，有着各自的语言规则，不可能把它们归于某一共同的元语言。知识完全成了专家的事情，且划分越来越细、越来越专业化，哲学的总体叙事已根本无力为知识提供合法化的证明，实际上它也已经放弃了这样的努力。列奥塔尔说，后现代知识不以追求总体性为旨归，相反它分裂为各种各样的语言游戏单元，而且在单元之间不存在通用的准则，而是分别表现为真、善、美、效率等原则。科学只进行自己的游戏，它既不依赖其他话语为它立法，同时也不再担当知识典范的角色，去规范和约束其他知识。“依靠大叙事的做法被排除了，因此我们在寻找后现代科学话语的有效性时不能依靠精神辩证法，甚至也不能依靠人类解放。……另外，共识原则作为有效性标准也显得不够充分。”①

因此，后现代时代是一个激活多样性的时代，也是一个召唤异质性和差异性的时代，在这样一个时代里，形而上学的总体性叙事已决无容身之地，知识的合法性只能在局部取得，且必须通过不断的创新，通过提出新的语言游戏规则来对其进行重构，总之，在这样一个时代里，知识的合法性或知识的共识性规范的获得只能是一个永远不可能达成的远景，“如果我们把这种特性移植到科学讨论中，并且从时间的角度看，它就意味着‘发现’的不可预测性。相对于一个透明的理想而言，它是构成不透明性的一个因素，它推迟了共识的时刻。”②

无疑，形而上学属于一种元叙事，是一种有关世界和人类的总体性话语，因此，向总体性开战，其实就是向所有的形而上学开战，尤其当列奥塔尔把这种总体性话语与文化和政治上的极权主义联系在一起的时候，更是充分显示了他的后现代哲学所隐含的那种激进的政治立场。

二、形而上学作为一种本原之学

众所周知，早在希腊时代，亚里士多德在定义形而上学的时候，就称形而上学是对存在之存在的研究，而所谓存在之存在，即是那使存在者得以存在的终极原因或最终根据，也就是万物之所以存在的那个本原，因此，形而上学亦可称之为是本原之学。在古希腊时期，人们把这本原描述为逻各斯、理念或隐得来希，在中世纪，则描述为上帝，在近代，又将其描述为我思的理性、泛神论意义上的自然或绝对精神，及至现代，尽管形而上学意义上的本原问题常常因其不可证伪性而被斥之为伪问题，可这种拒斥更多地局限在命题或陈述的语言分析层面，而对西方形而上学中本原之思的思维惯性并未作彻底的根除，形而上学作为对本原问题的探究和追问只是以悬置的方式被消极地放在括弧中。

---

① 列奥塔尔：《后现代状态》，130 页。

② 同上书，131 页。

进一步说，形而上学作为本原之学乃是基于一个前提，即认为万物皆有一个最终的本原，这本原不仅是一切存在之所以存在的最终根据，而且其本身是自足自明、自身同一、永恒在场、无生无灭的，是我们可以认识和可以把握的。针对这种确信，传统的反形而上学话语常常会提出这样的问题：真的有这样的一个本原或根据吗？即便有这样的一个本原，我们真的能认识和把握它吗？可此类的提问并不能触及形而上学的本原之思的核心，因为形而上学的本原之思并非一种单纯的信念或信仰，而是一种逻辑的言说，而保证这一言说之有效性的前提就是逻辑体系本身的自足性和自明性，是言说主体所先行具有的我思本质。因而，问题之根本不在于是否存在形而上学所要探究的那种本原或根据，而在于形而上学对本原问题的言说机制，也就是，形而上学是采用何种言说策略来保证本原成其为真理和意义之源的。德里达的解构哲学就是从这个层面来实施对形而上学的打击的。

德里达首先从形而上学表述本原问题的话语结构来切入本原之思的思维惯性。亚里士多德曾说："言语是心灵的符号，而文字则是言语的符号。"德里达认为，这句话是西方哲学自古希腊以来最根深蒂固的教条之一，也最明确地体现了西方形而上学传统的思维策略：通过在思想、言语和文字三者之间建立起一个等级森严的结构关系，以保证思想的真理或意义的直接在场。在这一结构关系中，言语或声音被视作是真理或意义的直接呈现，而文字则是言语和声音的替补。那么，言语或声音何以享有直接表述真理和意义的特权呢？而文字作为言语和声音的替补又意味着什么呢？德里达在1967年发表的两部著作《声音与现象》和《论文字学》中分别对此作出了回答。

言语或声音何以享有直接表达真理和意义的特权呢？或者说，真理是如何与言语或声音联系在一起的呢？在《声音和现象》中，德里达通过对胡塞尔的"现象学的声音"的分析说明了这一点。在德里达看来，胡塞尔的现象学还原就是要以在场形式还原或恢复纯粹表述（如S是P这个表述）的意义，这所谓的"在场"既是指与主体对立意义上的"对象的在前存在"，也是指"在内在性中对自我的靠近"，而这一双重意义上的充分在场只有通过声音、而且是"现象学的声音"才有可能，因为在对象的观念化与声音之间，有着一种无法消除的"共谋性"。

德里达说，按照胡塞尔的现象学，观念对象是诸种对象中最具客观性的对象，因为它当场存在且独立于经验主体的任何事件和行为；对于这样一种对象的观念存在，应该能在一个中项中被构成、被重复、被表达，而这个中项又无损于在场和追求它的活动的自我在场："这个中项既保持了面对直观的'对象的在场'，又保持了自我在场，即活动对自身的绝对靠近。"① 这就是说，对象的观念性只能相对于一个非经验的意识而存在，只能在这样一种因素中被表述：这种因素的现象性并没有世俗的形式，即不具有经验的形式，否则，由它所构成、重复或表述的观念对象就不能当下且立即地在场。

那么，哪一种因素才能与观念对象的这种存在形成共谋的关系——就是说，它不具有世俗的形式，它在构成、重复、表述观念对象的同时也能保持这种行为本身对自身的绝对靠近，从而也能保持对象当下且立即的在场？何种元素具有这样的特权？——只有声音！德里达说："声音就是这种因素的名字。"② 可为什么这一"现象学的声音"或音素是符号中最理想的呢？这种声音与对象的观念性之间的共谋关系从何而来呢？德里达说，这一方面是因为，这音素是经过现象学还原的声音，是作为表象的声音，它自身就是以观念的方式存在，因此它对于意识是绝对靠近的；而另一方面还因为，言说这种行为具有"自听自说"这样一种现象学的本质，声音在进入世界之前就已经被自我听见："声音被听见。各种语音符号（索绪尔所说的'听觉形象'，现象学的声音）被主体听见，这个主体在它们的现在的绝对接近中把它们发出声来。主体并不要越到自我之外就直接地被表达的活动所影响。我的言语是'活的'，因为看来它们没有离开我：它们没有在我之外、在我的气息之外落入可见的远离之中，它们不间断地归属于我，并且无条件地归我所支配。"③ 正是声音的这一绝对的内在性，使得声音能指与所指（被表述的含义）绝对靠近，也与自我绝对靠近，也就是可以使意义在声音中直接在场。也正是对声音的这一绝对内在性以及言语活动的"自听自说"的本质的绝对确信，构成了西方形而上学言述本原问题时的思维惯性。在德里达看来，整个西方传统哲学，从柏拉图、亚里士多德一直到索绪尔和胡塞尔，都信守着声音在传达意义时具有的优越于文字的特权：声音总是绝对的自身接近、自身在场，总是处于绝对的内在性中，因此也只有它才与本原绝对接近，或者说，本原只有通过它才能直接并充分地在场。

可是，相对于文字或书写，声音真的具有这样的特权吗？或者说，视

①②③ 德里达：《声音与现象》，96页，杜小真译，北京，商务印书馆，1999。

文字为声音的替补对于形而上学的本原之思来说究竟意味着什么呢？德里达在《论文字学》中对这一问题作了进一步的思考。

在《论文字学》中，德里达把西方哲学在言述本原问题时诉诸声音特权的传统径直称之为“语音中心主义”或“逻各斯中心主义”，并在一开篇就指出，这一传统贯穿于西方形而上学的历史中：“形而上学的历史，尽管千差万别，不仅自柏拉图到黑格尔（甚至包括莱布尼茨），而且超出这些明显的界限，自前苏格拉底到海德格尔，始终认定一般的真理源于逻各斯：真理的历史、真理的真理的历史（不同于我们将要加以解释的形而上学转向），一直是文字的堕落以及文字在‘充分’言说之外的压抑。”①

所谓“文字学”，顾名思义，就是关于“文字”或“书写符号”的“科学”，它研究的是诸如文字的起源与历史、词义的衍生与变化这类问题。这本是历史学家、考古学家、金石学家所做的工作，这一冷僻的学科何以成为德里达著作的“主题”？实际上，在德里达那里，所谓“文字学”，其实是指有关“文字”的话语或谈论方式。在他那里，真正的问题应当是何以要“论”文字学？亦即这一“论”的缘起何在？在他看来，问题的根本在于：在西方传统中，一方面，文字、字母、可感知的铭文始终被视为外在于是精神、灵气、言语和逻各斯的形体与物质材料，是人为的外衣和粗暴的外在性，是干扰自身在场的真理表达的暴力；而另一方面，人类思想的传达和真理的表述都离不开文字，“科学概念本身产生于文字发展史上的某个时代”，文字不仅是为科学服务的辅助手段，而且最终成为科学的对象，成为理想对象的可能性的条件，从而成为科学的客观性的条件，“在成为科学的对象之前，文字则是认识的条件”。因此，要认识民族的历史、科学的历史或哲学的历史，就必须首先认识文字的历史和文字的本质，或者反过来，认识文字的历史与本质，也就是在考察科学可能性的历史和本质。所谓科学的可能性，在德里达那里，并非指事实上的科学认识何以可能的问题，而是指科学真理作为一种话语表述的可能性，确切地说，就是传统的科学或哲学是通过一种什么样的策略宣称自己是真理。德里达发现，自柏拉图以来，整个西方哲学传统在真理表述的问题上都采取了共同的一个策略，那就是扬言语而抑文字，称言语是思想或真理的直接表达，而文字是言语的再现，且是一种邪恶的、必然会导致歪曲的再现。德里达称这一策略是一种逻各斯中心主义的在场形而上学，其所遵循

① 德里达：《论文字学》，3～4页，汪堂家译，上海，上海译文出版社，1999。

的是思想或真理与言语之间的同一性逻辑。可既然在人的认识中，真理是先行在场的，而言语与思想又是同一的，那何以还有文字之罪恶呢？可见，那一在场形而上学的同一性逻辑本身必定有自己的盲点，是那一逻辑自身的结构形式使自己陷入了两难。因此，所谓的“论文字学”，就是要通过对西方传统中有关文字的话语的考察，来揭示文字作为科学的可能性的条件是如何在那一话语的逻辑内部打入了一个分裂的楔子，使科学言说真理之可能性变得不可能的。

何谓“逻各斯中心主义”？logos 在希腊语中原指言语、言说之意，后引申出理性、规则之义，指谓着一种理性的、有规则的言说，以与神话的隐喻性言说相对。德里达称自己是在多种意义上理解这一概念：在前苏格拉底或哲学的意义上，在上帝的无限理知的意义上或在人类学的意义上，在前黑格尔的意义上或在后黑格尔的意义上。但不论在何种意义上，它都表示着逻各斯与语音或言语之间原始的本质联系。所谓逻各斯中心主义，首要的一层意思是指，在存在与心灵、事物与情感之间，存在着一种本质的直接联系，如同心灵的情感是对事物的自然表达一样，言语则是心灵情感和思想的直接表达，正是在这个意义上，德里达把逻各斯中心主义与言语或语音中心主义看作是一回事：它主张言语与存在绝对贴近，言语与存在的意义绝对贴近，言语与意义的理想性绝对贴近。

更进一步地，德里达认为，这一逻各斯中心主义还指谓着一种在场（presence）的形而上学。他说，言语中心主义与作为在场的一般存在意义的历史规定相融合，与取决于这种一般形式并在其中组成它们的体系及历史系列的所有次要规定（如客体作为形相对视觉的在场，作为实体/本质/存在的在场，作为现时或瞬间一刻上的时间的在场；我思、意识、主体性的自身在场；自我与他者的共同在场、作为自我之意向现象的交互主体性，等等）相融合。因此，“逻各斯中心主义注定要将在者的存在规定为在场”。这就是说，逻各斯中心主义总是确信有某个终极的所指，如存在、本质、源头、真理等，可以作为一切思想、语言或言语及认识的基础；这是一个所有能指唯它指归的“超验所指”，它是一切思想和语言的基础，也是一切意义的基础，因此它是超越于思想和语言之上的，是先于语言而存在的；哲学的任务就是要追寻这个终极所指和终极意义，而语言作为哲学完成这一任务的工具，由于其言语是以活的声音直达逻各斯的本原，直传思想的心声，故而具有相对于文字的优先权。基于这一点，德里达说，在逻各斯中心主义中，必然隐含着这样一种二元对立的逻辑：言语与文字、灵魂与肉体、自然与文化、理智与情感、形式与本质等等，其间必有一方从属于逻各斯，处于主导地位，另一方则标示着一种堕落、一种恶。

既然逻各斯中心主义意味着必然要在言语与文字之间作二元区分，并且为了保证哲学对真理的直接呈现，必然要采取扬言语抑文字的策略，那么攻破这一传统思想堡垒的方法就是重新张扬文字书写的力量。当然，这并不是简单地把传统的言语与文字的二元等级次序颠倒过来，将文字置于言语之上，因为这样做并不能摆脱逻各斯中心主义的那一二元逻辑。德里达认为，面对西方思想传统中根深蒂固的逻各斯中心主义，我们所能采取的策略就是以其人之道还治其人之身，在假定言语与文字二元对立并承认文字或书写是一种恶的力量的基础之上，反过来扩展文字的这一力量，挖掘文字的邪恶本性，以此来瓦解那一二值逻辑的有效性，瓦解传统形而上学—神学的根基，瓦解传统哲学对真理的理想性，德里达把这称之为"解构"。

何谓解构？德里达在多部著作中对此作过说明，例如在《哲学的边缘》中，他说，所谓解构，就是"通过一种双重姿态，双重科学，双重文学，来在实践中颠覆经典的二元对立命题，全面移换这个系统"。又如在《立场》中，他说："'解构'哲学因此即是用最为谨慎和内在的方法，通盘考查其概念的结构谱系，同时从它无以命名或描述的某一外在角度，确证这段历史在通过这一与它利害攸关的抑制来构筑自身作为历史的过程中，可能掩盖了什么，排斥了什么。"① 很显然，解构的任务是要颠覆或置换传统的二元对立命题。但问题在于如何颠覆？颠覆不是颠倒，不是把已有的二元模式简单地翻转过来了事，而是要强行突入那一模式之中，从那一模式的逻辑内部瓦解它。在《论文字学》中，德里达不断指出，解构活动并不触动外部结构。而是只有居住在这种结构中，解构活动才是可能的、有效的；也只有居住在这种结构中，解构活动才能有的放矢。例如在言语与文字的对立模式中，在它们对思想的指代游戏中，它们之间的关系总被说成是内与外、源始与派生的关系，即是说，言语是本源性的、精神性的和内在的，是对真理的直接传达，而文字是外在的、物质的、非先验的，是言语的补充，它作为一种表达手段，往好了说与所表达的思想毫无相干，往坏了说是真理传达的障碍，因为脱离了语境的文字表达是导致误解、语义含混、意义流失等的根源。所以，哲学家们在使用文字写作的同时，又常常谴责文字，把哲学界定为某种超越了文字的东西，以此来将哲

---

① 转引自卡勒：《论解构》，72～73页，陆扬译，北京，中国社会科学出版社，1998。

学构筑为一门关于思想和理性的学科。这种抑文字扬言语的做法代代相承，从柏拉图、卢梭、黑格尔一直到索绪尔、列维·斯特劳斯从未间断。可关键在于，没有外，哪有内，没有派生，哪有源头，“许多东西就像水与倒影，彼此无限反射，但有多个起源”。既然文字是言语的补充，那就表明，在言语与文字这一排他的逻辑背后还存在着一种增补的逻辑。按照排他的逻辑，增补的东西乃是一种非本质的额外之物，它是迫不得已才被附加在某个本身已属完全的事物之上的。但是，既然需要补充，就表明那个完全之物是有缺陷的，是必须借助这一附加之物实现其完满的，亦即言语的完满自足其实是要借助于文字的补充才有可能。这种增补的逻辑就是存在于言语与文字的二项对立中的不安定因素，它构成了语音中心主义内部的解构力量。德里达说：“因此，解构这一传统并不在于颠倒它，也不在于宣告文字无罪，而在于表明文字的暴力为什么没有降临到无辜语言的头上。之所以存在文字的原始暴力，是因为语言首先就是文字，并且这一点日益明显。‘僭越’早已开始。正当性的意义出现在神话般的轮回效果中。”① 实际上，根本就不存在什么言语与文字的二项对立，也从来就不存在“原生的”、“自然的”、“未被文字染指的”言语，言语本身就是一种文字，它天然地就是有缺陷的。正是在这个意义上，德里达一再强调说，解构不是一种方法，一种技术，也不是一种文本批评和阐释，那它是什么呢？是一种运作策略，一种以其人之道还治其人之身的瓦解文本结构的思维力量。下面我们看一下德里达的两个解构在场形而上学的经典例证，从中可以了解他的解构运作的基本策略。

先看一下德里达对索绪尔语言学的解构。德里达说，由于文字的起源问题与语言的起源问题密切相关，而人们总异口同声地将语言学称为科学性的范例，因此对文字学的思考可以从考察语言学的认识模式开始。这一模式的典范就是索绪尔的结构语言学。

索绪尔语言学的科学性其实取决于他对语言学领域的诸多严格区分和限制，如通过区分表意文字系统与表音文字系统而将前者排除在外，进而通过将文字视作语音的再现而将文字排除在外。索绪尔正是通过这些区分和限制将语言学建构为一个封闭的系统的，而他之所以做这样的二元区分，当然是为了保证语言的纯洁性，使其免受文字的污染，但另一方面，他似乎也意识到这一污染是不可避免的，是文字的一种原罪。他还意识

---

① 德里达：《论文字学》，50页。

到，由于文字是持久稳固的东西，比声音更适合于构成语言在时间中的统一性，以至于文字最终“篡夺”了言语的主导地位，以至于言语似乎成了文字的反射镜。此乃是文字的暴虐，是文字的僭越，是心灵屈从于激情而产生出来的怪物。可是，德里达指出，恰恰是索绪尔所宣称的“僭越”的丑闻，促使我们从根本上提出这样的疑问：这种僭越是如何可能的？为什么人们对文字的“入侵”如此难以容忍，甚至从一开始就认定它的持久影响是一种曲解和暴力呢？索绪尔无法回答这样的问题，他只能通过一系列严格的区分将文字加上括号，对其存而不论。可恰恰是当索绪尔不再明确考察文字时，当他以为这一问题已被完全悬置起来时，他也开辟了普通文字学的领域。因为即使我们假定距离、缺席、误解、含混等是文字专有的特征，并且即使将文字和言语区分开来乃是建构一个以言语的“清澈透明”为理想的语言学模式必然的前提，可文字作为一种外在力量实际上不可能随意这样被打发，如索绪尔本人所做的，他一方面排斥文字，一方面又说：“文字本身虽然同语言的内在系统无关，却被不断地用来表征语言。故我们不能简单地忽视它，而必须认识它的效用、缺点和危险。”① 其对文字左右为难的这一矛盾心理，连同他不时地用文字而不是言语来说明他的理论这一事实都表明，文字本身作为语言的本原已经将自身写进了索绪尔的话语。

实际上，根本就不存在一种具有“本原性”、“自然性”、未被文字所污染的言语，言语本身总是一种文字，德里达称之为“原型文字”。在这里，德里达的“原型文字”概念乃是通过重读索绪尔的语言的差异性原则而得出的。索绪尔认为，语言的本质就是差异，语言的价值或者说它的指谓作用乃是通过语言符号之间的差异性而获得的，可是在索绪尔那里，差异仍是静态的、现成的，对于差异是如何发生的，他无法作出说明。德里达则沿着差异性原则往前走，指出差异是通过“延异”过程产生出来的。在此，“延异”有着双重含义：既是延宕也是差异，是延宕着的差异，是正在到来的、正在发生着的差异。差异就是这种延异运作的结果，“这并不涉及被构造出来的差别，而是涉及在完全确定内容之前产生差别的纯粹运动。……它并不取决于任何感性的丰富性，不管这种丰富性是声音还是可见物，是语音还是文字”②。延异就是产生差异的纯粹运动，而文字的本

① 索绪尔：《普通语言学教程》，47页，高名凯译，北京，商务印书馆，1980。

② 德里达：《论文字学》，89页。引文中的“差别”即“差异”，下同。

质，在索绪尔及索绪尔以前的西方传统看来，就是差异，“如果我们坚持将这种差别称为文字，那是因为，在历史压抑活动中，文字凭其地位注定要代表最难以消除的差别。它从最近处威胁着对活生生的言语的渴求，它从本质上并且从一开始就破坏活生生的言语”①。正是因此，对于延异的这种运作、这种纯粹差异的游戏，德里达又称之为“原型文字”。

说（原型）文字是语言的本原和原型，这意指着，文字系统不是外在于言语系统的“形相”，不是符号的符号，不是先已存在的意义的载体，相反，它乃是建构意义的生产模式，语言、符号、媒介、表征这些概念，都只有在文字的机制中成为可能。根本上说，“原型文字”不是（逻各斯中心的）文字，而是一种机制，一种使语言和书写得以可能的先决条件，德里达把（原型）文字的这种差异运作，称作是一种“踪迹”。

所谓“踪迹”，在传统的理解中，意味着本原的在场，意味着一种初始的非踪迹，因而是经验的一种标记。而在原型文字的意义上，踪迹恰恰意味着本原的消失，意味着本原除非与一个非本原相反相成，就永远没有可能建构自身，因此踪迹乃是本原的本原，我们必须偏离传统的轨道，来谈论一种原始的踪迹，或原型踪迹，也就是：如果一切都始于踪迹，那说到底也就是根本没有本原的踪迹。踪迹不是在场，而是在场分解自身、瓦解自身，进而又复制自身的一种差异游戏。文字不过是广义之踪迹的一个代表，它不是踪迹本身，因为纯粹的踪迹并不存在。

可以看出，德里达把文字界定为纯粹差异的运动，界定为踪迹的游戏，根本上是为了破除形而上学对于“本原”的执念，“文字学”其实就是以解构的方式来思考本原，其与传统形而上学的本原观的根本区别在于：在传统的形而上学中，本原（理念、神、绝对精神等）总是作为已经在场且始终在场的东西规定着其他存在者，但“踪迹”所说的意思是，本原本来就不在场，但还留有踪迹。踪迹本身既非在场亦非不在场，它的意义不在于它自身，而在于它对某个“本原”的“追踪”。本原原本就不在场，就此而言我们没有本原；但踪迹又总在追踪某个本原，所以我们又不是没有本原。“本原总是处于延异之中。传统形而上学的失误就在于它们总要把这个‘若隐若现’、处于延异之中的本原变成一个当前的在场者，它们没有意识到，我们所能拥有的只有踪迹，本原只是在踪迹的指引中才被构造出来。在这个意义上，踪迹才是真正的‘本原’。当然，踪迹恰恰

① 德里达：《论文字学》，80 页。引文中的“差别”即“差异”，下同。

与本原概念相冲突，所以踪迹是非本原的本原。”[①]

我们再看一下德里达对卢梭的解读。如果说形而上学的历史，即是将存在确证为在场的历史，如果说它的发展交并着逻各斯中心主义的发展，那么，卢梭的著作，在柏拉图的《斐德罗篇》与黑格尔的《哲学全书》之间，居有一个独特的位置。因为他是柏拉图之后、自笛卡尔到黑格尔之间这个形而上学时代第一个将整个时代对文字的偏见加以系统阐述的人，同时，与其他人相比，他还更多地受到被他强行拒斥的东西亦即作为替补的文字的吸引和折磨。

在卢梭看来，文字是自然语言的一种“危险的增补”，一种威胁着活生生的言语的死亡力量。在他那里，言语与文字的对立除隐含着在场与缺席、本原与派生这样的对立之外，还隐喻着纯洁与堕落、有机社会与现代社会、平等与不平等这样的价值对立。在他看来，现代社会日趋复杂的社会秩序将人引向了暴力、腐败和堕落的关系网络，文字即是一种为这样的罪恶洞开大门的“增补”。总之，卢梭的理想就是基于这样一种模式：一个结构“透明”，纯然自我在场，无须求诸外部因素来界说自身的本源，它就是“自然”本身。

可是，卢梭的这一自我在场的本源之梦是经不起推敲的。在卢梭对社会和语言进行反思的时候，甚至在他力图描绘出可怕的专横的文字出现之前的田园般的自然状态时，文字就“已经”在那里存在了。因此，和柏拉图、索绪尔的情况一样，在这里也出现了一种“增补的逻辑”，一种潜在于文本中的约制力量，它在卢梭的文本内运作，从而歪曲它的意义，以对抗作者所有公开的或明显的意图。因为增补这个概念包含着两重意思：既是补充又是替代。可是，既然在场应该是自然的、自足的，犹如卢梭在《爱弥尔》中所描述的母爱，“母爱是无法替代的”，那它就决不能被增补，也不必被增补；反过来，既然自足的、自身在场的自然需要增补，那就表明“自然中有缺口，正因如此，它才需要填补”[②]，同时也表明，那绝对的自明性、绝对的在场其实根本未曾发生过，它仅仅存在于梦想之中，它本然地已经就是破碎的，不能自我呈现的。

德里达说，这一增补的逻辑充斥于卢梭的文本，成为卢梭思考语言的起源、音乐理论、教育、人类社会的发展等等问题的典型思维。就卢梭留

---

① 朱刚：《本原与延异——德里达对本原形而上学的解构》，217～218页，上海，上海人民出版社，2006。

② 德里达：《论文字学》，216页。

下的文字来看，运行于其间的形而上学策略，就是将增补当作一种纯然的外在之物，一种纯粹的缺席，而给排斥掉了："增补之物是无足轻重的，因为它是对完整的在场作填补，本身只是种外在之物。言语成为对（实在、本质、理念、存在等等的）直接在场的补充，文字成为对一个活生生的自我在场之言语的补充，手淫成为对所谓的正常性经验的补充，文化补充自然，邪恶补充天真，历史补充起源，如此等等。"① 但另一方面，卢梭对"增补"似乎总有着一种爱恨交加的心情。比如卢梭说文字是一种危险的增补，但倘非言语先已存在缺陷，先已有了据说是文字所专有的种种性质，如作者不在场，误解或曲解的必然性，它就无须文字来增而补之了。再如教育，这在卢梭看来是文化的一种形式，因而也是一种补充，但这补充本身也足以说明，那一完美无缺的自然人其实根本不存在，它需要后天的学习和训练来弥补。一方面将言语、自然视作是自足的、自我在场的，而将文字、人为视作是危险的增补，是在场的缺席，另一方面又不停地用这些增补来结构其社会和文化理论，同时又通过把这增补说成是外在的而将其排除在外，这就是卢梭所代表的逻各斯中心主义的增补逻辑，这一逻辑的矛盾之处在于："人们通过将它视为纯粹的增补而废除了它。被补充的东西成了虚无，因为它补充与它格格不入的完整在场。"② "起源概念或自然概念不过是补充的神话，是通过成为纯粹的附加物而废除增补性的神话。它是抹去痕迹的神话，也就是说，是抹去原始分延的神话，这种分延既非缺席也非在场，既非否定也非肯定。原始的分延是作为结构的增补性。"③

毫无疑问，德里达对本原形而上学的解构是充满巧智而又有力的，他不是简单地宣布形而上学对本原的渴念是一种幻觉，而是从所有本原之思的内部挖出它的逻辑盲点，使其陷入一种逻辑的两难，再把这种两难本身当作一种"本原"重新加以非本原化的思考，由此抽掉了形而上学的本原之思的根基。

三、形而上学作为一种表象论

我们知道，自古希腊到现代时期，西方哲学的发展经历了本体论、认

---

① 德里达：《论文字学》，240 页。

② 同上书，239 页。

③ 同上书，240 页。

识论、语言论这三个阶段，就形而上学的发展而言，在这三个阶段中，形而上学所据守的地盘也在逐次发生转移，或确切地说，是在逐渐缩小。但其中二分的思维未有根本的变化，例如，本体论阶段现象世界与本体世界或真实世界的二分，认识论阶段心与物的二分，语言论阶段语言与实在的二分等等，而各个时期的形而上学正是在此类二分的基础上通过将两极中的一个方面确立为另一个方面的表象——如现象世界是本体世界的表象、心是物的表象、语言是实在的表象——而使自身得以可能的，也就是说，在这三个阶段的发展变化中，仍始终贯彻着一种表象论的思维模式。表象论成为形而上学的一个顽固的标记，尽管20世纪的语言哲学不断宣称是自身反形而上学的，但这一标记仍如幽灵一般跟随着，且一定程度上动摇着其反形而上学的事业。也是因此，反表象论便成为后现代哲学撼动形而上学根基的重要诉求，表象危机成为后现代哲学的一个重要标识。

为了更好地理解后现代哲学反表象论的诉求，我们需要简单回顾一下表象论在西方哲学的各个阶段中的表现形式。在本体论阶段，表象论主要体现为对世界的二分，例如，在古希腊柏拉图哲学中，把世界分为流变不居的现象世界和永恒同一且真实自如的理念世界，前者是后者极不完美的复制，而后者是前者的原型和摹本，人类的知识也由此而被划分为从意见到真知的等级系统，最高的知识当然就是对理念世界的认识，人类的心灵和德行也依此构成一个从不完善到完善、从杂多到纯一的等级系列，形而上学的大厦就是建立在这一系列的表象论的二分基础之上的。中世纪的神学本体论也不例外。到17世纪的认识论阶段，形而上学作为认识论之基础则是以心与物的二分为前提，不论是在唯理论那里还是在经验论那里，物或实在皆被看作是认识对象，而心则作为认知活动的主体被看作是对实在的再现，人的认识被视作是观念与实在之间的某种表象关系在人的认识活动中，人所面对的是一个客观的物质世界，只有当这个世界以某种方式转移到人这个思维主体的大脑之中的时候，认识才是可能的，而这种认识活动本质上就是一种再现活动或表象活动。正是基于这样一种表象论的观念，近代哲学家觉得，在人的感官心智与实在之间总是隔着一道“现象”的屏障，现象背后的实在之于人的认识总有着某种不可企及的神秘，对于实在的这种神秘感最后导致了休谟的怀疑论。就在形而上学的大厦濒于倾覆之际，康德以主体的先验认识形式对其实施了拯救，但实在的神秘性并未消除，而是作为“物自体”被暂时悬置在知识的上空。进入19世纪的语言论阶段，分析哲学另辟新径，抛开“现象”的屏障，驶入语言的维度，认为是语言造成了认识的困境，语言才是真正的认识屏障。对语言与世界的关系进行分析成为破除传统认识论屏障的关键。分析哲学自称摈弃了形而上学的实在论迷雾，可是，当它声称语言的基本特征可显示世界的基本特征的时候，当它还在致力于确定性的意义寻求的时候，形而上学的表象论尾巴仍在它那里残留着。表象论作为形而上学赖以确立的基石的地位并未被动摇。正是在这样一个背景之下，反表象论成为后现代哲学打击形而上学的核心方向之一。美国新实用主义哲学家理查德·罗蒂就是其中的代表。

在 1979 年出版的《哲学和自然之镜》一书中，罗蒂一开篇就指出：“哲学家们常常把他们的学科看成是讨论某些经久不变的永恒性问题的领域……其中有些问题关乎人类存在物和其他存在物之间的区别，并被综括为那些考虑心与身关系的问题。另一些问题则关乎认知要求的合法性，并被综括为有关知识‘基础’的问题。……因此，作为一门学科的哲学，把自己看成是对由科学、道德、艺术或宗教所提出的知识主张加以认可或揭穿的企图。它企图根据它对知识和心灵的性质的特殊理解来完成这一工作。哲学相对于文化的其他领域而言能够是基本性的，因为文化就是各种知识主张的总和，而哲学则为这些主张进行辩护。它能够这样做，因为它理解知识的各种基础，而且它在对作为认知者的人、‘精神过程’或使知识成为可能的‘再现活动’的研究中发现了这些基础。去认知，就是去准确地再现心以外的事物；因而去理解知识的可能性和性质，就是去理解心灵在其中得以构成这些再现表象的方式。哲学的主要关切对象是一门有关再现表象的一般理论，这门理论将把文化划分为较好地再现现实的诸领域，较差地再现现实的诸领域，以及根本不再现现实的诸领域。”① 在此，罗蒂揭示了近代以来西方哲学的两个具有形而上学意味的特征：将哲学视作是其他一切学科的“基础”，并认为哲学主要的是有关再现实在的一般理论。前者他称之为基础主义，后者称之为表象论。而这两者常常是联系在一起的，是传统形而上学根深蒂固的观念。

罗蒂认为，近代以来，西方哲学经历了两次重要的转向。第一次是认识论的转向，即从柏拉图式的本体论转向近代唯理论和经验论的认识论，通过这一转向，哲学被确立为一门不同于宗教和科学等各门学科的独立自

---

① 罗蒂：《哲学和自然之镜》，李幼蒸译，1 页，北京，三联书店，1987。

足的学科，不仅如此，哲学还被确立为是其他各门科学的“基础”。在传统的本体论时期，哲学被视作是“科学的皇后”，它关心的是最普遍、最少物质性的问题，因而哲学本身即是形而上学；而现在，哲学成为了一门基础的学科。“哲学的首要性不再是由于‘最高的’位置，而是由于其‘基层的’位置。”① 哲学不再以“世界的本原是什么?”而是以“我们的知识如何可能?”作为其最基本的问题，哲学成为了“知识论”。尤其是，通过康德，这一认识论的哲学还在道德领域为形而上学留出了地盘。“通过使认识论与‘摧毁理性以便为信仰留地盘’（即摧毁牛顿决定论以为共同的道德意识留地盘）的构想中的道德性联系起来，他复活了一种‘完全的哲学体系’概念，在此概念中道德性是以某种较少争议和较富于科学性的东西为基础的。……由于康德，认识论得以迈入作为道德前提保证者的形而上学作用领域。”②

第二次则是语言学的转向，这一转向开始于19、20世纪的英美分析哲学，其一个主要目的就是想终结认识论哲学的实在论幽灵，破除心与物之间的认识屏障，用罗蒂的话来说，它其实是以“语言”取代“心”，来作为“实在”的对立面。传统的认识论哲学将人类心灵的结构视作是我们有关世界的知识的基础，而现在的分析哲学则相信语言的结构就是世界的结构的表象；传统的认识论哲学讨论的是物质现实是否“独立于心”这样的问题，现在，分析哲学关心的是：哪类真陈述——如果有的话——能够对应并再现非语言性的事物。在这里，认识论哲学中残留的形而上学阴影——即“实在”问题——看似是被消除了，其实只是被暂时悬置了，并且，表象论作为形而上学的基本构架在这里并未被清除，只是从心与物的对应转换成了语言与世界的对应。因此，要真正破除形而上学，还必须从批驳表象论入手。

罗蒂指出，近代哲学的表象论乃是基于一个前提性的假设，即把心灵比喻为是一面可以反映实在的镜子，知识的目标就是将实在忠实地再现出来。无论是近代的认识论哲学还是现代的语言哲学，都隐含了这样一个前提，前者宣称哲学的任务就是通过修炼心灵的明镜来准确地反映实在，后者则视哲学的工作是完善那塑造人类心灵的语言，以便能够准确地再现世界的终极结构。罗蒂认为，这种表象论的主要困难之一，就是它自欺欺人

---

① 罗蒂：《哲学和自然之镜》，116页。

② 同上书，119页。

地以为它可以超越历史环境，可以为人类的认识提供知识基础，而忘记了它本身的提出是源于一定时代的哲学问题与文化语境的，忘记了它会随着社会实践、语言游戏或世界图像等的变化而变化的。表象论并非哲学的永恒议题，也不是所有人类在反省知识和真理时必然会提出的问题，而是历经笛卡尔、洛克和康德等人所发展出来的一种知识论。

罗蒂说，表象论与西方哲学中一系列根深蒂固的传统观念是关联在一起的，如认为：人具有一个本质，那就是他必须去发现事物的本质，或者说在我们自身的镜式本质中准确地再现周围世界的本质；认识就是对事物本质的反映，认识的过程就是我们的心灵不断逼近事物本质的过程；哲学就是为所有这一切提供解释和论证，并为人类的认识活动确立一套公认的规范，从而为其他各个学科提供一个终极的评判标准和知识基础。这些本质主义和基础主义的观念显然正是传统形而上学的特征，既然它们都同表象论联系在一起，所以破除此类幻念的根本就在于摆脱我们有关心灵的镜式本质的认识。在罗蒂看来，同人的肉体一样，人的心灵和人的语言也是由人生活于其中的社会环境和文化环境塑造的，它们并非像表象论者所认为的那样比人的肉体更接近或更远离现实，“作为自然之镜的心灵，是笛卡尔传统对需要这样一个构架所做出的反应。如果在这面镜子中没有特殊的表象，那么它将不再适合对一种检验标准的需要，这一检验标准是供我们在对信念的正当的和不正当的判断间进行选择之用的”①。因此，问题的根本就在于摆脱自然之镜的视觉隐喻，“没有镜式本质的概念我们也能诸事顺遂。如果知识，除了在最无谓和最不成疑问的意义上以外，不是表象精确性的问题，那么我们就不需要内在之镜，因此那面镜子与我们的肉体部分的关系，也就不存在什么神秘性了”②。

在否决了自然之镜和表象论之后，我们的哲学将会是怎么样呢？罗蒂提出了“后哲学文化”的概念。在他看来，传统哲学或形而上学的本质主义和基础主义体现了它的一个梦想，就是把哲学看作是所有其他学科的“知识基础”，它既为其他一切学科提供知识规范，还是它们的评判标准，并且还想成为人类社会实践和文化实践的可公度性准则。这是一种大写的、单数的哲学，因为它追求的是大写的真理，是能统摄一切的知识。而反表象论的哲学是一种小写的、复数的哲学，是相对主义的哲学。罗蒂

---

① 罗蒂：《哲学和自然之镜》，180 页。

② 同上书，106 页。

说，如同启蒙运动的先知们使神学文化变成了后神学文化一样，我们现在也有希望从哲学文化走向后哲学文化，因为我们看到了一些新的启蒙运动的先知，“他们所处的境地与那些主张关于上帝的本质和意志的研究对我们没什么益处的非宗教主义者当初所处的境地非常类似。确切地说，这些非宗教主义者并不是说上帝不存在；他们只是对于断定其存在意味着什么，从而也对于否定其存在意味着什么，感到不清楚。他们也没有任何关于上帝的特别有趣和异端的观点。他们只是认为神学词汇并不是我们应当使用的词汇”①。

罗蒂认为，杜威、维特根斯坦、海德格尔等为建立这样一种后哲学文化提出了纲领。通过杜威，我们知道了“证明”是一种社会现象，而不是看作“认知主体”和“现实”之间的一种事务；通过维特根斯坦，我们知道把语言当作一种工具而不是当作一面镜子，我们再也不会去寻求语言再现作用可能性的必要条件；通过海德格尔，我们知道了把使认知主体的天性成为必然真理的一种根源的企图看成是一种自我欺骗。总之，从杜威、维特根斯坦和海德格尔等人那里，我们被提醒要注意：“对知识、道德、语言、社会的基础所作的研究可能仅只是类似于教义辩护的东西，它们企图使某种当代的语言游戏、社会实践、或自我形象永恒化。”② 也就是说，通过这三个人，我们可以获取后哲学文化的学术目标，那就是反表象论、反本质主义、反基础主义、反形而上学等等。除这三个人之外，罗蒂指出，我们还可以从塞拉斯、蒯因、戴维森、赖尔、库恩、普特南，还有德里达、福柯、哈贝马斯等哲学家那里获取达到上述目标所需的工具。例如，蒯因的“经验主义的两个教条”所倡导的经验主义就从根本上消除了主客区分；塞拉斯对于“给予物”神话的分析表明，经验乃是一个社会实践问题；库恩的不可比概念则说明，由于缺乏一个可以评判文化的所有部门的元规范，哲学根本无法成为文化的基础；普特南对形而上学实在论的批判证明我们不可能获得一个“上帝的观点”；德里达和福柯则通过各自的分析认为，一个超人类非历史的词汇是不可能得到的；哈贝马斯“未受歪曲的会谈”概念则暗示，我们的研究不能受任何学科外的准则所支配。所有这些都严重地动摇了大写的哲学的根据，而为一种后哲学文化的到来做好了准备。③

---

① 罗蒂：《后哲学文化》，2 页，黄勇译，上海，上海译文出版社，1992。

② 罗蒂：《哲学和自然之镜》，7 页。

③ 罗蒂：《后哲学文化》，“译者的话”，35～36 页。

这个后哲学文化的一个重要特征，就是它意味着大写的哲学的终结，也就是那种作为其他所有学科之基础、宣称自身可以为所有知识提供最终的证明的哲学终结了。但是，大写的哲学的终结并非意味着哲学本身的终结，哲学作为文化的一个部门依然存在，只不过这种哲学不再自称是科学之王，不再宣称自己拥有统摄一切的终极真理。大写的单数的哲学终结了，存在的将只是小写的复数的哲学，是作为文化之一个部门的哲学："在这里，没有人，或者至少没有知识分子会相信，在我们内心深处有一个标准可以告诉我们是否与实在相接触，我们什么时候与（大写的）真理相接触。在这个文化中，无论是牧师，还是物理学家，或是诗人，还是政党都不会被认为比别人更'理性'、更'科学'、更'深刻'。没有哪个文化的特定部分可以挑出来，作为样板来说明（或特别不能作为样板来说明）文化的其他部分所期望的条件。认为在（例如）好的牧师或好的遵循的现行的学科内的标准以外，还有他们也同样遵循的其他的、跨学科、超文化和非历史的标准，那是完全没有意义的。"① 正是在这个意义上，罗蒂常常称自己是小写的哲学家，他说，这种哲学家没有任何特别的"问题"需要解决，没有任何特别的"方法"可以运用，也没有任何特别的学科标准可以遵循，没有任何集体的自我形象可以作为"专业"。罗蒂甚至称在这样一种后哲学文化里，哲学家就像是"文化批评家"，他博览群书、兴趣广泛，可以对任何东西发表自己的看法；他可以迅速地从海明威过渡到普鲁斯特、到希特勒、到马克思、到福柯……简而言之，罗蒂所推崇的小写的哲学实际上是一种与美国的实用主义文化和民主政治相匹配的民主的哲学，是一种拒绝一切终极的、超越性的、先验的、超历史的东西的哲学。一定意义上，如果说罗蒂对表象论的批判还可以算作是形而上学的一种解毒剂，那他对所谓的后哲学文化的描述实在只能算是一种厨房哲学而已。

参考文献

列奥塔尔．后现代状态．车槿山译．北京：三联书店，1997

德里达．论文字学．汪家堂译．上海：上海译文出版社，1999

德里达．声音与现象．杜小真译．北京：商务印书馆，1999

① 罗蒂：《后哲学文化》，15 页。

德里达．多重立场．佘碧平译．北京：三联书店，2004
卡勒．论解构．陆扬译．北京：中国社会科学出版社，1998
罗蒂．哲学和自然之镜．李幼蒸译．北京：三联书店，1987
罗蒂．后哲学文化．黄勇译．上海：上海译文出版社，1992

结　语

形而上学问题是西方哲学中最核心、最重要也是最复杂的问题。在长达 2 500 多年的西方哲学史中，形而上学经历了产生、兴盛、衰落的过程，构成了西方哲学史的一条主线。西方哲学经过了 19 世纪下半叶到 20 世纪初的转型，哲学家们对于形而上学问题的研究也发生了重大的变化，不过形而上学作为哲学的基础问题仍然有其重要的地位。由此可见，研究西方哲学离不开关于形而上学的研究。

一般说来，形而上学起源于人类精神的终极关怀问题。然而随着哲学家们对于诸如宇宙万物的存在、本质、基础和根据等问题之探索的深入，几乎关涉所有哲学问题的形而上学像滚雪球一样越滚越大，涉及的内容越来越丰富，问题越来越多，而问题之起源则往往被掩盖在层出不穷的理论学说之中。当古希腊人开始哲学思考的时候，他们追问宇宙万物的本原、存在、本质等等，其实质乃在于追问人的本原、存在和本质。但要回答这样的问题，必然牵扯所有的问题，而哲学所有的问题几乎都是没有终极答案的难题。不仅如此，由于追问形而上学问题的人自己就在问题之中，遂使形而上学成了一团剪不断理还乱的乱麻，梳理形而上学的历史演变便构成了研究形而上学问题的基础工作。

我们在前言中说过，鉴于形而上学的复杂性，西方哲学本身关于形而上学的性质、对象、方法、概念和体系框架等问题并没有形成准确一致的规定，而在对形而上学的理解方面，甚至关于西方哲学概念的译名方面，国内学术界也是见仁见智，并不统一。作为集体合作的产物，本书尊重各章节的作者的意见，在这些方面没有强求一致，只是在不一致的地方附上了西文原文。总之，事出有因，还请读者谅解。

在某种意义上说，中国人研究西方哲学中关于形而上学问题的历史不长，亦缺少系统性。就此而论，我们的工作仍然是探索性的。就我们的研究方向和能力所限，本书虽名为“形而上学的历史演变”，却还不是全面、系统的研究，只是关于西方哲学不同历史时期中的形而上学问题的一般性描述，也选取了一些具有代表性的哲学家（诸如康德、黑格尔、海德格尔等）的理论进行了分析研究，目的在抛砖引玉，以期引起人们对于形而上学问题的关注。

后　记

“西方哲学中的形而上学问题”是我承担的国家哲学社会科学基金项目，立项于1998年。惭愧的是，由于种种原因，直到今天才结项。一方面由于承担大量的行政工作，没有完整的时间完成项目，另一方面最初对这个项目的难度估计不足，总之，责任在我。

立项之初，我打算独立完成这个项目，也做了许多准备工作。然而随着研究的深入，越来越感觉到这样的项目绝非一人之力可以完成。现在摆在大家面前的结项成果《形而上学的历史演变》是集体支持的产物，没有合作者们的鼎力支持，这个项目是不可能完成的，在此对他们表示衷心的感谢。在本项目结项时，评审专家们对我们的成果表示了充分的肯定，也提出了许多非常好的意见，我们根据专家们的意见做了相应的修改，在此也向评审专家们表示衷心的感谢。最后，本成果的出版得到了中国人民大学出版社李艳辉女士的大力支持，在此我们向李艳辉女士和责任编辑表示衷心的感谢。

关于形而上学的研究是一项长期的工作，本书只是初步的成果。我们将继续这方面的研究，以就教于学术界的专家同行以及关注形而上学问题的广大读者。

张志伟

2009年12月15日

图书在版编目（CIP）数据

形而上学的历史演变/张志伟主编. —北京：中国人民大学出版社，2016.6
ISBN 978-7-300-22798-6

Ⅰ.①形… Ⅱ.①张… Ⅲ.①形而上学-研究-西方国家 Ⅳ.①B081.1

中国版本图书馆 CIP 数据核字（2016）第 083900 号

形而上学的历史演变
张志伟　主编
Xingershangxue de Lishi Yanbian

出版发行	中国人民大学出版社		
社　　址	北京中关村大街 31 号	**邮政编码**	100080
电　　话	010－62511242（总编室）		010－62511770（质管部）
	010－82501766（邮购部）		010－62514148（门市部）
	010－62515195（发行公司）		010－62515275（盗版举报）
网　　址	http://www.crup.com.cn		
	http://www.ttrnet.com（人大教研网）		
经　　销	新华书店		
印　　刷	涿州市星河印刷有限公司		
规　　格	170 mm×240 mm　16 开本	**版　　次**	2016 年 6 月第 1 版
印　　张	19.25 插页 2	**印　　次**	2022 年 9 月第 3 次印刷
字　　数	318 000	**定　　价**	58.00 元